Desarrollo de
VIDEOJUEGOS
Un Enfoque Práctico

Volumen 3
Técnicas Avanzadas

David Villa, Sergio Pérez, Francisco Moya,
Miguel A. Redondo, Jorge López,
Félix J. Villanueva, César Mora,
Miguel García, José L. González

Título: Desarrollo de Videojuegos: Un Enfoque Práctico
Subtítulo: Volumen 3. Técnicas Avanzadas
Edición: Septiembre 2015
Autores: David Villa Alises, Sergio Pérez Camacho,
Francisco Moya Fernández, Miguel A. Redondo
Duque, Jorge López González, Félix J.
Villanueva Molina, César Mora Castro,
Miguel García Corchero, José L. González
ISBN: 978-1517430948
Edita: David Vallejo, Carlos González y David Villa
Portada: (Ilustración) Víctor Barba Pizarro
Diseño: Carlos González Morcillo y Víctor Barba Pizarro

Printed by CreateSpace, an Amazon.com company
Available from Amazon.com and other online stores

Este libro fue compuesto con LaTeX a partir de una plantilla de David Villa
Alises y Carlos González Morcillo. Maquetación final de Carlos Guijarro
Fernández-Arroyo y David Vallejo Fernández.

Escuela
Superior
de informática

Departamento de
Tecnología y
Sistemas de Información

Paseo de la Universidad, 4
13071, Ciudad Real
Email: esi@uclm.es

Prefacio

Desde su primera edición en 2010, el material docente y el código fuente de los ejemplos del Curso de Experto en Desarrollo de Videojuegos, impartido en la Escuela Superior de Informática de Ciudad Real de la Universidad de Castilla-La Mancha, se ha convertido en un referente internacional en la formación de desarrolladores de videojuegos.

Puedes obtener más información sobre el curso, así como los resultados de los trabajos creados por los alumnos de las ediciones anteriores en www.cedv.es. La versión electrónica de este libro (y del resto de libros de la colección) puede descargarse desde la web anterior. El libro «físico» puede adquirirse desde Amazon.es y Amazon.com

Sobre este libro...

Este libro forma parte de una colección de 4 volúmenes, con un perfil técnico, dedicados al Desarrollo de Videojuegos:

1. Arquitectura del Motor. Estudia los aspectos esenciales del diseño de un motor de videojuegos, así como las técnicas básicas de programación y patrones de diseño.

2. Programación Gráfica. El segundo libro se centra en algoritmos y técnicas de representación gráfica, así como en optimizaciones y simulación física.

3. Técnicas Avanzadas. En este volumen se recogen aspectos avanzados, como estructuras de datos específicas y técnicas de validación.

4. Desarrollo de Componentes. El último libro está dedicado a los componentes específicos del motor, como la Inteligencia Artificial, Networking o el Sonido y Multimedia.

Requisitos previos

Este libro tiene un público objetivo con un perfil principalmente técnico. Al igual que el curso, está orientado a la capacitación de profesionales de la programación de videojuegos. De esta forma, este libro no está orientado para un público de perfil artístico (modeladores, animadores, músicos, etc.) en el ámbito de los videojuegos.

Se asume que el lector es capaz de desarrollar programas de nivel medio en C++. Aunque se describen algunos aspectos clave de C++ a modo de resumen, es recomendable refrescar los conceptos básicos con alguno de los libros recogidos en la bibliografía del curso. De igual modo, se asume que el lector tiene conocimientos de estructuras de datos y algoritmia. El libro está orientado principalmente para titulados o estudiantes de últimos cursos de Ingeniería en Informática.

Programas y código fuente

El código de los ejemplos puede descargarse en la siguiente página web: http://www.cedv.es. Salvo que se especifique explícitamente otra licencia, todos los ejemplos del libro se distribuyen bajo GPLv3.

Agradecimientos

Los autores del libro quieren agradecer en primer lugar a los alumnos de las cuatro ediciones del Curso de Experto en Desarrollo de Videojuegos por su participación en el mismo y el excelente ambiente en las clases, las cuestiones planteadas y la pasión demostrada en el desarrollo de todos los trabajos.

Los autores también agradecen el soporte del personal de administración y servicios de la Escuela Superior de Informática de Ciudad Real, a la propia Escuela y el Departamento de Tecnologías y Sistema de Información de la Universidad de Castilla-La Mancha.

De igual modo, se quiere reflejar especialmente el agradecimiento a las empresas que ofertarán prácticas en la 3a edición del curso: Devilish Games (Alicante), Dolores Entertainment (Barcelona), from the bench (Alicante), Iberlynx Mobile Solutions (Ciudad Real), Kitmaker (Palma), playspace (Palma), totemcat - Materia Works (Madrid) y Zuinqstudio (Sevilla). Este agradecimiento se extiende a los portales y blogs del mundo de los videojuegos que han facilitado la difusión de este material, destacando a Meristation, Eurogamer, Genbeta Dev, Vidaextra y HardGame2.

Finalmente, los autores desean agradecer su participación a las entidades colaboradoras del curso: Indra Software Labs, la asociación de desarrolladores de videojuegos Stratos y Libro Virtual.

Autores de la Colección

David Vallejo (2009, Doctor Europeo en Informática, Universidad de Castilla-La Mancha) es Profesor Ayudante Doctor e imparte docencia en la Escuela de Informática de Ciudad Real (UCLM) en asignaturas relacionadas con Informática Gráfica, Programación y Sistemas Operativos desde 2007. Actualmente, su actividad investigadora gira en torno a la Vigilancia Inteligente, los Sistemas Multi-Agente y el Rendering Distribuido.

Carlos González (2007, Doctor Europeo en Informática, Universidad de Castilla-La Mancha) es Profesor Titular de Universidad e imparte docencia en la Escuela de Informática de Ciudad Real (UCLM) en asignaturas relacionadas con Informática Gráfica, Síntesis de Imagen Realista y Sistemas Operativos desde 2002. Actualmente, su actividad investigadora gira en torno a los Sistemas Multi-Agente, el Rendering Distribuido y la Realidad Aumentada.

David Villa (2009, Doctor Ingeniero Informático, Universidad de Castilla-La Mancha) es Profesor Ayudante Doctor e imparte docencia en la Escuela de Informática de Ciudad Real (UCLM) en materias relacionadas con las redes de computadores y sistemas distribuidos desde el 2002. Sus intereses profesionales se centran en los sistemas empotrados en red, los sistemas ubicuos y las redes heterogéneas y virtuales. Es experto en métodos de desarrollo ágiles y en los lenguajes C++ y Python. Colabora con el proyecto Debian como maintainer de paquetes oficiales.

Francisco Jurado (2010, Doctor Europeo en Informática, Universidad de Castilla-La Mancha) es Profesor Ayudante Doctor en la Universidad Autónoma de Madrid. Su actividad investigadora actual gira en torno a la aplicación de técnicas de Ingeniería del Software e Inteligencia Artificial al ámbito del eLearning, los Sistemas Tutores, los Sistemas Adaptativos y los Entornos Colaborativos.

Francisco Moya (2003, Doctor Ingeniero en Telecomunicación, Universidad Politécnica de Madrid). Desde 1999 trabaja como profesor de la Escuela Superior de Informática de la Universidad de Castilla la Mancha, desde 2008 como Profesor Contratado Doctor. Sus actuales líneas de investigación incluyen los sistemas distribuidos heterogéneos, la automatización del diseño electrónico y sus aplicaciones en la construcción de servicios a gran escala y en el diseño de sistemas en chip. Desde 2007 es también Debian Developer.

Javier Albusac (2009, Doctor Europeo en Informática, Universidad de Castilla-La Mancha) es Profesor Ayudante Doctor e imparte docencia en la Escuela de Ingeniería Minera e Industrial de Almadén (EIMIA) en las asignaturas de Informática, Ofimática Aplicada a la Ingeniería y Sistemas de Comunicación en Edificios desde 2007. Actualmente, su actividad investigadora gira en torno a la Vigilancia Inteligente, Robótica Móvil y Aprendizaje Automático.

Cleto Martín (2011, Ingeniero Informática y Máster de Investigación en Tecnologías Informáticas Avanzadas, Universidad de Castilla-La Mancha) trabaja como Infrastructure Engineer en IBM (Bristol, UK) y ha sido mantenedor de paquetes de aplicaciones para Canonical Ltd. y continua contribuyendo al proyecto Debian. Es un gran entusiasta de los sistemas basados en GNU/Linux, así como el desarrollo de aplicaciones basadas en redes de computadores y sistemas distribuidos.

Sergio Pérez (2011, Ingeniero en Informática, Universidad de Castilla-La Mancha) trabaja como ingeniero consultor diseñando software de redes para Ericsson R&D. Sus intereses principales son GNU/Linux, las redes, los videojuegos y la realidad aumentada.

Félix J. Villanueva (2009, Doctor en Ingeniería Informática, Universidad de Castilla-La Mancha) es contratado doctor e imparte docencia en el área de tecnología y arquitectura de computadores. Las asignaturas que imparte se centran en el campo de las redes de computadores con una experiencia docente de más de diez años. Sus principales campos de investigación en la actualidad son redes inalámbricas de sensores, entornos inteligentes y sistemas empotrados.

César Mora (2013, Master en Computer Science por la Universidad de Minnesota, 2011 Ingeniero en Informática, Universidad de Casilla-La Mancha). Sus temas de interés están relacionados con la Informática Gráfica, la Visión Artificial y la Realidad Aumentada.

José Jesús Castro (2001, Doctor en Informática, Universidad de Granada) es Profesor Titular de Universidad en el área de Lenguajes y Sistemas Informáticos, desde 1999 imparte docencia en la Escuela Superior de Informática de la UCLM. Sus temas de investigación están relacionados con el uso y desarrollo de métodos de IA para la resolución de problemas reales, donde cuenta con una amplia experiencia en proyectos de investigación, siendo autor de numerosas publicaciones.

Miguel Ángel Redondo (2002, Doctor en Ingeniería Informática, Universidad de Castilla – La Mancha) es Profesor Titular de Universidad en la Escuela Superior de Informática de la UCLM en Ciudad Real, impartiendo docencia en asignaturas relacionadas con Interacción Persona-Computador y Sistemas Operativos. Su actividad investigadora se centra en la innovación y aplicación de técnicas de Ingeniería del Software al desarrollo de sistemas avanzados de Interacción Persona-Computador y al desarrollo de sistemas de e-Learning.

Luis Jiménez (1997, Doctor en Informática, Universidad de Granada) es Titular de Universidad e imparte docencia en la Escuela de Informática de Ciudad Real (UCLM) en asignaturas relacionadas la Inteligencia Artificial y Softcomputing desde 1995. Actualmente, su actividad investigadora gira en torno a los Sistemas Inteligentes aplicados mediante Sistemas Multi-Agente, técnicas de softcomputing e inteligencia artificial distribuida.

Jorge López (2011, Ingeniero en Informática por la UCLM y Máster en Diseño y Desarrollo de videojuegos por la UCM). Especializado en desarrollo 3D con C++ y OpenGL, y en el engine Unity 3D. Actualmente trabaja como programador en Totemcat – Materia Works.

Miguel García es desarrollador independiente de Videojuegos en plataformas iOS, Android, Mac OS X, GNU/Linux y MS Windows y socio fundador de Atomic Flavor. Actualmente dirige el estudio de desarrollo de videojuegos independientes Quaternion Studio.

Manuel Palomo (2011, Doctor por la Universidad de Cádiz) es Profesor Contratado Doctor e imparte docencia en la Escuela Superior de Ingeniería de la Universidad de Cádiz en asignaturas relacionadas con el Diseño de Videojuegos, Recuperación de la Información y Sistemas Informáticos Abiertos. Actualmente su actividad investigadora se centra en las tecnologías del aprendizaje, principalmente videojuegos educativos y los sistemas colaborativos de desarrollo y documentación.

Guillermo Simmross (2003, Ingeniero Técnico de Telecomunicación, 2005 Ingeniero en Electrónica y 2008, Máster Dirección de Proyectos, Universidad de Valladolid) es Compositor y diseñador de sonido freelance e imparte docencia en colaboración con la Universidad Camilo José Cela sobre Composición de Música para Videojuegos. Actualmente trabaja como responsable de producto en Optimyth Software.

José Luis González (2010, Doctor en Informática, Universidad de Granada). Especialista en calidad y experiencia de usuario en sistemas interactivos y videojuegos, temas donde imparte su docencia e investiga. Ha colaborado con distintas compañías del sector, como Nintendo o MercurySteam. Es autor de distintos libros sobre la jugabilidad y el diseño y evaluación de la experiencia del jugador.

Resumen

El objetivo de este módulo, titulado «Técnicas Avanzadas de Desarrollo» dentro del *Curso de Experto en Desarrollo de Videojuegos*, es profundizar es aspectos de desarrollo más avanzados que complementen el resto de contenidos de dicho curso y permitan explorar soluciones más eficientes en el contexto del desarrollo de videojuegos.

En este módulo se introducen aspectos básicos de jugabilidad y se describen algunas metodologías de desarrollo de videojuegos. Así mismo, también se estudian los fundamentos básicos de la validación y pruebas en este proceso de desarrollo. No obstante, uno de los componentes más importantes del presente módulo está relacionado con aspectos avanzados del lenguaje de programación C++, como por ejemplo el estudio en profundidad de la biblioteca STL, y las optimizaciones.

Finalmente, el presente módulo se complementa con aspectos de representación avanzada, como los filtros de partículas o la programación de shaders, y con un estudio en detalle de técnicas de optimización para escenarios interiores y exteriores. Por otra parte, se realiza un estudio de la plataforma de desarrollo de videojuegos *Unity*, especialmente ideada para el desarrollo de juegos en plataformas móviles.

Resumen

Índice general

1. Aspectos de Jugabilidad y Metodologías de Desarrollo   **1**

  1.1.   Jugabilidad y Experiencia del Jugador   1

      1.1.1.   Introducción   1

      1.1.2.   Caracterización de la Jugabilidad   2

      1.1.3.   Facetas de la Jugabilidad   3

      1.1.4.   Calidad de un juego en base a la Jugabilidad   5

  1.2.   Metodologías de Producción y Desarrollo   11

      1.2.1.   Pre-Producción   13

      1.2.2.   Producción   15

      1.2.3.   Post-Producción   17

  1.3.   Metodologías Alternativas   17

      1.3.1.   Proceso Unificado del Juego   17

      1.3.2.   Desarrollo Incremental   18

      1.3.3.   Desarrollo Ágil y Scrum   18

      1.3.4.   Desarrollo Centrado en el Jugador   18

2. C++ Avanzado   **21**

  2.1.   Estructuras de datos no lineales   21

      2.1.1.   Árboles binarios   22

      2.1.2.   Recorrido de árboles   36

      2.1.3.   *Quadtree* y *octree*   40

  2.2.   Patrones de diseño avanzados   43

      2.2.1.   Smart pointers   43

      2.2.2.   Command   49

      2.2.3.   Curiously recurring template pattern   52

      2.2.4.   Reactor   56

    2.2.5.   Acceptor/Connector   59
2.3. Programación genérica   63
    2.3.1.   Algoritmos   63
    2.3.2.   Predicados   66
    2.3.3.   Functors   67
    2.3.4.   Adaptadores   69
    2.3.5.   Algoritmos idempotentes   74
    2.3.6.   Algoritmos de transformación   77
    2.3.7.   Algoritmos de ordenación   81
    2.3.8.   Algoritmos numéricos   83
    2.3.9.   Ejemplo: inventario de armas   84
2.4. Aspectos avanzados de la STL   87
    2.4.1.   Eficiencia   87
    2.4.2.   Semántica de copia   91
    2.4.3.   Extendiendo la STL   93
    2.4.4.   Allocators   95
2.5. Otras funcionalidades de la STL11   98
    2.5.1.   Diferencias en la STL de C++98   100
2.6. C++11/14: Novedades del nuevo estándar   102
    2.6.1.   Compilando con g++ y clang   102
    2.6.2.   Cambios en el núcleo del lenguaje   103
    2.6.3.   Cambios en la biblioteca de C++   116
2.7. Plugins   119
    2.7.1.   Entendiendo las bibliotecas dinámicas   120
    2.7.2.   Plugins con libdl   122
    2.7.3.   Plugins con Glib gmodule   128
    2.7.4.   Carga dinámica desde Python   129
    2.7.5.   Plugins como objetos mediante el patrón *Factory Method*   130
    2.7.6.   Plugins multi-plataforma   133

3. **Técnicas específicas**   **135**
3.1. Serialización de objetos   135
    3.1.1.   *Streams*   135
    3.1.2.   Serialización y Dependencias entre objetos   141
    3.1.3.   Serialización con Boost   149
3.2. C++ y scripting   153
    3.2.1.   Consideraciones de diseño   154
    3.2.2.   Invocando Python desde C++ de forma nativa   155
    3.2.3.   Librería boost   157
    3.2.4.   Herramienta SWIG   161

3.2.5. Conclusiones 162

4. Optimización   **165**

4.1. Perfilado de programas 166

    4.1.1. El perfilador de Linux *perf* 168

    4.1.2. Obteniendo ayuda 170

    4.1.3. Estadísticas y registro de eventos 170

    4.1.4. Multiplexación y escalado 171

    4.1.5. Métricas por hilo, por proceso o por CPU 172

    4.1.6. Muestreo de eventos 173

    4.1.7. Otras opciones de `perf` 176

    4.1.8. Otros perfiladores 177

4.2. Optimizaciones del compilador 178

    4.2.1. Variables registro 179

    4.2.2. Código estático y funciones *inline* 180

    4.2.3. Eliminación de copias 185

    4.2.4. Volatile 186

4.3. Conclusiones 187

5. Validación y Pruebas   **189**

5.1. Programación defensiva 189

    5.1.1. Sobrecarga 191

5.2. Desarrollo ágil 192

5.3. TDD 193

    5.3.1. Las pruebas primero 193

    5.3.2. rojo, verde, refactorizar 193

5.4. Tipos de pruebas 195

5.5. Pruebas unitarias con google-tests 196

5.6. Dobles de prueba 198

5.7. Dobles de prueba con google-mock 199

5.8. Limitaciones 205

6. Empaquetado y distribución   **207**

6.1. Empaquetado y distribución en Windows 208

    6.1.1. Creación de un paquete básico 208

    6.1.2. Interacción con el usuario 214

    6.1.3. Otras características 215

6.2. Empaquetado y distribución en GNU/Linux 216

    6.2.1. Pidiendo un paquete 217

    6.2.2. Obteniendo el fuente original 218

6.2.3.   Estructura básica 218

6.2.4.   Construcción del paquete 224

6.2.5.   Parches: adaptación a Debian 226

6.2.6.   Actualización del paquete 228

6.2.7.   Subir un paquete a Debian 229

6.3.   Otros formatos de paquete 229

7. Representación Avanzada   231

7.1.   Fundamentos 231

7.1.1.   Billboards 231

7.1.2.   Sistemas de partículas 235

7.2.   Uso de Billboards 237

7.2.1.   Tipos de Billboard 238

7.2.2.   Aplicando texturas 239

7.3.   Uso de Sistemas de Partículas 240

7.3.1.   Emisores 240

7.3.2.   Efectores 241

7.3.3.   Ejemplos de Sistemas de Partículas 242

7.4.   Introducción a los Shaders 244

7.4.1.   Un poco de historia 244

7.4.2.   ¿Y qué es un Shader? 246

7.4.3.   Pipelines Gráficos 247

7.4.4.   Fixed-Function Pipeline 248

7.4.5.   Programmable-Function Pipeline 251

7.4.6.   Aplicaciones de los Shader 254

7.4.7.   Lenguajes de Shader 257

7.5.   Desarrollo de shaders en Ogre 257

7.5.1.   Primer Shader 258

7.5.2.   Comprobando la interpolación del color 262

7.5.3.   Usando una textura 264

7.5.4.   Jugando con la textura 267

7.5.5.   Jugando con los vértices 270

7.5.6.   Iluminación mediante shaders 275

7.6.   Optimización de interiores 275

7.6.1.   Técnicas y Algoritmos 276

7.6.2.   Algoritmos basados en Oclusores 276

7.6.3.   Algoritmo BSP 277

7.6.4.   Portal *Rendering* 284

7.6.5.   Mapas de Oclusión Jerárquicos (HOM) 286

7.6.6.   Enfoques híbridos 287

	7.6.7.	Tests asistidos por *hardware*	289
7.7.	Optimización de Exteriores		290
	7.7.1.	Estructuras de datos	291
	7.7.2.	Determinando el nivel de detalle (resolución)	293
	7.7.3.	Técnica de *GeoMipmapping*	295
	7.7.4.	Técnica de *Chunked* LODs	297
	7.7.5.	Terrenos y GPU	298
	7.7.6.	*Scenegraphs* de Exteriores	299
7.8.	Programando de manera efectiva con C++		299
	7.8.1.	Evitar el truncado de objetos	299
	7.8.2.	La característica más útil de C++: }. RAII	301
	7.8.3.	Usar *const* siempre y cuando se pueda.	306
	7.8.4.	Evitar el uso del #*defines* en favor de *const* e *inline*	307
	7.8.5.	Hacer interfaces que faciliten su uso.	309
	7.8.6.	Tener claras las relaciones de *es-un* y de *tiene-un*	310
	7.8.7.	Preferir el uso de paso por referencia constante a paso por valor.	312
	7.8.8.	Diferenciar entre el uso del operador de pre/post-incremento (y decremento).	313
	7.8.9.	Preferir el uso de *operator+=* a *operator+*	315
	7.8.10.	Evitar que el compilador genere funciones que no se van a usar.	315
	7.8.11.	No dejar que las excepciones salgan de los destructores.	315
	7.8.12.	Elegir el contenedor correcto.	317
8.	**Plataformas Móviles**		**321**
8.1.	Método de trabajo con un motor de videojuegos		321
	8.1.1.	Generación de contenido externo al motor	321
	8.1.2.	Generación de contenido interno al motor	322
8.2.	Creación de escenas		323
8.3.	Creación de *prefabs*		325
8.4.	Programación de scripts		326
	8.4.1.	Algunos scripts básicos	327
	8.4.2.	*Triggers*	328
	8.4.3.	Invocación de métodos retardada	329
	8.4.4.	Comunicación entre diferentes scripts	330
	8.4.5.	Control del flujo general de la partida	331
	8.4.6.	Programación de enemigos	333
	8.4.7.	Programación del control del jugador	335
	8.4.8.	Programación del *interface*	337
8.5.	Optimización		339
	8.5.1.	*Light mapping*	339

8.5.2.   *Occlusion culling* 340

8.6.   Resultado final   341

Listado de acrónimos

ACE	Adaptive Communications Environment
API	Application Program Interface
APT	Advanced Packaging Tool
AVL	Adelson-Velskii and Landis
BBT	Balanced Binary Tree
BSP	Binary Space Partitioning
BTT	Binary Triangle Tree
CPU	Central Processing Unit
CRTP	Curiously Recurring Template Pattern
DBTS	Debian Bug Tracking System
DCU	Diseño Centrado en el Usuario
DD	Debian Developer
DEB	Deep Estimation Buffer
DEHS	Debian External Health Status
DFSG	Debian Free Software Guidelines
DIP	Dependency Inversion Principle
DLL	Dynamic Link Library
DTD	Documento Técnico de Diseño
ELF	Executable and Linkable Format
GCC	GNU Compiler Collection
GDD	Game Design Document
GIMP	GNU Image Manipulation Program
GNOME	GNU Object Model Environment
GNU	GNU is Not Unix
GPL	General Public License
GPU	Graphic Processing Unit
GTK	GIMP ToolKit
GUP	Game Unified Process

HOM	Hierarchical Occlusion Maps
IA	Inteligencia Artificial
ITP	Intent to Package
ISO	International Organization for Standardization
ISP	Interface Segregation Principle
LOD	Level-Of-Detail
LSP	Liskov Substitution Principle
MMORPG	Massively Multiplayer Online Role-Playing Game
NRVO	Named Return Value Optimization
OCP	Open/Closed Principle
OO	Orientación a Objetos
PE	Portable Executable
PDF	Portable Document Format
PMU	Performance Monitoring Units
POO	Programación Orientada a Objetos
POSIX	Portable Operating System Interface X
PUD	Proceso Unificado de Desarrollo
PVS	Potential Visibility Set
RAII	Resource Acquisition Is Initialization
RFA	Request For Adoption
RFH	Request For Help
RFP	Request For Package
RPM	RPM Package Manager
RTTI	Run Time Type Information
RVO	Return Value Optimization
SGML	Standard Generalized Markup Language
SGI	Silicon Graphics Incorporated
SOLID	SRP, OCP, LSP, ISP, DIP
SRP	Single responsibility principle
STL	Standard Template Library
SUT	Subject Under Test
SVG	Scalable Vector Graphics
TCP	Transport Control Protocol
TDD	Test Driven Development
TLB	Translation Lookaside Buffer
TTL	Time To Live
UML	Unified Modeling Language
URL	Uniform Resource Locator
UTF	Unicode Transformation Format
UUID	Universally Unique Identifier
WNPP	Work-Needing and Prospective Packages
XML	eXtensible Markup Language
YAGNI	You Ain't Gonna Need It

Capítulo 1

Aspectos de Jugabilidad y Metodologías de Desarrollo

Miguel Ángel Redondo Duque
José Luis González

E n este capítulo se introducen aspectos básicos relativos al concepto de jugabilidad, como por ejemplo aquellos vinculados a su caractarización en el ámbito del desarrollo de videojuegos o las facetas más relevantes de los mismos, haciendo especial hincapié en la parte relativa a su calidad.

Por otra parte, en este capítulo también se discuten los fundamentos de las metodologías de desarrollo para videojuegos, estableciendo las principales fases y las actividades desarrolladas en ellas.

1.1. Jugabilidad y Experiencia del Jugador

1.1.1. Introducción

En el desarrollo de sistemas interactivos es fundamental la participación del usuario. Por ello, se plantean los denominados métodos de *Diseño Centrado en el Usuario* que se aplican, al menos, al desarrollo software que soporta directamente la interacción con el usuario. En otras palabras, es fundamental contar con su participación para que tengamos la garantía de que se le va a proporcionar buenas experiencias de uso. El software para videojuegos se puede considerar como un caso particular de sistema interactivo por lo que requiere de un planteamiento similar en este sentido, aunque en este ámbito, los términos y conceptos que se emplean para este propósito, varían ligeramente.

En el desarrollo de videojuegos es importante tener siempre presente que hay que lograr que el jugador sienta las mejores experiencias (entretenimiento, diversión, et.) posibles durante su utilización . El incremento de estas experiencias revierte directamente en el éxito del videojuego. Así pues, es conveniente conocer las propiedades que caracterizan dichas experiencias, poder medirlas durante el proceso de desarrollo y así asegurar su éxito y calidad. En adelante, nos referiremos a esto como *Experiencia del Jugador*.

La Experiencia del Jugador suele medirse utilizándose el concepto de *Jugabilidad* como propiedad característica de un videojuego, aunque su caracterización y forma de medirla no es algo plenamente formalizado e implantado en la industria del desarrollo de videojuegos.

Como paso previo para entender los conceptos de Jugabilidad y, por extensión, de Experiencia del Jugador, conviene repasar un concepto fundamental en el ámbito de los sistemas interactivos que es la Usabilidad. La Usabilidad se refiere a *la capacidad de un software de ser comprendido, aprendido, usado y ser satisfactorio para el usuario, en condiciones específicas de uso o la eficiencia y satisfacción con la que un producto permite alcanzar objetivos específicos a usuarios específicos en un contexto de uso específico.* Para entender y medir la Usabildiad, se han identificado una serie de propiedades como son: efectividad, eficiencia, satisfacción, aprendizaje y seguridad [4] [54] [45] [20]. Estas son las propiedades que son objeto de medición y, a partir de ellas, se puede valorar el grado de Usabilidad de un sistema.

El desarrollo de software usable redunda directamente en reducción de costes de producción, optimización del mantenimiento e incremento de la calidad final del producto. Además, las propiedades que caracterizan la Usabilidad influyen muy directamente en el uso que los usuarios hacen, contribuyendo incrementar su satisfacción, su productividad en la realización de tareas y reduciendo su nivel de estrés. En definitiva, la Usabilidad puede considerarse como un reflejo de la Experiencia del Usuario en un sistema interactivo que soporta la realización de una serie de tareas específicas para lograr un objetivo bien definido.

Según Nielsen Norman Group se define la *Experiencia del Usuario como la sensación, sentimiento, respuesta emocional, valoración y satisfacción del usuario respecto a un producto, resultado del proceso de interacción con el producto y de la interacción con su proveedor* [46]. En este sentido, cabe destacar la importancia que juegan diversos conceptos como la utilidad, la usabilidad, la deseabilidad, la accesibilidad, facilidad de uso, lo valioso del producto y lo creíble que pueda ser para el usuario. La Experiencia de Usuario está estrechamente relacionada con el contexto de uso del sistema interactivo, el contenido manipulado y los usuarios que lo usan. Lo que significa que variando alguno de estos elementos, el resultado puede ser totalmente diferente e incluso opuesto.

La relación que existe entre Experiencia de Usuario y Usabilidad puede considerarse equivalente a la que existe entre Experiencia del Jugador y Jugabilidad, aunque no se trata de una simple traslación del dominio de aplicación. Así lo vamos a considerar para explicar cómo se puede caracterizar la Jugabilidad y que en base a su medición se obtenga una valoración de la Experiencia del Jugador. Además, se apuntarán algunas ideas metodológicas orientadas a lograr mejores desarrollos de videojuegos, desde el punto de vista de la Jugabilidad.

1.1.2. Caracterización de la Jugabilidad

La Jugabilidad extiende el concepto de Usabilidad, pero no se reduce únicamente la idea de Usabilidad en el caso particular de los videojuegos. Tampoco sería correcto reducirla únicamente al grado de diversión de un juego. Para diferenciar claramente este concepto que es un tanto difuso, lo adecuado es representarlo por un conjunto de atributos o propiedades que lo caracterizan. Estos atributos podrán ser medidos y valorados, para así comparar y extraer conclusiones objetivas. Este trabajo fue realizado por José Luis González [26] que define la Jugabilidad como *el conjunto de propiedades que describen la experiencia del jugador ante un sistema de juego determinado, cuyo principal objetivo es divertir y entretener "de forma satisfactoria y creíble", ya sea solo o en compañía.*

Es importante remarcar los conceptos de satisfacción y credibilidad. El primero es común a cualquier sistema interactivo. Sin embargo, la credibilidad dependerá del grado en el que se pueda lograr que los jugadores se impliquen en el juego.

Hay que significar que los atributos y propiedades que se utilizan para caracterizar la Jugabilidad y la Experiencia del Jugador, en muchos casos ya se han utilizado para caracterizar la Usabilidad, pero en los videojuegos presentan matices distintos. Por ejemplo, el "Aprendizaje" en un videojuego puede ser elevado, lo que puede provocar que el jugador se vea satisfecho ante el reto que supone aprender a jugarlo y, posteriormente, desarrollar lo aprendido dentro del juego. Un ejemplo lo tenemos en el videojuego *Prince of Persia*, donde es difícil aprender a controlar nuestro personaje a través de un mundo virtual, lo que supone un reto en los primeros compases del juego. Sin embargo, en cualquier otro sistema interactivo podría suponer motivo suficiente de rechazo. Por otro lado, la "Efectividad" en un juego no busca la rapidez por completar una tarea, pues entra dentro de la naturaleza del videojuego que el usuario esté jugando el máximo tiempo posible y son muchos los ejemplos que podríamos citar.

Los atributos a los que hacemos referencia para caracterizar la Jugabilidad son los siguientes:

- **Satisfacción**. Agrado o complacencia del jugador ante el videojuego y el proceso de jugarlo.

- **Aprendizaje**. Facilidad para comprender y dominar el sistema y la mecánica del videojuego. Más adelante se indica cómo estos conceptos se definen en lo que se denomina Gameplay y que se construye durante el proceso de desarrollo del juego.

- **Efectividad**. Tiempo y recursos necesarios para ofrecer diversión al jugador mientras éste logra los objetivos propuestos en el videojuego y alcanza su meta final.

- **Inmersión**. Capacidad para creerse lo que se juega e integrarse en el mundo virtual mostrado en el juego.

- **Motivación**. Característica del videojuego que mueve a la persona a realizar determinadas acciones y a persistir en ellas para su culminación.

- **Emoción**. Impulso involuntario originado como respuesta a los estímulos del videojuego, que induce sentimientos y que desencadena conductas de reacción automática.

- **Socialización**. Atributos que hacen apreciar el videojuego de distinta manera al jugarlo en compañía (multijugador), ya sea de manera competitiva, colaborativa o cooperativa.

La figura 1.1 muestra como estos atributos y algunos otros más pueden estar relacionados con el concepto de Usabilidad tal y como se recoge en las normas ISO/IEC-9241. Hay algunos atributos que están relacionados con el videojuego (producto) y otros se vinculan al proceso de desarrollo del juego (desarrollo), algunos hacen referencia a su influencia sobre el jugador/es (usuarios o grupos de usuarios).

1.1.3. Facetas de la Jugabilidad

Uno de los objetivos, una vez definida la Jugabilidad, es poder medirla o cuantificarla. Este proceso es costoso debido a la cantidad de objetivos no funcionales que afectan a la Experiencia del Jugador. Como plantea [26], una buena estrategia es la de considerar una representación de la Jugabilidad basada en facetas de la misma. La organización en facetas

Jugabilidad: El grado en el cual usuarios específicos pueden alcanzar metas especificadas con efectividad, eficiencia, satisfacción y diversión en un contexto de entretenimiento y juego. Ejemplo: The Legend of Zelda

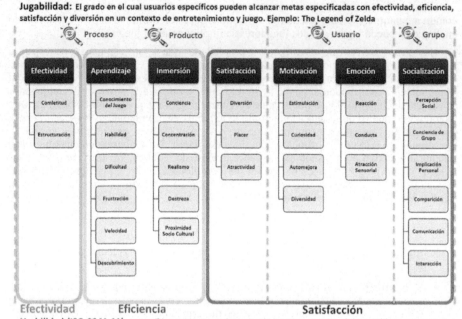

Usabilidad (ISO 9241-11): La medida en que un producto puede ser usado por usuarios específicos para lograr los objetivos especificados con efectividad, eficiencia y satisfacción en un contexto de uso. Ejemplo: Procesador de Textos.

Figura 1.1: Relación entre atributos de Usabilidad y de Jugabilidad

puede considerarse una subdivisión lógica de la Jugabilidad global en jugabilidades un poco más específicas. Cada una de estas facetas facilitará la identificación y medición de las propiedades introducidas anteriormente. Además, así será más fácil relacionar la Jugabilidad con los elementos particulares de un videojuego.

Como facetas particulares podrían considerarse las siguientes, aunque no es algo cerrado y en algún juego particular podría aparecer y proponerse alguna otra faceta que fuese objeto de consideración:

- **Jugabilidad Intrínseca**. Se trata de la Jugabilidad medida en la propia naturaleza del juego y cómo se proyecta al jugador. Está ligada al diseño del *Gameplay* que se describe más adelante. La forma de valorarla pasa por analizar cómo se representan las reglas, los objetivos, el ritmo y las mecánicas del videojuego.

- **Jugabilidad Mecánica**. Es la Jugabilidad asociada a la calidad del videojuego como sistema software. Está ligada a lo que sería el motor del juego, haciendo hincapié en características como la fluidez de las escenas cinemáticas, la correcta iluminación, el sonido, los movimientos gráficos y el comportamiento de los personajes del juego y del entorno, sin olvidar los sistemas de comunicación en videojuegos multijugador.

- **Jugabilidad Interactiva**. Es la faceta asociada a todo lo relacionado con la interacción con el usuario, el diseño de la interfaz de usuario, los mecanismos de diálogo y los sistemas de control.

- **Jugabilidad Artística**. Está asociada a la calidad y adecuación artística y estética de todos los elementos del videojuego y a la naturaleza de éste. Entre ellos estarán la calidad gráfica y visual, los efectos sonoros, la banda sonora y las melodías del juego, la historia y la forma de narración de ésta, así como la ambientación realizada de todos estos elementos dentro del videojuego.

- **Jugabilidad Intrapersonal** (o Personal). Está relacionada con la percepción que tiene el propio usuario del videojuego y los sentimientos que a éste le produce. Como tal, tiene un alto valor subjetivo.

- **Jugabilidad Interpersonal** (o de Grupo). Muestra las sensaciones o percepciones de los usuarios que aparecen cuando se juega en grupo, ya sea de forma competitiva, cooperativa o colaborativa. En relación a cualquier sistema interactivo con soporte para grupos, se relacionaría con lo que tiene que ver con percepción del grupo (o awareness de grupo).

En [26] incluso se relacionan, a nivel interactivo, estas facetas para ilustrar cómo pueden ser las implicaciones e influencias que presentan. Esta relación se resume en la figura 1.2.

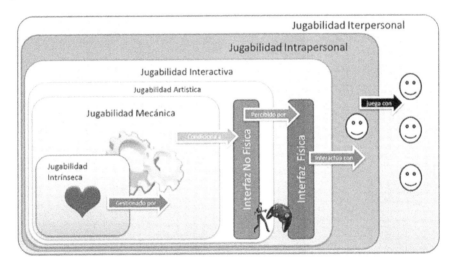

Figura 1.2: Relaciones entre las Facetas de la Jugabilidad

Con todo lo anterior, se puede concluir que la Jugabilidad de un juego podría considerarse como el análisis del valor de cada una de las propiedades y de los atributos en las facetas consideradas.

1.1.4. Calidad de un juego en base a la Jugabilidad

Como ha quedado patente, el análisis de la calidad de un videojuego únicamente a partir de la Usabilidad o de la calidad de uso es insuficiente. Por esta razón, la caracterización de la Experiencia del Jugador en base a la Jugabilidad mediante una serie de propiedades, atributos y facetas proporciona un instrumento adicional. Con esto se pueden obtener medidas de la calidad de las experiencias durante el juego e incluso pueden utilizarse para extender el estándar de calidad ISO 25010:2011 al contexto de los videojuegos.

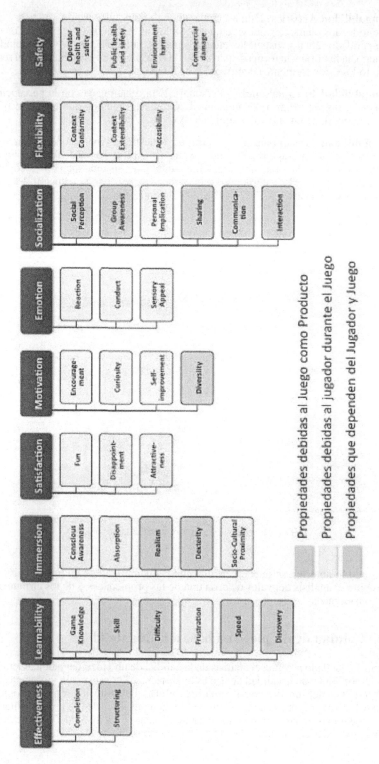

Figura 1.3: Clasificación de las propiedades de la calidad del producto y del proceso en un videojuego

Se puede destacar que hay una serie de propiedades de la Jugabilidad que influyen directamente en la Calidad del Producto y otras en la Calidad del Proceso de Uso y que, fundamentalmente tienen que ver con la habilidad del jugador para utilizarlo.

La Jugabilidad puede entenderse como la calidad de uso de un videojuego, pero la definición de ciertos atributos de la calidad en uso, según ISO, debe reescribirse adaptándose al contexto de ocio en el que estamos envueltos. Partiendo de estas consideraciones y entrando en mayor detalle respecto de la definición previa, la Jugabilidad representa *el grado por el que usuarios específicos (jugadores) alcanzan metas de un juego con efectividad, eficiencia, flexibilidad, seguridad y, especialmente, satisfacción en un contexto jugable de uso.*

Estas ideas serán las bases para la extensión del modelo de calidad 25010 basándose en el modelo de la Jugabilidad. Definiremos el modelo de calidad en base a los pilares básicos necesarios para ello: propiedades o factores de calidad, métricas y herramientas de evaluación.

Como propiedades o factores de calidad son consideradas las siguientes, siempre y en todos los casos ajustado al contexto de uso concreto que aporta el videojuego objeto de estudio:

- **Efectividad.** La definimos como el grado en el que usuarios específicos (jugadores) pueden lograr las metas propuestas con precisión y completitud en un contexto de uso concreto.

- **Eficiencia.** Es el grado con el que usuarios específicos (jugadores) pueden lograr las metas propuestas invirtiendo una cantidad apropiada de recursos en relación a la efectividad lograda en un contexto de uso concreto. Este factor está determinado por la facilidad de aprendizaje y la inmersión.

- **Flexibilidad.** Es el grado con el que el videojuego se puede usar en distintos contextos posibles o por los distintos perfiles de jugadores y de juego existentes.

- **Seguridad/Prevención.** Nivel aceptable de riesgo para la salud del jugador, o los datos de éste, en un contexto de uso concreto.

- **Satisfacción.** Grado con el que los usuarios (jugadores) están satisfechos en un contexto de uso concreto, el que le aporta un videojuego. En este factor consideramos distintos atributos como: agrado, atracción, placentero, confortable, confiable, motivador, emocionable y sociable.

El diagrama de la figura 1.4 muestra la relación de estas propiedades con los principales conceptos que las definen y caracterizan.

El modelo de Jugabilidad presentado se completa con la identificación y asociación de métricas para los los factores y atributos que hemos apuntado. Estas métricas (ver figuras 1.5 a 1.9) son consecuencia de la adaptación de métricas propuestas en otros estándares internacionales pero particularizadas para el caso particular de los videojuegos.

Las métricas para la *efectividad* están basadas en "metas" ya que en su objetivo principal como mecanismo de entretenimiento, el usuario debe superar unos retos para alcanzar una meta con libertad de acciones dentro de las mecánicas del juego. Por tanto, podríamos decir que lo importante es superar el reto, el cómo dependerá de las habilidades y maneras de jugar del jugador. Por otro lado, en un videojuego hay metas que debe realizar el jugador, pero sin embargo, la facilidad de consecución de esas metas no es el principal objetivo. De hecho, más bien podría decirse que es justo lo contrario, el uso del juego debe ser una motivación y presentar cierta dificultad de consecución, de lo contrario el jugador perderá motivación por el uso del videojuego.

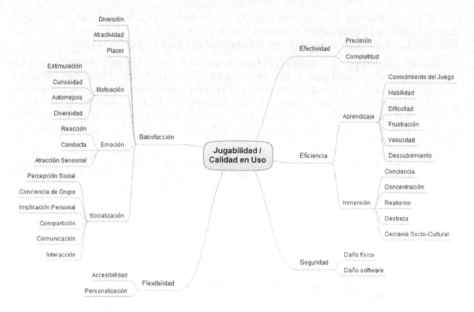

Figura 1.4: Propiedades o factores de calidad y conceptos que las caracterizan

	Nombre de la Métrica	Propósito	Fórmula	Interpretación	Método de Evaluación
Efectividad	Efectividad en la Meta	¿Qué porcentaje de metas y retos se han alcanzado correctamente?	M1 = |1-ΣAi| Ai Valor proporcional de cada acción incorrecta	M1 ∈ [0, 1], cercano 1, lo mejor	Test de Usuarios
	Completitud de la Meta	¿Qué porcentaje de metas y retos se han completado?	X = A/B A = n. de metas completadas B = n. total de metas intentadas	M1 ∈ [0, 1], cercano 1, lo mejor	Test de Usuarios
	Frecuencia de Intentos por Meta	¿Cuál ha sido la frecuencia de intentos?	X = A/T A = n. de intentos realizados por jugador T = tiempo o número de metas	Jugador experto cercano a 0. Al comienzo > 0	Test de Usuarios

Figura 1.5: Métricas para atributos de Efectividad

Así mismo, la medida de la *frecuencia de error* en el software tradicional con un valor cercano a 0 siempre es mejor, pero en videojuegos podemos encontrar tanto valores cercanos a 0 como a 1. Si el valor es cercano a 0, nos encontramos ante un jugador experto o que la dificultad del juego es muy baja. Cercano a 1, nos informa que nos encontramos ante un jugador novato, o que se encuentra en los primeros compases del juego, o que la dificultad es muy elevada. Es por ello que los videojuegos ofrecen distintos niveles de dificultad para atraer a los nuevos jugadores, evitando, por ejemplo, que una dificultad extremadamente fácil haga que el juego pierda interés y se vuelva aburrido.

	Nombre de la Métrica	Propósito	Fórmula	Interpretación	Método de Evaluación
Eficiencia	Tiempo de Meta	¿Cuánto tiempo requiere el jugador para lograr una meta?	X = Ta	Jugadores novatos necesitan más tiempo	Test de Usuarios
	Eficiencia de Meta	¿Cómo de eficiente es el usuario?	X = M1/T	X ∈ [0, 1], cercano a valores intermedios	Test de Usuarios
	Eficiencia Relativa al Nivel del Usuario	¿Cómo de eficiente es un jugador experto frente a un jugador nuevo?	X = A/B A = eficiencia del jugador normal B = eficiencia del jugador experto	M1 ∈ [0, 1], cercano 1, lo mejor	Test de Usuarios

Figura 1.6: Métricas para atributos de Eficiencia

	Nombre de la Métrica	Propósito	Fórmula	Interpretación	Método de Evaluación
Flexibilidad	Accesibilidad	¿Qué porcentaje de metas se logran utilizando distintas formas de interacción diferentes a las usadas por defecto?	X = A/B A = metas con diferentes métodos de interacción B = n. total de metas	M1 ∈ [0, 1], cercano 1 lo mejor	Test de Usuarios
	Personalización	¿Qué proporción de la personalización disponible utiliza el jugador?	X = A/B A = elementos personalizables B = elementos en el juego	M1 ∈ [0, 1], si cercano a 1 métodos de interacción originales quizás deban ser cambiados	Test de Usuarios

Figura 1.7: Métricas para atributos de Flexibilidad

	Nombre de la Métrica	Propósito	Fórmula	Interpretación	Método de Evaluación
Seguridad	Seguridad y Salud del Jugador	¿Cómo incide en la salud del jugador el uso del producto?	X = 1 − A / B A = n. de jugadores que informan de problemas relacionados con la seguridad B = número total de jugadores	M1 ∈ [0, 1], cercano 1, lo mejor	Test de Usuarios
	Daño software	¿Cómo incide la corrupción del software en el juego?	X = 1 − A / B A = número de veces que el videojuego falla y es detectado por el jugador. B = n. total de situaciones de uso	M1 ∈ [0, 1], cercano 1, lo mejor	Test de Usuarios

Figura 1.8: Métricas para atributos de Seguridad

	Nombre de la Métrica	Propósito	Fórmula	Interpretación	Método de Evaluación
Satisfacción	Escala de Satisfacción	¿Cómo de satisfecho está el jugador?	X = A/B A = cuestionario con escala psicométrica B = media popular	X>0 el mayor, lo mejor	Test de Usuarios + Cuestionarios
	Cuestionario de Satisfacción	¿Cómo de satisfecho está el jugador con las características propias del videojuego?	X = ΣAi /n A i= respuesta a la pregunta B = número de respuestas	Comparar con valores previos, o con la media popular	Test de Usuarios + Cuestionarios
	Preferencia de Uso	¿Qué porcentaje de usuarios prefieren el videojuego frente a otro?	X = A/B A = n. de veces que características propias del juego es usada B = n. de veces que jugadores intentan jugar a un juego	M1 ∈ [0, 1], cercano 1, lo mejor	Test de Usuarios + Cuestionarios
	Socialización	¿Qué porcentaje de los retos son resueltos jugando en grupo?	X = A/B A = n. de veces que el juego se usa en un contexto social B = n. de veces que el juego es usado	M1 ∈ [0, 1], cercano 1, juego social, cercano a 0, juego individual	Test de Usuarios + Cuestionarios

Figura 1.9: Métricas para atributos de Satisfacción

La *eficacia* en el caso de los videojuegos es relativa, es decir, el usuario querrá jugar de forma inmediata, sin perder tiempo en recibir excesiva información, pero, de la misma manera que comentábamos con anterioridad, el juego debe aportar dificultad y el usuario debería encontrar cierta resistencia y progresiva dificultad en la consecución de las metas que lleve asociado.

La *personalización* también es algo especialmente deseable en el mundo del videojuego, porque en él coexisten muchos elementos de diseño que tratan de distraer, de acompañar y de establecer la forma de interacción. Ésta última debería ser flexible en cuanto a poder dar soporte a diferentes formas de interactuar: teclas, mandos, sonidos, etc. El atributo de la *accesibilidad*, aunque deseable y exigible, tradicionalmente no ha contado con mucha atención en el desarrollo de videojuegos.

Este aspecto está cambiando y la presencia de este atributo contribuye al uso del mismo ya sea en la interfaz de usuario o en las mecánicas del juego. En este modelo de Jugabilidad este atributo se consideró implícitamente dentro de otros. Los problemas de la accesibilidad pueden considerarse problemas de Usabilidad/Jugabilidad para, por ejemplo, jugadores con algún tipo de discapacidad.

Si un jugador no puede entender lo que se dice en determinadas escenas u oír si otro personaje camina detrás de él por problemas de sonido, es recomendable el uso de subtítulos. Si el jugador no puede manejar determinado control de juego, se recomienda el uso de dispositivos alternativos para facilitar el control de juego.

La *seguridad/prevención* es un factor que, en el caso de los videojuegos, toma cada vez más importancia. El juego, en la actualidad, no es sólo estático, mental y de sobremesa, sino que supone, en algunos casos, exigencias físicas, por ejemplo el uso de un control de juego que demande un esfuerzo corporal o movimientos bruscos, los cuales pueden ser potencialmente peligrosos o dañinos para la salud si el jugador desarrolla la actividad de juego con ellos durante un tiempo prolongado de ocio.

La *satisfacción* es el atributo más determinante al tratar con videojuegos. Muchos aspectos: cognitivos, emocionales, físicos, de confianza y sociales pueden considerarse bajo este factor de la Jugabilidad. La estimación de la misma se realiza fundamentalmente con cuestionarios y observando al jugador mientras juega y viendo cuáles son sus preferencias de un momento de ocio para el siguiente. Probablemente, este atributo en videojuegos es el más rico y subjetivo. Por lo tanto, es el que se ha enriquecido más con atributos y propiedades para mejorar su medida y estimación.

Finalmente, en la última columna de la tabla se proponen diversos métodos de evaluación para cada métrica. Estos métodos pueden enriquecerse y guiarse por las facetas, las cuales nos pueden ayudar a identificar la calidad de elementos concretos de un videojuego según el uso y las acciones mostradas por el conjunto de jugadores.

Las principales formas de medición son la observación, donde podemos medir con herramientas cómo y de qué manera actúa el jugador con el videojuego, usando por ejemplo las métricas presentadas o usar cuestionarios o tests heurísticos para preguntar o interrogar por atributos de la Jugabilidad. Estos cuestionarios pueden ir guiados por facetas para facilitar su análisis.

1.2. Metodologías de Producción y Desarrollo

Como en el desarrollo de cualquier producto software, para el construcción de un videojuego se requiere tener presente los principios fundamentales de la Ingeniería del Software y, especialmente, la metodología de desarrollo adecuada para el producto que se pretende construir y el contexto en el que se llevará a cabo. Sin embargo, el diseño y desarrollo de un videojuego no sólo se reduce al desarrollo técnico de un producto software sino que supone una actividad multidisciplinar que abarca desde la idea y concepción inicial hasta su versión final. Además, hay que tener presente que el desarrollo de un videojuego suele ser un proyecto de gran envergadura en tiempo y en dinero. Por ejemplo, la producción de *Half-Life 2* supuso más de cuatro años de trabajo y un presupuesto final que se situó alrededor de los cincuenta millones de dólares. En estas situaciones, hay aspectos clave que requieren de una minuciosa planificación y metodología, ya que desde que se concibe un proyecto hasta que se comercializa transcurren grandes periodos de tiempo lo que en el ámbito tecnológico puede ser la causa de presentar importantes desfases y, por lo tanto, desembocar en un estrepitoso fracaso.

Así pues, se puede asegurar que la realización de un videojuego es una tarea delicada que requiere de una metodología específica. Sin embargo, las metodologías claramente establecidas para desarrollo de software no se adaptan a este proceso con garantías de calidad suficientes y no existe en este ámbito un claro planteamiento de cómo afrontar el trabajo. No obstante, son muchos expertos los que coinciden en que el ciclo de vida del desarrollo de videojuegos se debe aproximar al del desarrollo de una película de cine, estableciendo tres fases claramente diferencias que son **Pre-Producción**, **Producción** y **Post-Producción**. A su vez en cada una de estas fases se identifican diversas etapas significativas y el equipo de producción se distribuye para colaborar en cada una de ellas.

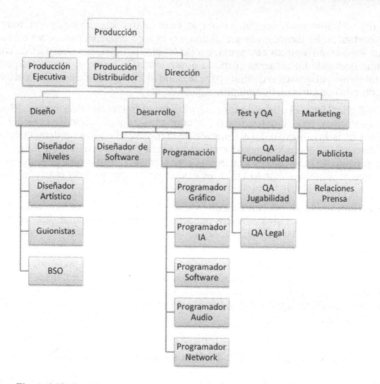

Figura 1.10: Organización de referencia de un equipo de producción de videojuegos

El equipo de personas que suelen trabajan en un proyecto de desarrollo de un video-juego comercial de tamaño medio-alto oscina entre 40 y 140. Además, el tiempo que dura el proceso puede llegar a superar los tres años. Teniendo presente esto y, especialmente, su similitud con la producción de una película en [10] se propone una organización de referencia para el equipo de producción. Esta organización es la que aparece en la figura 1.10 y que ha sido traducida en [26].

La organización de las etapas del proceso de producción y la relación entre las mismas da lugar a un modelo de proceso que se asemeja al denominado Modelo en Cascada de Royce [51] en el que se establece la realización secuencial de una serie de etapas, impidiendo el comienzo de una nueva etapa sin la finalización de la anterior. Esta característica sacrifica de forma importante la posibilidad de paralelismo en el desarrollo de un videojuego y puede suponer una mala utilización de los recursos disponibles.

La distribución de las distintas etapas entre las tres fases mencionadas anteriormente tampoco está ampliamente consensuado. Predomina la idea de que la fase de Producción agrupa todo aquello que conlleva la obtención de elementos tangibles y elaborados para el juego mientras que la fase de Pre-Producción se asocia con los procesos de obtención de elementos poco tangibles o preliminares, aunque con más propiedad y en el mundo del desarrollo de software, se puede denominar Diseño Conceptual del Juego.

En cualquier caso, cabe destacar que la principal carga de trabajo se sitúa en lo que puede denominarse Diseño General del Juego y en el Diseño Técnico que es donde se aborda fundamentalmente el desarrollo del software del videojuego. Así pues, son estas etapas las que requieren mayor número de recursos y una mayor coordinación entre ellos. La figura 1.11 ilustra un posible planteamiento de organización de fases y etapas extraído de [10].

Describimos a continuación cada una de sus etapas de forma más detallada para comprender su objetivo de una forma más clara.

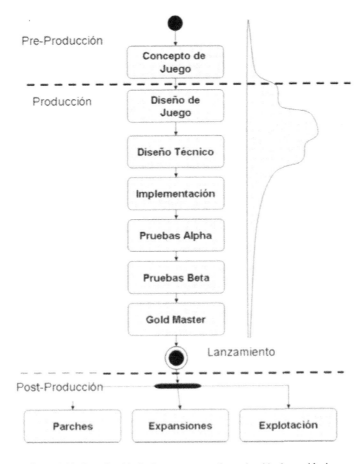

Figura 1.11: Organización de fases y etapas en la producción de un videojuego

1.2.1. Pre-Producción

En la fase de Pre-Producción se lleva a cabo la concepción de la idea del juego, identificando los elementos fundamentales que lo caracterizarán y finalizando, si es posible, en un diseño conceptual del mismo. Esta información se organiza para dar lugar a lo que puede considerarse una primera versión del documento de diseño del juego o más conocido como GDD (Game Design Document). En este GDD, que debe ser elaborado por el equipo creativo del diseño de videojuegos, se debe identificar y fijar todo lo relacionado con el Diseño del Videojuego que será necesario abordar posteriormente (normalmente en la fase de Producción).

Como patrón de referencia y de acuerdo a lo establecido en [10], el GDD debe contener lo siguiente:

- **Genero**. Clasificación del juego según su naturaleza. La identificación del género al que pertenece el juego servirá para fijar una serie de características básicas para su posterior diseño.

- **Jugadores**. Modalidad de juego: individual o colectivo; multijugador o no; si los jugadores son personas o son máquinas; etc.

- **Historia**. Resumen de la historia del juego. Se realizará una primera aproximación de la trama o la historia a desarrollar durante el juego, destacando qué se quiere contar y cómo se pretende hacerlo. Esto se denomina storyline y storytelling respectivamente.

- **Bocetos**. Los bocetos son diseños preliminares, fundamentalmente, de los personajes y de los escenarios por los que se desarrollará la acción del juego.

- **Look and Feel**. A partir de los bocetos se define el aspecto grafico y artístico del juego, colores, temas dominantes, musicalidad, técnicas de diseño 3D ó 2D, posiciones de cámaras, etc.

- **Interfaz de Usuario**. Se apuntará la forma en la que el jugador interactuará con el juego y con qué mecanismos contará para ello: estilos de interacción, metáforas de interacción, paradigma de interacción, etc.

- **Objetivos**: Se fijan las metas del juego de acuerdo a la historia que se va a desarrollar.

- **Reglas**: Se establece qué acciones podrá desarrollar el jugador y cómo podrá hacerlo.

- **Características**. Se recogen las características principales de cada personaje del juego y de los elementos que intervienen durante su historia.

- **Gameplay**. Este es un concepto poco preciso y de muy amplio alcance, siendo ligeramente diferente su aplicación a cada tipo de juego. En esencia se trata de la naturaleza general del videojuego y de la interactividad que soportará. Es decir, los aspectos fundamentales que caracterizan la forma en la que se va a jugar, las cosas que el jugador va a poder hacer en el juego, la forma en la que el entorno del juego reaccionará a las acciones del jugador, mediadas por los correspondientes personajes, etc. Estos aspectos se describirán sin detallar en exceso a nivel de gráficos, sonido o de la propia historia.

- **Diseño de Niveles**. Se describen los niveles de dificultad que presentará el juego indicando cuántos será y cómo serán, así como los retos a los que el jugador se enfrentará en cada uno de ellos. En algunos casos, estos niveles también pueden estar asociados a etapas o fases del juego.

- **Requerimientos técnicos**. Se definen los requerimientos técnicos de máquina y dispositivos que requerirá el videojuego para su utilización.

- **Marketing**. Esta es una parte esencial en cualquier producto, pero especialmente en el caso de un videojuego todavía más. Muchos videojuegos con fuertes inversiones han sido prácticamente un fracaso por no abordar este aspecto desde las primeras faces de desarrollo. Por lo tanto, es necesario plantear, desde esta fase, la líneas maestras por las que se va a regir la generación de marketing y publicidad del producto.

- **Presupuesto**. Se realizará una primera aproximación al presupuesto que soportará el proyecto de desarrollo del videojuego.

Como se ha indicado anteriormente, esta primera versión del GDD será el punto de partida para iniciar la fase de Producción, pero cabe insistir sobre la importancia de uno de sus elementos: se trata del Gameplay. Dado el carácter un tanto difuso de este concepto, consideremos como ejemplo el caso particular del conocido y clásico juego *"Space Invaders"*. En este juego indicaríamos que se debe poder mover una nave alrededor del cuadrante inferior de la pantalla y disparar a una serie de enemigos que aparecen por la parte superior de la pantalla y que desaparecen cuando son alcanzados por los disparos. Estos enemigos tratan de atacarnos con sus disparos y presionándonos mediante la reducción de nuestro espacio de movimientos e intentando chocar contra nuestra nave.

El Gameplay tiene una implicación importantísima en la calidad final del juego y, por lo extensión, en la Jugabilidad del mismo. Luego los esfuerzos destinados a su análisis y planteamiento revertirán directamente en las propiedades que caracterizan la Juabilidad. No obstante y para profundizar en más detalle sobre este aspecto, se recomienda consultar los siguientes libros: *"Rules of Play: Game Design Fundamentals"* [52] y *"Game Design: Theory and Practice"* [50].

1.2.2. Producción

La fase de Producción es la fase donde se concentra el trabajo principal, en volumen y en número de participantes, del proceso de desarrollo del videojuego, especialmente en lo que se denomina Diseño del Juego y Diseño Técnico. Hay que significar que este curso está orientado, fundamentalmente, a las tareas y técnicas relacionadas con el Diseño Técnico, pero no queremos dejar de situarlo en el contexto del proceso global que requiere llevarse a cabo para concebir y desarrollar un producto de estas características.

Siguiendo lo presentado en la figura 1.11, las etapas principales que se identifican en esta fase son las siguientes:

- Diseño de Juego. Esta es una etapa fundamental en la que se describen con alto nivel de detalle todos los elementos que formarán parte del juego. Principalmente, lo que se hace es refinar lo contemplado en el GDD para obtener su versión definitiva, diseñando en profundidad todos sus aspectos anteriormente especificados. Así se obtiene lo que se denomina DTD (Documento Técnico de Diseño) junto con la Biblia de la Historia, la Biblia del Arte y la primera versión del Motor del Juego. Fundamentalmente, se debe trabajar en tres líneas de trabajo que vienen a caracterizar lo que se denomina diseño del juego y son las siguientes:

  - **Diseño Artístico** que incluye:
    - ○ La Biblia de la Historia donde se recogen todas las historias de los personajes y del mundo donde se desarrolla el juego así como el argumento completo del juego.
    - ○ Biblia del Arte que incluye:
      - ◇ Elementos sonoros del juego, es decir, voces, efectos, música, ambiente, etc. Incluso se empieza a trabajar en lo que debe dar lugar al Motor de Sonido.
      - ◇ Visualización gráfica de los elementos con los que interactuarán los jugadores.
      - ◇ Elementos gráficos como los modelos en 3D, las cámaras, las luces, los sprites, los tiles, etc. De igual manera que en el caso del sonido, esto sirve de punto de partida para comenzar a trabajar en lo que se denomina Motor Gráfico.
  - **Diseño de la Mecánica del Juego**, en el que se trabaja en lo aspectos que se enumeran a continuación:

○ Cómo se va a interactuar en el juego, cuáles son las reglas que lo rigen y cómo es la comunicación que tendrá lugar en caso de tratarse de un juego on-line.

○ Se debe diseñar el comportamiento, habilidades y otros detalles significativos de los personajes y del mundo que les rodea.

○ Se empieza a trabajar en el diseño del motor de IA (Inteligencia Artificial) que pueda requerir y en todo lo asociado con esto.

○ Se diseña lo que se denomina el Motor Físico con el objetivo de generar los aspectos físicos del juego como explosiones, disparos, etc.

• **Motor del Juego** que hace referencia a una serie de rutinas que permiten la representación de todos los elementos funcionales del juego. En síntesis puede decirse que agrupa todo lo relacionado con el Motor Gráfico, el Motor de Sonido, el Gestor de IA, el Motor Físico y todo el resto de gestores que pueden ser necesario para manejar el universo completo del videojuego.

▪ **Diseño Técnico.** Ésta se trata de la etapa que directamente está relacionada el desarrollo del software del juego y con lo se aborda en profundidad como contenido técnico esencial de este curso. Es aquí donde de describe cómo será implementado el juego. Para ello se hace uso de notaciones como UML (Unified Modeling Language) y se plantea y decide la metodología de desarrollo software más apropiada según las características y, sobretodo, envergadura del producto software que se pretende implementar. Es importante tener una descripción conceptual y precisa que permita ver el funcionamiento del software desde puntos de vistas estructurales, dinámicos, de interacción y de despliegue. En definitiva, se trata de un proyecto de desarrollo de software completo que debe incluir también una planificación de tareas a realizar, una asignación a los miembros del equipo de desarrolladores. Esto incluye la identificación de hitos importantes, las fechas de entrega y el análisis de riesgos.

▪ **Implementación.** En esta etapa debe abordarse la implementación de los elementos software del proyecto que se describieron en la etapa anterior, utilizando para ello métodos, técnicas y herramientas como las que se trabajan a lo largo de este curso. Es posible que se detecten algunos errores del diseño inicial y que se requieran revisiones. En muchos casos, esta etapa y la anterior son repetidas de forma iterativa o se someten a ciclos iterativos. Esto, en muchos casos viene determinado por la metodología de desarrollo software que se emplea y que, como se ha apuntado anteriormente, depende de muchos factores como la envergadura del proyecto, los recursos disponibles, etc. Generalmente, en este momento se suelen construir demos reducidas del juego que son objeto de publicación, contribuyendo así a materializar la campaña de marketing y publicidad que tan esenciar es para lograr el éxito comercial del producto.

▪ **Pruebas Alpha.** Estas pruebas se abordan cuando tenemos ya partes del producto software terminado. También se suelen denominan pruebas Code Complete. Mediante las mismas, el producto se somete a diversas pruebas que realizan pequeños equipos que han estado llevando a cabo el proceso de diseño y desarrollo del juego. El objetivo de las mismas es buscar pequeños errores y refinar algunos aspectos. Uno de los aspectos más importantes que se valoran en esta etapa es la Jugabilidad del juego a través de diversas propiedades y facetas como se describió anteriormente.

- **Pruebas Beta**. En las pruebas Beta o también denominadas Content Complete se finaliza todo lo relacionado con contenidos como el decorado de las misiones, los gráficos, los textos en diferentes idiomas, doblaje del sonido, etc. Además, se trabaja para asegurar que los contenidos incluidos en el juego se ajustan a las leyes vigentes y a la ética establecida en aquellos países donde se pretende comercializar el juego. Estas pruebas son llevadas a cabo por personas ajenas al equipo de desarrollo.

- **Gold Master**. Esta etapa aborda una prueba definitiva con el producto final que se publicará y que se producirá. Obviamente, incluye todo el contenido artístico, técnico y documental (es decir, los manuales de usuario). En este momento, la publicidad deber ser la mayor posible, incluyéndose la realización de reportajes, artículos, etc.

1.2.3. Post-Producción

La fase de Post-Producción, en la que no nos vamos a detener ya que se aleja bastante del contenido tratado en el curso, aborda fundamentalmente la explotación y el mantenimiento del juego como si de cualquier otro producto software se tratase.

1.3. Metodologías Alternativas

El método descrito anteriormente prácticamente es un caso particular de aplicación del Modelo de Proceso en Cascada, que conlleva la finalización de una etapa antes de poder abordar la siguiente. En el caso del desarrollo de software, esto condiciona bastante lo relacionado con las etapas de pruebas, cuya realización se retrasa en exceso quedando situada casi al final del desarrollo. En ese momento, depurar y solucionar cualquier problema, si es que es posible, puede resultar excesivamente costoso en tiempo y, en consecuencia, en dinero.

Precisamente, en el área del desarrollo de sistemas interactivos, está claramente establecido que las pruebas, sobretodo de Usabilidad, deben hacerse desde las primeras fases, incluso cuando los prototipos están únicamente a nivel de bocetos y en papel. Así pues, eso entra firmemente en contradicción con el hecho de que un videojuego se considere como un caso particular de sistema interactivo.

Por otro lado, la necesidad de evaluar lo antes posible las propiedades relacionadas con la Jugabilidad y la Experiencia del Jugador requieren plantear variaciones a la metodología de producción y desarrollo anteriormente presentada. Por esta razón, se describen a continuación algunos otros métodos alternativos que se utilizan en la industria del desarrollo de software de videojuegos.

1.3.1. Proceso Unificado del Juego

Tomando como punto de partida el PUD (Proceso Unificado de Desarrollo) de IBM, en [25] se plantea la metodología denominada Proceso Unificado del Juego (o GUP (Game Unified Process)). Este método se caracteriza por incentivar la comunicación entre los equipos de trabajo que abordan cada etapa del desarrollo, la documentación estricta de cada paso y por abordar el proceso de desarrollo de una forma iterativa y en ciclos muy cortos. Se puede considerar como una versión ágil de la metodología PUD particularizada para el desarrollo de software de videojuegos.

Además, este método propone la utilización del paradigma de Programación Extrema [9] como instrumento para agilizar el desarrollo del software del videojuego. Por lo tanto, esto es especialmente aplicable a lo que serían las etapas de Diseño del Juego, Diseño Técnico, Implementación y Pruebas.

1.3.2. Desarrollo Incremental

Otro método que puede ser adecuado, si se pretende potenciar la realización de pruebas en las fases más tempranas y obtener la correspondiente realimentación, es el *Desarrollo Incremental* de Sikora [55]. Básicamente, se introduce la idea de disponer de un equipo de "jugadores" dentro del equipo de desarrolladores encargados de las pruebas. Estos "jugadores" siempre realizan una subetapa de pruebas en cada etapa antes de validar los resultados y poder asumir las tareas de la siguiente etapa.

1.3.3. Desarrollo Ágil y Scrum

Una de las metodologías que mejores resultados está produciendo recientemente en la industria del software de videojuegos es la propuesta por Clinton Keith dentro de su estudio de desarrollo *High Moon* [35]. Como ejemplo de caso de éxito en el que se ha aplicado esta metodología, cabe mencionar *DarkWatch*.

Esta metodología plantea la utilización de procesos ágiles de desarrollo de software, unido a los pilares básico de la metodología de desarrollo de productos Scrum [57].

El objetivo principal del método de Keith es hacer un diseño centrado en el jugador y en los resultados del proceso de desarrollo en cada una de sus fases. Así, se resalta la importancia de obtener la opinión del usuario en cada momento, por lo que intenta involucrar al equipo de pruebas lo antes posible. De esta forma, se facilitará la posibilidad detectar y solucionar a tiempo todos los posibles errores y se podrá analizar la Juabilidad en cada momento para ir mejorándola continuamente, del mismo modo que se hace para el caso particular de la Usabilidad en un sistema interactivo.

Esta metodología requiere de la realización de importantes esfuerzos iniciales para lograr obtener prototipos básicos pero jugables y, por lo tanto, evaluables. Con estos prototipos se inicia un proceso iterativo en el que el equipo de pruebas lo utiliza y proporciona realimentación orientada a la mejora, especialmente de la Jugabilidad pero también de otros detalles que pueden caracterizar el producto final.

Información mucho más detallada de cómo aplicar esta metodología puede encontrarse en el libro *"Agile Game Development with Scrum"* de [36].

1.3.4. Desarrollo Centrado en el Jugador

En esta subsección se va a describir la propuesta de [26] que está inspirada directamente en los principios fundamentales del DCU (Diseño Centrado en el Usuario) y de las metodologías de desarrollo software que se han derivado de los mismos.

La idea fundamental del DCU, como ya se ha apuntado anteriormente, es la involucrar al usuario y hacerlo al principio de cualquier proceso de desarrollo, ya que muchos de los problemas del software se deben a una carencia en las fases iniciales del desarrollo, concretamente en las fases de elicitación y de análisis de requisitos. Esto ya ha sido contemplado en diversos estándares que plantean ciclos de vida del proceso que incluyen modelos de madurez para la Usabilidad como pilar fundamental que garantizar el éxito del producto en cuanto a la Experiencia del Usuario.

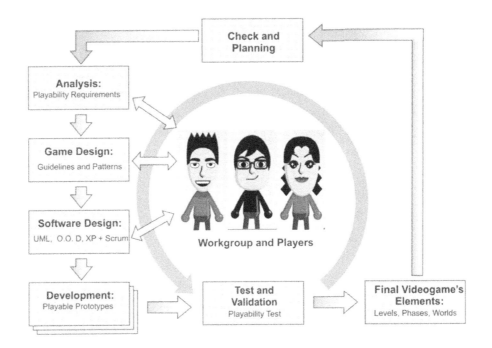

Figura 1.12: Método de Diseño Centrado en el Jugador de [26]

De la misma forma que el DCU es necesario para el desarrollo de aplicaciones que cubran los requisitos del usuario de forma adecuada, el Diseño Centrado en el Jugador es especialmente importante para considerar la diversidad y subjetividad de los perfiles de jugadores existentes. Además, esto contribuye directamente a la reducción de la proliferación de productos que requieren numerosos "parches" incluso desde los primeros meses de vida en el mercado.

En este sentido [26] propone un método inspirado directamente en la metodología *PPIu+a* propuesta en [27] para Ingeniería de la Usabilidad y que se resume en la figura 1.12. Para facilitar su comprensión puede utilizarse la figura 1.13 en la que se relaciona y compara esta metodología MPIu+a.

En las fuentes citadas pueden encontrar muchos más detalles sobre la fases más destacables que son las de análisis, diseño, desarrollo y evaluación de elementos jugables. Especialmente, se plantea un patrón a seguir para la obtención de requisitos de Jugabilidad con ejemplos de aplicación, se proponen una serie de guías de estilo para llevar a cabo un diseño que fomente la Jugabilidad, se muestra cómo aplicar Scrum y programación extrema para la construcción de prototipos jugables y se describe cómo evaluar la Jugabilidad de los prototipos para obtener conclusiones sobre la experiencia del jugador.

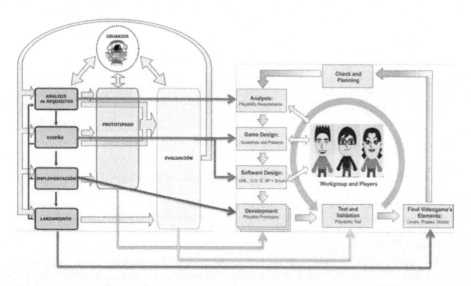

Figura 1.13: Comparación entre el método de Diseño Centrado en el Jugador y el de Diseño Centrado en el Usuario de MPIu+a

Capítulo 2

C++ Avanzado

Francisco Moya Fernández
David Villa Alises
Sergio Pérez Camacho
Cleto Martín Angelina

2.1. Estructuras de datos no lineales

Cualquier programa donde la eficiencia sea importante, y es el caso de la mayoría de los videojuegos, necesitan estructuras de datos específicas. Hay varios motivos para ello:

- Hasta ahora hemos estudiado fundamentalmente la STL (Standard Template Library), que oculta la estructura real de los contenedores ofreciendo un aspecto de estructura lineal. Así, por ejemplo, los objetos de tipo map o set se representan realmente mediante árboles, aunque el programador está completamente aislado de ese detalle de implementación. Solo podemos anticipar la estructura subyacente mediante indicadores indirectos, como la complejidad de las operaciones o la estabilidad de los iteradores.

- Algunas estructuras, como es el caso de los grafos, no tienen una representación lineal evidente y se pueden recorrer de distintas formas. Por tanto debe existir un número variable de iteradores.

- Las estructuras de la STL están diseñadas para uso general. El diseñador no puede anticipar en qué condiciones se van a usar por lo que toma las decisiones apropiadas para el mayor número de casos posible. Conociendo los detalles (gestión de memoria, algoritmos que se van a aplicar) se pueden obtener rendimientos muy superiores con mínimas modificaciones sobre la estructura subyacente.

Como ya hemos puntualizado en capítulos anteriores, es muy importante no optimizar de manera prematura. Para ilustrar este aspecto veamos el siguiente ejemplo tomado de [12], capítulo 11.

Listado 2.1: Dos formas de sumar enteros

```
1   int myIntegerSum(int* a, int size) {
2       int sum=0;
3       int* begin = a;
4       int* end = a + size;
5       for (int* p = begin; p != end; ++p)
6       sum += *p;
7       return sum;
8   }
9
10  int stlIntegerSum(int* a, int size) {
11      return accumulate(a, a+size, 0);
12  }
```

En dicho libro se argumentaba que la función `myIntegerSum()` es casi cuatro veces más rápida que `stlIntegerSum()`. Y probablemente era verdad en el año 1999. Sin embargo hoy en día, empleando GNU g++ 4.6.2 o clang++ 3.0 el resultado es prácticamente idéntico, con una muy ligera ventaja hacia la versión basada en la STL.

2.1.1. Árboles binarios

Anti-optimizaciones

Con los compiladores actuales es muy difícil implementar código equivalente a la STL más eficiente. Algunos ejemplos de [12] hoy en día son completamente diferentes.

Las estructuras arborescentes se encuentran entre las más utilizadas en la programación de todo tipo de aplicaciones. Ya hemos visto en el módulo 2 algunas de sus aplicaciones para el mezclado de animaciones (*Priority Blend Tree*), o para indexar el espacio (*BSP* Tree, quatree, octree, BBT). Estudiaremos su funcionamiento en este capítulo, pero el desarrollo de videojuegos no se limita a los gráficos, por lo que otro tipo de árboles más generales pueden resultar también necesarios.

Los árboles se utilizan con frecuencia como mecanismo eficiente de búsqueda. Para este fin implementan un rico conjunto de operaciones: búsqueda de un elemento, mínimo o máximo, predecesor o sucesor de un elemento y las clásicas operaciones de inserción y borrado. Se pueden emplear como un diccionario o como una cola con prioridad.

Todas estas operaciones están presentes en los contenedores ordenados de la STL, singularmente set, multiset, map y multimap. No debe extrañar por tanto que en todos ellos se emplea una variante de árbol binario denominada *red-black tree*.

Un nodo de árbol contiene habitualmente un atributo key que se emplea para compararlo con otros nodos y además mantiene un conjunto de punteros a otros nodos que mantienen su relación con el resto de la estructura. Así, por ejemplo, los nodos de árboles binarios mantienen un atributo parent que apunta al nodo padre, y un par de punteros *left* y *right* que apuntan al hijo por la izquierda y por la derecha respectivamente. A su vez cada hijo puede tener otros nodos hijos, por lo que realmente cada nodo cuenta con dos subárboles (izquierdo y derecho).

 Las operaciones básicas de los árboles se ejecutan en un tiempo proporcional a la altura del árbol. Eso implica $O(\log n)$ en el caso peor si está correctamente balanceado, pero $O(n)$ si no lo está.

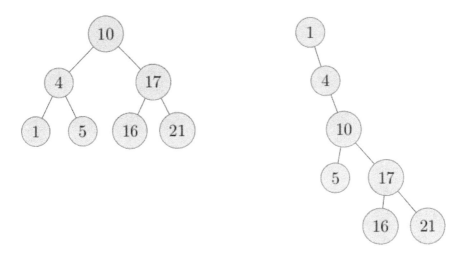

Figura 2.1: Dos árboles de búsqueda binaria. Ambos contienen los mismos elementos pero el de la izquierda es mucho más eficiente

Árboles de búsqueda binaria

Los árboles de búsqueda binaria se definen por la siguiente propiedad:

Todos los nodos del subárbol izquierdo de un nodo tienen una clave menor o igual a la de dicho nodo. Análogamente, la clave de un nodo es siempre menor o igual que la de cualquier otro nodo del subárbol derecho.

Por tratarse del primer tipo de árboles expondremos con cierto detalle su implementación. Como en cualquier árbol necesitamos modelar los nodos del árbol, que corresponden a una simple estructura:

Listado 2.2: Estructura de un nodo de árbol de búsqueda binaria

```
1  template <typename KeyType>
2  struct Node {
3      typedef Node<KeyType> NodeType;
4
5      KeyType key;
6      NodeType* parent;
7      NodeType* left;
8      NodeType* right;
```

Sobre esta misma estructura es posible definir la mayoría de las operaciones de un árbol. Por ejemplo, el elemento más pequeño podría definirse como un método estático de esta manera:

Listado 2.3: Búsqueda del elemento mínimo en un árbol de búsqueda binaria

```
1      static NodeType* minimum(NodeType* x) {
2          if (x == 0) return x;
3          if (x->left != 0) return minimum(x->left);
```

```
4          return x;
5      }
```

Para obtener el mínimo basta recorrer todos los subárboles de la izquierda y análogamente para encontrar el máximo hay que recorrer todos los subárboles de la derecha hasta
llegar a un nodo sin subárbol derecho.

Listado 2.4: Búsqueda del elemento máximo en un árbol de búsqueda binaria

```
1      static NodeType* maximum(NodeType* x) {
2          if (x == 0) return x;
3          if (x->right != 0) return maximum(x->right);
4          return x;
5      }
```

El motivo de utilizar métodos estáticos en lugar de métodos normales es poder invo-
carlos para el nodo nulo. Los métodos de clase invocados sobre un objeto nulo tienen un
comportamiento indefinido.

Nuestra implementación del método estático `minimum()` es recursiva. Con frecuencia
se argumenta que una implementación iterativa es más eficiente porque no crea un
número indefinido de marcos de pila. Realmente eso depende del tipo de recursión.
Cuando el compilador puede detectar recursión por la cola, es decir, cuando tras la
llamada recursiva no quedan operaciones pendientes de realizar, el compilador puede
optimizar el código y eliminar completamente la llamada recursiva.

Las instancias de `Node` no tienen por qué ser visibles directamente al programador, al
igual que los contenedores tipo `set` de la STL. Por ejemplo, esto puede lograrse utilizando
un *namespace* privado.

La búsqueda de un elemento también puede plantearse con un algoritmo recursivo
aprovechando la propiedad que define a los árboles de búsqueda binaria:

Listado 2.5: Búsqueda de una clave en un árbol de búsqueda binaria

```
1      static NodeType* search(NodeType* x, KeyType k) {
2          if (x == 0 || x->key == k) return x;
3          else if (k < x->key) return search(x->left, k);
4          else return search(x->right, k);
5      }
```

También pueden implementarse de manera directa los métodos `successor()` y `pre-
decesor()` para encontrar el nodo siguiente o anterior a uno dado según el orden de las
claves:

Listado 2.6: Búsqueda del sucesor de un nodo en un árbol de búsqueda binaria

```
1      static NodeType* successor(NodeType* x) {
2          if (x->right != 0) return minimum(x->right);
3          NodeType* parent = x->parent;
4          while (parent != 0 && x == parent->right) {
5              x = parent;
6              parent = x->parent;
7          }
8      }
```

Si hay un subárbol a la derecha del nodo entonces es el mínimo de ese subárbol (en la figura 2.1 izquierda el sucesor de 10 es 16). Si no lo hay entonces tendremos que subir hasta el primer padre que tiene al nodo como subárbol izquierdo (en la figura 2.1 izquierda el sucesor de 5 es 10).

Se propone como ejercicio la implementación de la búsqueda del predecesor de un nodo determinado.

El resto de las operaciones básicas sobre un árbol (inserción y borrado de elementos) requiere de una estructura que actúa como fachada de los nodos del árbol.

Listado 2.7: Estructura de un árbol de búsqueda binaria

```
1  template <class KeyType>
2  struct Tree {
3      typedef Node<KeyType> NodeType;
4
5      NodeType* root;
```

El atributo root mantiene cuál es el nodo raíz del árbol. Los métodos de inserción y borrado deben actualizarlo adecuadamente.

Listado 2.8: Inserción en un árbol de búsqueda binaria

```
1  void insert(NodeType* z) {
2      NodeType* y = 0;
3      NodeType* x = root;
4      while (x != 0) {
5          y = x;
6          if (z->key < x->key)
7              x = x->left;
8          else
9              x = x->right;
10     }
11     z->parent = y;
12     if (y == 0) root = z;
13     else if (z->key < y->key)
14         y->left = z;
15     else
16         y->right = z;
17 }
```

Básicamente replica el procedimiento de búsqueda para encontrar el hueco donde debe insertar el elemento, manteniendo el padre del elemento actual para poder recuperar el punto adecuado al llegar a un nodo nulo.

El procedimiento más complejo es el de borrado de un nodo. De acuerdo a [14] se identifican los cuatro casos que muestra la figura 2.2. Un caso no representado es el caso trivial en el que el nodo a borrar no tenga hijos. En ese caso basta con modificar el nodo padre para que el hijo correspondiente sea el objeto nulo. Los dos primeros casos de la figura corresponden al borrado de un nodo con un solo hijo, en cuyo caso el hijo pasa a ocupar el lugar del nodo a borrar. El tercer caso corresponde al caso en que el hijo derecho no tenga hijo izquierdo o el hijo izquierdo no tenga hijo derecho, en cuyo caso se puede realizar la misma operación que en los casos anteriores enlazando adecuadamente las dos ramas. El cuarto caso corresponde al caso general, con dos hijos no nulos. En ese caso buscamos un sucesor del subárbol izquierdo que no tenga hijo izquierdo, que pasa a reemplazar al nodo, reajustando el resto para mantener la condición de árbol de búsqueda binaria.

Con el objetivo de facilitar el movimiento de subárboles definimos el método transpla nt(). El subárbol con raíz u se reemplaza con el subárbol con raíz v.

Listado 2.9: Transplantado de subárboles en un árbol de búsqueda binaria

```
1    void transplant(NodeType* u, NodeType* v) {
2        if (u->parent == 0)
3            root = v;
4        else if (u == u->parent->left)
5            u->parent->left = v;
6        else
7            u->parent->right = v;
8        if (v != 0)
9            v->parent = u->parent;
10    }
```

Nótese que no alteramos el nodo padre de v ni los hijos de v. La responsabilidad de actualizarlos corresponde al que llama a `transplant()`.

Empleando este procedimiento auxiliar es muy sencilla la implementación de `remove()`.

Listado 2.10: Borrado en un árbol de búsqueda binaria

```
1    void remove(NodeType* z) {
2        if (z->left == 0)
3            transplant(z, z->right);
4        else if (z->right == 0)
5            transplant(z, z->left);
6        else {
7            NodeType* y = NodeType::minimum(z->right);
8            if (y->parent != z) {
9                transplant(y, y->right);
10               y->right = z->right;
11               y->right->parent = y;
12           }
13           transplant(z, y);
14           y->left = z->left;
15           y->left->parent = y;
16       }
17   }
```

Todos los procedimientos básicos (`minimum()`, `maximum()`, `search()`, `predecesor()`, `successor()`, `insert()` y `remove()`) se ejecutan en tiempo $O(h)$ donde h es la altura del árbol. Si el árbol está equilibrado esto implica $O(\log n)$.

Red-black trees

La eficiencia de un árbol de búsqueda binaria depende enormemente del orden en que se introduzcan los elementos. Pueden ser muy eficientes o en el caso peor degenerar a una simple lista doblemente enlazada. Para resolver este problema se han propuesto multitud de esquemas que garantizan que el árbol siempre está equilibrado complicando ligeramente la inserción y borrado.

Los árboles rojo-negro son un caso de estos árboles de búsqueda binaria balanceados. Cada nodo almacena un bit extra, el color, que puede ser rojo o negro. En cada camino simple desde el nodo raíz a una hoja se restringen los colores de manera que nunca pueda ser un camino más del doble de largo que otro cualquiera:

1. Cada nodo es rojo o negro.

2. El nodo raíz es negro.

3. Las hojas del árbol (objetos nulos) son negras.

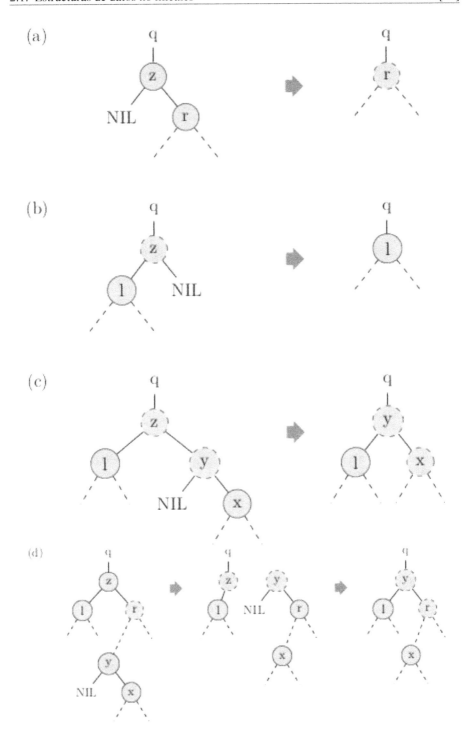

Figura 2.2: Casos posibles según [14] en el borrado de un nodo en un árbol de búsqueda binaria

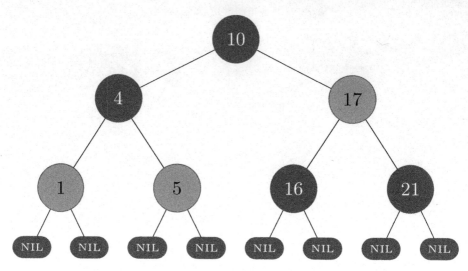

Figura 2.3: Ejemplo de árbol rojo-negro. Los nodos hoja no se representarán en el resto del texto.

4. Los hijos de un nodo rojo son negros.

5. Los caminos desde un nodo a todas sus hojas descendientes contienen el mismo número de nodos negros.

Podemos simplificar los algoritmos eliminando la necesidad de comprobar si es un nodo nulo antes de indexar un elemento sin más que utilizar un nodo especial que usamos como centinela. La estructura del nodo podría ser algo así:

```
Listado 2.11: Definición de un nodo de un árbol rojo-negro.
1   template <typename KeyType>
2   struct Node {
3       typedef Node<KeyType> NodeType;
4       enum Color { Red = false, Black = true };
5
6       KeyType key;
7       NodeType* parent;
8       NodeType* left;
9       NodeType* right;
10      Color color;
11
12      Node(Color c = Black) : color(c) {
13          left = right = parent = nil();
14      }
15
16      static NodeType* nil() {
17          if (!_nil)
18              _nil = new Node(Black);
19          return _nil;
20      }
```

Las operaciones `maximum()`, `minimum()`, `search()`, `successor()` y `predecesor()` son completamente análogas a las de los árboles de búsqueda binaria tradicionales, salvo que ahora está garantizado que se ejecutan en tiempo $O(\log n)$. Por ejemplo, la función `maximum()` sería:

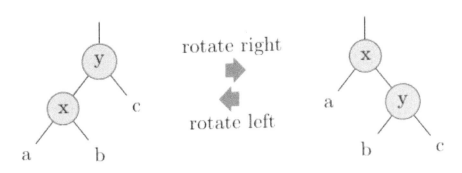

Figura 2.4: Operación de rotación a la derecha o a la izquierda en un árbol de búsqueda binaria

Listado 2.12: Búsqueda del mayor elemento en un árbol rojo-negro.

```
1    static NodeType* maximum(NodeType* x) {
2        if (x->right != NodeType::nil()) return maximum(x->right);
3        return x;
4    }
```

Nótese que ya no es necesario comprobar si x es nulo antes de indexar su miembro right, puesto que para representar al nodo nulo usamos un centinela perfectamente válido.

En cambio las operaciones de inserción y borrado deben ser modificadas para garantizar que se mantienen las propiedades de árbol rojo-negro. Para ello nos apoyaremos en dos funciones auxiliares: rotate_left() y rotate_right():

Listado 2.13: Rotación a la izquierda en un árbol de búsqueda binaria

```
1    void rotate_left(NodeType* x) {
2        NodeType* y = x->right;
3        x->right = y->left;
4        if (y->left != NodeType::nil())
5            y->left->parent = x;
6        y->parent = x->parent;
7        if (x->parent == NodeType::nil())
8            root = y;
9        else if (x == x->parent->left)
10           x->parent->left = y;
11       else
12           x->parent->right = y;
13       y->left = x;
14       x->parent = y;
15   }
```

La operación dual rotate_right() puede implementarse simplemente intercambiando en el algoritmo anterior x por y, y left por right.

La inserción puede ahora realizarse de una forma muy parecida al caso general asumiendo que el color del nodo a insertar es rojo y después arreglando el árbol con rotaciones y cambios de color.

Listado 2.14: Inserción en un árbol rojo-negro

```cpp
void insert(NodeType* z) {
    NodeType* y = NodeType::nil();
    NodeType* x = root;
    while (x != NodeType::nil()) {
        y = x;
        if (z->key < x->key)    x = x->left;
        else    x = x->right;
    }
    z->parent = y;
    if (y == NodeType::nil())    root = z;
    else if (z->key < y->key)    y->left = z;
    else    y->right = z;
    z->left = NodeType::nil();
    z->right = NodeType::nil();
    z->color = NodeType::Red;
    insert_fixup(z);
}
```

Al asumir el color rojo podemos haber violado las reglas de los árboles rojo-negro. Por esta razón llamamos a `insert_fixup()` para cumplir las reglas tras la inserción:

Listado 2.15: Reparación tras la inserción en árbol rojo-negro

```cpp
void insert_fixup(NodeType* z) {
    while (z->parent->color == NodeType::Red) {
        if (z->parent == z->parent->parent->left) {
            NodeType* y = z->parent->parent->right;
            if (y->color == NodeType::Red) {
                z->parent->color = NodeType::Black;
                y->color = NodeType::Black;
                z->parent->parent->color = NodeType::Red;
                z = z->parent->parent;
            }
            else {
                if (z == z->parent->right) {
                    z = z->parent;
                    rotate_left(z);
                }
                z->parent->color = NodeType::Black;
                z->parent->parent->color = NodeType::Red;
                rotate_right(z->parent->parent);
            }
        }
        else {
            NodeType* y = z->parent->parent->left;
            if (y->color == NodeType::Red) {
                z->parent->color = NodeType::Black;
                y->color = NodeType::Black;
                z->parent->parent->color = NodeType::Red;
                z = z->parent->parent;
            }
            else {
                if (z == z->parent->left) {
                    z = z->parent;
                    rotate_right(z);
                }
                z->parent->color = NodeType::Black;
                z->parent->parent->color = NodeType::Red;
                rotate_left(z->parent->parent);
            }
        }
    }
    root->color = NodeType::Black;
}
```

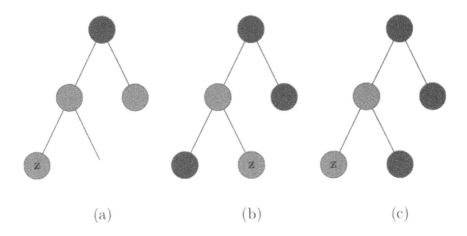

Figura 2.5: Casos contemplados en la función `insert_fixup()`.

La inserción de un nodo rojo puede violar la regla 2 (el nodo raíz queda como rojo en el caso de un árbol vacío) o la regla 4 (el nodo insertado pasa a ser hijo de un nodo rojo). Este último caso es el que se contempla en el bucle de la función `insert_fixup()`. Cada una de las dos ramas del *if* sigue la estrategia dual, dependiendo de si el padre es un hijo derecho o izquierdo. Basta estudiar el funcionamiento de una rama, dado que la otra es idéntica pero intercambiando `right` y `left`. Básicamente se identifican tres casos.

- El primero corresponde a las líneas ⑥ a ⑨. Es el caso en que el nodo a insertar pasa a ser hijo de un nodo rojo cuyo hermano también es rojo (e.g. figura 2.5.a). En este caso el nodo padre y el nodo tío se pasan a negro mientras que el abuelo se pasa a rojo (para mantener el número de nodos negros en todos los caminos). Al cambiar a rojo el nodo abuelo es posible que se haya vuelto a violar alguna regla, y por eso se vuelven a comprobar los casos.

- Otra posibilidad es que el nodo tío sea negro y además el nodo insertado sea hijo derecho (e.g. figura 2.5.b). En ese caso se realiza una rotación a la izquierda para reducirlo al caso siguiente y se aplica lo correspondiente al último caso.

- El último caso corresponde a que el nodo tío sea negro y el nodo insertado sea hijo izquierdo (e.g. figura 2.5.c). En ese caso se colorea el padre como negro, y el abuelo como rojo, y se rota a la derecha el abuelo. Este método deja un árbol correcto.

El borrado también se apoya en la función `transplant()` que es muy similar al caso de los árboles de búsqueda binaria.

Listado 2.16: Transplantado de subárboles en árbol rojo-negro

```
1    void transplant(NodeType* u, NodeType* v) {
2        if (u->parent == NodeType::nil())
3            root = v;
4        else if (u == u->parent->left)
5            u->parent->left = v;
6        else
7            u->parent->right = v;
8        v->parent = u->parent;
9    }
```

Con este procedimiento auxiliar el borrado de un nodo queda relativamente similar al caso de árboles de búsqueda binaria.

Listado 2.17: Borrado de un nodo en árboles rojo-negro

```
1    void remove(NodeType* z) {
2        NodeType* y = z;
3        NodeType* x;
4        typename NodeType::Color y_orig_color = y->color;
5        if (z->left == NodeType::nil()) {
6            x = z->right;
7            transplant(z, z->right);
8        }
9        else if (z->right == NodeType::nil()) {
10           x = z->left;
11           transplant(z, z->left);
12       }
13       else {
14           y = NodeType::minimum(z->right);
15           y_orig_color = y->color;
16           x = y->right;
17           if (y->parent == z) {
18               x->parent = y;
19           }
20           else {
21               transplant(y, y->right);
22               y->right = z->right;
23               y->right->parent = y;
24           }
25           transplant(z, y);
26           y->left = z->left;
27           y->left->parent = y;
28           y->color = z->color;
29       }
30       if (y_orig_color == NodeType::Black)
31           rb_remove_fixup(x);
32   }
```

El nodo y corresponde al nodo que va a eliminarse o moverse dentro del árbol. Será el propio z si tiene menos de dos hijos o el nodo y de los casos c y d en la figura 2.2. Mantenemos la variable y_orig_color con el color que tenía ese nodo que se ha eliminado o movido dentro del árbol. Solo si es negro puede plantear problemas de violación de reglas, porque el número de nodos negros por cada rama puede variar. Para arreglar los problemas potenciales se utiliza una función análoga a la utilizada en la inserción de nuevos nodos.

Listado 2.18: Reparación tras borrar un nodo en árboles rojo-negro

```
1    void remove_fixup(NodeType* x) {
2        while (x != root && x->color == NodeType::Black) {
3            if (x == x->parent->left) {
4                NodeType* w = x->parent->right;
5                if (w->color == NodeType::Red) {
6                    w->color = NodeType::Black;
7                    x->parent->color = NodeType::Red;
8                    rotate_left(x->parent);
9                    w = x->parent->right;
10               }
11               if (w->left->color == NodeType::Black
12                   && w->right->color == NodeType::Black) {
13                   w->color = NodeType::Red;
14                   x = x->parent;
15               }
16               else {
```

```
17                 if (w->right->color == NodeType::Black) {
18                     w->left->color = NodeType::Black;
19                     w->color = NodeType::Red;
20                     rotate_right(w);
21                     w = x->parent->right;
22                 }
23                 w->color = x->parent->color;
24                 x->parent->color = NodeType::Black;
25                 w->right->color = NodeType::Black;
26                 rotate_left(x->parent);
27                 x = root;
28             }
29         }
30         else {
31             NodeType* w = x->parent->left;
32             if (w->color == NodeType::Red) {
33                 w->color = NodeType::Black;
34                 x->parent->color = NodeType::Red;
35                 rotate_right(x->parent);
36                 w = x->parent->left;
37             }
38             if (w->right->color == NodeType::Black
39                 && w->left->color == NodeType::Black) {
40                 w->color = NodeType::Red;
41                 x = x->parent;
42             }
43             else {
44                 if (w->left->color == NodeType::Black) {
45                     w->right->color = NodeType::Black;
46                     w->color = NodeType::Red;
47                     rotate_left(w);
48                     w = x->parent->left;
49                 }
50                 w->color = x->parent->color;
51                 x->parent->color = NodeType::Black;
52                 w->left->color = NodeType::Black;
53                 rotate_right(x->parent);
54                 x = root;
55             }
56         }
57     }
58     x->color = NodeType::Black;
59 }
```

Nuevamente se trata de un código dual. En el *if* más exterior se distinguen los casos de borrar un hijo derecho o izquierdo. En ambas ramas se encuentra el mismo código intercambiando *left* por *right*. Por tanto basta analizar la primera de ellas.

Se distinguen cuatro casos:

- El hermano w es rojo. En ese caso forzosamente los hijos de w deben ser negros. Por tanto se puede intercambiar los colores del hermano y del padre y hacer una rotación a la izquierda sin violar nuevas reglas. De esta forma el nuevo hermano será forzosamente negro, por lo que este caso se transforma en alguno de los posteriores.

- El hermano w es negro y los dos hijos de w son negros. En ese caso cambiamos el color del hermano a rojo. De esta forma se equilibra el número de negros por cada rama, pero puede generar una violación de reglas en el nodo padre, que se tratará en la siguiente iteración del bucle.

- El hermano w es negro y el hijo izquierdo de w es rojo. En ese caso intercambiamos los colores de w y su hijo izquierdo y hacemos una rotación a la derecha. De esta forma hemos reducido este caso al siguiente.

(a)

(b)

(c)

(d)

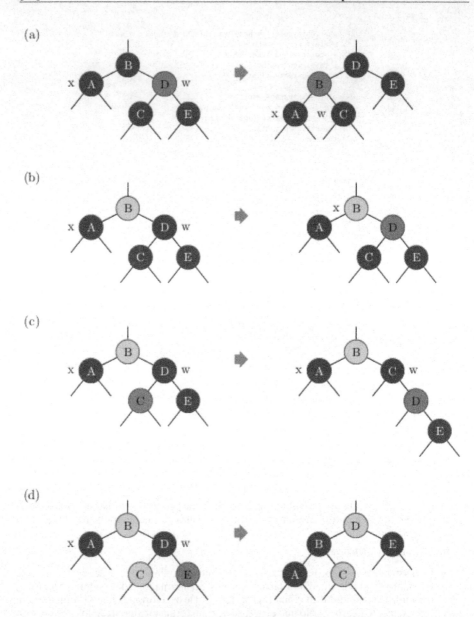

Figura 2.6: Casos contemplados en la función `remove_fixup()` según [14].

- El hermano w es negro y el hijo derecho de w es rojo. En este caso cambiando colores en los nodos que muestra la figura 2.6.d y rotando a la izquierda se obtiene un árbol correcto que compensa el número de negros en cada rama.

AVL trees

Los árboles AVL (Adelson-Velskii and Landis) son otra forma de árbol balanceado en el que se utiliza la altura del árbol como criterio de balanceo. Solo puede haber una diferencia de 1 entre la altura de dos ramas. Es por tanto un criterio más estricto que los *red-black trees*, lo que lo hace menos eficiente en las inserciones y borrados pero más eficiente en las lecturas.

Cada nodo tiene información adicional con la altura del árbol en ese punto. En realidad tan solo es necesario almacenar el *factor de equilibrio* que es simplemente la diferencia entre las alturas del subárbol izquierdo y el derecho. La ventaja de esta

Árboles balanceados

Los *red-black trees* son más eficientes en insert() y remove(), pero los AVL *trees* son más eficientes en search().

última alternativa es que es un número mucho más reducido (siempre comprendido en el rango -2 a +2) por lo que puede almacenarse en solo 3 bits.

Para insertar elementos en un árbol AVL se utiliza un procedimiento similar a cualquier inserción en árboles de búsqueda binaria, con dos diferencias:

- La inserción debe computar el factor de equilibrio en los nodos afectados.

- Finalmente hay que equilibrar el árbol si es necesario.

El equilibrado se realiza con rotaciones siguiendo el procedimiento representado en la figura 2.7. Es importante destacar que las propias funciones de rotación alteran los factores de equilibrio de los nodos involucrados (nodos x e y en la figura 2.4).

 Las operaciones insert(), rotate_right(), rotate_left() y remove() sobre árboles AVL deben recalcular el factor de equilibrio en los nodos afectados. Además, en caso de dejar un árbol desequilibrado, las operaciones insert() y remove() deben equilibrar el árbol según el procedimiento descrito en la figura 2.7.

Radix tree

Aún hay otro tipo de árboles binarios que vale la pena comentar por sus implicaciones con los videojuegos. Se trata de los *árboles de prefijos*, frecuentemente llamados *tries*[1].

La figura 2.8 muestra un ejemplo de árbol de prefijos con un conjunto de enteros binarios. El árbol los representa en orden lexicográfico. Para cada secuencia binaria si empieza por 0 está en el subárbol izquierdo y si empieza por 1 en el subárbol derecho. Conforme se recorren las ramas del árbol se obtiene la secuencia de bits del número a buscar. Es decir, el tramo entre el nodo raíz y cualquier nodo intermedio define el prefijo por el que empieza el número a buscar. Por eso a este árbol se le llama *prefix tree* o *radix tree*.

Un árbol de prefijos (pero no binario) se utiliza frecuentemente en los diccionarios predictivos de los teléfonos móviles. Cada subárbol corresponde a una nueva letra de la palabra a buscar.

---

[1]El nombre en singular es *trie*, que deriva de re**trie**ve. Por tanto la pronunciación correcta se asemeja a la de *tree*, aunque muchos autores la pronuncian como *try*.

También se puede utilizar un árbol de prefijos para indexar puntos en un segmento de longitud arbitraria. Todos los puntos en la mitad derecha del segmento están en el subárbol derecho, mientras que todos los puntos de la mitad izquierda están en el subárbol izquierdo. Cada subárbol tiene las mismas propiedades con respecto al subsegmento que representa. Es decir, el subárbol derecho es un árbol de prefijos que representa a medio segmento derecho, y así sucesivamente. El número de niveles del árbol es ajustable dependiendo de la precisión que requerimos en el posicionamiento de los puntos.

En los árboles de prefijos la posición de los nodos está prefijada a priori por el valor de la clave. Estos árboles no realizan ninguna función de equilibrado por lo que su implementación es trivial. Sin embargo estarán razonablemente equilibrados si los nodos presentes están uniformemente repartidos por el espacio de claves.

2.1.2. Recorrido de árboles

En multitud de ocasiones es necesario recorrer los elementos de un árbol en un orden determinado. Son frecuentes los recorridos *en orden*, *en preorden*, y *en postorden*.

El recorrido *en orden* sigue el orden del campo clave. Es decir, para cualquier nodo primero se visitan los nodos del subárbol izquierdo, luego el nodo y finalmente los nodos del subárbol derecho.

Listado 2.19: Recorrido *en orden* en un árbol de búsqueda binaria

```
1    template <typename Func>
2    void inorder_tree_walk(Func f) {
3        inorder_tree_walk(root, f);
4    }
5
6    template <typename Func>
7    void inorder_tree_walk(NodeType* x, Func f) {
8        if (x == 0) return;
9        inorder_tree_walk(x->left, f);
10       f(x);
11       inorder_tree_walk(x->right, f);
12   }
```

El recorrido *en preorden* visita el nodo antes de cualquiera de sus subárboles.

Listado 2.20: Recorrido *en preorden* en un árbol de búsqueda binaria

```
1    template <typename Func>
2    void preorder_tree_walk(Func f) {
3        preorder_tree_walk(root, f);
4    }
5
6    template <typename Func>
7    void preorder_tree_walk(NodeType* x, Func f) {
8        if (x == 0) return;
9        f(x);
10       preorder_tree_walk(x->left, f);
11       preorder_tree_walk(x->right, f);
12   }
```

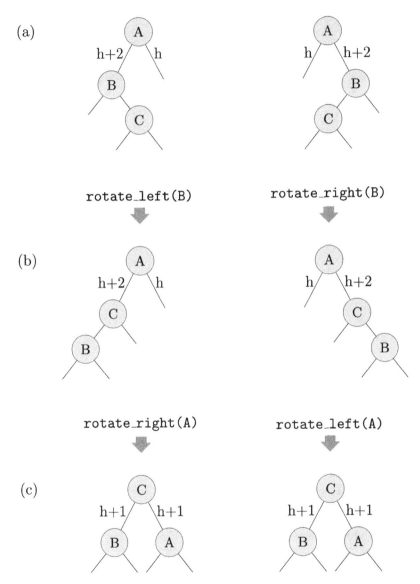

Figura 2.7: Casos contemplados en la función de equilibrado de árboles AVL.

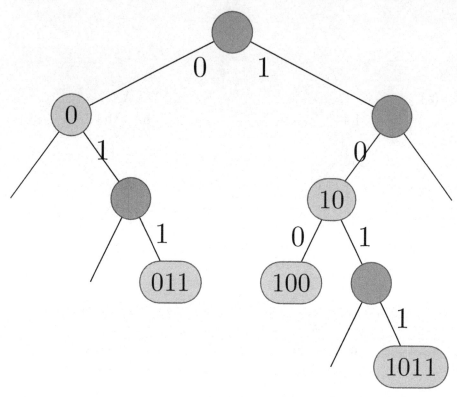

Figura 2.8: Un ejemplo de *trie* extraido de [14]. Contiene los elementos 1011, 10, 011, 100 y 0.

Finalmente el recorrido *en postorden* visita el nodo después de visitar ambos subárboles.

Listado 2.21: Recorrido *en postorden* en un árbol de búsqueda binaria

```
1    template <typename Func>
2    void postorder_tree_walk(Func f) {
3        postorder_tree_walk(root, f);
4    }
5
6    template <typename Func>
7    void postorder_tree_walk(NodeType* x, Func f) {
8        if (x == 0) return;
9        postorder_tree_walk(x->left, f);
10       postorder_tree_walk(x->right, f);
11       f(x);
12   }
```

Pero para el recorrido de estructuras de datos con frecuencia es mucho mejor emplear el patrón iterador. En ese caso puede reutilizarse cualquier algoritmo de la STL.

Incluir el orden de recorrido en el iterador implica almacenar el estado necesario. Las funciones de recorrido anteriormente descritas son recursivas, por lo que el estado se almacenaba en los sucesivos marcos de pila correspondientes a cada llamada anidada. Por tanto necesitamos un contenedor con la ruta completa desde la raíz hasta el nodo actual. También tendremos que almacenar el estado de recorrido de dicho nodo, puesto que el mismo nodo es visitado en tres ocasiones, una para el subárbol izquierdo, otra para el propio nodo, y otra para el subárbol derecho.

Listado 2.22: Iterador *en orden* en un árbol de búsqueda binaria

```
 1  class inorder_iterator : public std::iterator<std::input_iterator_tag,
 2                                                 Node<KeyType>,
 3                                                 ptrdiff_t,
 4                                                 const Node<KeyType>*,
 5                                                 const Node<KeyType>&> {
 6      typedef Node<KeyType> NodeType;
 7      enum IteratorState { VisitingLeft, VisitingNode, VisitingRight };
 8      std::vector<std::pair<NodeType*,IteratorState> > _current;
 9
10  public:
11      inorder_iterator(NodeType* x) {
12          _current.push_back(std::make_pair(x,VisitingLeft));
13          goToNextNode();
14      }
15
16      const NodeType& operator*() const {
17          return *_current.back().first;
18      }
19
20      const NodeType* operator->() const {
21          return _current.back().first;
22      }
23
24      bool equal(inorder_iterator<KeyType> const& rhs) const {
25          return *this == rhs;
26      }
27
28      inorder_iterator<KeyType>& operator++() {
29          goToNextNode();
30      }
31
32      inorder_iterator<KeyType> operator++(int) {
33          inorder_iterator<KeyType> ret(*this);
34          goToNextNode();
35          return ret;
36      }
37
38  private:
39      void goToNextNode();
40  };
41
42  template<typename KeyType>
43  inline bool operator== (inorder_iterator<KeyType> const& lhs,
44                          inorder_iterator<KeyType> const& rhs) {
45      return lhs.equal(rhs);
46  }
```

En el caso del iterador *en orden* la función de recorrido sería similar a la siguiente:

Listado 2.23: Función para obtener el siguiente nodo en un iterador *en orden*.

```
1  void
2  inorder_iterator<KeyType>::goToNextNode()
3  {
4      if (_current.empty()) return;
5
6      std::pair<NodeType*,IteratorState>& last = _current.back();
7
8      if (last.second == VisitingLeft) {
9          NodeType* l = last.first->left;
10         if (l == 0) last.second = VisitingNode;
11         else {
12             _current.push_back(std::make_pair(l,VisitingLeft));
13             goToNextNode();
14         }
15     }
16     else if (last.second == VisitingNode) {
17         NodeType* r = last.first->right;
18         if (r == 0) _current.pop_back();
19         else {
20             last.second = VisitingRight;
21             _current.push_back(std::make_pair(r,VisitingLeft));
22         }
23         goToNextNode();
24     }
25     else if (last.second == VisitingRight) {
26         _current.pop_back();
27         goToNextNode();
28     }
29 }
```

Se propone como ejercicio la definición de iteradores para el recorrido en preorden y postorden.

2.1.3. *Quadtree* y *octree*

Los árboles binarios particionan de forma eficiente un espacio de claves de una sola dimensión. Pero con pequeñas extensiones es posible particionar espacios de dos y tres dimensiones. Es decir, pueden ser usados para indexar el espacio de forma eficiente.

Los *quadtrees* y los *octrees* son la extensión natural de los árboles binarios de prefijos (*tries*) para dos y tres dimensiones respectivamente. Un *quadtree* es un árbol cuyos nodos tienen cuatro subárboles correspondientes a los cuatro cuadrantes de un espacio bidimensional. Los nodos de los *octrees* tienen ocho subárboles correspondientes a los ocho octantes de un espacio tridimensional.

La implementación y el funcionamiento es análogo al de un árbol prefijo utilizado para indexar los puntos de un segmento. Adicionalmente, también se emplean para indexar segmentos y polígonos.

Cuando se utilizan para indexar segmentos o polígonos puede ocurrir que un mismo segmento cruce el límite de un cuadrante o un octante. En ese caso existen dos posibles soluciones:

- Hacer un recortado (*clipping*) del polígono dentro de los límites del cuadrante u octante.

- Poner el polígono en todos los cuadrantes u octantes con los que intersecta.

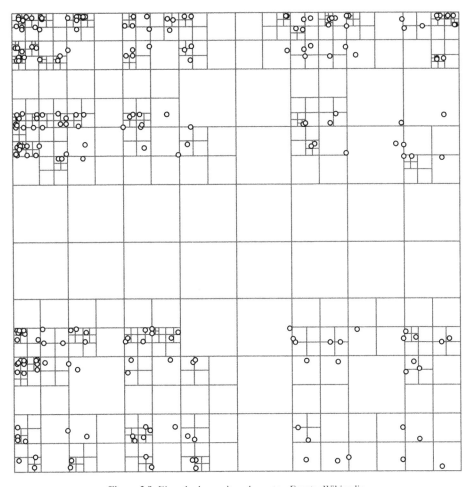

Figura 2.9: Ejemplo de *quadtree* de puntos. Fuente: Wikipedia.

En este último caso es preciso disponer de alguna bandera asociada a los polígonos para no recorrerlos más veces de las necesarias.

Simon Perreault distribuye una implementación sencilla y eficiente de *octrees* en C++[2]. Simplificando un poco esta implementación los nodos son representados de esta forma:

 La regularidad de los *octree* los hacen especialmente indicados para la paralelización con GPU (Graphic Processing Unit) y recientemente están teniendo cierto resurgimiento con su utilización en el renderizado de escenas con *raycasting* o incluso *raytracing* en una técnica denominada *Sparse Voxel Octree*.

---

[2]En el momento de editar estas notas se distribuye bajo la GPL en http://nomis80.org/code/octree.html.

Listado 2.24: Representación de nodos en un *octree*.

```
1  enum NodeType { BranchNode, LeafNode };
2
3  class Node {
4  public:
5      NodeType type() const;
6
7  private:
8      NodeType type_ : 2;
9  };
10
11 class Branch : public Node {
12 public:
13     Node*& child( int x, int y, int z );
14     Node*& child( int index );
15
16 private:
17     Node* children[2][2][2];
18 };
19
20 class Leaf : public Node {
21 public:
22     Leaf( const T& v );
23
24     const T& value() const;
25     T& value();
26     void setValue( const T& v );
27
28 private:
29     T value_;
30 };
```

Esta representación de árboles diferencia entre nodos hoja y nodos de ramificación. Los valores solo se almacenan en los nodos hoja y éstos no tienen la sobrecarga de los punteros a los ocho subárboles. Por contra, los nodos de ramificación no tienen sobrecarga de valores asociados, puesto que para la inserción de un elemento puede ser necesario añadir un número de nodos de ramificación sin valor alguno.

El uso básico es muy sencillo. El contenido a incluir puede ser cualquier cosa, desde simples valores (color de un punto), pasando por un *voxel* (pixel 3D) hasta polígonos o poliedros. El tipo de contenido puede ser también una referencia a un objeto gráfico. De esta forma se podría incluir el mismo elemento (e.g. un polígono) en múltiples nodos hoja. En el capítulo siguiente veremos cómo la técnica de referencias con contador puede ayudar en casos como éste.

Listado 2.25: Representación de nodos en un *octree*.

```
1  #include "octree.h"
2
3  int main()
4  {
5      Octree<double> o(4096);
6      o(1,2,3) = 3.1416;
7      o.erase(1,2,3);
8  }
```

La línea ⑤ construye un *octree* de 4096 puntos de ancho en cada dimensión. Esta implementación requiere que sea una potencia de dos, siendo posible indexar $4096 \times 4096 \times 4096$ nodos.

2.2. Patrones de diseño avanzados

En el módulo 1 ya se expusieron un buen número de patrones. En esta sección completaremos la colección con algunos patrones muy utilizados en todo tipo de aplicaciones.

2.2.1. Smart pointers

Los punteros inteligentes (*smart pointers*) son tipos de datos que simplifican de alguna manera la gestión de la memoria dinámica. Facilitan la gestión del ciclo de vida de las variables dinámicas para evitar los problemas frecuentemente asociados a los punteros, especialmente la liberación de la memoria.

La biblioteca estándar de C++ incorpora una plantilla denominada `auto_ptr`. Su objetivo es envolver un puntero normal de tal forma que la destrucción del puntero lleve consigo también la destrucción del objeto apuntado. Por lo demás, un `auto_ptr` se comporta como si se tratara del propio puntero. Por ejemplo, es frecuente encontrar código como el que sigue:

Listado 2.26: Ejemplo de uso inseguro de punteros.

```
1    T* p = new T();
2
3    // cuerpo de la función
4
5    delete p;
```

Este fragmento tiene dos problemas:

- Es relativamente fácil olvidar llamar a `delete`. Conforme evoluciona el código pueden aparecer puntos de retorno que no invocan al destructor.

- En esta secuencia no es posible garantizar que el flujo del programa será secuencial. Es perfectamente posible que en medio del código de la función se eleve una excepción. En ese caso no se ejecutará el `delete`. Por supuesto siempre es posible utilizar construcciones `try/catch` pero el código cada vez se haría menos legible.

Bjarne Stroustrup inventó una técnica de aplicación general para resolver este tipo de problemas. Se llama RAII (Resource Acquisition Is Initialization) y básicamente consiste en encapsular las operaciones de adquisición de recursos y liberación de recursos en el constructor y destructor de una clase normal. Esto es precisamente lo que hace `auto_ptr` con respecto a la reserva de memoria dinámica. El mismo código del fragmento anterior puede reescribirse de forma segura así:

Listado 2.27: Ejemplo de uso seguro de punteros.

```
1    auto_ptr<T> p = new T();
2
3    // cuerpo de la función
```

No importa el camino que siga el programa, aunque se eleve una excepción. En el momento en que se abandone el bloque en el que se ha declarado el `auto_ptr` se invocará a su destructor, que a su vez invocará `delete`.

Como puede verse hemos ligado el tiempo de vida del objeto construido en memoria dinámica al tiempo de vida del `auto_ptr`, que suele ser una variable automática o un miembro de clase. Se dice que el `auto_ptr` posee al objeto dinámico. Pero puede ceder su posesión simplemente con una asignación o una copia a otro `auto_ptr`.

Listado 2.28: Cesión de la posesión del objeto dinámico.

```
1    auto_ptr<T> q(p);
2    auto_ptr<T> r;
3    p->f(); // error (NULL ref)
4    q->f(); // ok
5    r = q;
6    q->f(); // error (NULL ref)
7    r->f(); // ok
```

Es decir, auto_ptr garantiza que solo hay un objeto que posee el objeto dinámico. También permite desligar el objeto dinámico del auto_ptr para volver a gestionar la memoria de forma explícita.

Listado 2.29: Recuperación de la propiedad del objeto dinámico.

```
1    T* s = r.release();
2    delete s;
```

Nunca se deben usar auto_ptr en contenedores estándar, porque los contenedores de la STL asumen una semántica de copia incompatible con la del auto_ptr. La copia de un auto_ptr no genera dos objetos equivalentes.

Esta limitación, que no es detectada en tiempo de compilación, es una de las motivaciones de un completo rediseño de esta funcionalidad para el estándar C++ de 2011. Aún sigue soportando auto_ptr pero se desaconseja su uso en favor de unique_ptr. El nombre deriva de que, al igual que auto_ptr, garantiza que solo un unique_ptr puede estar apuntando a un mismo recurso. Sin embargo, a diferencia de auto_ptr no es posible copiarlos. Sin embargo existe la posibilidad de transferencia de propiedad entre unique_ptr utilizando la nueva semántica de movimiento del estándar C++11.

Listado 2.30: Ejemplo de uso de unique_ptr.

```
1    unique_ptr<T> p(new T());
2    unique_ptr<T> q;
3    q = p; // error (no copiable)
4    q = std:move(p);
```

La plantilla unique_ptr no tiene un constructor de copia, pero sí cuenta con un constructor de movimiento. Este nuevo constructor se aplica cuando el parámetro es un *rvalue*, es decir, una expresión del tipo de las que aparecen en el lado derecho de una asignación (de ahí el nombre, *right value*) o un valor de retorno de función, o la copia temporal de un parámetro pasado por copia (ahora se puede pasar también por movimiento). Este tipo de expresiones se caracterizan en C++ porque generan un *temporary*, una variable temporal.

La semántica de movimiento resuelve el problema de la generación inconsciente de multitud de variables temporales y la separación entre constructor de copia y constructor de movimiento permite detectar en tiempo de compilación los problemas semánticos. La copia siempre debería generar dos objetos equivalentes.

Tanto auto_ptr como unique_ptr proporcionan un método sencillo para gestionar variables en memoria dinámica casi como si se tratara de variables automáticas. Por ejemplo:

Listado 2.31: Función que reserva memoria dinámica y traspasa la propiedad al llamador. También funcionaría correctamente con auto_ptr.

```
1  unique_ptr<T> f() {
2      unique_ptr<T> p(new T());
3      // ...
4      return p;
5  }
```

La función f() devuelve memoria dinámica. Con simples punteros eso implicaba que el llamante se hacía cargo de su destrucción, de controlar su ciclo de vida. Con esta construcción ya no es necesario. Si el llamante ignora el valor de retorno éste se libera automáticamente al destruir la variable temporal correspondiente al valor de retorno. Si en cambio el llamante asigna el valor de retorno a otra variable unique_ptr entonces está asumiendo la propiedad y se liberará automáticamente cuando el nuevo unique_ptr sea destruido.

 Las nuevas características de la biblioteca estándar para la gestión del ciclo de vida de la memoria dinámica están ya disponibles en los compiladores libres GCC y clang. Tan solo hay que utilizar la opción de compilación -stdc++11.

Tanto con auto_ptr como con unique_ptr se persigue que la gestión de memoria dinámica sea análoga a la de las variables automáticas con semántica de copia. Sin embargo no aprovechan la posibilidad de que el mismo contenido de memoria sea utilizado desde varias variables. Es decir, para que la semántica de copia sea la natural en los punteros, que se generen dos objetos equivalentes, pero sin copiar la memoria dinámica. Para ese caso el único soporte que ofrecía C++ hasta ahora eran los punteros y las referencias. Y ya sabemos que ese es un terreno pantanoso.

La biblioteca estándar de C++11 incorpora dos nuevas plantillas para la gestión del ciclo de vida de la memoria dinámica que ya existían en la biblioteca Boost: shared_ptr y weak_ptr. Ambos cooperan para disponer de una gestión de memoria muy flexible. La plantilla shared_ptr implementa una técnica conocida como *conteo de referencias*.

Cuando se asigna un puntero por primera vez a un shared_ptr se inicializa un contador interno a 1. Este contador se almacena en memoria dinámica y es compartido por todos los shared_ptr que apunten al mismo objeto. Cuando se asigna este shared_ptr a otro shared_ptr o se utiliza el constructor de copia, se incrementa el contador interno. Cuando se destruye un shared_ptr se decrementa el contador interno. Y finalmente cuando el contador interno llega a 0, se destruye automáticamente el objeto dinámico.

Listado 2.32: Ejemplos de uso de shared_ptr.

```
1  shared_ptr<T> p(new T());
2  shared_ptr<T> q;
3  {
4      q = p;
5      shared_ptr<T> r(p);
6      // ...
7  }
8  // ...
```

En la línea ①️ se construye un shared_ptr que apunta a un objeto dinámico. Esto pone el contador interno de referencias a 1. En la línea ④ se asigna este shared_ptr a otro. No se copia el objeto dinámico, sino solo su dirección y la del contador de referencias, que además es automáticamente incrementado (pasa a valer 2). En la línea ⑤ se utiliza el constructor de copia de otro shared_ptr, que nuevamente copia solo el puntero y el puntero al contador de referencias, además de incrementar su valor (pasa a valer 3). En la línea ⑦ se destruye automáticamente r, con lo que se decrementa el contador de referencias (vuelve a valer 2). Cuando acabe el bloque en el que se han declarado p y q se destruirán ambas variables, y con ello se decrementará dos veces el contador de referencias. Al llegar a 0 automáticamente se invocará el operador delete sobre el objeto dinámico.

Figura 2.10: El propio creador de C++ pone como ejemplo el videojuego *asteroids* para explicar las extensiones a la biblioteca estándar.

El conteo de referencias proporciona una poderosa herramienta para simplificar la programación de aplicaciones con objetos dinámicos. Los shared_ptr pueden copiarse o asignarse con total libertad y con una semántica intuitiva. Pueden emplearse en contenedores de la STL y pasarlos por valor libremente como parámetros a función o como valor de retorno de una función. Sin embargo no están totalmente exentos de problemas. Considera el caso en el que main() tiene un shared_ptr apuntando a una clase A y ésta a su vez contiene directa o indirectamente un shared_ptr que vuelve a apuntar a A. Tendríamos un ciclo de referencias y el contador de referencias con un balor de 2. En caso de que se destruyera el shared_ptr inicial seguiríamos teniendo una referencia a A, por lo que no se destruirá.

Para romper los ciclos de referencias la biblioteca estándar incluye la plantilla weak_ptr. Un weak_ptr es otro *smart pointer* a un objeto que se utiliza en estas condiciones:

1. Solo se necesita acceso al objeto si existe.

2. Puede ser borrado por otros en cualquier momento.

3. Debe ser destruido tras su último uso.

Bjarne Stroustrup [3] pone un ejemplo que tiene mucho que ver con la programación de videojuegos. Consideremos el caso del juego de los asteroides. Todos los asteroides son poseídos por "el juego" pero cada asteroide tiene que seguir los movimientos de los asteroides vecinos para detectar colisiones. Una colisión lleva a la destrucción de uno o más asteroides. Cada asteroide debe almacenar una lista de los asteroides vecinos. Pero el hecho de pertenecer a esa lista no mantiene al asteroide vivo. Por tanto el uso de shared_ptr sería inapropiado. Por otro lado un asteroide no debe ser destruido mientras otro asteroide lo examina (para calcular los efectos de una colisión, por ejemplo), pero debe llamarse al destructor en algún momento para liberar los recursos asociados. Necesitamos una lista de asteroides que *podrían* estar vivos y una forma de sujetarlos por un tiempo. Eso es justo lo que hace weak_ptr.

Listado 2.33: Esquema de funcionamiento del propietario de los asteroides. Usa shared_ptr para representar propiedad.

```
1    vector<shared_ptr<Asteroid>> va(100);
2    for (int i=0; i<va.size(); ++i) {
3        // ... calculate neighbors for new asteroid ...
4        va[i].reset(new Asteroid(weak_ptr<Asteroid>(va[neighbor])));
5        launch(i);
6    }
7    // ...
```

---

[3] http://www.research.att.com/~bs/C++0xFAQ.html#std-weak_ptr

El cálculo de colisiones podría tener una pinta similar a esto:

Listado 2.34: Esquema de funcionamiento de la detección de colisiones. Usa weak_ptr para representar la relación con los vecinos.

```
1    if (shared_ptr<Asteroid> q = p.lock()) {
2         // ... Asteroid still alive: calculate ...
3    }
4    else {
5         // ... oops: Asteroid already destroyed
6    }
```

Aunque el propietario decidiera terminar el juego y destruir todos los asteroides (destruyendo los correspondientes shared_ptr que representan la relación de propiedad) todo funcionaría con normalidad. Cada asteroide que se encuentra en mitad del cálculo de colisión todavía terminaría correctamente puesto que el método lock() proporciona un shared_ptr que no puede quedar invalidado.

Por último merece la pena comentar en esta sección un conjunto de reglas para escribir código correcto con *smart pointers*:

- Siempre que aparezca un operador new debe ser en un constructor de un *smart pointer*.

- Evitar el uso de *smart pointers* sin nombre (e.g. *temporaries*).

La primera regla impide tener punteros normales coexistiendo con los *smart pointers*. Eso solo puede generar quebraderos de cabeza, puesto que el *smart pointer* no es capaz de trazar los accesos al objeto desde los punteros normales.

La segunda regla garantiza la liberación correcta de la memoria en presencia de excepciones[4]. Veamos un ejemplo extraído de la documentación de Boost:

Listado 2.35: Uso de *smart pointers* en presencia de excepciones.

```
1    void f(shared_ptr<int>, int);
2    int g();
3
4    void ok() {
5        shared_ptr<int> p(new int(2));
6        f(p, g());
7    }
8
9    void bad() {
10       f(shared_ptr<int>(new int(2)), g());
11   }
```

Para entender por qué la linea 10 es peligrosa basta saber que el orden de evaluación de los argumentos no está especificado. Podría evaluarse primero el operador new, después llamarse a la función g(), y finalmente no llamarse nunca al constructor de shared_ptr porque g() eleva una excepción.

---

[4]Este caso ha sido descrito en detalle por Herb Sutter en http://www.gotw.ca/gotw/056.htm.

En la mayoría de las bibliotecas de relativa complejidad encontramos algún tipo de *smart pointer*. En Ogre ya hemos visto `Ogre::SharedPtr`, en ZeroC Ice hemos visto `IceUtil::Handle`, en Boost hay una amplia colección de *smart pointers* que incluye `boost::shared_ptr` y `boost::unique_ptr`. Ahora que el nuevo estándar C++ incluye conteo de referencias veremos una progresiva evolución de las bibliotecas para adoptar la versión estándar. Mientras tanto, es muy importante utilizar en cada biblioteca los mecanismos que incluye y no mezclarlos con otras bibliotecas.

Un problema evidente al usar `shared_ptr` es la existencia de dos objetos en el *heap* por cada objeto. Si construimos un objeto con `new` y entonces lo asignamos a un `shared_ptr` está claro que el propio `shared_ptr` deberá construir en el *heap* un entero con el que lleva el conteo de referencias y que será compartido por todos los `shared_ptr` que apunten al mismo objeto. Esto es bastante grave en la práctica porque cada objeto reservado en el *heap* lleva algo de información asociada para gestionar las zonas libres y ocupadas. Si se reservan multitud de pequeños objetos dinámicos estaríamos dilapidando memoria.

En C++11 se evita el problema recomendando encarecidamente que no se utilice `new` ni `delete` en absoluto. En su lugar se proporciona un objeto función denominado `make_shared` y se delega la llamada a `delete` a los smart pointers.

Pimpl con `auto_ptr` o `unique_ptr`

Ya hemos visto en el módulo 1 el patrón idiomático del *handle-body* o *Pimpl*. Sin embargo con el uso de *smart pointers* puede conseguirse una implementación más elegante del patrón.

Un buen compromiso entre automatización de la gestión de memoria y flexibilidad en la implementación de este patrón es la plantilla `auto_ptr` (o `unique_ptr` para C++11) de la biblioteca estándar de C++. La implementación del patrón *Pimpl* puede simplificarse aún más como recomienda Herb Sutter[5]:

Listado 2.36: Ejemplo mejorado del patrón Pimpl (archivo de cabecera).

```
1  class C {
2  public:
3      C();
4      /*...*/
5  private:
6      class CImpl;
7      auto_ptr<CImpl> pimpl_;
8  };
```

La diferencia clave es la declaración del puntero a la implementación como un `auto_ptr` en la línea ⑦. La declaración anticipada de la clase implementación se ha metido también en la parte privada del *handle* para mejorar la ocultación.

Listado 2.37: Ejemplo mejorado del patrón Pimpl (archivo de implementación).

```
1  class C::CImpl { /*...*/ };
2
3  C::C() : pimpl_( new CImpl ) { }
```

---

[5]Por ejemplo, en
`http://www.gotw.ca/publications/using_auto_ptr_effectively.htm`.

Ahora no es necesario incluir un destructor explícitamente porque el destructor por defecto llamará a los destructores de los miembros, en particular de `pimpl_`. Y el destructor de un `auto_ptr` llama automáticamente al operador `delete` con el puntero interno.

2.2.2. Command

El patrón *command* (se traduciría como *orden* en castellano) se utiliza frecuentemente en interfaces gráficas para el manejo de las órdenes del usuario. Consiste en encapsular las peticiones en objetos que permiten desacoplar la emisión de la orden de la recepción, tanto desde el punto de vista lógico como temporal.

Problema

Existe un gran número de situaciones en las que la sincronía inherente a la invocación directa a métodos resulta poco conveniente:

- La invocación directa solamente involucra a emisor y receptor de la orden, por lo que resulta complicado trazar la actividad del sistema en otros componentes (barras de progreso, capacidad de deshacer las órdenes ejecutadas, ayuda contextual, etc.).

- En algunas ocasiones es necesario un modelo de ejecución transaccional, o con limitaciones de orden. Así, por ejemplo si se ejecuta una acción también deben ejecutarse todas las acciones relacionadas. Y si no se ejecuta una acción deben deshacerse todas las relacionadas. Las acciones sobre un mundo virtual (e.g. un MMORPG) deben garantizar la ejecución en orden causal para todos los jugadores (la causa precede al efecto).

- En ocasiones conviene grabar y reproducir una secuencia de órdenes (e.g para la implementación de macros o simplemente para la prueba del juego).

- Muchas acciones conllevan la interacción con el usuario en forma de *wizards* o cuadros de diálogo para configurar la acción. El patrón *command* permite que el objeto orden sea creado en el momento de mostrar el *wizard*, que el usuario configure el objeto mediante la interacción con el *wizard*, y finalmente, al cerrar el *wizard* se desencadena el proceso de emisión del mensaje. De esta forma la orden no necesita nada de código de interfaz de usuario.

- La mayoría de los juegos actuales son programas multi-hilo. Las órdenes pueden ser generadas desde multitud de hilos, y el procesamiento de éstas puede corresponder a otro conjunto de hilos diferente. El patrón *command* proporciona un método sencillo para desacoplar productores y consumidores de órdenes.

- En los juegos en red necesitamos ejecutar órdenes en todos los ordenadores participantes. El patrón *command* facilita la serialización de las órdenes sin más que serializar los objetos que las representan.

- Muchos juegos añaden algún tipo de consola para interactuar directamente con el motor empleando un intérprete de órdenes. El patrón *command* permite sintetizar órdenes en el juego como si se hubieran producido en el propio juego, lo que facilita enormemente la prueba y depuración.

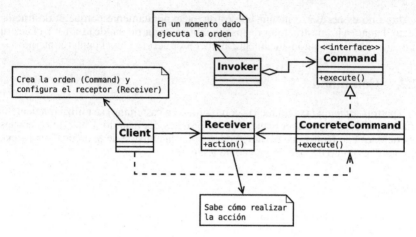

Figura 2.11: Estructura del patrón *command*.

Solución

Figura 2.12: Las acciones de los personajes de un juego son perfectas para el patrón *command*.

La figura 2.11 muestra un diagrama de clases con las entidades involucradas. El cliente es el que crea los objeto *command* concretos y los asocia con el receptor de la acción. Posteriormente, y de forma totalmente desacoplada, un invocador llamará al método execute() de cada objeto orden creado. Los objetos *command* concretos implementan el método execute(), normalmente delegando total o parcialmente sobre el receptor de la acción.

Un ejemplo de aplicación en un videojuego podría ser el que se muestra en la figura 2.13.

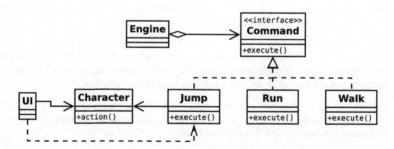

Figura 2.13: Ejemplo de aplicación del patrón *command*.

El interfaz de usuario crea las órdenes a realizar por el personaje o los personajes que están siendo controlados, así como la asociación con su personaje. Estas acciones se van procesando por el motor del juego, posiblemente en paralelo.

Implementación

En términos generales el patrón *command* permite descargar más o menos inteligencia sobre el objeto ConcreteCommand. Se juega entre los dos posibles extremos.

- El objeto ConcreteCommand no realiza ninguna función por sí mismo, sino que delega todas las acciones en el objeto Receiver. A este tipo de órdenes se les llama *forwarding commands*.

- El objeto ConcreteCommand implementa absolutamente todo, sin delegar nada en absoluto al objeto Receiver.

Entre estos dos extremos se encuentran las órdenes que realizan algunas funciones pero delegan otras en el receptor. En general a todo este tipo de órdenes se les denomina *active commands*.

Desde el punto de vista de la implementación hay poco que podamos añadir a una orden activa. Tienen código de aplicación específico que hay que añadir en el método execute().

Sin embargo, los *forwarding commands* actúan en cierta forma como si se tratara de punteros a función. El Invoker invoca el método execute() del objeto orden y éste a su vez ejecuta un método del objeto Receiver al que está asociado. En [8] se describe una técnica interesante para este fin, los *generalized functors* o adaptadores polimórficos para objetos función. Se trata de una plantilla que encapsula cualquier objeto, cualquier método de ese objeto, y cualquier conjunto de argumentos para dicho método. Su ejecución se traduce en la invocación del método sobre el objeto con los argumentos almacenados. Este tipo de *functors* permiten reducir sensiblemente el trabajo que implicaría una jerarquía de órdenes concretas. Boost implementa una técnica similar en la plantilla function, que ha sido incorporada al nuevo estándar de C++ (en la cabecera functional). Por ejemplo:

Listado 2.38: Ejemplo de uso de *generalized functors*.

```
1  #include <functional>
2
3  using namespace std;
4
5  int f1(const char* s) { return 0; }
6
7  struct f2 {
8      int operator() (const char* s) { return 0; }
9  };
10
11 struct A {
12     int fa(const char* s) { return 0; }
13 };
14
15 int
16 main()
17 {
18     function<int (const char*)> f;
19
20     f = f1; f("test1");
21     f = f2(); f("test2");
22         A a;
23         auto f3 = bind1st(mem_fun(&A::fa), &a);
24     f = f3; f("test3");
25 }
```

La plantilla `function` se instancia simplemente indicando la signatura de las llamadas que encapsula. A partir de ahí se puede asignar cualquier tipo de objeto que cumpla la signatura, incluyendo funciones normales, métodos o *functors* de la STL, *functors* implementados a mano, etc.

Consideraciones

- El patrón *command* desacopla el objeto que invoca la operación del objeto que sabe cómo se realiza.

- Al contrario que la invocación directa, las órdenes son objetos normales. Pueden ser manipulados y extendidos como cualquier otro objeto.

- Las órdenes pueden ser agregadas utilizando el patrón *composite*.

- Las órdenes pueden incluir transacciones para garantizar la consistencia sin ningún tipo de precaución adicional por parte del cliente. Es el objeto `Invoker` el que debe reintentar la ejecución de órdenes que han abortado por un interbloqueo.

- Si las órdenes a realizar consisten en invocar directamente un método o una función se puede utilizar la técnica de *generalized functors* para reducir el código necesario sin necesidad de implementar una jerarquía de órdenes.

2.2.3.   Curiously recurring template pattern

Este patrón fue inicialmente descrito y bautizado por James O. Coplien en [13]. Se trata de un patrón que ya se utilizaba años antes, desde los primeros tiempos de las plantillas de C++.

Problema

El patrón CRTP (Curiously Recurring Template Pattern) pretende extraer funcionalidad común a varias clases, pero que requieren especialización parcial para cada una de ellas.

Solución

La solución pasa por una interesante recurrencia.

Listado 2.39: Estructura básica del patrón CRTP.

```
1  template<typename T> class Base;
2
3  class Derived: public Base<Derived> {
4      // ...
5  };
```

La clase derivada hereda de una plantilla instanciada para ella misma. La clase base cuenta en su implementación con un tipo que deriva de ella misma. Por tanto la propia clase base puede llamar a funciones especializadas en la clase derivada.

Implementación

Se han propuesto multitud de casos donde puede aplicarse este patrón. Nosotros destacaremos en primer lugar su uso para implementar visitantes alternativos a los ya vistos en el módulo 1.

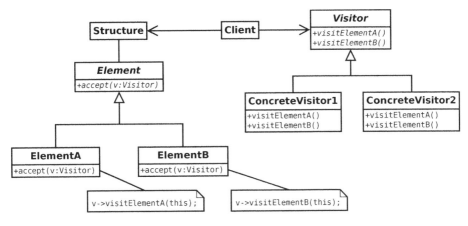

Figura 2.14: Diagrama de clases del patrón Visitor

Recordaremos brevemente la estructura del patrón visitante tal y como se contó en el módulo 1. Examinando la figura 2.14 podemos ver que:

- La clase base `Visitor` (y por tanto todas sus clases derivadas) es tremendamente dependiente de la jerarquía de objetos visitables de la izquierda. Si se implementa un nuevo tipo de elemento `ElementC` (una nueva subclase de `Element`) tendremos que añadir un nuevo método `visitElementB()` en la clase `Visitor` y con ello tendremos que reescribir todos y cada uno de las subclases de `Visitor`. Cada clase visitable tiene un método específico de visita.

- La jerarquía de elementos visitables no puede ser una estructura arbitraria, debe estar compuesta por subclases de la clase `Element` e implementar el método `accept()`.

- Si se requiere cambiar la estrategia de visita. Por ejemplo, unificar el método de visita de dos tipos de elementos, es preciso cambiar la jerarquía de objetos visitables.

- El orden de visita de los elementos agregados está marcado por la implementación concreta de las funciones `accept()` o `visitX()`. O bien se introduce el orden de recorrido en los métodos `accept()` de forma que no es fácil cambiarlo, o bien se programa a medida en los métodos `visitX()` concretos. No es fácil definir un orden de recorrido de elementos (en orden, en preorden, en postorden) común para todos las subclases de `Visitor`.

En general, se considera que el patrón *visitor* introduce un excesivo acoplamiento en el código y resulta tremendamente invasivo. Sin embargo, el patrón CRTP permite aliviar gran parte de los problemas.

La jerarquía de visitables implementa el método `accept()` exclusivamente para que puedan elegir el método `visit()` correcto de la clase derivada de `Visitor`. Por eso se le llama también despachado doble. El despachado de la función virtual `accept()` selecciona la subclase de `Element` concreta y a su vez ese elemento concreto desencadena el despachado de `visitX()` que selecciona la subclase de `Visitor` concreta. El segundo despachado es esencial para cualquier recorrido. Sin embargo el primer despachado no siempre es necesario si conocemos de alguna manera el tipo a visitar. Por ejemplo, en el ejemplo del patrón *visitor* mostrado en el módulo 1 el tipo de objetos es completamente fijo. Sabemos que hay un objeto Scene que contiene un número variable de objetos ObjectScene. Otra forma de realizar este primer despachado podría ser utilizando RTTI (Run Time Type Information) u otro mecanismo de introspección.

En este caso en que no sea necesario el primer despachado virtual se puede lograr de una manera mucho más eficiente sin ni siquiera usar funciones virtuales, gracias al patrón CRTP. Por ejemplo, el mismo ejemplo del módulo 1 quedaría así:

Listado 2.40: Visitante genérico usando el patrón CRTP.

```
1  struct ObjectScene {
2      string name;
3      Point position;
4      int weight;
5  };
6
7  struct Scene {
8      template <typename Derived> friend class Visitor;
9      string name;
10     vector<ObjectScene> objects;
11 };
12
13 template <typename Derived>
14 class Visitor {
15 public:
16     void traverseObject(ObjectScene* o) {
17         getDerived().visitObject(o);
18     }
19     void traverseScene(Scene* s) {
20         for (auto o : s->objects)
21             traverseObject(o);
22         getDerived().visitScene(s);
23     }
24     void visitObject(ObjectScene* o) {}
25     void visitScene(Scene* s) {}
26 private:
27     Derived& getDerived() {
28         return *static_cast<Derived*>(this);
29     }
30 };
31
32 class NameVisitor : public Visitor<NameVisitor> {
33     vector<string> _names;
34 public:
35     void visitObject(ObjectScene* o) {
36         _names.push_back(o->name);
37     }
38     void visitScene(Scene* s) {
39         cout << "The scene '" << s->name << "' has the following objects:"
40             << endl;
41         for (auto n : _names) cout << n << endl;
42     }
43 };
44
45 class BombVisitor : public Visitor<BombVisitor> {
46     Bomb _bomb;
47 public:
48     BombVisitor(const Bomb& bomb) : _bomb(bomb) {}
49     void visitObject(ObjectScene* o) {
50         Point new_pos = calculateNewPosition(o->position,
51                                              o->weight,
52                                              _bomb.intensity);
53         o->position = new_pos;
```

```
54     }
55 };
```

Como puede observarse, ahora no tocamos en absoluto la jerarquía de visitables (no se necesita método accept) y no hay ninguna función virtual involucrada. En el Visitor distinguimos entre las funciones de recorrido, que son comunes a cualquier otro Visitor y las de visita, que se especifican por cada visitante concreto. Su uso es prácticamente igual de sencillo:

Listado 2.41: Utilización del visitante basado en CRTP.

```
1    Scene* scene = createScene();
2    NameVisitor nv;
3    nv.traverseScene(scene);
4    // ...
5    // bomb explosion occurs
6    BombVisitor bv(bomb);
7    bv.traverseScene(scene);
```

Pero la utilidad del patrón no se limita a implementar visitantes. Es un mecanismo genérico para implementar *mixins*. En programación orientada a objetos un *mixin* es una clase que proporciona funcionalidad para ser reusada directamente por sus subclases. Es decir, las subclases no especializan al *mixin* sino que simplemente incorporan funcionalidad derivando de él.

Un ejemplo clásico es la implementación automática de operadores a partir de otros. Es muy utilizado en aritmética, pero también utilizable en otros tipos, como el siguiente ejemplo de Eli Bendersky[6]:

Listado 2.42: Ejemplo de CRTP como *mixin*.

```
1  template <typename Derived>
2  struct Comparisons { };
3
4  template <typename Derived>
5  bool operator==(const Comparisons<Derived>& o1, const Comparisons<Derived>& o2)
6  {
7      const Derived& d1 = static_cast<const Derived&>(o1);
8      const Derived& d2 = static_cast<const Derived&>(o2);
9
10     return !(d1 < d2) && !(d2 < d1);
11 }
12
13 template <typename Derived>
14 bool operator!=(const Comparisons<Derived>& o1, const Comparisons<Derived>& o2)
15 {
16     return !(o1 == o2);
17 }
```

Y con ello podemos definir todos los operadores de golpe sin más que definir *operator* <.

---

[6]http://eli.thegreenplace.net/2011/05/17/the-curiously-recurring-template-pattern-in-c/

Listado 2.43: Ejemplo de *mixin* con CRTP para implementación automática de operadores.

```
 1  class Person : public Comparisons<Person> {
 2  public:
 3      Person(string name_, unsigned age_)
 4          : name(name_), age(age_) {}
 5
 6      friend bool operator<(const Person& p1, const Person& p2);
 7  private:
 8      string name;
 9      unsigned age;
10  };
11
12  bool operator<(const Person& p1, const Person& p2) {
13      return p1.age < p2.age;
14  }
```

Consideraciones

La técnica que explota el patrón CRTP es denominada a veces como *polimorfismo estático*, por contraposición al dinámico de las funciones virtuales. La clase base utiliza la implementación correcta de los métodos redefinidos en las clases derivadas porque se le pasa como parámetro de plantilla. Esto es una ventaja y un inconveniente a la vez.

Por un lado la utilización de funciones no virtuales elimina las indirecciones y permite que sea lo más eficiente posible. Pero por otro lado no puede inferir el tipo de un objeto a través de un puntero a la clase base. Por ejemplo, si en el caso del visitante hubiera varios tipos derivados de ObjectScene y la clase Scene almacenara punteros a ObjectScene, el método traverseObject() no podría determinar qué función de visita debe invocar. La solución estándar en este caso sería emplear RTTI (*run-time type information*) para determinar el tipo de objeto en tiempo de ejecución, pero eso es mucho menos eficiente que las funciones virtuales.

Listado 2.44: Uso de RTTI para especializar la visita de objetos.

```
 1  void traverseObject(ObjectScene* o) {
 2      Character* c = dynamic_cast<Character*>(o);
 3      if (c) {
 4          getDerived().visitCharacter(c);
 5          return;
 6      }
 7      Weapon* w = dynamic_cast<Weapon*>(o);
 8      if (w) {
 9          getDerived().visitCharacter(w);
10          return;
11      }
12  }
```

2.2.4. Reactor

El patrón *Reactor* es un patrón arquitectural para resolver el problema de cómo atender peticiones concurrentes a través de señales y manejadores de señales.

Problema

Existen aplicaciones, como los servidores web, cuyo comportamiento es *reactivo*, es decir, a partir de la ocurrencia de un evento externo se realizan todas las operaciones necesarias para atender a ese evento externo. En el caso del servidor web, una conexión entrante (evento) dispararía la ejecución del código pertinente que crearía un hilo de ejecución para atender a dicha conexión. Pero también pueden tener comportamiento *proactivo*. Por ejemplo, una señal interna puede indicar cuándo destruir una conexión con un cliente que lleva demasiado tiempo sin estar accesible.

En los videojuegos ocurre algo muy similar: diferentes entidades pueden lanzar eventos que deben ser tratados en el momento en el que se producen. Por ejemplo, la pulsación de un botón en el joystick de un jugador es un evento que debe ejecutar el código pertinente para que la acción tenga efecto en el juego.

Solución

En el patrón Reactor se definen una serie de actores con las siguientes responsabilidades (véase figura 2.15):

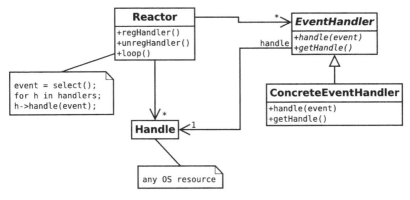

Figura 2.15: Diagrama de clases del patrón Reactor

- **Eventos**: los eventos externos que puedan ocurrir sobre los recursos (Handles). Normalmente su ocurrencia es asíncrona y siempre está relaciona a un recurso determinado.

- **Recursos** (Handles): se refiere a los objetos sobre los que ocurren los eventos.

  La pulsación de una tecla, la expiración de un temporizador o una conexión entrante en un socket son ejemplos de eventos que ocurren sobre ciertos recursos. La representación de los recursos en sistemas tipo GNU/Linux es el descriptor de fichero.

- **Manejadores de Eventos**: Asociados a los recursos y a los eventos que se producen en ellos, se encuentran los manejadores de eventos (EventHandler) que reciben una invocación a través del método handle() con la información del evento que se ha producido.

- **Reactor**: se trata de la clase que encapsula todo el comportamiento relativo a la desmultiplexación de los eventos en manejadores de eventos (*dispatching*). Cuando ocurre un cierto evento, se busca los manejadores asociados y se les invoca el método handle().

En general, el comportamiento sería el siguiente:

1. Los manejadores se registran utilizando el método `regHandler()` del Reactor. De esta forma, el Reactor puede configurarse para esperar los eventos del recurso que el manejador espera. El manejador puede dejar de recibir notificaciones con `unregHandler()`.

2. A continuación, el Reactor entra en el bucle infinito (`loop()`), en el que se espera la ocurrencia de eventos.

3. Utilizando alguna llamada al sistema, como puede ser `select()`, el Reactor espera a que se produzca algún evento sobre los recursos monitorizados.

4. Cuando ocurre, busca los manejadores asociados a ese recurso y les invoca el método `handle()` con el evento que ha ocurrido como parámetro.

5. El manejador recibe la invocación y ejecuta todo el código asociado al evento.

Nótese que aunque los eventos ocurran concurrentemente el Reactor *serializa* las llamadas a los manejadores. Por lo tanto, la ejecución de los manejadores de eventos ocurre de forma secuencial.

Implementación

Desde el punto de vista de implementación un Reactor se comporta como un envoltorio orientado a objetos de los servicios de demultiplexión de eventos del sistema operativo. Ofrece una interfaz homogénea para llamadas al sistema tales como `select()`, `poll()`, o los *IO Completion Ports* de Windows.

Una implementación flexible de este patrón es la incluida en ACE (Adaptive Communications Environment) (*Adaptive Communications Environment*[7]). Éste sería un ejemplo mínimo con un manejador de eventos de teclado:

Listado 2.45: Ejemplo de uso de patrón *reactor*.

```
1  #include <ace/Reactor.h>
2
3  class MyEvHandler : public ACE_Event_Handler {
4      virtual int handle_input (ACE_HANDLE h) {
5          char buf[256];
6          int n = ::read(h, buf, sizeof buf);
7          if (n <= 0) return -1;
8          // procesar buf ...
9          return 0;
10     }
11 };
12
13 int main (int argc, const char *argv[]) {
14     ACE_Reactor reactor;
15     MyEvHandler h;
16
17     reactor.register_handler(ACE_STDIN,
18                 &h,
19                 ACE_Event_Handler::READ_MASK);
20     for(;;)
21         reactor.handle_events();
22
23     return 0;
24 }
```

---

[7]http://www.cs.wustl.edu/~schmidt/ACE.html

> Para mezclar el bucle de eventos de Ogre con cualquier implementación del patrón
> reactor basta eliminar la llamada a `Root::startRendering()` e incluir dentro del bucle
> del Reactor una llamada a `Root::renderOneFrame()`.

Consideraciones

Al utilizar un Reactor, se deben tener las siguientes consideraciones:

1. Los manejadores de eventos no pueden consumir mucho tiempo. Si lo hacen, pueden provocar un efecto *convoy* y, dependiendo de la frecuencia de los eventos, pueden hacer que el sistema sea inoperable. En general, cuanto mayor sea la frecuencia en que ocurren los eventos, menos tiempo deben consumir los manejadores.

2. Existen implementaciones de Reactors que permiten una desmultiplexación concurrente.

3. Desde un punto de vista general, el patrón Observer tiene un comportamiento muy parecido. Sin embargo, el Reactor está pensado para las relaciones 1 a 1 y no 1 a n como en el caso del Observer visto en el módulo 1.

2.2.5. Acceptor/Connector

Acceptor-Connector es un patrón de diseño propuesto por Douglas C. Schmidt [53] y utilizado extensivamente en ACE, su biblioteca de comunicaciones.

La mayoría de los videojuegos actuales necesitan comunicar datos entre jugadores de distintos lugares físicos. En toda comunicación en red intervienen dos ordenadores con roles bien diferenciados. Uno de los ordenadores toma el rol activo en la comunicación y solicita una conexión con el otro. El otro asume un rol pasivo esperando solicitudes de conexión. Una vez establecida la comunicación cualquiera de los ordenadores puede a su vez tomar el rol activo enviando datos o el pasivo, esperando la llegada de datos. Es decir, en toda comunicación aparece una fase de conexión e inicialización del servicio y un intercambio de datos según un patrón de intercambio de mensajes pre-establecido.

El patrón *acceptor-connector* se ocupa de la primera parte de la comunicación. Desacopla el establecimiento de conexión y la inicialización del servicio del procesamiento que se realiza una vez que el servicio está inicializado. Para ello intervienen tres componentes: *acceptors*, *connectors* y manejadores de servicio (*service handlers*. Un *connector* representa el rol activo, y solicita una conexión a un *acceptor*, que representa el rol pasivo. Cuando la conexión se establece ambos crean un manejador de servicio que procesa los datos intercambiados en la conexión.

Problema

El procesamiento de los datos que viajan por la red es en la mayoría de los casos independiente de qué protocolos, interfaces de programación de comunicaciones, o tecnologías específicas se utilicen para transportarlos. El establecimiento de la comunicación es un proceso inherentemente asimétrico (uno inicia la conexión mientras otro espera conexiones) pero una vez establecida la comunicación el transporte de datos es completamente ortogonal.

Desde el punto de vista práctico resuelve los siguientes problemas:

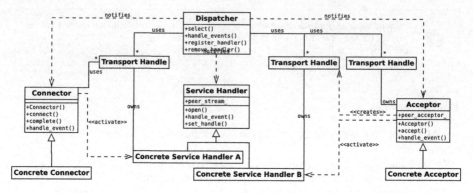

Figura 2.16: Estructura del patrón *acceptor-connector*.

- Facilita el cambio de los roles de conexión sin afectar a los roles en el intercambio de datos.

- Facilita la adición de nuevos servicios y protocolos sin afectar al resto de la arquitectura de comunicación.

- En los juegos de red a gran escala (MMORPG (Massively Multiplayer Online Role-Playing Game)) facilita la reducción de la latencia en el establecimiento de conexión usando mecanismos avanzados del sistema operativo, como conexiones asíncronas.

Solución

El funcionamiento es como sigue:

- Un Acceptor es una factoría que implementa el rol pasivo para establecer conexiones. Ante una conexión crea e inicializa un Transport Handle y un Service Handler asociados. En su inicialización, un Acceptor se asocia a una dirección de transporte (e.g. dirección IP y puerto TCP (Transport Control Protocol)), y se configura para aceptar conexiones en modo pasivo. Cuando llega una solicitud de conexión realiza tres pasos:

  1. Acepta la conexión creando un Transport Handle que encapsula un extremo conectado.
  2. Crea un Service Handler que se comunicará directamente con el del otro extremo a través del Transport Handle asociado.
  3. Activa el Service Handler para terminar la inicialización.

- Un Connector es una factoría que implementa el rol activo de la conexión. En la inicialización de la conexión connect()() crea un Transport Handle que encapsula un extremo conectado con un Acceptor remoto, y lo asocia a un Service Handler preexistente.

World of Warcraft

WoW es el mayor MMORPG de la actualidad con más de 11.5 millones de suscriptores mensuales.

Tanto Acceptor como Connector pueden tener separadas las funciones de inicialización de la conexión de la función de completado de la conexión (cuando ya se tiene garantías de que el otro extremo ha establecido la conexión). De esta forma es fácil soportar conexiones asíncronas y síncronas de forma completamente transparente.

El `Dispatcher` es responsable de demultiplexar eventos del canal, tales como peticiones de conexión o peticiones de datos. Para el `Acceptor` demultiplexa indicaciones de conexión a través de los `Transport Handles` que encapsulan direcciones de nivel de transporte. Para el `Connector` demultiplexa eventos de establecimiento de conexión que llegan cuando la solicitud de conexión es asíncrona.

El patrón *acceptor-connector* coopera perfectamente con el patrón *reactor*. Tanto el `Transport Handle` asociado al `Acceptor`, como el asociado al `Connector`, e incluso los asociados a los manejadores de servicio pueden ser un manejadores de eventos registrados en el *reactor* del sistema. De esta forma el `Dispatcher` pasa a ser un *reactor* que demultiplexa no solo eventos de red, sino de interfaz de usuario, o eventos del propio juego.

Implementación

Desde el punto de vista de la implementación, si nos restringimos a TCP y la API (Application Program Interface) sockets el `Acceptor` no es más que una envoltura de la llamada al sistema `accept()`, el `Connector` una envoltura de la llamada al sistema `connect()`, y el `Dispatcher` o `Reactor` una envoltura de la llamada al sistema `select()` o `poll()`.

Una de las más flexibles implementaciones que existen de este patrón es la que ofrece ACE (*Adaptive Communications Environment*), biblioteca creada por el inventor del patrón y utilizada en multitud de sistemas de comunicaciones a escala global.

Otra implementación muy escalable y extremadamente elegante del patrón *acceptor-connector* es la incluida en la biblioteca ZeroC Ice, que ya conocemos. Sin embargo, el objeto de Ice es implementar un *middleware* de comunicaciones basado en el modelo de objetos distribuidos. Por tanto la implementación del patrón es privada, y no se expone a los usuarios. Ya examinaremos este modelo más adelante.

En ACE un servidor TCP mínimo atendiendo conexiones en el puerto 9999 tendría el siguiente aspecto:

Listado 2.46: Ejemplo de uso de patrón *acceptor-connector* (servidor).

```
 1  #include <ace/SOCK_Acceptor.h>
 2  #include <ace/Acceptor.h>
 3  #include <ace/Svc_Handler.h>
 4
 5  class MySvcHandler : public ACE_Svc_Handler<ACE_SOCK_STREAM, ACE_MT_SYNCH> {
 6      virtual int handle_input (ACE_HANDLE) {
 7          char buf[256];
 8          int n = peer().recv(buf, sizeof buf);
 9          if (n <= 0) return -1;
10          // procesar buf ...
11          return 0;
12      }
13  };
14
15  typedef ACE_Acceptor <MySvcHandler, ACE_SOCK_ACCEPTOR> MyAcceptor;
16
17  int main (int argc, const char *argv[]) {
18      ACE_Reactor reactor;
19      MyAcceptor acceptor;
20
21      acceptor.open(ACE_INET_Addr(9999), &reactor);
22      for(;;) reactor.handle_events();
23      return 0;
24  }
```

Especializamos la plantilla del `Acceptor` con un `Svc_Handler` que tiene la lógica de intercambio de mensajes. Al instanciar el `Acceptor` le pasamos un `Reactor` para que automáticamente registre los nuevos `Svc_Handler` que crea en las nuevas conexiones.

El lado del cliente es muy similar, salvo que en este caso utilizamos un `Connector`.

Listado 2.47: Ejemplo de uso de patrón *acceptor-connector* (cliente).

```
1  #include <ace/SOCK_Connector.h>
2  #include <ace/Connector.h>
3  #include <ace/Svc_Handler.h>
4
5  class MySvcHandler : public ACE_Svc_Handler<ACE_SOCK_STREAM, ACE_MT_SYNCH> {
6      virtual int handle_output (ACE_HANDLE) {
7          char buf[]="Hello, World!\n";
8          int n = peer().send(buf, sizeof buf);
9          if (n <= 0) return -1;
10         return 0;
11     }
12 };
13
14 typedef ACE_Connector <MySvcHandler, ACE_SOCK_CONNECTOR> MyConnector;
15
16 int main (int argc, const char *argv[]) {
17     ACE_Reactor reactor;
18     MyConnector connector;
19     MySvcHandler* psvc = 0;
20
21     int n = connector.connect(psvc, ACE_INET_Addr(9999,"127.0.0.1"));
22     if (n < 0) return 1;
23
24     reactor.register_handler(psvc, ACE_Event_Handler::WRITE_MASK);
25     for(;;)
26         reactor.handle_events();
27
28     return 0;
29 }
```

Como puede verse el `Connector` construye un `Svc_Handler` para procesar eventos. Nosotros registramos ese manejador en el reactor para generar mensajes hacia el servidor.

Téngase en cuenta que estos ejemplos son simples en exceso, con el propósito de ilustrar el uso del patrón. En un videojuego habría que tratar los errores adecuadamente y ACE permite también configurar el esquema de concurrencia deseado.

Consideraciones

Este patrón permite manejar de forma uniforme las comunicaciones multi-protocolo en juegos *online*. Además, coopera con el *reactor* de manera que podemos tener una única fuente de eventos en el sistema. Esto es muy interesante desde todos los puntos de vista, porque facilita enormemente la depuración, la síntesis de eventos en el sistema, la grabación de secuencias completas de eventos para su posterior reproducción, etc.

2.3. Programación genérica

La programación genérica es un paradigma de programación que trata de conseguir un mayor grado de reutilización tanto de las estructuras de datos como de los algoritmos, evitando así la duplicidad de código. Para lograrlo, los algoritmos deben escribirse evitando asociar los detalles a tipos de datos concretos. Por ejemplo, en un algoritmo de ordenación, la operación que compara dos elementos cualesquiera se delega a una entidad ajena al algoritmo: un operador de comparación; de ese modo el algoritmo se puede utilizar para ordenar colecciones de objetos de cualquier tipo.

Hoy en día, prácticamente todos los lenguajes de programación importantes disponen o han adoptado características de programación genérica (tal como los llamados «genéricos» en Java o C#).

El diseño de la librería STL pretende proporcionar herramientas básicas de programación genérica. No es casualidad que la creación de STL y las ideas tras el paradigma de la programación genérica fueran desarrolladas por los mismos autores, especialmente Alexander Stepanov y David Musser [44]. Y de ahí el interés por separar las estructuras de datos (los contenedores) de los algoritmos. Como veremos, los otros dos componentes de la STL (iteradores y *functors*) sirven también al mismo propósito: posibilitan la interacción entre contenedores y algoritmos, a la vez que mantienen un acoplamiento mínimo.

Figura 2.17: Alexander Stepanov, padre de la programación genérica y la librería STL

Es interesante indicar que la disociación entre los datos y los algoritmos que los manejan contradice en cierta medida los principios de la programación orientada a objetos. En la POO (Programación Orientada a Objetos) las operaciones relativas a un tipo de dato concreto se ofrecen como métodos de dicha clase. El polimorfismo por herencia[8] permite en la práctica utilizar un algoritmo definido como un método de la superclase con instancias de sus subclases. Sin embargo, esto no se considera programación genérica pues la implementación del algoritmo normalmente depende al menos de la superclase de la jerarquía.

En STL los algoritmos están implementados normalmente como funciones (no métodos) y por supuesto no tienen estado, algo que por definición es ajeno a la POO. A pesar de ello, en el diseño de la librería están muy presentes los principios de orientación a objetos.

2.3.1. Algoritmos

Para conseguir estructuras de datos genéricas, los contenedores se implementan como plantillas —como ya se discutió en capítulos anteriores— de modo que el tipo de dato concreto que han de almacenar se especifica en el momento de la creación de la instancia.

Aunque es posible implementar algoritmos sencillos del mismo modo —parametrizando el tipo de dato— STL utiliza un mecanismo mucho más potente: los iteradores. Los iteradores permiten desacoplar tanto el tipo de dato como el modo en que se organizan y almacenan los datos en el contenedor.

---

[8]también llamado polimorfismo «de subclase» o «de inclusión», en contraposición con el «polimorfismo paramétrico»

Lógicamente, para que un algoritmo pueda hacer su trabajo tiene que asumir que tanto los elementos del contenedor como los iteradores tienen ciertas propiedades, o siendo más precisos, un conjunto de métodos con un comportamiento predecible. Por ejemplo, para poder comparar dos colecciones de elementos, deben ser comparables dos a dos para determinar su *igualdad* —sin entrar en qué significa eso realmente. Así pues, el algoritmo equal() espera que los elementos soporten el «modelo» *EqualityComparable*, que implica que tienen sobrecargado el método operator==(), además de cumplir éste ciertas condiciones como reflexibidad, simetría, transitividad, etc.

 Algoritmos «escalares»: Aunque la mayoría de los algoritmos de la STL manejan secuencias delimitadas por dos iteradores, también hay algunos que utilizan datos escalares, tales como min(), max(), power() o swap() que pueden resultar útiles para componer algoritmos más complejos.

Escribiendo un algoritmo genérico

El mejor modo de comprender en qué consiste la «genericidad» de un algoritmo es crear uno desde cero. Escribamos nuestra propia versión del algoritmo genérico count() (uno de los más sencillos). Este algoritmo sirve para contar el número de ocurrencias de un elemento en una secuencia. Como una primera aproximación veamos cómo hacerlo para un array de enteros. Podría ser algo como:

Listado 2.48: Escribiendo un algoritmo genérico: my_count() (1/4)

```
1  int my_count1(const int* sequence, int size, int value) {
2    int retval = 0;
3    for (int i=0; i < size; ++i)
4      if (sequence[i] == value)
5        retval++;
6
7    return retval;
8  }
9
10 void test_my_count1() {
11   const int size = 5;
12   const int value = 1;
13   int numbers[] = {1, 2, 3, 1, 2};
14
15   assert(my_count1(numbers, size, value) == 2);
16 }
```

Destacar el especificador const en el parámetro sequence (línea 1). Le indica al compilador que esta función no modificará el contenido del array. De ese modo es más general; se podrá aplicar a cualquier array (sea constante o no).

 Recuerda, en las funciones, aquellos parámetros que no impliquen copia (puntero o referencia) deberían ser constantes si la función efectivamente no va a modificarlos.

En la siguiente versión vamos a cambiar la forma de iterar sobre el array. En lugar de emplear un índice vamos a utilizar un puntero que se desplaza a través del array. Esta versión mantiene el prototipo, es decir, se invoca de la misma forma.

```
1   int my_count2(const int* first, int size, int value) {
2     int retval = 0;
3     for (auto it=first; it < first + size; ++it)
4       if (*it == value)
5         retval++;
6
7     return retval;
8   }
```

Dos cuestiones a destacar:

- Utiliza aritmética de punteros. Es decir, la dirección del puntero it (linea 3) no se incrementa de uno en uno, sino que depende del tamaño del tipo int.

- El valor consultado en el array se obtiene de-referenciando el puntero (*it en la línea 4).

A continuación la función cambia para imitar la signatura habitual de STL. En lugar de pasar un puntero al comienzo y un tamaño, se le pasan punteros al comienzo y al final-más-uno.

```
1   int my_count3(const int* first, const int* last, int value) {
2     int retval = 0;
3     for (auto it=first; it < last; ++it)
4       if (*it == value)
5         retval++;
6
7     return retval;
8   }
9
10  void test_my_count3() {
11    const int size = 5;
12    const int value = 1;
13    int numbers[] = {1, 2, 3, 1, 2};
14
15    assert(my_count3(numbers, numbers+size, value) == 2);
16  }
```

Se puede apreciar como el criterio del final-mas-uno simplifica la invocación, puesto que el valor correcto se consigue con numbers+size (línea 15) y la condición de parada es también más simple (it<last) en la línea 3.

Por último, veamos como queda la función cambiando los punteros por iteradores. Es fácil comprobar como resultan funcionalmente equivalentes, hasta el punto de que la función se puede utilizar también con un contenedor vector. También se ha convertido la función en una plantilla, de modo que se podrá utilizar con cualquier tipo de dato, a condición de que sus elementos soporten la operación de comprobación de igualdad:

```
1   template <typename Iter, typename T>
2   int my_count4(Iter first, Iter last, T value) {
3     int retval = 0;
4     for (Iter it=first; it < last; ++it)
5       if (*it == value)   retval++;
6     return retval;
7   }
8
```

```
 9  void test_my_count4_numbers() {
10    const int size = 5;
11    const int value = 1;
12
13    int numbers[] = {1, 2, 3, 1, 2};
14    assert(my_count4(numbers, numbers+size, value) == 2);
15
16    vector<int> numbers_vector = {1, 2, 3, 1, 2};
17    assert(my_count4(numbers_vector.begin(), numbers_vector.end(), value) == 2);
18  }
19
20  void test_my_count4_letters() {
21    const int size = 5;
22    const int value = 'a';
23
24    char letters[] = {'a', 'b', 'c', 'a', 'b'};
25    assert(my_count4(letters, letters+size, value) == 2);
26
27    vector<char> letters_vector = {'a', 'b', 'c', 'a', 'b'};
28    assert(my_count4(letters_vector.begin(), letters_vector.end(), value) == 2);
29  }
```

Esta última versión es bastante similar a la implementación habitual del algoritmo count() estándar con la salvedad de que éste último realiza algunas comprobaciones para asegurar que los iteradores son válidos.

Comprobamos que nuestras funciones de prueba funcionan exactamente igual utilizando el algoritmo count() estándar[9]:

Listado 2.52: El algoritmo count() estándar se comporta igual

```
 1  void test_count_numbers() {
 2    const int size = 5;
 3    const int value = 1;
 4    int numbers[] = {1, 2, 3, 1, 2};
 5    vector<int> numbers_vector(numbers, numbers + size);
 6
 7    assert(count(numbers, numbers+size, value) == 2);
 8    assert(count(numbers_vector.begin(), numbers_vector.end(),
 9            value) == 2);
10  }
11
12  void test_count_letters() {
13    const int size = 5;
14    const int value = 'a';
15    char letters[] = {'a', 'b', 'c', 'a', 'b'};
16    vector<char> letters_vector(letters, letters + size);
17
18    assert(count(letters, letters+size, value) == 2);
19    assert(count(letters_vector.begin(), letters_vector.end(),
20            value) == 2);
21  }
```

2.3.2. Predicados

En el algoritmo count(), el criterio para contar es la igualdad con el elemento proporcionado. Eso limita mucho sus posibilidades porque puede haber muchos otros motivos por los que sea necesario contar elementos de una secuencia: esferas de color rojo, enemigos con nivel mayor al del jugador, armas sin munición, etc.

---

[9]Para utilizar los algoritmos estándar se debe incluir el fichero <algorithm>.

Lógica de predicados

En lógica, un **predicado** es una expresión que se puede evaluar como cierta o falsa en función del valor de sus parámetros de entrada. En programación, y en particular en la STL, un predicado es una función (en el sentido amplio) que acepta un valor del mismo tipo que los elementos de la secuencia sobre la que se usa y devuelve un valor booleano.

Por ese motivo, muchos algoritmos de la STL tienen una versión alternativa que permite especificar un parámetro adicional llamado *predicado*. El algoritmo invocará el predicado para averiguar si se cumple la condición indicada por el programador y así determinar cómo debe proceder con cada elemento de la secuencia.

En C/C++, para que una función pueda invocar a otra (en este caso, el algoritmo al predicado) se le debe pasar como parámetro un puntero a función.

Veamos la definición de un predicado (not_equal_two) que, como habrá imaginado, será cierto para valores distintos a 2:

Listado 2.53: Predicado not_equal_two()

```
1  bool not_equal_two(int n) {
2    return n != 2;
3  }
4
5  void test_not_equal_two() {
6    const int size = 5;
7    int numbers[] = {1, 2, 3, 1, 2};
8    assert(count_if(numbers, numbers+size, not_equal_two) == 3);
9  }
```

Igual que con cualquier otro tipo de dato, cuando se pasa un *puntero a función* como argumento, el parámetro de la función que lo acepta debe estar declarado con ese mismo tipo. Concretamente el tipo del predicado not_equal_two sería algo como:

Listado 2.54: Tipo para un predicado que acepta un argumento entero

```
1  bool (*)(int);
```

El algoritmo count_if() lo acepta sin problema. Eso se debe a que, como ya hemos dicho, los algoritmos son funciones-plantilla y dado que la secuencia es un array de enteros, asume que el valor que acepta el predicado debe ser también un entero, es decir, el algoritmo determina automáticamente la signatura del predicado. Aunque funciona, resulta bastante limitado. No hay forma de modificar el comportamiento del predicado en tiempo de ejecución. Es decir, si queremos contar los elementos distintos de 3 en lugar de 2 habría que escribir otro predicado diferente. Eso es porque el único argumento que puede tener el predicado es el elemento de la secuencia que el algoritmo le pasará cuando lo invoque[10], y no hay modo de darle información adicional de forma limpia.

2.3.3. Functors

Existe sin embargo una solución elegante para conseguir «predicados configurables». Consiste es declarar una clase que sobrecargue el operador de invocación —método operator()()— que permite utilizar las instancias de esa clase como si fueran funciones. Las clases que permiten este comportamiento se denominan «functors»[11]. Veamos como implementar un predicado not_equal() como un functor:

---

[10]En la terminología de STL se denomina «predicado unario»

[11]«functor» se traduce a veces como «objeto-función».

Listado 2.55: Predicado not_equal() para enteros (como functor)

```cpp
1  class not_equal {
2    const int _ref;
3
4  public:
5    not_equal(int ref) : _ref(ref) {}
6
7    bool operator()(int value) {
8      return value != _ref;
9    }
10 };
```

Y dos pruebas que demuestran su uso:

Listado 2.56: Ejemplos de uso de not_equal()

```cpp
1  void test_not_equal_functor() {
2    not_equal not_equal_2(2);
3
4    assert(not_equal_2(0));
5    assert(not not_equal_2(2));
6  }
7
8  void test_not_equal_count_if() {
9    const int size = 5;
10   int numbers[] = {1, 2, 3, 1, 2};
11
12   assert(count_if(numbers, numbers+size, not_equal(2)) == 3);
13 }
```

Para disponer de un predicado lo más flexible posible deberíamos implementarlo como una clase plantilla de modo que sirva no solo para enteros:

Listado 2.57: Predicado not_equal() genérico como functor

```cpp
1  template <typename _Arg>
2  class not_equal {
3    const _Arg _ref;
4
5  public:
6    not_equal(_Arg ref) : _ref(ref) {}
7
8    bool operator()(_Arg value) const {
9      return value != _ref;
10   }
11 };
```

Pero los predicados no son la única utilidad interesante de los functors. Los predicados son una particularización de las «funciones» (u operadores). Los operadores pueden devolver cualquier tipo, no sólo booleanos.

La STL clasifica los operadores en 3 categorías básicas:

Generador Una función que no acepta argumentos.

Unario Una función que acepta un argumento.

Binario Una función que acepta dos argumentos.

Aunque obviamente puede definirse un operador con 3 o más argumentos, no hay ningún algoritmo estándar que los utilice. Si el functor devuelve un booleano es cuando se denomina «predicado unario» o «binario» respectivamente. Para ser un predicado debe tener al menos un argumento como hemos visto. Además se habla también de modalidades «adaptables» para las tres categorías, que se distinguen porque exponen los tipos de sus argumentos y valor de retorno como atributos de la clase. Los veremos más adelante.

Los operadores (los functors que no son predicados) se utilizan normalmente en algoritmos que realizan algún cálculo con los elementos de una secuencia.

Como ejemplo, el siguiente listado multiplica los elementos del array `numbers`:

Listado 2.58: `accumulate()` multiplicando los elementos de una secuencia de enteros

```
1  void test_accumulate_multiplies() {
2    int numbers[] = {1, 2, 3, 4};
3    const int size = sizeof(numbers) / sizeof(int);
4
5    int result = accumulate(numbers, numbers+size,
6                            1, multiplies<int>());
7    assert(result == 24);
8  }
```

El algoritmo `accumulate()` aplica el operador binario especificado como último parámetro (`multiplies()` en el ejemplo) empezando por el valor inicial indicado como tercer parámetro (1) y siguiendo con los elementos del rango especificado. Corresponde con la operación $\prod_{i=1}^{n} i$.

Además de `multiplies()`, la librería estándar incluye muchos otros functors que se clasifican en operaciones aritméticas (grupo al que corresponde `multiplies()`), lógicas, de identidad y comparaciones. Los iremos viendo y utilizando a lo largo de esta sección.

2.3.4. Adaptadores

Es habitual que la operación que nos gustaría que ejecute el algoritmo sea un método (una función miembro) en lugar de una función estándar. Si tratamos de pasar al algoritmo un puntero a método no funcionará, porque el algoritmo no le pasará el parámetro implícito `this` que todo método necesita.

Una posible solución sería escribir un functor que invoque el método deseado, como se muestra en el siguiente listado.

Listado 2.59: Adaptador «manual» para un método

```
 1  class Enemy {
 2  public:
 3    bool is_alive(void) const {
 4      return true;
 5    }
 6  };
 7
 8  class enemy_alive {
 9  public:
10    bool operator()(Enemy enemy) {
11      return enemy.is_alive();
12    }
13  };
14
15  void test_my_adapter() {
16    vector<Enemy> enemies(2);
17
18    assert(count_if(enemies.begin(), enemies.end(), enemy_alive()) == 2);
19  }
20
21  int main() {
```

Adaptadores con `bind()`

Por suerte esto no es necesario, la STL moderna (C++11) proporciona una «función» llamada `bind()` que puede crear un functor a partir de cualquier función, método o functor. `bind()` substituye a los adaptadores `bind1st()` y `bind2nd()` del antiguo estándar de C++ (ver sección 2.5.1). Veamos de nuevo el ejemplo anterior, pero utilizando `bind()` para no tener que crear un ex profeso.

Listado 2.60: Usando `bind()` para adaptar un método como predicado

```
 1  class Enemy {
 2  public:
 3    bool is_alive(void) const {
 4      return true;
 5    }
 6  };
 7
 8  void test_bind_adapter() {
 9    vector<Enemy> enemies(2);
10    assert(count_if(enemies.begin(), enemies.end(), bind(&Enemy::is_alive, _1)) == 2);
11  }
12
13  int main() {
```

En la línea 21 se utiliza `bind()` para crear el predicado que se pasa al algoritmo `count_if()`. En este caso `bind()` toma dos parámetros. El primero es un puntero al método `Enemy::is_alive()` pero el segundo es un valor un tanto especial. Ese `_1` es un *placeholder*, que sirve para representar qué debe hacer el functor resultante con el parámetro recibido en la primera posición. En este caso el parámetro será un elemento de la secuencia `enemies`. Existen *placeholders* del `_1` al `_9` para los nueve primeros argumentos de la invocación.

Veámoslo con más detalle. El siguiente ejemplo usa `bind()` para convertir el método `is_alive()` en una función que toma la instancia como parámetro explícito (equivalente al ejemplo anterior).

Listado 2.61: Creando una función con `bind()`

```
1  void test_bind() {
2    Enemy enemy;
3    function<bool(Enemy)> enemy_is_alive = bind(&Enemy::is_alive, _1);
4    assert(enemy_is_alive(enemy));
5  }
```

El objeto `enemy_is_alive()` es un functor que devuelve un booleano y acepta un `Enemy` como parámetro (justo lo que necesita el algoritmo `count_if()`). A diferencia del ejemplo anterior, ahora lo almacenamos explícitamente en una variable para que resulte más evidente su utilidad. Es posible simplificarlo más aún si se utiliza el especificador `auto`. De ese modo nos ahorramos tener que instanciar la plantilla de `std::function`.

Listado 2.62: Creando una función con `bind()` y `auto`

```
1  void test_bind() {
2    Enemy enemy;
3    auto enemy_is_alive = bind(&Enemy::is_alive, _1);
4    assert(enemy_is_alive(enemy));
5  }
```

Volvamos sobre el problema de tener una operación o predicado que requiere un argumento adicional aparte del elemento de la secuencia. En la sección 2.3.3 resolvimos el problema creando un functor (`not_equal`) que sirviera como adaptador. Bien, pues eso también se puede conseguir con `bind()`. Así se puede reescribir el listado 2.53 de modo que se puede especificar el valor con el que comparar (parámetro `ref`) sin tener que escribir un functor ad-hoc:

Listado 2.63: Paso de parámetros adicionales con `bind()`

```
1  bool not_equal(int n, int ref) {
2    return n != ref;
3  }
4
5  void test_not_equal_bind() {
6    const int size = 5;
7    int numbers[] = {1, 2, 3, 1, 2};
8
9    assert(count_if(numbers, numbers+size,
10                    bind(not_equal, _1, 2)) == 3);
11 }
```

En este caso la llamada a `bind()` tiene por parámetros el *placeholder* `_1` –que representa al elemento de la secuencia que recibirá cuando el algoritmo lo use– y el literal `2` que corresponde con el parámetro `ref` de la función `not_equal()`. En realidad éste es un ejemplo de construcción de una función *parcialmente especificada*[12]. Como en el caso anterior, si guardamos la función creada por `bind()` en una variable, es más sencillo ver cómo funciona:

Listado 2.64: Creando una función parcialmente especificada con `bind()`

```
1  void test_not_equal_bind() {
2    auto not_equal_two = bind(not_equal, _1, 2);
3    assert(not_equal_two(5) == true);
4  }
```

---

[12]una herramienta habitual en los lenguajes funcionales

Cuando la función not_equal_two() es invocada requiere un parámetro (el entero a comparar), sin embargo el valor de referencia (ref) está previamente especificado. Es decir, el resultado es una nueva función (en el sentido amplio del término) con menos parámetros que la original.

 bind(): Es el adaptador de funciones definitivo. Substituye a todos los adaptadores que ofrecía la STL antes del estándar C++11.

Veamos otro ejemplo sencillo (listado 2.65). Tenemos una función que imprime un texto en un color determinado indicado por parámetro. Utilizando bind() vamos a crear otra función que, a partir de la primera, permite escribir texto en verde para imprimir un mensaje que informa de un comportamiento correcto (como en un *logger*).

Listado 2.65: Una función parcialmente especificada

```
1  enum Color{black, red, green};
2
3  void print_color(string text, Color color) {
4    cout << text << " color:" << color << endl;
5  }
6
7  void test_bind() {
8    auto print_ok = bind(print_color, _1, green);
9    print_ok("Success");
10 }
```

Las funciones parcialmente especificadas resultan muy útiles cuando se requieren manejadores de eventos. Normalmente éstos deben cumplir un prototipo concreto y ahí es donde bind() simplifica las cosas. En el siguiente ejemplo vemos un mapa de manejadores para eventos de teclado en una aplicación Ogre.

Listado 2.66: Creando un mapa de manejadores gracias a bind()

```
1  class WindowEventListener: public Ogre::WindowEventListener,
2                public OIS::KeyListener,
3                public OIS::MouseListener {
4    OIS::InputManager* inputManager;
5    OIS::Keyboard* keyboard;
6    OIS::Mouse* mouse;
7
8    typedef vector<OIS::KeyCode> KeyCodes;
9    map<KeyCodes, function<void()>> triggers_;
10
11   // ...
12
13 public:
14   void add_hook(KeyCodes keystroke, function<void()> callback) {
15     triggers_[keystroke] = callback;
16   }
17
18   // ...
19 };
20
21 int main() {
22   // ...
23
24   WindowEventListener listener(game.window);
25   Car car(chassis, wheels);
26
```

```
27  listener.add_hook({OIS::KC_W, OIS::KC_D},
28                     bind(&Car::forward_right, &car));
29  listener.add_hook({OIS::KC_W, OIS::KC_A},
30                     bind(&Car::forward_left, &car));
31  listener.add_hook({OIS::KC_S, OIS::KC_D},
32                     bind(&Car::backward_right, &car));
33  listener.add_hook({OIS::KC_S, OIS::KC_A},
34                     bind(&Car::backward_left, &car));
35  listener.add_hook({OIS::KC_W},
36                     bind(&Car::forward, &car));
37  listener.add_hook({OIS::KC_S},
38                     bind(&Car::backward, &car));
39  listener.add_hook({OIS::KC_ESCAPE},
40                     bind(&WindowEventListener::shutdown, &listener));
41
42  // ...
```

Fíjese en el atributo `triggers_` (línea 9), el cual consiste en un mapa que relaciona un vector de `KeyCode` (una combinación de teclas) con un manejador (tipo `function<void()>`). Esto permite cambiar las asignaciones de teclas según las preferencias del usuario, leyéndolas por ejemplo de un fichero de configuración, y sería muy sencillo también cambiarlas con la aplicación en marcha si fuese necesario.

Predicados mediante funciones anónimas

El lenguaje C++ moderno permite crear funciones anónimas[13], y eso resulta muy útil para construir predicados «al vuelo». Veamos cómo utilizar funciones anónimas para conseguir el mismo resultado que con `bind()` en los ejemplos anteriores. El siguiente listado ejecuta el algoritmo `count_if()` de forma equivalente al listado 2.60.

Listado 2.67: Usando una función anónima para adaptar un método como predicado

```
1  void test_lambda_adapter() {
2    vector<Enemy> enemies(2);
3
4    assert(count_if(enemies.begin(), enemies.end(),
5             [](Enemy x)->bool { x.is_alive(); }
6           ) == 2);
7  }
```

Y el siguiente listado demuestra el uso de una función anónima para el caso en el que se utilice un operador con parámetros adicionales, es decir, equivalente al listado 2.63:

Listado 2.68: Usando una función anónima para adaptar una función con parámetros adicionales

```
1  void test_lambda_params() {
2    const int size = 5;
3    int numbers[] = {1, 2, 3, 1, 2};
4
5    assert(count_if(numbers, numbers+size,
6             [](int n){ return not_equal(n, 2); }
7           ) == 3);
8  }
```

---

[13]También denominadas funciones *lambda* en algunos lenguajes.

Dado que en la función anónima la invocación a la función de soporte es explícita queda más claro el valor y lugar de los parámetros. Prácticamente en todos los casos es posible utilizar tanto `bind()` como funciones anónimas para construir adaptadores o construir operadores para los algoritmos.

2.3.5. Algoritmos idempotentes

Los algoritmos idempotentes (*non-mutating*) son aquellos que no modifican el contenedor sobre el que se aplican. Podríamos decir que son algoritmos *funcionales* desde el punto de vista de ese paradigma de programación. Nótese que aunque el algoritmo en sí no afecte al contenedor, las operaciones que se realicen con él sí pueden modificar los objetos contenidos.

for_each()

El algoritmo `for_each()` es el más simple y general de la STL. Es equivalente a un bucle `for` convencional en el que se ejecutara un método concreto (o una función independiente) sobre cada elemento de un rango. Veamos un ejemplo sencillo en el que se recargan todas las armas de un jugador:

Listado 2.69: Ejemplo de uso del algoritmo `for_each()`

```
1  class Weapon {
2  public:
3    void reload() { /* some code */ }
4  };
5
6  void test_for_each() {
7    vector<Weapon> weapons(5);
8    for_each(weapons.begin(), weapons.end(), bind(&Weapon::reload, _1));
9  }
10
11 int main() {
12   test_for_each();
13 }
```

En el C++ moderno el algoritmo `for_each()` tiene menos uso, ya que el la nueva modalidad de `for` permite hacer prácticamente lo mismo de un modo más explícito, aunque quizá menos eficiente.

Listado 2.70: Equivalente al algoritmo `for_each()` usando el nuevo `for` de C++

```
1  void test_for() {
2    vector<Weapon> weapons(5);
3    for (auto w: weapons)
4      w.reload();
5  }
```

---

find() / find_if()

Devuelve un iterador al primer elemento del rango que coincide con el indicado (si se usa `find()`) o que cumple el predicado (si se usa `find_if()`). Devuelve el iterador `end` si no encuentra ninguna coincidencia. Un ejemplo en el que se busca el primer entero mayor que 6 que haya en el rango:

```
Listado 2.71: Ejemplo de find_if()
1  void test_find_if() {
2    const int size = 5;
3    const int value = 1;
4    int numbers[] = {2, 7, 12, 9, 4};
5
6    assert(find_if(numbers, numbers + size,
7                   [](int x){ return x > 6; }
8                   ) == numbers+1);
9  }
```

Se utiliza una función lambda para construir un predicado que devuelve cierto para los enteros mayores que 6. El resultado del algoritmo es un iterador al segundo elemento (el 7) que corresponde con numbers+1.

count() / count_if()

Como ya hemos visto en ejemplos anteriores count() devuelve la cantidad de elementos del rango igual al dado, o que cumple el predicado, si se usa la modalidad count_if().

mismatch()

Dados dos rangos, devuelve un par de iteradores a los elementos de cada rango en el que las secuencias difieren. Veamos el siguiente ejemplo —extraído de la documentación de SGI[14]:

```
Listado 2.72: Ejemplo de uso de mismatch()
1  void test_mismatch() {
2    int A1[] = { 3, 1, 4, 1, 5, 9, 3};
3    int A2[] = { 3, 1, 4, 2, 8, 5, 7};
4    const int size = sizeof(A1) / sizeof(int);
5
6    pair<int*, int*> result = mismatch(A1, A1 + size, A2);
7    assert(result.first == A1 + 3);
8    assert((*result.first) == 1 and (*result.second) == 2);
9  }
```

 Muchos algoritmos de transformación que manejan dos secuencias requieren solo *tres* iteradores. El tercer iterador indica el comienzo de la secuencia de salida y se asume que ambas secuencias son del mismo tamaño.

equal()

Indica si los rangos indicados son iguales. Por defecto utiliza el operator==(), pero opcionalmente es posible indicar un predicado binario como cuarto parámetro para determinar en qué consiste la «igualdad». Veamos un ejemplo en el que se comparan dos listas de figuras que se considerarán iguales simplemente porque coincida su color:

---

[14]http://www.sgi.com/tech/stl/mismatch.html

Listado 2.73: Ejemplo de uso de equal()

```
1  enum Color{BLACK, WHITE, RED, GREEN, BLUE};
2
3  class Shape {
4  public:
5    Color color;
6    Shape(void) : color(BLACK) {}
7    bool cmp(Shape other) {
8      return color == other.color;
9    }
10 };
11
12 void test_equal() {
13   const int size = 5;
14   Shape shapes1[size], shapes2[size];
15   shapes2[3].color = RED;
16   assert(equal(shapes1, shapes1+size, shapes2,
17          bind(&Shape::cmp, _1, _2)
18          ) == false);
19 }
```

Este ejemplo utiliza `bind()` para construir el predicado binario que requiere el algoritmo.

search()

Localiza la posición del segundo rango en el primero. Devuelve un iterador al primer elemento. Opcionalmente acepta un predicado binario para especificar la igualdad entre dos elementos. Veamos este ejemplo extraído de la documentación de SGI.

Listado 2.74: Ejemplo de uso de search()

```
1  void test_search() {
2    const char s1[] = "Hello, world!";
3    const char s2[] = "world";
4    const int n1 = strlen(s1);
5    const int n2 = strlen(s2);
6
7    const char* p = search(s1, s1 + n1, s2, s2 + n2);
8    assert(p == s1 + 7);
9  }
```

El algoritmo `find_end()` (a pesar de su nombre) es similar a `search()` solo que localiza la última aparición en lugar de la primera.

El algoritmo `search_n()` también es similar. Busca una secuencia de n elementos iguales (no otro rango) que debería estar contenida en el rango indicado.

 Nomenclatura Los nombres de los algoritmos siguen ciertos criterios. Como ya hemos visto, aquellos que tienen una versión acabada en el sufijo _if aceptan un predicado en lugar de utilizar un criterio implícito. Los que tienen el sufijo _copy generan su resultado en otra secuencia, en lugar de modificar la secuencia original. Y por último, los que acaban en _n aceptan un iterador y un entero en lugar de dos iteradores; de ese modo se pueden utilizar para insertar en «cosas» distintas de contenedores, por ejemplo flujos.

2.3.6. Algoritmos de transformación

Normalmente, en los algoritmos de transformación (*mutating algorithms*) se distingue entre el rango o secuencia de entrada y la de salida, ya que su operación implica algún tipo de modificación (inserción, eliminación, cambio, etc.) sobre los elementos de la secuencia de salida.

 Es importante recordar que las secuencias de salida que se utilizan en los algoritmos de transformación deben disponer de memoria suficiente para los datos que recibirán u obtendremos comportamientos erráticos aleatorios y errores de acceso a memoria en tiempo de ejecución (SEGFAULT).

copy()

Copia los elementos de un rango en otro. No debería utilizarse para copiar una secuencia completa en otra ya que el operador de asignación que tienen todos los contenedores resulta más eficiente. Sí resulta interesante para copiar fragmentos de secuencias. Veamos un uso interesante de copy() para enviar a un flujo (en este caso cout) el contenido de una secuencia.

Listado 2.75: Ejemplo de uso de copy()

```
1  int main() {
2    int values[] = {1, 2, 3, 4, 5};
3    const int size = sizeof(values) / sizeof(int);
4
5    copy(values+2, values+size,
6        ostream_iterator<int>(cout, ", "));
7    cout << endl;
8  }
```

La plantilla ostream_iterator devuelve un iterador de inserción para un tipo concreto (int en el ejemplo) que escribirá en el flujo (cout) los elementos que se le asignen, escribiendo además una cadena opcional después de cada uno (una coma).

Existe una variante llamada copy_backward() que copia desde el final y en la que se debe pasar un iterador de la secuencia de salida al que copiar el último elemento.

swap_ranges()

Intercambia el contenido de dos secuencias. Como es habitual, se pasan los iteradores a principio y fin de la primera secuencia y al principio de la segunda, dado que asume que los rangos deben ser del mismo tamaño. Nótese que este algoritmo modifica ambos rangos.

transform()

El algoritmo transform() es uno de los más versátiles de la librería. La versión básica (que opera sobre un único rango de entrada) aplica un operador unario a cada elemento del rango y escribe el resultado a un iterador de salida.

Existe una versión alternativa (sobrecargada) que acepta dos secuencias de entrada. En este caso, el algoritmo utiliza un operador binario al que pasa un elemento que obtiene de cada una de las secuencias de entrada, el resultado se escribe sobre el iterador de salida.

Es interesante destacar que en ambos casos, el iterador de salida puede referirse a una de las secuencias de entrada.

Veamos un ejemplo en el que se concatenan las cadenas de dos vectores y se almacenan en un tercero:

```
Listado 2.76: Ejemplo de uso de transform()
1   void test_transform() {
2     vector<string> v1, v2, result(2);
3     v1.push_back("hello ");
4     v1.push_back("bye ");
5     v2.push_back("world");
6     v2.push_back("heaven");
7
8     transform(v1.begin(), v1.end(), v2.begin(),
9           result.begin(),
10          [](string a, string b){ return a+b; });
11
12    assert(result[0] == "hello world");
13    assert(result[1] == "bye heaven");
14  }
```

replace() / replace_if()

Dado un rango, un valor antiguo y un valor nuevo, substituye todas las ocurrencias del valor antiguo por el nuevo en el rango. La versión replace_if() substituye los valores que cumplan el predicado unario especificado por el valor nuevo. Ambos utilizan un única secuencia, es decir, hacen la substitución in situ.

Existen variantes llamadas replace_copy() y replace_copy_if() respectivamente en la que se copian los elementos del rango de entrada al de salida a la vez que se hace la substitución. En este caso la secuencia original no cambia.

fill()

Dado un rango y un valor, copia dicho valor en todo el rango:

```
Listado 2.77: Ejemplo de uso de fill()
1   void test_fill() {
2     vector<float> v(10);
3     assert(count(v.begin(), v.end(), 0));
4
5     fill(v.begin(), v.end(), 2);
6     assert(count(v.begin(), v.end(), 2) == 10);
7   }
```

La variante fill_n() utiliza un único iterador de salida y copia sobre él n copias del valor especificado. Útil con iteradores de inserción.

generate()

En realidad es una variante de `fill()` salvo que los valores los obtiene de un operador que se le da como parámetro, en concreto un «generador», es decir, una función/functor sin parámetros que devuelve un valor:

```
Listado 2.78: Ejemplo de uso de generate()
 1  class counter {
 2    int _last;
 3  public:
 4    counter(int init) : _last(init) {}
 5    int operator()() {
 6      return _last++;
 7    }
 8  };
 9
10  void test_generate() {
11    vector<int> v(10);
12    generate(v.begin(), v.end(), counter(10));
13    assert(v[9] == 19);
14  }
```

Existe un algoritmo `generate_n()` al estilo de `copy_n()` o `fill_n()` que en lugar de dos iteradores, espera un iterador y una cantidad de elementos a generar.

remove()

Dado un rango y un valor, elimina todas las ocurrencias de dicho valor y retorna un iterador al nuevo último elemento. En realidad `remove()` (a pesar de su nombre) no elimina nada, solo reordena la secuencia, colocando los elementos «no deseados» detrás del iterador que retorna.

Como en el caso de `replace()` existen alternativas análogas llamadas `replace_if()`, `replace_copy()` y `replace_copy_if()`.

El siguiente listado demuestra la diferencia que supone para el contenedor usar el algoritmo `remove()` respecto a usar además el método `erase()`. En la función `test_remove-_and_erase()` se utiliza el iterador devuelto por `remove()` para eliminar los elementos del contenedor. Nótese que incluso en este caso lo que cambia es el tamaño del contenedor (`size`), pero no su capacidad (`capacity`).

```
Listado 2.79: Ejemplo de uso de remove()
 1  const int size = 8;
 2  int numbers[] = {1, 2, 3, 1, 4, 5, 1, 6};
 3
 4  void test_remove() {
 5    vector<int> numbers_vector(numbers, numbers + size);
 6
 7    auto it = remove(numbers_vector.begin(), numbers_vector.end(), 1);
 8
 9    assert(it == numbers_vector.begin() + 5);
10    assert(numbers_vector.size() == 8);
11  }
12
13  void test_remove_and_erase() {
14    vector<int> numbers_vector(numbers, numbers + size);
15
16    auto it = remove(numbers_vector.begin(), numbers_vector.end(), 1);
17    numbers_vector.erase(it, numbers_vector.end());
```

```
18
19    assert(numbers_vector.size() == 5);
20  }
```

Esta combinación de `remove()` and `erase()` es una expresión idiomática (*idiom*) habitual entre los usuarios de STL conocido precisamente como *erase-remove*.

unique()

Elimina elementos duplicados consecutivos. Dado que puede eliminar elementos in situ, retorna un iterador al nuevo último elemento de la secuencia. Existe una modalidad `unique_copy()` que copia el resultado sobre un iterador de salida dejando al secuencia original intacta. En ambos casos existen también modalidades que aceptan un predicado binario para definir la «igualdad» entre elementos.

reverse()

Invierte un rango in situ. También existe una modalidad que deja la secuencia original intacta llamada `reverse_copy()`. Se ilustra con un sencillo ejemplo que invierte **parte** de una cadena y no el contenedor completo:

Listado 2.80: Ejemplo de uso de `reverse()`

```
1  void test_reverse() {
2    char word[] = "reversion";
3    const int size = strlen(word);
4
5    reverse(word + 5, word + size);
6
7    assert(strcmp(word, "revernois") == 0);
8  }
```

rotate()

Rota los elementos del rango especificado por 3 iteradores, que indican el inicio, el punto medio y el final del rango. Existe una modalidad `rotate_copy()`, que como siempre aplica el resultado a un iterador en lugar de modificar el original.

Algoritmos aleatorios

Hay tres algoritmos que tienen que ver con operaciones aleatorias sobre una secuencia:

`random_shuffle()` reordena de forma aleatoria los elementos del rango.

`random_sample()` elige aleatoriamente elementos de la secuencia de entrada y los copia en la secuencia de salida. Es interesante destacar que este algoritmo requiere 4 iteradores ya que se puede crear una secuencia de salida de tamaño arbitrario, siempre que sea menor o igual que la secuencia de entrada.

`random_shuffle_n()` realiza la misma operación que `random_sample()` salvo que la cantidad de elementos a generar se especifica explícitamente en lugar de usar un cuarto iterador. Eso permite utilizarlo con un iterador de inserción.

Los tres aceptan opcionalmente una función que genere números aleatorios.

partition()

Dada una secuencia y un predicado, el algoritmo reordena los elementos de modo que los que satisfacen el predicado aparecen primero y los que lo incumplen después. Devuelve un iterador al primer elemento que incumple el predicado.

La modalidad `stable_partition()` preserva el orden de los elementos en cada parte respecto al orden que tenían en la secuencia original.

2.3.7. Algoritmos de ordenación

Los algoritmos de ordenación también son de transformación, pero se clasifican como un grupo distinto dado que todos tiene que ver con la ordenación de secuencias u operaciones con secuencias ordenadas.

sort()

Ordena in situ el rango especificado por dos iteradores. La modalidad `stable_sort()` preserva el orden relativo original a costa de algo menos de rendimiento. Veamos un ejemplo sencillo tomado del manual de SGI para ordenar un array de caracteres:

```
Listado 2.81: Ejemplo de uso de sort()
 1  bool less_nocase(char c1, char c2) {
 2    return tolower(c1) < tolower(c2);
 3  }
 4
 5  void test_sort() {
 6    char letters[] = "ZfdBeACFDbEacz";
 7    const int size = strlen(letters);
 8
 9    sort(letters, letters+size, less_nocase);
10
11    char expected[] = "AaBbCcdDeEfFZz";
12    assert(equal(letters, letters+size, expected));
13  }
```

La mayoría de los algoritmos de ordenación aceptan un predicado especial para comparación de elementos dos a dos. Es muy habitual ordenar secuencias de elementos no numéricos o por características que tienen poco que ver con la relación mayor o menor en el sentido tradicional del término.

El algoritmo `partial_sort()` ordena parcialmente una secuencia especificada por tres iteradores de modo que solo el rango correspondiente a los dos primeros estará ordenado en la secuencia resultante. Tiene una modalidad `partial_sort_copy()` que no modifica la secuencia original.

nth_element()

Dada una secuencia y tres iteradores, ordena la secuencia de modo que todos los elementos en el subrango por debajo del segundo iterador (`nth`) son menores que los elementos que quedan por encima. Además, el elemento apuntado por el segundo iterador es el mismo que si se hubiera realizado una ordenación completa.

Operaciones de búsqueda

A continuación se incluye una pequeña descripción de los algoritmos relacionados con búsquedas binarias:

`binary_search()` determina si el valor indicado se encuentra en la secuencia.

`lower_bound()` devuelve un iterador a la primera posición en la que es posible insertar el elemento indicado manteniendo el orden en la secuencia.

`upper_bound()` devuelve un iterador a la última posición en la que es posible insertar el elemento indicado manteniendo el orden en la secuencia.

`equal_range()` combina los dos algoritmos anteriores. Devuelve un par con los iteradores a la primera y última posición en la que es posible insertar el elemento indicado manteniendo el orden de la secuencia.

Se muestra un ejemplo de los cuatro algoritmos:

Listado 2.82: Ejemplo de uso de los algoritmos de búsqueda

```
1   int numbers[] = {0, 3, 7, 7, 10, 11, 15};
2   int size = sizeof(numbers) / sizeof(int);
3
4   void test_binary_search() {
5       assert(binary_search(numbers, numbers+size, 6) == false);
6       assert(binary_search(numbers, numbers+size, 10));
7   }
8
9   void test_bounds() {
10      assert(lower_bound(numbers, numbers+size, 6) == numbers+2);
11      assert(upper_bound(numbers, numbers+size, 8) == numbers+4);
12  }
13
14  void test_equal_range() {
15      auto bounds = equal_range(numbers, numbers+size, 7);
16      assert(bounds.first == numbers+2 and bounds.second == numbers+4);
17  }
```

`merge()` combina dos secuencias, dadas por dos pares de iteradores, y crea una tercera secuencia que incluye los elementos de ambas, manteniendo el orden.

Mínimo y máximo

Los algoritmos `min_element()` y `max_element()` permiten obtener respectivamente el elemento mínimo y máximo del rango especificado. Veamos un ejemplo:

Listado 2.83: Ejemplo de uso de `max_element()` y `min_element()`

```
1   char letters[] = "ZfdBeACFDbEacz";
2   const int size = strlen(letters);
3
4   void test_min() {
5       char* result = min_element(letters, letters+size);
6       assert(*result == 'A');
7   }
8
9   void test_max() {
```

```
10    char* result = max_element(letters, letters+size);
11    assert(*result == 'z');
12  }
```

2.3.8. Algoritmos numéricos

`accumulate()`

Aplica un operador (la suma si no se especifica otro) sobre el rango especificado por dos iteradores. Debe indicarse también un valor inicial ya que el algoritmo opera sobre un valor acumulado (de ahí su nombre) y un elemento extraído de la secuencia. El listado 2.58 muestra un ejemplo de uso.

`partial_sum()`

Calcula la «suma parcial» para cada elemento de una secuencia y lo almacena sobre un iterador de salida:

Listado 2.84: Ejemplo de uso de `partial_sum()`

```
1   void test_partial_sum() {
2     const int size = 5;
3     vector<int> values(size);
4     fill(values.begin(), values.end(), 1);
5
6     partial_sum(values.begin(), values.end(), values.begin());
7
8     int expected[size] = {1, 2, 3, 4, 5};
9     assert(equal(values.begin(), values.end(), expected));
10  }
```

`adjacent_difference()`

Calcula las diferencias entre elementos consecutivos de la secuencia de entrada y los escribe sobre el iterador de salida:

Listado 2.85: Ejemplo de uso de `adjacent_difference()`

```
 1  void test_adjacent_difference() {
 2    int values[] = {1, 3, 0, 10, 15};
 3    const int size = sizeof(values) / sizeof(int);
 4    int result[size];
 5
 6    adjacent_difference(values, values+size, result);
 7
 8    int expected[size] = {1, 2, -3, 10, 5};
 9    assert(equal(result, result+size, expected));
10  }
```

2.3.9. Ejemplo: inventario de armas

Veamos un programa concreto que ilustra como sacar partido de las algoritmos genéricos. Se trata del típico inventario de armas habitual en cualquier videojuego tipo «shooter». Lo primero es definir una clase para describir el comportamiento y atributos de cada arma (clase Weapon*). El único atributo es la munición disponible. Tiene otras dos propiedades (accesibles a través de métodos virtuales) que indican la potencia del disparo y la cantidad máxima de munición que permite:

Listado 2.86: Inventario de armas: Clase Weapon

```
 1  class Weapon {
 2    int ammo;
 3
 4  protected:
 5    virtual int power(void) const = 0;
 6    virtual int max_ammo(void) const = 0;
 7
 8  public:
 9    Weapon(int ammo=0) : ammo(ammo) { }
10
11    void shoot(void) {
12      if (ammo > 0) ammo--;
13    }
14
15    bool is_empty(void) {
16      return ammo == 0;
17    }
18
19    int get_ammo(void) {
20      return ammo;
21    }
22
23    void add_ammo(int amount) {
24      ammo = min(ammo + amount, max_ammo());
25    }
26
27    void add_ammo(Weapon* other) {
28      add_ammo(other->ammo);
29    }
30
31    int less_powerful_than(Weapon* other) const {
32      return power() < other->power();
33    }
34
35    bool same_weapon_as(Weapon* other) {
36      return typeid(*this) == typeid(*other);
37    }
38  };
```

Note cómo los métodos `shoot()`, `is_empty()` y `get_ammo()` son auto-explicativos. El método `add_ammo()` está sobrecargado. La primera versión (línea 23) añade al arma la cantidad especificada de balas respetando el límite. Para esto se utiliza el algoritmo `min()`. El método `less_powerful_than()` compara esta instancia de arma con otra para decidir cuál es la más potente, y por último, el método `same_weapon_as()` indica si el arma es del mismo tipo utilizando RTTI.

El siguiente listado muestra tres especializaciones de la clase `Weapon` que únicamente especializan los métodos privados `power()` y `max_ammo()` para cada uno de los tipos `Pistol`, `Shotgun` y `RPG`.

Listado 2.87: Especializaciones de `Weapon`

```
 1  class Pistol : public Weapon {
 2    virtual int power(void) const     { return 1; };
 3    virtual int max_ammo(void) const { return 50; };
 4
 5  public:
 6    Pistol(int ammo=0) : Weapon(ammo) {}
 7  };
 8
 9  class Shotgun : public Weapon {
10    virtual int power(void) const     { return 10; };
11    virtual int max_ammo(void) const { return 100; };
12
13  public:
14    Shotgun(int ammo=0) : Weapon(ammo) {}
15  };
16
17  class RPG : public Weapon {
18    virtual int power(void) const     { return 100; };
19    virtual int max_ammo(void) const { return 5; };
20
21  public:
22    RPG(int ammo=0) : Weapon(ammo) {}
23  };
```

Veamos por último la clase `Inventory` que representaría la colección de armas que lleva el jugador.

Algunos detalles interesantes de esta clase:

- `Inventory` «es-un» contenedor de punteros a `Weapon`, concretamente un vector (`vector<Weapon*>`) como se puede apreciar en la línea 1.

- La línea 3 define el tipo `WeaponIter` como alias del tipo del iterador para recorrer el contenedor.

- En la línea 4, la clase `WeaponNotFound` se utiliza como excepción en las búsquedas de armas, como veremos a continuación.

El método `add()` se utiliza para añadir un nuevo arma al inventario, pero contempla específicamente el caso —habitual en los *shotters*— en el que coger un arma que ya tiene el jugador implica únicamente coger su munición y desechar el arma. Para ello, utiliza el algoritmo `find_if()` para recorrer el propio contenedor especificando como predicado el método `Weapon::same_weapon_as()`. Nótese el uso de los adaptadores `mem_fun()` (por tratarse de un método) y de `bind2nd()` para pasar a dicho método la instancia del arma a buscar. Si se encuentra un arma del mismo tipo (líneas 12–16) se añade su munición al arma existente usando el iterador devuelto por `find_if()` y se elimina (línea 14). En otro caso se añade la nueva arma al inventario (línea 18).

```
1   class Inventory : public vector<Weapon*> {
2   public:
3     typedef typename Inventory::const_iterator WeaponIter;
4     typedef vector<Weapon*> WeaponVector;
5     class WeaponNotFound {};
6     ~Inventory();
7
8     void add(Weapon* weapon) {
9       auto it = find_if(begin(), end(),
10               bind(&Weapon::same_weapon_as, _1, weapon));
11
12       if (it != end()) {
13         (*it)->add_ammo(weapon);
14         delete weapon;
15         return;
16       }
17
18       push_back(weapon);
19     }
20
21     WeaponVector weapons_with_ammo(void) {
22       WeaponVector retval;
23
24       remove_copy_if(begin(), end(), back_inserter(retval),
25             bind(&Weapon::is_empty, _1));
26
27       if (retval.begin() == retval.end())
28         throw Inventory::WeaponNotFound();
29
30       return retval;
31     }
32
33     Weapon* more_powerful_weapon(void) {
34       WeaponVector weapons = weapons_with_ammo();
35
36       sort(weapons.begin(), weapons.end(),
37         bind(&Weapon::less_powerful_than, _1, _2));
38
39       return *(weapons.end()-1);
40     }
41   };
42
43   Inventory::~Inventory() {
44     transform(begin(), end(), begin(), deleter<Weapon>);
45     clear();
46   }
```

Por otra parte, el método more_powerful_weapon() (líneas 34–41) implementa una funcionalidad también muy habitual en ese tipo de juegos: cambiar al arma más potente disponible. En este contexto, invoca weapons_with_ammo() (líneas 22–32) para obtener las armas con munición. Utiliza el algoritmo remove_copy_if() para crear un vector de punteros (mediante la función back_inserter()), evitando copiar las vacías (línea 26).

Ordena el vector resultante usando sort() y utilizando como predicado el método less_powerful_than() que vimos antes. Por último, el método retorna un puntero al último arma (línea 40). Nótese que el '*' en esa línea es la de-referencia del iterador (que apunta a un puntero).

Para acabar, se muestra el destructor de la clase, que se encarga de liberar los punteros que almacena:

Listado 2.89: Inventario de armas: Destructor

```
 1
 2  template<class T>
 3  T* deleter(T* x) {
 4    delete x;
 5    return 0;
 6  }
 7      sort(weapons.begin(), weapons.end(),
 8        bind(&Weapon::less_powerful_than, _1, _2));
 9
10      return *(weapons.end()-1);
11    }
```

Aquí se utiliza el functor (deleter) con el algoritmo transform() para liberar cada puntero. La razón de usar transform() en lugar de for_each() es eliminar las direcciones de los punteros que dejan de ser válidos en el contenedor. Después se borra todo el contenedor usando su método clear().

2.4. Aspectos avanzados de la STL

En esta sección veremos cómo explotar el potencial de la librería STL más allá del mero uso de sus contenedores y algoritmos.

2.4.1. Eficiencia

La eficiencia es sin duda alguna uno de los objetivos principales de la librería STL. Esto es así hasta el punto de que se obvian muchas comprobaciones que harían su uso más seguro y productivo. El principio de diseño aplicado aquí es:

Es factible construir *decoradores* que añadan comprobaciones adicionales a la versión eficiente. Sin embargo, no es posible construir una versión eficiente a partir de una librería segura que realiza dichas comprobaciones.

Algunas de estas comprobaciones incluyen la dereferencia de iteradores nulos, invalidados o fuera de los límites del contenedor, como se muestra en el siguiente fragmento de código.

Listado 2.90: Situaciones no controladas en el uso de iteradores

```
 1  void test_lost_iterator() {
 2    vector<int>::iterator it;
 3    int i = *it;  // probably a SEGFAULT
 4  }
 5
 6  void test_invalidated_iterator() {
 7    vector<int> v1;
 8    v1.push_back(1);
 9    vector<int>::iterator it = v1.begin();
10    v1.clear();
11
12    int i = *it; // probably a SEGFAULT
13  }
```

```
14
15  void test_outbound_iterator() {
16    vector<int> v1;
17    vector<int>::iterator it = v1.end();
18
19    int i = *it; // probably a SEGFAULT
20  }
```

Para subsanar esta situación el programador puede optar entre utilizar una implementación que incorpore medidas de seguridad —con la consiguiente reducción de eficiencia— o bien especializar los contenedores en clases propias y controlar específicamente las operaciones susceptibles de ocasionar problemas.

En cualquier caso el programador debería tener muy presente que este tipo de decisiones ad hoc (eliminar comprobaciones) forman parte de la fase de optimización y sólo deberían considerarse cuando se detecten problemas de rendimiento. En general, tal como afirma Ken Beck, «La optimización prematura es un lastre». Es costosa (en tiempo y recursos) y produce normalmente código más sucio, difícil de leer y mantener, y por tanto, de inferior calidad.

 Principio de Pareto. El principio de Pareto también es aplicable a la ejecución de un programa. Estadísticamente el 80 % del tiempo de ejecución de un programa es debido únicamente al 20 % de su código. Eso significa que mejorando ese 20 % se pueden conseguir importantes mejoras.

La optimización del programa (si se necesita) debería ocurrir únicamente cuando se haya identificado dicho código por medio de herramientas de perfilado y un adecuado análisis de los flujos de ejecución. Preocuparse por optimizar una función lenta que solo se invoca en el arranque de un servidor que se ejecuta durante días es perjudicial. Supone un gasto de recursos y tiempo que probablemente producirá código menos legible y mantenible. Es decir, no es ya inútil, sino contraproducente.

Sin embargo, existen otro tipo de decisiones que el programador puede tomar cuando utiliza la STL, que tienen un gran impacto en la eficiencia del resultado y que no afectan en absoluto a la legibilidad y mantenimiento del código. Estas decisiones tienen que ver con la elección del contenedor o algoritmo adecuado para cada problema concreto. Esto requiere conocer con cierto detalle el funcionamiento y diseño de los mismos.

Elegir el contenedor adecuado

A continuación se listan los aspectos más relevantes que se deberían tener en cuenta al elegir un contenedor, considerando las operaciones que se realizarán sobre él:

- Tamaño medio del contenedor.

  En general, la eficiencia –en cuanto a tiempo de acceso– solo es significativa para grandes cantidades de elementos. Para menos de 100 elementos (seguramente muchos más considerando la potencia de cómputo actual) es muy probable que la diferencia entre un contenedor con tiempo de acceso lineal y uno logarítmico sea imperceptible. Si lo previsible es que el número de elementos sea relativamente pequeño o no se conoce bien a priori, la opción más adecuada es vector.

- Inserción de elementos en los dos extremos de la secuencia.

  Si necesita añadir al comienzo con cierta frecuencia (>10 %) debería elegir un contenedor que implemente esta operación de forma eficiente como deque.

- Inserción y borrado en posiciones intermedias.

El contenedor más adecuado en este caso es `list`. Al estar implementado como una lista doblemente enlazada, la operación de inserción o borrado implica poco más que actualizar dos punteros.

- Contenedores ordenados.

Algunos contenedores, como `set` y `multiset`, aceptan un operador de ordenación en el momento de su instanciación. Después de cualquier operación de inserción o borrado el contenedor quedará ordenado. Esto es órdenes de magnitud más rápido que utilizar un algoritmo de ordenación cuando se necesite ordenarlo.

Otro aspecto a tener en cuenta es la distinción entre contenedores basados en bloques (como `vector`, `deque` o `string`) y los basados en nodos (como `list`, `set`, `map`, etc.). Los contenedores basados en nodos almacenan cada elemento como unidades independientes y se relacionan con los demás a través de punteros. Esto tiene varias implicaciones interesantes:

- Si se obtiene un iterador a un nodo, sigue siendo válido durante toda la vida del elemento. Sin embargo, en los basados en bloque los iteradores pueden quedar invalidados si se realoja el contenedor.

- Los basados en nodos ocupan más memoria por cada elemento almacenado, debido a que se requiere información adicional para mantener la estructura: árbol o lista enlazada.

Elegir el algoritmo adecuado

Aunque los algoritmos de STL están diseñados para ser eficientes (el estándar incluso determina la complejidad ciclomática máxima permitida) ciertas operaciones sobre grandes colecciones de elementos pueden implicar tiempos de cómputo muy considerables. Para reducir el número de operaciones a ejecutar es importante considerar los condicionantes específicos de cada problema.

Uno de los detalles más simples a tener en cuenta es la forma en la que se especifica la entrada al algoritmo. En la mayoría de ellos la secuencia queda determinada por el iterador de inicio y el de fin. Lo interesante de esta interfaz es que darle al algoritmo parte del contenedor es tan sencillo como dárselo completo. Se pueden dar innumerables situaciones en las que es perfectamente válido aplicar cualquiera de los algoritmos genéricos que hemos visto a una pequeña parte del contenedor. Copiar, buscar, reemplazar o borrar en los n primeros o últimos elementos puede servir para lograr el objetivo ahorrando muchas operaciones innecesarias.

Otra forma de ahorrar cómputo es utilizar algoritmos que hacen solo parte del trabajo (pero suficiente en muchos casos), en particular los de ordenación y búsqueda como `partial_sort()`, `nth_element()`, `lower_bound()`, etc.

Por ejemplo, una mejora bastante evidente que se puede hacer a nuestro *inventario de armas* (ver listado 2.88) es cambiar el algoritmo `sort()` por `max_element()` en el método `more_powerful_weapon()`.

Listado 2.91: Modificación del inventario de armas

```
1    Weapon* more_powerful_weapon(void) {
2      WeaponVector weapons = weapons_with_ammo();
3
4      return *max_element(weapons.begin(), weapons.end(),
5              bind(&Weapon::less_powerful_than, _1, _2));
6    }
```

Aunque no es previsible que sea un contenedor con muchos elementos, buscar el máximo (que es la verdadera intención del método) es mucho más rápido que ordenar la colección y elegir el último.

Algoritmos versus métodos del contenedor

Utilizar los algoritmos genéricos de STL facilita –obviamente– escribir código (o nuevos algoritmos) que pueden operar sobre cualquier contenedor. Lamentablemente, como no podía ser menos, la generalidad suele ir en detrimento de la eficiencia. El algoritmo genérico desconoce *intencionadamente* los detalles de implementación de cada contenedor, y eso implica que no puede (ni debe) aprovecharlos para trabajar del modo más eficiente posible. Resumiendo, para el algoritmo genérico es más importante ser genérico que eficiente.

En aquellos casos en los que la eficiencia sea más importante que la generalidad (y eso hay que pensarlo con cuidado) puede ser más adecuado utilizar los métodos del contenedor en lugar de sus algoritmos funcionalmente equivalentes. Veamos el siguiente listado:

Listado 2.92: Algoritmo genérico vs. método del contenedor

```
1    void test_algorithm_vs_method(void) {
2      int orig[] = {1, 2, 3, 4, 5};
3      const int SIZE = sizeof(orig) / sizeof(int);
4      vector <int> v1, v2;
5
6      copy(orig, orig + SIZE, back_inserter(v1));
7
8      v2.insert(v2.begin(), orig, orig + SIZE);
9
10     assert(equal(v1.begin(), v1.end(), v2.begin()));
11   }
```

Las líneas 6 y 8 realizan la misma operación: añadir a un vector el contenido del array orig, creando elementos nuevos (los vectores están vacíos). Sin embargo, la versión con insert() (línea 8) es más eficiente que copy(), ya que realiza menos copias de los elementos.

Del mismo modo, aunque parece más evidente, utilizar métodos en los que se pueden especificar rangos es siempre más eficiente que usar sus equivalentes en los que sólo se proporciona un elemento (muchos métodos están sobrecargados para soportar ambos casos).

El libro «Effective STL» [43] de Scott Meyers explica muchas otras «reglas» concretas en las que el uso adecuado de STL puede aumentar notablemente la eficiencia del programa.

2.4.2. Semántica de copia

Una cuestión que a menudo confunde a los programadores novatos es la semántica de copia de STL. Significa que los contenedores almacenan copias de los elementos añadidos, y del mismo modo, devuelven copias cuando se extraen. El siguiente listado ilustra este hecho.

```
Listado 2.93: Semántica de copia de STL
1  class Counter {
2    int value;
3  public:
4    Counter(void) : value(0) {}
5    void inc(void) { ++value; }
6    int get(void)  { return value; }
7  };
8
9  void test_copy_semantics(void) {
10   vector<Counter> counters;
11   Counter c1;
12   counters.push_back(c1);
13   Counter c2 = counters[0];
14
15   counters[0].inc();
16
17   assert(c1.get() == 0);
18   assert(counters[0].get() == 1);
19   assert(c2.get() == 0);
20 }
```

Esto tiene graves implicaciones en la eficiencia de las operaciones que se realizan sobre el contenedor. Todos los algoritmos que impliquen añadir, mover y eliminar elementos dentro de la secuencia (la práctica totalidad de ellos) realizan copias, al menos cuando se trata de contenedores basados en bloque.

El siguiente listado es un «decorador» bastante rudimentario para `string` que imprime información cada vez que una instancia es creada, copiada o destruida.

```
Listado 2.94: Semántica de copia de la STL
1  class String {
2    string value;
3    string desc;
4
5  public:
6    String(string init) : value(init), desc(init) {
7      cout << "created: " << desc << endl;
8    }
9    String(const String& other) {
10     value = other.value;
11     desc = "copy of " + other.desc;
12     cout << desc << endl;
13   }
14   ~String() {
15     cout << "destroyed: " << desc << endl;
16   }
17   bool operator<(const String& other) const {
18     return value < other.value;
19   }
20   friend ostream&
21   operator<<(ostream& out, const String& str) {
22     out << str.value;
23     return out;
24   }
```

```
25  };
26
27  void test_copy_semantics(void) {
28    vector<String> names;
29    names.push_back(String("foo"));
30    names.push_back(String("bar"));
31    names.push_back(String("buzz"));
32    cout << "-- init ready" << endl;
33
34    sort(names.begin(), names.end());
35    cout << "-- sort complete" << endl;
36    String i1 = names.front();
37    cout << "-- end" << endl;
```

El resultado al ejecutarlo puede resultar sorprendente:

```
created: foo
copy of foo
destroyed: foo
created: bar
copy of bar
copy of copy of foo
destroyed: copy of foo
destroyed: bar
created: buzz
copy of buzz
copy of copy of copy of foo
copy of copy of bar
destroyed: copy of copy of foo
destroyed: copy of bar
destroyed: buzz
-- init ready
copy of copy of copy of bar
destroyed: copy of copy of copy of bar
copy of copy of buzz
destroyed: copy of copy of buzz
-- sort complete
copy of copy of copy of copy of bar
-- end
destroyed: copy of copy of copy of copy of bar
destroyed: copy of copy of copy of bar
destroyed: copy of copy of buzz
destroyed: copy of copy of copy of foo
```

Como se puede comprobar, las 6 primeras copias corresponden a las inserciones (push_back()). El vector reubica todo el contenido cada vez que tiene que ampliar la memoria necesaria, y eso le obliga a copiar en la nueva ubicación los elementos que ya tenía. El algoritmo sort() reordena el vector usando solo 2 copias. La asignación implica una copia más. Por último se destruyen los tres objetos que almacena el contenedor y la variable local.

Este ejemplo demuestra la importancia de que nuestras clases dispongan de un constructor de copia correcto y eficiente. Incluso así, muchos programadores prefieren utilizar los contenedores para almacenar punteros en lugar de copias de los objetos, dado que los punteros son simples enteros, su copia es simple, directa y extremadamente rápida. Sin embargo, almacenar punteros es siempre más arriesgado y complica el proceso de limpieza. Si no se tiene cuidado, puede quedar memoria sin liberar[15], algo difícil de localizar y depurar. Los contenedores no liberan automáticamente (delete()) los punteros que contienen al destruirse. Debe hacerlo el programador explícitamente (ver listado 2.89).

---

[15]efecto conocido como *memory leaks*

Un punto intermedio entre la eficiencia de almacenar punteros y la seguridad de almacenar copias es utilizar *smart pointers* (aunque **nunca** deben ser auto_ptr). Para profundizar en este asunto vea «Implementing Reference Semantics» [34].

2.4.3. Extendiendo la STL

La librería STL está específicamente diseñada para que se pueda extender y adaptar de forma sencilla y eficiente. En esta sección veremos cómo crear o adaptar nuestros propios contenedores, functors y allocators. Ya vimos como crear un algoritmo en la sección 2.3.1.

Creando un contenedor

Dependiendo del modo en que se usa, los contenedores se clasifican por modelos. A menudo, soportar un modelo implica la existencia de métodos concretos. Los siguientes son los modelos más importantes:

Forward container
Son aquellos que se organizan con un orden bien definido, que no puede cambiar en usos sucesivos. La característica más interesante es que se puede crear más de un iterador válido al mismo tiempo.

Reversible container
Puede ser iterado de principio a fin y viceversa.

Random-access container
Es posible acceder a cualquier elemento del contenedor empleando el mismo tiempo independientemente de su posición.

Front insertion sequence
Permite añadir elementos al comienzo.

Back insertion sequence
Permite añadir elementos al final.

Associative container
Aquellos que permiten acceder a los elementos en función de valores clave en lugar de posiciones.

Cada tipo de contenedor determina qué tipo de iteradores pueden aplicarse para recorrerlo y por tanto qué algoritmos pueden utilizarse con él.

Para ilustrar cuáles son las operaciones que debe soportar un contenedor se incluye a continuación la implementación de carray. Se trata de una adaptación (*wrapper*) para utilizar un array C de tamaño constante, ofreciendo la interfaz habitual de un contenedor. En concreto se trata de una modificación de la clase carray propuesta inicialmente por Bjarne Stroustrup en su libro «The C++ Programming Language» [56] y que aparece en [34].

Listado 2.95: carray: Wrapper STL para un array C

```cpp
1  template<class T, size_t thesize>
2  class carray {
3
4  private:
5    T v[thesize];
6
7  public:
8    typedef T value_type;
9    typedef T* iterator;
10   typedef const T* const_iterator;
11   typedef T& reference;
12   typedef const T& const_reference;
13   typedef size_t size_type;
14   typedef ptrdiff_t difference_type;
15
16   // iteradores
17   iterator begin() { return v; }
18   const_iterator begin() const { return v; }
19   iterator end() { return v+thesize; }
20   const_iterator end() const { return v+thesize; }
21
22   // acceso directo
23   reference operator[](size_t i) { return v[i]; }
24   const_reference operator[](size_t i) const { return v[i]; }
25
26   // size
27   size_type size() const { return thesize; }
28   size_type max_size() const { return thesize; }
29
30   // conversión a array
31   T* as_array() { return v; }
32 };
```

El siguiente listado muestra una prueba de su uso. Como los iteradores de `carray` son realmente punteros ordinarios[16], este contenedor soporta los modelos *forward* y *reverse container* además de *random access* ya que también dispone del operador de indexación.

Listado 2.96: carray: Ejemplo de uso de carray

```cpp
1  void test_carray() {
2    carray<int, 5> array;
3
4    for (unsigned i=0; i<array.size(); ++i)
5      array[i] = i+1;
6
7    reverse(array.begin(), array.end());
8
9    transform(array.begin(), array.end(),
10        array.begin(), negate<int>());
11
12   int expected[] = {-5, -4, -3, -2, -1};
13
14   assert(equal(array.begin(), array.end(), expected));
15 }
```

---

[16]No es extraño encontrar implementaciones de contenedores (como vector) perfectamente afines al estándar que utilizan punteros convencionales como iteradores

Functor adaptables

Los adaptadores que incorpora la librería ofrecen suficiente flexibilidad como para aprovechar los algoritmos genéricos utilizando predicados u operadores implementados como métodos o funciones. Aún así, en muchos casos puede ser conveniente escribir functors específicos (ver sección 2.3.3).

Existen adaptadores (como not() o compose(), etc.) que necesitan conocer el tipo de retorno o de los argumentos del operador que se le pasa. Estos adaptadores requieren un tipo especial de functor, llamado *functor adaptable*, que contiene las definiciones de esos tipos (como typedefs).

Del mismo modo que los predicados y operadores, STL considera los tipos de functors adaptables correspondientes. Así pues:

- Los Generadores adaptables deberán tener un campo con la definición anidada para su tipo de retorno llamada result_type.

- Las Funciones unarias adaptables, además del tipo de retorno, deben especificar además el tipo de su único argumento, con el campo argument_type. En el caso de los predicados adaptables se asume que el tipo de retorno es siempre booleano.

- Las Funciones binarias adaptables, además del tipo de retorno, deben especificar el tipo de sus dos argumentos en los campos first_argument_type y second_argument_type. Del mismo modo, los Predicados binarios no necesitan especificar el tipo de retorno porque se asume que debe ser booleano.

Para facilitar la creación de functor adaptables, STL ofrece plantillas[17] que permiten definir los tipos anidados anteriores para los tipos unary_function y binary_function. Veamos cómo convertir nuestro functor not_equal (ver listado 2.57) en un predicado unario adaptable:

Listado 2.97: Predicado not_equal() *adaptable*

```
 1  template <typename _Arg>
 2  class not_equal : public unary_function<_Arg, bool> {
 3    const _Arg _ref;
 4
 5  public:
 6    not_equal(_Arg ref) : _ref(ref) {}
 7
 8    bool operator()(_Arg value) const {
 9      return value != _ref;
10    }
11  };
```

2.4.4. Allocators

Los contenedores ocultan el manejo de la memoria requerida para almacenar los elementos que contienen. Aunque en la gran mayoría de las situaciones el comportamiento por defecto es el más adecuado, pueden darse situaciones en las que el programador necesita más control sobre el modo en que se pide y libera la memoria. Algunos de esos motivos pueden ser:

- Realizar una reserva contigua, reserva perezosa, cacheado, etc.

---

[17]En el fichero de cabecera <functional>

- Registrar todas las operaciones de petición y liberación de memoria para determinar cuando ocurren y qué parte del programa es la responsable.

■ Las características de la arquitectura concreta en la que se ejecuta el programa permiten un manejo más rápido o eficiente de la memoria si se realiza de un modo específico.

■ La aplicación permite compartir memoria entre contenedores.

■ Hacer una inicialización especial de la memoria o alguna operación de limpieza adicional.

Para lograrlo la STL proporciona una nueva abstracción: el *allocator*. Todos los contenedores estándar utilizan por defecto un tipo de allocator concreto y permiten especificar uno alternativo en el momento de su creación, como un parámetro de la plantilla.

Usar un `allocator` alternativo

Como sabemos, todos los contenedores de STL son plantillas que se instancian con el tipo de dato que van a contener. Sin embargo, tienen un segundo parámetro: el `allocator` que debe aplicar. Veamos las primeras líneas de la definición de `vector`.

Listado 2.98: Definición del contenedor `vector`

```
1  template<typename _Tp, typename _Alloc = std::allocator<_Tp> >
2  class vector : protected _Vector_base<_Tp, _Alloc>
3  {
4    typedef typename _Alloc::value_type _Alloc_value_type;
```

Ese parámetro de la plantilla (`_Alloc`) es opcional porque la definición proporciona un valor por defecto (`std::allocator`). El `allocator` también es una plantilla que se instancia con el tipo de elementos del contenedor.

Si se desea utilizar un allocator basta con indicarlo al instanciar el contenedor:

Listado 2.99: Especificando un allocator alternativo

```
1  vector<int, custom_alloc> v;
```

Creando un `allocator`

El allocator es una clase que encapsula las operaciones de petición (a través del método `allocate()`) y liberación (a través del método `deallocate()`) de una cantidad de elementos de un tipo concreto. La signatura de estos métodos es:

Listado 2.100: Métodos básicos del *allocator*

```
1  pointer allocate(size_type n, const void* hint=0);
2  void deallocate(pointer p, size_type n);
```

Crear un allocator no es una tarea sencilla. Lo aconsejable es buscar una librería que proporcione allocators con la funcionalidad deseada, por ejemplo el pool_alloc de Boost. Para entender cómo crear un allocator, sin tener que manejar la complejidad que conlleva diseñar y manipular un modelo de memoria especial, se muestra a continuación un wrapper rudimentario para los operadores new() y delete() estándar. Es una modificación del que propone [34] en la sección 15.4.

Listado 2.101: Un allocator básico con new y delete

```
 1  template <class T>
 2  class custom_alloc {
 3  public:
 4    typedef T value_type;
 5    typedef T* pointer;
 6    typedef const T* const_pointer;
 7    typedef T& reference;
 8    typedef const T& const_reference;
 9    typedef size_t size_type;
10    typedef ptrdiff_t difference_type;
11
12
13    template <typename U>
14    struct rebind {
15      typedef custom_alloc<U> other;
16    };
17
18    custom_alloc() {}
19
20    custom_alloc(const custom_alloc&) {}
21
22    template <typename U>
23    custom_alloc(const custom_alloc<U>&) {}
24
25    pointer address(reference value) const {
26      return &value;
27    }
28
29    const_pointer address(const_reference value) const {
30      return &value;
31    }
32
33    size_type max_size() const {
34      return numeric_limits<size_t>::max() / sizeof(T);
35    }
36
37    pointer allocate(size_type n, const void* hint=0) {
38      return (pointer) (::operator new(n * sizeof(T)));
39    }
40
41    void deallocate(pointer p, size_type num) {
42      delete p;
43    }
44
45    void construct(pointer p, const T& value) {
46      new (p) T(value);
47    }
48
49    void destroy(pointer p) {
50      p->~T();
51    }
```

Las líneas 4 a 15 definen una serie de tipos anidados que todo allocator debe tener:

value_type
    El tipo del dato del objeto que almacena.

reference y const_reference
   El tipo de las referencia a los objetos.

pointer y const_pointer
   El tipo de los punteros a los objetos.

size_type
   El tipo que representa los tamaños (en bytes) de los objetos.

difference_type
   El tipo que representa la diferencia entre dos objetos.

Las líneas 18 a 23 contienen el constructor por defecto, el constructor de copia y un constructor que acepta una instancia del mismo allocator para otro tipo. Todos ellos están vacíos porque este allocator no tiene estado.

El método polimórfico `address()` (líneas 25 a 31) devuelve la dirección del objeto. El método `max_size()` devuelve el mayor valor que se puede almacenar para el tipo concreto.

Por último, los métodos `allocate()` y `deallocate()` sirven para pedir y liberar memoria para el objeto. Los métodos `construct()` y `desctroy()` construyen y destruyen los objetos.

2.5.   Otras funcionalidades de la STL11

Contenedores

Con el nuevo estándar, todos los tipos se pueden inicializar de forma equivalente a como se hacía con los arrays, es decir, escribiendo los datos entre llaves:

Listado 2.102: Inicialización uniforme: un array C y un vector

```
1  int numbers[] = {1, 2, 3, 4};
2  std::vector<int> numbers_vector = {1, 2, 3, 4};
```

Esto es gracias a un tipo llamado `initializer_list` que se puede usar para crear un constructor alternativo. Pero también se puede utilizar en otros métodos como `insert()` o `assign()`:

Listado 2.103: Usando initializer_list con insert()

```
1  numbers_vector.insert(numbers_vector.end(), {5, 6, 7});
```

Puedes ver más detalles y ejemplos sobre *inicialización uniforme* en la sección 2.6.2.

Se ha añadido el contenedor `array`. Es de tamaño fijo y tan eficiente como un array C nativo, y por supuesto, con una interfaz estilo STL similar a `vector` (ver listado 2.104).

Listado 2.104: El nuevo contenedor array

```
1  std::array<int, 4> numbers = {10, 20, 30, 40};
2
3  std::cout << numbers.size() << std::endl;
4  for (auto n: numbers)
5    std::cout << n << " ";
```

STL11 añadió el contenedor `forward_list`. Se trata de una lista enlazada sencilla, que únicamente soporta iteración hacia adelante, no permite acceder al final, ni siquiera dispone del método `size()`.

Otra novedad interesante relacionada con la eficiencia es la aparición de los métodos `emplace()` y `emplace_back()` en varios contenedores. `emplace_back()` construye un objeto directamente en el contenedor, sin crear un objeto temporal, algo muy conveniente cuando nuestros objetos son complejos. Ejecuta el ejemplo del listado 2.105 para comprobar el efecto.

Listado 2.105: Uso de `emplace()` para inserción eficiente

```
1  struct A {
2    A(int) {
3      cout << "ctor" << endl;
4    }
5    A(const A& other) {
6      cout << "copy-ctor" << endl;
7    }
8    A(A&& other) {
9      cout << "move-ctor" << endl;
10   }
11 };
12
13 int main() {
14   std::vector<A> v;
15
16   v.emplace_back(1);
17   cout << "---" << endl;
18   v.push_back(A(1));
19 }
```

Iteradores

STL11 incorporó métodos que retornan iteradores constantes en todos los contenedores: `cbegin()`, `cend()` y también iteradores inversos contantes: `crbegin()` y `crend()`. Además están disponibles versiones de `begin()` y `end()` como funciones. De ese modo es posible escribir código genérico que funciona con una referencia a cualquier contenedor, incluyendo arrays C.

Algoritmos

También aparecieron varios algoritmos nuevos. Aquí se incluye un resumen de algunos de ellos:

`all_of()` Devuelve cierto sólo si el predicado es cierto para todos los elementos de la secuencia.

`any_of()` Devuelve cierto si el predicado es cierto para al menos uno de los elementos de la secuencia.

`none_of()` Devuelve cierto sólo si el predicado es falso para todos los elementos de la secuencia.

`iota()` Asigna valores crecientes a los elementos de una secuencia.

`minmax()` Devuelve los valores mínima y máximo de una secuencia.

`is_sorted()` Devuelve cierto si la secuencia está ordenada.

2.5.1. Diferencias en la STL de C++98

La librería STL del estándar C++11 (en adelante: STL11) trajo importantes cambios y mejoras respecto a la del estándar de C++98 (en adelante: STL98). Aunque es muy recomendable aprovechar esas ventajas, es bastante habitual encontrar código escrito para STL98 dado que es una cambio relativamente nuevo. Por esa razón esta sección trata las diferencias más importantes.

Una de las diferencias que más afecta al usar STL98 es la ausencia de la función bind() (ver sección 2.3.4). La función bind() substituyó a toda una batería de adaptadores que en STL98 estaban implementados como plantillas. Realmente, por compatibilidad, siguen existiendo en la versiones modernas. Estos adaptadores son: ptr_fun(), mem_fun(), mem_fun_ref() bind1st() y bind2nd().

El adaptador mem_fun_ref() se utiliza cuando se quiere adaptar un método para operar sobre los elementos de un contenedor, asumiendo que son instancias de dicha clase. Los siguientes listados ilustran este caso usando bind() y su equivalente en STL98 usando mem_fun_ref():

Listado 2.106: Adaptando un método a predicado con bind()

```
1  class Enemy {
2  public:
3    bool is_alive(void) const {
4      return true;
5    }
6  };
7
8  void test_bind_adapter() {
9    vector<Enemy> enemies(2);
10   assert(count_if(enemies.begin(), enemies.end(), bind(&Enemy::is_alive, _1)) == 2);
11 }
```

Listado 2.107: Uso del adaptador mem_fun_ref()

```
1
2  void test_mem_fun_ref() {
3    vector<Enemy> enemies(2);
4
5    assert(count_if(enemies.begin(), enemies.end(),
6           mem_fun_ref(&Enemy::is_alive)) == 2);
7  }
```

---

 mem_fun(): Existe un adaptador alternativo llamado mem_fun() que debe utilizarse si los elementos del contenedor son punteros. Si son objetos o referencias se utiliza mem_fun_ref().

En el caso de que el método acepte algún parámetro adicional (además del this implícito), o bien se aplique una funión con más de un parámetro, se debe utilizar un adaptador diferente: bind2nd(). De nuevo, los siguientes dos listados muestran el mismo ejemplo, uno utilizando bind() y su equivalente en STL98 usando bind2nd():

Listado 2.108: Adaptando una función con dos argumentos a un operador unario mediante bind()

```
1  bool not_equal(int n, int ref) {
2    return n != ref;
3  }
4
5  void test_not_equal_bind() {
6    const int size = 5;
7    int numbers[] = {1, 2, 3, 1, 2};
8
9    assert(count_if(numbers, numbers+size,
10                    bind(not_equal, _1, 2)) == 3);
11 }
```

Listado 2.109: Adaptando una función con dos argumentos a un operador unario mediante bind2nd()

```
1  void test_not_equal_bind() {
2    const int size = 5;
3    int numbers[] = {1, 2, 3, 1, 2};
4
5    assert(count_if(numbers, numbers+size,
6                    bind2nd(ptr_fun(not_equal), 2)) == 3);
7  }
```

Nótese que `bind2nd()` espera un functor como primer parámetro. Como lo que tenemos es una función normal es necesario utilizar otro adaptador llamado `ptr_fun()`, que como su nombre indica adapta un puntero a función a functor.

`bind2nd()` pasa su parámetro adicional (el 2 en este caso) como segundo parámetro en la llamada a la función `not_equal()`, es decir, la primera llamada para la secuencia del ejemplo será `not_equal(1, 2)`. El primer argumento (el 1) es el primer elemento obtenido de la secuencia. El adaptador `bind1st()` los pasa en orden inverso, es decir, pasa el valor extra como primer parámetro y el elemento de la secuencia en segunda posición.

STL98 incluye otros adaptadores de menos uso:

not1() devuelve un predicado que es la negación lógica del predicado *unario* al que se aplique.

not2() devuelve un predicado que es la negación lógica del predicado *binario* al que se aplique.

compose1() devuelve un operador resultado de componer las dos funciones unarias que se le pasan como parámetros. Es decir, dadas las funciones $f(x)$ y $g(x)$ devuelve una función $f(g(x))$.

compose2() devuelve un operador resultado de componer una función binaria y dos funciones unarias que se le pasan como parámetro del siguiente modo. Dadas las funciones $f(x, y)$, $g_1(x)$ y $g_2(x)$ devuelve una función $h(x) = f(g_1(x), g_2(x))$.

2.6.   C++11/14: Novedades del nuevo estándar

El 12 de agosto de 2011 la Organización Internacional de Estándares (ISO) aprobó el nuevo estándar de C++, anteriormente conocido como C++0x. Además de añadir funcionalidades nuevas al lenguaje, C++11 también amplía la STL, incluyendo en la misma casi todas las plantillas y clases ya presentes en el TR1.

C++11 es compatible hacia atrás con C++98 (también con la corrección de 2003) y con C. Aparte de esta, las cualidades que se han pretendido conseguir con el nuevo estándar incluyen la mejora de rendimiento, una programación más evolucionada y su accesibilidad para los programadores no-expertos sin privar al lenguaje de su potencia habitual.

En los siguientes apartados se introducirán algunas de las nuevas características que añade el estándar.

Al finalizar también se recogerán algunas características de C++14, publicado en diciembre de 2014.

2.6.1.   Compilando con g++ y clang

GCC y Clang son los dos compiladores que dan soporte a mayor número de características del nuevo estándar. En el momento de escribir esta documentación, la última versión estable de GCC es la 4.9, con la que se puede disfrutar de todas las novedades del núcleo del lenguaje y muchas de la biblioteca estándar.

Para compilar un programa de C++ usando el nuevo estándar hay que utilizar la opción -std=c++11 al compilar. Por ejemplo:

```
g++ -o main main.cc -std=c++11
```

Normalmente, si no se utiliza esta opción, GCC compilará usando el estándar C++03. Clang se usa exactamente de la misma forma.

Si se usa la librería estándar hay que linkarla (con g++ se puede omitir pues lo hace de forma automática):

```
clang -o main main.cc -std=c++11 -lstdc++
```

En las últimas versiones de GCC (en G++) se usan las siguientes opciones para habilitar las nuevas características del lenguaje:

```
g++ -o main main.cc -std=gnu++11
```

O si es del estándar de 2014:

```
g++ -o main main.cc -std=gnu++14
```

En algunas versiones para usar C++11 se ha de utilizar -std=c++0x como opción y para C++14, -std=c++1y.

2.6.2. Cambios en el núcleo del lenguaje

Expresiones constantes

Un compilador de C++ es capaz de optimizar ciertas expresiones que serán siempre constantes, por ejemplo:

```
1   int a = 1 + 2;
2   cout << 3.2 - 4.5 << endl;
3
4   int miArray[4 * 2];
```

En este código, el compilador sustituirá las expresiones anteriores por su valor en tiempo de compilación. De este modo, en cualquier buen compilador, el código anterior no generará ninguna suma, resta o producto. Sin embargo, C++03 no permite utilizar funciones que devuelvan constantes (por ejemplo return 5;).

C++11 introduce la palabra reservada constexpr para brindar la posibilidad de utilizar funciones como expresiones constantes. Anteriormente no era posible puesto que el compilador no tenía ninguna forma de saber que podía aplicar esta optimización. De este modo, es posible escribir algo como lo siguiente:

```
1   constexpr int siete(){ return 7; }
2
3   void miFunc(){
4     char cadena[siete() + 3];
5     cadena[0]='\0';
6     // ...
7   }
```

Un función se podrá declarar como constexpr siempre que no devuelva void y que termine del modo return <expresión>. Dicha expresión tendrá que ser constante una vez que se sustituyan todas las variables y si llama a otras funciones tendrán que estar definidas como constexpr.

Es posible declarar variables utilizando constexpr que equivale al uso de const.

```
1   constexpr int saludJefeNivel = 1337;
2
3   const int saludJefeFinal    = 31337;
4   const int saludJefeEspecial = 3110 + siete();
```

La introducción de esta característica en muy útil con las plantillas. El siguiente código se evaluará en tiempo de compilación y no en tiempo de ejecución, sustituyendo la llamada por el valor devuelto.

```
1   template<typename T> constexpr T max(T a, T b)
2   {
3     return a < b ? b : a;
4   }
```

Inicializador de listas

Antes de la entrada del nuevo estándar, la inicialización de los contenedores de la STL era posible utilizando una zona de memoria con una secuencia de elementos del tipo instanciado. Normalmente se utiliza un array para llevar esto a cabo. Definiendo una estructura del siguiente modo

```
1  struct miStruct {
2    int   a;
3    float b;
4  };
```

se podría inicializar un vector como sigue (también se incluyen ejemplos con enteros).

```
1    miStruct mS[] = { {0, 1.0}, {0, 0.0}, {0, 0.0} };
2    vector<miStruct> mVS(mS, mS + sizeof(mS)/sizeof(miStruct));
3
4    int mA[] = {1, 1, 1, 2, 3, 4, 1};
5    vector<int> mVI(mA, mA + sizeof(mA)/sizeof(int));
6
7    int mB[] = {1, 2, 3, 4};
8    set<int> mC(mB, mB + sizeof(mB)/sizeof(int));
```

A partir de ahora, es posible utilizar lo que se conoce como el inicializador de listas, que permite realizar inicializaciones de manera mucho más sencilla.

```
1    vector<miStruct> miVS {{0, 0.0}, {0, 0.0}, {0, 0.0}};
2    vector<int>      miVI {1, 1, 1, 2, 3, 4, 1};
3    set<int>         miC  {0, 4, 5, 9};
```

Esto es posible gracias al uso de una nueva sintaxis y del contenedor std::initializer_list. Si se utiliza como parámetro en el constructor de una clase

Listado 2.110: Clase que utiliza un inicializador de listas

```
1  class LODDistancias {
2  public:
3      LODDistancias(std::initializer_list<int> entrada) :
4          distancias(entrada) {}
5  private:
6      vector<int> distancias;
7  };
```

es posible hacer uso de las llaves para inicializarla:

```
1    LODDistancias lodD {90, 21, 32, 32, 35, 45};
```

Hay que tener en cuenta que este tipo de contenedores se utilizan en tiempo de compilación, que sólo pueden ser construidos estáticamente por el compilador y que no podrán ser modificados en tiempo de ejecución. Aun así, como son un tipo, pueden ser utilizados en cualquier tipo de funciones.

También se pueden utilizar las llaves junto con el operador =, para inicializar o para asignar nuevos valores.

```
1   vector<miStruct> miVS2 = {{0, 0.0}, {0, 0.0}, {0, 0.0}};
2   vector<int>      miVI2 = {1, 1, 1, 2, 3, 4, 1};
3   set<int>         miC2  = {0, 4, 5, 9};
4
5   miVS2 = {{9, 1.2}};
```

Inicialización uniforme

En C++03 no existe una forma uniforme de inicializar los objetos. En el aparatado anterior, en la parte compatible con el antiguo estándar, se ha utilizado la inicialización de un *array* utilizando . Esto es posible ya que esa estructura es un agregado[18], ya que sólo este tipo de objetos y los *arrays* pueden ser inicializados de esta manera.

Con la aparición de C++11, es posible utilizar las llaves para inicializar cualquier clase o estructura. Por ejemplo, supongamos una clase para representar un vector de tres dimensiones.

```
1   class Vector3D {
2   public:
3     Vector3D(float x, float y, float z):
4       _x(x), _y(y), _z(z) {}
5
6   private:
7     float _x;
8     float _y;
9     float _z;
10
11    friend Vector3D normalize(const Vector3D& v);
12  };
```

Es posible iniciar un objeto de tipo `Vector3D` de las dos formas siguientes.

```
1   Vector3D p{0.0, 1.1, -3.4};
2
3   Vector3D p1(1.8, 1.4, 2.3);
```

La primera utiliza la nueva inicialización uniforme, la segunda la clásica, invocando el constructor de forma explícita.

En C++11 también es posible utilizar esta inicialización para construir de manera implícita objetos que son devueltos por una función. El compilador utilizará el valor de retorno del prototipo de la función y lo usará junto con los valores proporcionados para construir y devolver un objeto de dicho tipo.

```
1   Vector3D normalize(const Vector3D& v){
2     float len = sqrt(v._x*v._x + v._y*v._y + v._z*v._z);
3
4     return {v._x/len, v._y/len, v._z/len};
5   }
```

Esta notación no sustituye a la anterior. Cabe destacar que cuando se utiliza esta sintaxis para inicializar un objeto, el constructor que acepta una lista de inicialización como las presentadas anteriormente tendrá prioridad sobre otros. Debido a esto, algunas veces será necesario invocar directamente al constructor adecuado con la notación antigua.

---

[18]Un agregado (*aggregate*) es una clase o estructura que no tiene destructor definido por el usuario ni operador de asignación. Tampoco tendrán miembros privados o protegidos que no sean estáticos, ni una clase base o funciones virtuales.

Esta forma de devolver objetos es compatible con RVO (Return Value Optimization), que se verá en optimizaciones. Con lo cual una llamada como la siguiente generará código óptimo y seguramente sin ninguna copia.

```
1    Vector3D p2 = normalize(p);
```

Inferencia de tipos

Hasta ahora cada vez que se declaraba una variable en C++ había que especificar de qué tipo era de manera explícita. En C++11 existe la inferencia de tipos. Usando la palabra reservada auto en una inicialización en vez del tipo, el compilador deducirá el mismo de manera automática.

En el ejemplo siguiente se ve cómo funciona esta característica, tanto para tipos básicos como para la clase definida en el apartado anterior.

```
1    auto vidaJefe  = 500;
2    auto precision = 1.00001;
3
4    Vector3D v(3.0, 2.1, 4.0);
5    auto v2 = normalize(v);
```

Esta nueva característica es especialmente adecuada para simplificar algunas declaraciones complejas. A continuación se muestra la diferencia en la declaración del iterador al recorrer un contenedor.

```
1    for (vector<double>::iterator it = dist.begin();
2        it != dist.end(); ++it)
3      cout << *it << endl ;
4
5    for (auto it = dist.begin(); it != dist.end(); ++it)
6      cout << *it << endl ;
```

Existe otra palabra reservada que se usa de forma similar a sizeof(), pero que devuelve el tipo de una variable. Esta palabra es decltype y se puede usar para extraer el tipo de una variable y usarlo para la declaración de otra.

```
1    decltype(v2) otro_vector3d = {4.1, 3.0, 1.1};
```

Bucle for basado en rangos

En C++11 se introduce una característica muy útil para recorrer listas de elementos, ya sean *arrays*, lista de inicialización o contenedores con las operaciones begin() y end().

```
1    int records[4] = {900, 899, 39, 3};
2    for (int& i: records)
3      cout << i << endl;
4
5    list<float> punteria = {20.0, 10.9};
6    for (float& f: punteria)
7      cout << f << endl;
```

En el ejemplo anterior se utiliza una referencia para evitar la copia y la penalización de rendimiento.

Funciones Lambda

Las funciones lambda son simplemente funciones anónimas. La sintaxis para declarar este tipo de funciones es especial y es posible no declarar el tipo devuelto de manera explícita sino que está definido de forma implícita mediante la construcción decltype(<expresión-_devuelta>). Las dos formas posible de declarar y definir estas funciones son las siguientes.

```
[captura](parámetros)->tipo_de_retorno{cuerpo}
```

```
[captura](parámetros){cuerpo}
```

La primera hace explícito el tipo que se devuelve. De esto modo, las funciones que se muestran a continuación son equivalentes.

```
1    [](int p1, int p2)->int{ return p1+p2; };
2    [](int p1, int p2){ return p1+p2; };
```

Las variables que se utilizan dentro de estas funciones pueden ser capturadas para utilizarse en el exterior. Se pueden capturar por valor o por referencia, dependiendo de la sintaxis dentro de []. Si se utiliza por ejemplo [p1, &p2], p1 será capturada por valor y p2 por referencia. Si se usa [=,&p1], todas las variables serán capturadas por valor (al usar =) excepto p1 que será capturada por referencia. Si se utiliza [&,p2], todas se capturarán por referencia (usando &), excepto p2.

En el siguiente ejemplo, se utiliza una función lambda para sumar la puntaciones de todos los jugadores, que han sido previamente almacenadas en una lista. Se muestran tres formas de hacerlo.

```
1    list<int> puntos = {330, 300, 200, 3892, 1222};
2    int suma = 0;
3
4    // 1)
5    auto f = [&suma](int& i){suma+=i;};
6    for (int& i: puntos)
7      f(i);
8    // 2)
9    for_each(puntos.begin(), puntos.end(),
10          [&suma](int& i){suma+=i;} );
11   // 3)
12   for_each(puntos.begin(), puntos.end(), f);
```

Declaración alternativa de funciones

C++11 introduce una nueva forma de declarar funciones. Su utilidad es permitir declarar los tipos de retorno de funciones *templatizadas* donde éste no se puede averiguar a priori.

En el ejemplo siguiente se define una clase y se declaran dos funciones *templatizadas*.

```
1   class K {
2   public:
3     int operator*(const K& k) const {return 2;}
4   };
5
6   template <typename T>
7   T pow2Bad(const T& t){return t*t;}
8
9   template <typename T>
10  auto pow2(const T& t)->decltype(t*t){return t*t;}
```

La primera función no compilará si el tipo que se devuelve al ejecutar la operación es diferente al tipo para el que se invoca. La segunda sí lo hará.

```
1   K kObj;
2   cout << pow2Bad(kObj) << endl; // <- no compila
3   cout << pow2(kObj)    << endl;
```

También se puede usar estar nueva sintaxis para funciones no *templatizadas*.

```
1   auto getHours()->int{ return _hours;}
```

Mejora en la construcción de objetos: delegación

En C++03 es imposible invocar a un constructor desde otro constructor del mismo objeto. En C++11 sí es posible.

```
1   class playerInfo {
2   public:
3     playerInfo(const string& name) :
4       _name(name) {}
5
6     playerInfo() : playerInfo("default") {}
7
8   private:
9     string _name;
10  };
```

Sobrescritura explícita y declaración final

En C++11 es posible utilizar dos descriptores para añadir funcionalidad e información para el compilador a la declaración de los métodos de una clase.

El descriptor override proporciona una forma de expresar que el método que se está declarando sobrescribe a otro de una clase base. Esto es útil para expresar explícitamente las intenciones y facilitar la detección de fallos en tiempos de compilación. Así, si se declara un método como usando override y no existe uno con el mismo prototipo que éste en una base clase, el compilador mostrará un error.

```
     Listado 2.111: Uso de final y override
 1   class Base {
 2   public:
 3     virtual int  getX(){return _x;}
 4     virtual bool isValid() { return true; }
 5   private:
 6     int _x;
 7   };
 8
 9   class Derivada : public Base {
10   public:
11     //Ok, compila.
12     virtual int getX() override {
13       return _anotherX;
14     }
15     //Fallo al compilar
16     virtual int getX(int a) override {
17       return _anotherX;
18     };
19     bool isValid() final { return false; }
20   private:
21     int _anotherX;
22   };
23
24   class MasDerivada : public Derivada {
25   public:
```

En el ejemplo anterior también se muestra (líneas 4-6 y 22) el uso de final. Cuando se utiliza en la declaración de un método, indica que ninguna clase que herede de ésta podrá sobrescribirlo.

Puntero *null*

Se introduce también un nuevo valor sólo asignable a punteros: nullptr. Este valor no se puede asignar a ningún otro tipo. En C++03, se usaba el valor 0 para los punteros *null*, de este modo, se podía asignar el valor de estos punteros a un entero o a un booleano. Con nullptr esto ya no es posible, ayudando a prevenir errores y a sobrescribir funciones.

```
 1   int* c = nullptr;
```

Cabe destacar que es un tipo compatible con los booleanos, pero que no es compatible con los enteros.

```
 1   bool isNull = nullptr;
 2   int  zero   = nullptr; // <- Error
```

Enumeraciones fuertemente tipadas

En las enumeraciones de C++03 no se podía distinguir el tipo de entero utilizado para las mismas. En C++11 sí, y además se brinda la posibilidad de usar una visibilidad más restrictiva, para agrupar la enumeraciones sin tener que anidarlas dentro de clases.

```
1  enum TipoPortal :unsigned char {
2    NORMAL,
3    MIRROR
4  };
5
6  enum class TipoArma : unsigned short {
7    BLANCA,
8    EXPLOSIVA
9  };
```

Para utilizarlo, se hará igual que en C++03, excepto en el segundo caso.

```
1    TipoPortal ptype = NORMAL;
2    TipoArma atype   = TipoArma::BLANCA;
```

Además de esto, ahora se permite la declaración anticipada (*forward declaration*) de enumeraciones.

Alias de plantillas

Ya que typedef no se puede utilizar con plantillas, C++11 incluye una forma de crear alias para las mismas. Se basa en utilizar using.

```
1  template<typename T, typename M>
2  class miTipo;
3
4  template<typename N>
5  using miTipo2 = miTipo<N,N>;
```

También se puede utilizar la nueva sintaxis para realizar las definiciones de tipo que se hacían con typedef.

```
1    typedef unsigned int uint;
2    using uint = unsigned int;
```

Uniones sin restricciones

Ahora se permite la creación de uniones con la participación de objetos no triviales en las mismas. El siguiente fragmento de código sólo compilará usando el estándar C++11.

```
1  class Vector3D {
2  public:
3    Vector3D(float x, float y, float z) {}
4  };
5
6  union miUnion {
7    int      a;
8    float    b;
9    Vector3D v;
10 };
```

Nuevos literales de cadenas

C++03 no soportaba ningún tipo de codificación Unicode. Sólo se podían utilizar dos tipos de literales: los que estaban entrecomillados ("hola", que se convertían en *arrays* de const char, y los entrecomillados con una L delante (L"hola"), que se transformarán en *arrays* de const wchar_t.

Se introduce tres nuevos tipos de literales, para UTF-8, UTF-16 y UTF-32, que serán *arrays* de const char, const char16_t y const char32_t respectivamente.

```
1   const char     cad1[] = u8"Cadena UTF-8";
2   const char16_t cad2[] =  u"Cadena UTF-16";
3   const char32_t cad3[] =  U"Cadena UTF-32";
```

También se permite la construcción de cadenas *raw*, que no interpretarán los caracteres de escape (_), ni las propias comillas ("). Para definir este tipo de cadenas se usa R"(literal)'". También es posible usar cadenas *raw* con la modificación Unicode.

```
1   string raw(R"(Cadena "RAW" \n%d')");
2
3   const char16_t rcad2[] = uR"(Cadena UTF-16 RAW\n)";
4   const char32_t rcad3[] = UR"(Cadena UTF-32 RAW%d)";
```

Literales creados a medida

C++11 brinda al programador con la capacidad de crear nuevos tipos de literales. Anteriormente los literales estaban preestablecidos, por ejemplo 9 es un literal entero, 9.0 uno *double*, y 9.0f uno de tipo *float*.

A partir de ahora se pueden crear nuevos literales usando sufijos. Los sufijos podrán ir detrás de números (los que puedan ser representados por unsigned long long o long double) o detrás de literales de cadena. Estos sufijos corresponden a funciones con el prototipo retval operator"" _sufijo (unsigned long long).

```
1   double operator"" _d (unsigned long long i) {
2     return (double) i;
3   }
```

La función anterior define el sufijo _d, que podrá ser usado para crear un double usando un número natural como literal.

```
1   auto d = 30_d;
```

Un ejemplo un poco más complejo del uso de este operador se expone a continuación. Sea la siguiente una clase que podría representar un vector de tres dimensiones, incluyendo la operación de suma.

```
1   class Vector3D {
2   public:
3     Vector3D() :
4       x_(0), y_(0), z_(0) {} ;
5
6     Vector3D(float x, float y, float z) :
7       x_(x), y_(y), z_(z) {} ;
8
```

```
 9    Vector3D operator+(const Vector3D& v) {
10      return Vector3D(x_ + v.x_,
11                      y_ + v.y_,
12                      z_ + v.z_  );
13    }
14
15  private:
16    float x_;
17    float y_;
18    float z_;
19
20    friend Vector3D operator"" _vx(long double x);
21    friend Vector3D operator"" _vy(long double y);
22    friend Vector3D operator"" _vz(long double z);
23  };
```

Se podrían definir los siguientes literales de usuario, por ejemplo para construir vectores ortogonales.

```
 1  Vector3D operator"" _vx(long double x) {
 2    return Vector3D(x, 0, 0);
 3  }
 4
 5  Vector3D operator"" _vy(long double y) {
 6    return Vector3D(0, y, 0);
 7  }
 8
 9  Vector3D operator"" _vz(long double z) {
10    return Vector3D(0, 0, z);
11  }
```

Como se definió la suma, se podría crear un vector con la misma.

```
 1    auto v = 1.0_vx + 3.0_vy + 8.1_vz;
```

Para utilizar los sufijos con los literales de cadenas, se muestra el siguiente ejemplo, que representa un jugador, con un nombre.

```
 1  class Player {
 2  public:
 3    Player(string name):
 4      name_(name) {}
 5
 6  private:
 7    string name_;
 8  };
 9
10  Player operator"" _player(const char* name, size_t nChars) {
11    return Player(name);
12  };
```

Se podrá entonces crear un jugador como sigue.

```
 1    auto p = "bRue"_player;
```

Aserciones estáticas

Algo muy útil que ya incluía Boost es una aserción estática. Este tipo de aserciones se comprobarán en tiempo de compilación, y será el mismo compilador el que avise de la situación no deseada.

En C++11 se puede usar `static_assert (cont-expr, error-message)` para utilizar estas aserciones en cualquier punto del código.

```cpp
1  template <typename T>
2  bool equal(T a, T b, T epsilon) {
3
4    static_assert( sizeof(T) >= 8, "4 bytes como poco" );
5
6    return (a > b - epsilon || a < b + epsilon);
7  }
8
9  int main(int argc, char *argv[])
10 {
11   equal(8.0,  8.0000001,  0.00001);  // OK (double 8 bytes)
12   equal(8.0f, 8.0000001f, 0.00001f); // Error!!
13
14   return 0;
15 }
```

La salida de la compilación será la siguiente:

```
$ g++ -o statica statica.cc -std=c++0x

statica.cc: In instantiation of 'bool equal(T, T, T)
[with T = float]':
statica.cc:17:35:   required from here
statica.cc:9:3: error: static assertion failed:
4 bytes como poco
```

Eliminación y selección por defecto explícita de funciones

En C++11 es posible prohibir el uso de las funciones de una clase, incluyendo los constructores, haciendo uso de la palabra reservada `delete`. Esto es muy útil para evitar que alguien use un constructor no deseado (en C++03 se declaraba como privado para obtener el mismo resultado).

```cpp
1  class NoCopiable {
2  public:
3    NoCopiable(){}
4    NoCopiable(const NoCopiable&) = delete;
5    NoCopiable& operator=(const NoCopiable&) = delete;
6  };
```

También es útil para evitar llamadas implícitas a funciones. En C++03 esto es posible para los constructores, utilizando la palabra reservada `explicit`. En C++11, se pueden evitar la invocación no deseada de funciones usando `delete`.

En el ejemplo siguiente, si no se declara la función que acepta un entero, si se realizase una llamada de tipo `setA(3)`, se realizaría una conversión implícita desde un entero a un *double*. Este tipo de comportamientos no siempre es deseable y puede provocar sorpresas, sobre todo con tipos no-básicos.

```
 1  class Ex {
 2  public:
 3    explicit Ex(double a) :
 4      a_(a) {}
 5
 6    Ex() = default;
 7
 8    void setA(double a) {
 9      a_ = a;
10    }
```

En el mismo ejemplo se usa `default` con uno de los constructores, lo que pide de forma explícita al compilador que él cree uno por defecto.

Constructores de movimiento

Se introduce el concepto de constructor de movimiento, en contraste con el aun necesario constructor de copia. Mientras que es este último se usa para determinar la forma en la que se copian los objetos, el de movimiento determina qué significa mover las propiedades de un objeto a otro (no son dos objetos independientes).

Aunque sea de forma transparente al programador, el compilador genera variables temporales para realizar determinadas operaciones. El constructor de movimiento es una forma de evitar este tipo de variables intermedias (de copia) y así poder optimizar determinadas operaciones (asignaciones normalmente).

Se introduce también el concepto de referencias-*rvalue* (&&). Ya que en esta sección se introducen muchas características, esta en concreto sólo se va a mencionar por encima, puesto que profundizar en ella podría llevar tanto como para el resto juntas. Como resumen, decir sobre ellas que son referencias especiales que apuntan a variables sin una dirección de memoria (variables temporales).

El constructor de movimiento se declara como el de copia, pero el parámetro de entrada usa &&. Lo mismo se aplica para la versión análoga del operador de asignación.

Es importante recalcar que, cuando se programa un constructor de movimiento, hay que lidiar con el destructor del objeto temporal, puesto que se ejecutará cuando este objeto salga de ámbito. Normalmente esto implica tener la precaución de evitar llamar a un `delete` con un puntero no nulo que apunta a una dirección que ya ha sido liberada. Para ello, al mover el objeto temporal, se tendrá que evitar que se libere la memoria del puntero que se ha movido, asignándole el valor nulo. De esto modo, cuando el objeto temporal salga de ámbito y se ejecute su destructor, `delete` no actuará sobre su puntero.

Listado 2.112: Ejemplo de constructor de movimiento

```
 1  #include <iostream>
 2  #include <cstring>
 3  #include <vector>
 4
 5  using namespace std;
 6
 7  class Movible {
 8  public:
 9      Movible(unsigned size) :
10          buffer_(new char[size]),
11          size_(size)
12      {
13      }
14
15      Movible(const Movible& m)
16      {
```

```
17            cout << "Constructor de copia" << endl;
18            if (this == &m)
19                return;
20            size_   = m.size_;
21            buffer_ = new char[size_];
22            memcpy(buffer_, m.buffer_, size_);
23        }
24
25        Movible(Movible&& m)
26        {
27            cout << "Constructor de movimiento" << endl;
28            size_   = m.size_;
29            buffer_ = m.buffer_;
30            m.buffer_ = nullptr;
31        }
32
33        Movible& operator=(Movible&& m)
34        {
35            if (this == &m)
36                return *this;
37
38            cout << "Asignacion de movimiento" << endl;
39            size_   = m.size_;
40            buffer_ = m.buffer_;
41            m.buffer_ = nullptr;
42
43            return *this;
44        }
45
46
47        ~Movible()
48        {
49            cout << "Destructor" << endl;
50            if (buffer_ == nullptr)
51                cout << "--> con nullptr (moviendo)" << endl;
52
53            delete [] buffer_;
54        }
55
56
57
58
59    private:
60        char*    buffer_;
61        unsigned size_;
62    };
63
64
65    Movible getM()
66    {
67        cout << "getM()" << endl;
68        Movible nuevo_objecto(20000);
69        return nuevo_objecto;
70    }
71
72    int main(int argc, char *argv[])
73    {
74        vector<Movible> v;
75
76        Movible k(234303);
77        k = getM();
78
79        v.push_back(Movible(4000));
80
81        return 0;
82    }
```

La salida del programa anterior es la siguiente:

```
$ ./move
getM()
Asignacion de movimiento
Destructor
--> con nullptr (moviendo)
Constructor de movimiento
Destructor
--> con nullptr (moviendo)
Destructor
Destructor
```

Cuando se usa la asignación, el objeto temporal que se genera para devolver por copia un objeto, es capturado por la asignación con movimiento y no se realiza ninguna copia extra. La biblioteca estándar está preparada para el uso de constructores de movimiento, y como se ve en el ejemplo anterior, lo que en c++03 supondría una copia por cada push_back() en c++11 supone una llamada transparente al constructor de movimiento, evitando así todas las copias que se realizarían de otra forma. Nótese como en los movimientos se ejecuta el destructor del objeto.

2.6.3. Cambios en la biblioteca de C++

Una de las adiciones más importantes a la STL es la inclusión de la mayoría del TR1. Así, plantillas como auto_ptr (ahora unique_ptr), shared_ptr y weak_ptr forman parte del estándar.

Generación de número aleatorios

C++11 introduce una nueva forma de generar números pseudo-aleatorios. La novedad que se introduce es que el generador se divide en dos partes, el motor y la distribución que se usa. Los posibles motores a utilizar son: std::linear_congruential (generador linear congruencial), std::subtract_with_carry (resta con acarreo) y std::mersenne_twister, que se representan con plantillas. Existen definiciones de tipo, para poder usarlas sin configurar cada parámetro de las mismas: minstd_rand0 y minstd_rand (lineales), mt19937 y mt19937_64 (mersenne twister), y ranlux24_base, ranlux48_base y ranlux24 (resta con acarreo).

Las distribuciones: uniform_int_distribution, bernoulli_distribution, geometric_distribution, poisson_distribution, binomial_distribution, uniform_real_distribution, exponential_distribution, normal_distribution y gamma_distribution.

En el siguiente ejemplo se muestra un posible uso, sacando la semilla del reloj del sistema en este caso.

```
1  #include <iostream>
2  #include <functional>
3  #include <random>
4  #include <sys/time.h>
5
6  using namespace std;
7
8  int main(int argc, char *argv[])
9  {
10   struct timeval now;
11   gettimeofday(&now, 0);
12   minstd_rand motor;
13   motor.seed(now.tv_usec);
14
15   uniform_int_distribution<int> dist(1,6);
16   uniform_int_distribution<int> dist_2(1,50);
17
18   int loto = dist(motor);              // Uso directo
19   auto generador  = bind(dist, motor); // Bind
20   int  valor_dado = generador();       // Uso "bindeado"
21
22   cout << loto << " : " << valor_dado << endl;
23   return 0;
24 }
```

Tablas Hash

Se introducen 4 tipos de tablas hash: `std::unordered_set`, `std::unordered_multiset`, `std::unordered_map` y `std::unordered_multimap`. La que se corresponde con el concepto tradicional en la que está representada por `std::unordered_map`. Ya que su uso es similar a `std::map` y al resto de contenedores asociativos antiguos, simplemente se muestra un ejemplo a continuación. Hay que incluir también la cabecera correspondiente (línea ②).

```
1  #include <iostream>
2  #include <unordered_map>
3
4  int main(int argc, char *argv[])
5  {
6    std::unordered_map<int, float> miHash;
7    miHash[13] = 1.1;
8    std::cout << miHash[13] << std::endl;
9    return 0;
10 }
```

Expresiones regulares

Una de las características nuevas más interesantes que se han añadido al estándar son las expresiones regulares. Para ello se utiliza un objeto `std::regex` para construir la expresión.

```
1
2    std::regex eRE1("\\b((c|C)ur)([^ ]*)");
```

Para almacenar las coincidencias será necesario utilizar un objeto `std::smatch` (si es una cadena de C, será `std::cmatch`).

```
1    std::smatch match;
```

Es posible buscar todas las coincidencias dentro de una cadena como se muestra a continuación.

```
1   const std::string entrada ("Curso de experto en videojuegos. Mucho curro.");
2
3   // Si hay coincidencias ...
4   auto aux = entrada;
5   while (std::regex_search( aux, match, eRE1)) {
6     cout << match.str() << endl;
7     aux = match.suffix().str();
8   }
```

Y saber si una cadena cumple la expresión regular así:

```
1   if (regex_match(entrada, eRE2))
2     cout << "[" << entrada << "] cumple la regex" << endl;
```

Las expresiones regulares, por defecto, se escribirán con la sintaxis ECMAScript.

Tuplas

C++11 da soporte a la creación de tuplas que contengan diferentes tipos. Para ello se utiliza la plantilla std::tuple. Como se ve en el ejemplo siguiente, para obtener los valores se utiliza la función *templatizada* std::get().

```
1   #include <iostream>
2   #include <tuple>
3
4   using namespace std;
5
6   typedef tuple <string, int, float> tuplaPuntos;
7
8   int main(int argc, char *argv[])
9   {
10    tuplaPuntos p1("Bilbo", 20, 35.0);
11
12    cout << "El jugador "     << get<0>(p1)
13       << " ha conseguido " << get<2>(p1)
14       << " puntos en "     << get<1>(p1)
15       << " jugadas"        << endl;
16
17    return 0;
18  }
```

Otras características

Aparte de las características mencionadas en las secciones anteriores, C++11 incluye una biblioteca para el uso de *traits* para la metaprogramación, también envoltorios para poder utilizar referencias en plantillas, métodos uniformes para calcular el tipo devuelto en objetos funciones y soporte multitarea.

C++14

Aunque el cambio más notable fue introducido con la revisión de 2011 de C++, el estándar de 2014 también introduce algunas mejoras interesantes.

Una de ellas es la introducción de funciones *lambda* genéricas. En C++14, una función *lambda* puede admitir tipos deducidos usando **auto** en los parámetros de entrada.

```
auto result = [](auto a, auto b) { return a + b; }
```

La función anterior sería válida para objetos que implementen el operador suma.

Se ha añadido también el literal **b** para definir números en binario:

```
auto binario = 1001b;
```

Otra característica nueva es la posibilidad de usar el atributo **deprecated** para calificar entidades como deprecadas. El uso de las mismas será posible, pero se generará un aviso (warning), indicando que su uso no es recomendable. Se puede adjuntar un mensaje a la salida pasándole un parámetro a dicho atributo.

```
[[deprecated("h() ya no se utiliza, por favor usa k()")]]
void h();
```

2.7. Plugins

En términos generales se denomina *plug-in* (o *add-on*) a cualquier componente que añade (o modifica) la funcionalidad de una aplicación principal integrándose con ella mediante un API proporcionando ex profeso. Los *plugins* son un mecanismo que se emplea habitualmente cuando se desea que programadores ajenos al desarrollo del proyecto matriz puedan integrarse con la aplicación sin necesidad de acceder o modificar el núcleo de la aplicación. Ofrece algunas ventajas interesantes respecto a una aplicación monolítica:

- Reduce la complejidad de la aplicación principal.

- Permite experimentar con nuevas características, que si resultan de interés, más tarde se pueden integrar en la línea de desarrollo principal.

- Ahorra mucho tiempo a los desarrolladores de las extensiones puesto que no necesitan compilar el proyecto completo.

- Permite a empresas o colectivos concretos implementar funcionalidades a la medida de sus necesidades, que normalmente no serían admitidas en la aplicación principal.

- En entornos de código privativo, permite a los fabricantes distribuir parte del programa en formato binario, ya sea la aplicación central o alguno de los plugins. También ocurre cuando partes distintas tienen licencias diferentes.

Asumiendo que la aplicación principal esté escrita en un lenguaje compilado (como C++) se pueden distinguir tres mecanismos básicos que puede utilizar una aplicación para ofrecer soporte de plugins:

- Empotrar un interprete para un lenguaje dinámico, tal como Lua, Python o Scheme. Esta opción se estudia más adelante en el presente documento. Si la aplicación matriz está escrita en un lenguaje dinámico no se requiere normalmente ningún mecanismo especial más allá de localizar y cargar los plugins desde sus ficheros.

- Proporcionar un protocolo basado en mensajes para que la aplicación principal se pueda comunicar con los plugins. Este es el caso de OSGi y queda fuera el ámbito de este curso. Este tipo de arquitectura es muy versátil (los plugins pueden incluso estar escritos en distintos lenguajes) aunque resulta bastante ineficiente.

- Proporcionar un API binaria y cargar los plugins como bibliotecas dinámicas. Es la opción más eficiente ya que la única penalización ocurre en el momento de la carga. Este es el mecanismo que se va a desarrollar en la presente sección.

2.7.1. Entendiendo las bibliotecas dinámicas

En el módulo 1 ya se mostró el proceso necesario para generar una biblioteca dinámica. Hasta ahora hemos utilizado las bibliotecas como contenedores de funcionalidad común que puede ser utilizada por los ejecutables sin más que indicarselo al montador (*linker*). Sin embargo, las bibliotecas dinámicas en los sistemas operativos con formato de ejecutables ELF (Executable and Linkable Format) pueden servir para mucho más.

Una característica interesante de los ejecutables y bibliotecas ELF es que pueden tener símbolos no definidos, que son resueltos en tiempo de ejecución. Con las bibliotecas esta característica va más allá, hasta el punto de que no es necesario resolver todos los símbolos en tiempo de compilación. Veamos todo esto con ejemplos.

Hagamos un pequeño programa que utiliza una biblioteca.

Listado 2.113: El programa principal (`main.c`) simplemente usa una biblioteca

```
1  void mylib_func(const char* str, int val);
2
3  int main() {
4      mylib_func("test", 12345);
5      return 0;
6  }
```

E implementemos una biblioteca trivial.

Listado 2.114: La biblioteca (`mylib.c`) simplemente traza las llamadas

```
1  #include <stdio.h>
2
3  void mylib_func(const char* str, int val) {
4      printf("mylib_func %s %d\n", str, val);
5  }
```

Compilando el ejemplo como se indicó en el módulo 1 obtenemos el ejecutable y la biblioteca. Recordemos que toda la biblioteca debe ser compilada con la opción `-fPIC` para generar código independiente de posición.

```
$ gcc -shared -fPIC -o libmylib.so mylib.c
$ gcc -o main main.c -L. -lmylib
```

Para ejecutarlo hay que indicarle al sistema operativo que también tiene que buscar bibliotecas en el directorio actual. Para eso basta definir la variable de entorno `LD_LIBRARY_PATH`.

```
$ LD_LIBRARY_PATH=. ./main
mylib_func test 12345
```

Sin tocar para nada todo lo hecho hasta ahora, vamos a generar otra biblioteca dinámica con la misma función definida de otra forma.

Listado 2.115: Otra implementación de la biblioteca mínima (`mylib2.c`)

```
1  #include <stdio.h>
2
3  void mylib_func(const char* str, int val) {
4    printf("cambiada mylib_func %d %s\n", val, str);
5  }
```

Hemos cambiado ligeramente el mensaje, pero podríamos haber implementado algo completamente diferente. Ahora compilamos como una biblioteca dinámica, pero ni siquiera tenemos que seguir el convenio de nombres habitual.

```
$ gcc -shared -fPIC -o ml2.so mylib2.c
```

Y volvemos a ejecutar el programa de una forma muy peculiar:

```
$ LD_PRELOAD=ml2.so LD_LIBRARY_PATH=. ./main
cambiada mylib_func 12345 test
```

¿Sorprendido? No hemos recompilado el programa, no hemos cambiado la biblioteca original, pero hemos alterado el funcionamiento. Esta técnica puede utilizarse para multitud de fines, desde la depuración (e.g. *ElectricFence*) hasta la alteración de los ejecutables para corregir *errores* cuando no se dispone del código fuente.

Lo que pasa tras el telón podemos analizarlo con herramientas estándar:

```
$ ldd main
    linux-vdso.so.1 =>  (0x00007fff701ff000)
    libmylib.so => not found
    libc.so.6 => /lib/x86_64-linux-gnu/libc.so.6 (0x00007f13043dd000)
    /lib64/ld-linux-x86-64.so.2 (0x00007f130477c000)
```

Todos los ejecutables dinámicos están montados con la biblioteca ld.so o ld-linux.so. Se trata del montador dinámico. Obsérvese cómo se incluye en el ejecutable la ruta completa (última línea). Esta biblioteca se encarga de precargar las bibliotecas especificadas en LD_PRELOAD, buscar el resto en las rutas del sistema o de LD_LIBRARY_PATH, y de cargarlas. El proceso de carga en el ejecutable incluye resolver todos los símbolos que no estuvieran ya definidos.

Cuando desde la biblioteca dinámica es preciso invocar funciones (o simplemente utilizar símbolos) definidas en el ejecutable, éste debe ser compilado con la opción -rdynamic. Por ejemplo:

Listado 2.116: El programa principal define símbolos públicos

```
1  #include <stdio.h>
2
3  void mylib_func(const char* str, int val);
4  int main_i = 54321;
5
6  void main_func(int v) {
7    printf("main_func %d\n", v);
8  }
9
10 int main() {
11   mylib_func("test", 12345);
12   return 0;
13 }
```

Y la biblioteca llama a las funciones definidas en el ejecutable:

Listado 2.117: La biblioteca llama a una función definida en el programa

```
1  #include <stdio.h>
2
3  void main_func(int v);
4  extern int main_i;
5
6  void mylib_func(const char* str, int val) {
7    printf("mylib_func %d %s\n", val, str);
8    main_func(main_i);
9  }
```

Compilar este ejemplo solo cambia en la opción -rdynamic.

```
$ gcc -shared -fPIC -o libmylib3.so mylib3.c
$ gcc -rdynamic -o main2 main2.c -L. -lmylib3
```

Y al ejecutarlo como antes:

```
$ LD_LIBRARY_PATH=. ./main2
mylib_func 12345 test
main_func 54321
```

Si todas estas actividades son realizadas por una biblioteca (ld.so) no debería extrañar que esta funcionalidad esté también disponible mediante una API, para la carga explícita de bibliotecas desde nuestro programa.

2.7.2. Plugins con libdl

El modo más sencillo (aunque rudimentario) para implementar plugins es utilizar la biblioteca libdl cuyo nombre significa exactamente eso: *dynamic loading*. El API de esta biblioteca, que se encuentra en el fichero de cabecera dlfcn.h, es bastante simple:

```
1  void* dlopen(const char* filename, int flag);
2  void* dlsym(void* handle, const char* symbol);
3  int dlclose(void* handle);
4  char* dlerror(void);
```

La utilidad de las funciones es sencilla:

- **dlopen()** abre una biblioteca dinámica (un fichero .so) y devuelve un manejador.

- **dlsym()** carga y devuelve la dirección de símbolo cuyo nombre se especifique como symbol.

- **dlclose()** le indica al sistema que ya no se va a utilizar la biblioteca y puede ser descargada de memoria.

- **dlerror()** devuelve una cadena de texto que describe el último error producido por cualquiera de las otras funciones de la biblioteca.

Vamos a seguir un ejemplo muy sencillo en las próximas secciones. El ejemplo está formado por un programa principal que tiene la lógica de registro de los plugins (main.c), una biblioteca estática (liba) y una (libb) que se cargará dinámicamente. Ambas bibliotecas tienen un fichero de cabecera (a.h y b.h) y dos ficheros de implementación cada una (a.c, a2.c, b.c y b2.c). La funcionalidad es absolutamente trivial y sirve únicamente para ilustrar la ejecución de las funciones correspondientes.

Listado 2.118: Biblioteca estática `liba`: `a.h`

```
1  #ifndef A_H
2  #define A_H
3
4  void a(int i);
5  int a2(int i);
6
7  #endif
```

Listado 2.119: Biblioteca estática `liba`: `a.c`

```
1  #include <stdio.h>
2  #include "a.h"
3
4  void a(int i) {
5    printf("a(%d) returns '%d'\n", i, a2(i));
6  }
```

Listado 2.120: Biblioteca estática `liba`: `a2.c`

```
1  #include "a.h"
2
3  int a2(int i) {
4    return i + 1;
5  }
```

Listado 2.121: Biblioteca dinámica `libb`: `b.h`

```
1  #ifndef B_H
2  #define B_H
3
4  void b(int i);
5  int b2(int i);
6
7  #endif
```

Listado 2.122: Biblioteca dinámica libb: b.c

```
1  #include <stdio.h>
2  #include "b.h"
3
4  void b(int i) {
5     printf("b(%d) returns '%d'\n", i, b2(i));
6  }
```

Listado 2.123: Biblioteca dinámica libb: b2.c

```
1  #include "b.h"
2
3  int b2(int i) {
4     return i * i;
5  }
```

Estas bibliotecas se construyen exactamente del mismo modo que ya se explicó en el capítulo «Herramientas de Desarrollo». Veamos como ejemplo el Makefile para libb:

Listado 2.124: Makefile para la compilación de libb

```
1  CC = gcc
2  CFLAGS = -Wall -ggdb -fPIC
3  LDFLAGS = -fPIC -shared
4
5  TARGET = libb.so.1.0.0
6
7  all: $(TARGET)
8
9  $(TARGET): b.o b2.o
10     $(CC) -Wl,-soname,libb.so.1.0.0 $(LDFLAGS) -o $@ $^
11
12 clean:
13     $(RM) *.o *~ *.a $(TARGET)
```

Carga explícita

En primer lugar veamos cómo cargar y ejecutar un símbolo (la función b()) de forma explícita, es decir, el programador utiliza libdl para buscar la biblioteca y cargar el símbolo concreto que desea:

Listado 2.125: Carga explícita de símbolos con libdl: main.c

```
1  #include <stdio.h>
2  #include <stdlib.h>
3  #include <dlfcn.h>
4  #include "a.h"
5  #define LIBB_PATH "./dirb/libb.so.1.0.0"
6
7  void error() {
8    fprintf(stderr, dlerror());
9    exit(1);
10 }
11
12 int main() {
13   int i = 3;
14   void *plugin;
15   void (*function_b)(int);
```

```
16
17    if ((plugin = dlopen(LIBB_PATH, RTLD_LAZY)) == NULL)
18      error();
19
20    if ((function_b = dlsym(plugin, "b")) == NULL)
21      error();
22
23    printf("Results for '%d':\n", i);
24    a(i);
25    function_b(i);
26
27    dlclose(plugin);
28    return 0;
29  }
```

La diferencia más importante respecto al uso habitual de una biblioteca dinámica es que **no hay ninguna referencia** a libb en la construcción del programa main.c del listado anterior. Veamos el Makefile de la aplicación:

Listado 2.126: Carga explícita de símbolos con libdl: Makefile

```
1   CC = gcc
2   CFLAGS = -Wall -ggdb -Idira
3   LDFLAGS = -Ldira
4   LDLIBS = -la -ldl
5
6   all: libs main
7
8   main: main.o
9
10  libs:
11      $(MAKE) -C dira
12      $(MAKE) -C dirb
13
14  clean:
15      $(RM) main *.o *~
16      $(MAKE) -C dira clean
17      $(MAKE) -C dirb clean
```

Carga implícita

Veamos ahora cómo construir un sencillo mecanismo que cargue automáticamente el símbolo en el momento de solicitar su uso.

Los plugins (líneas 1–5) se almacenan en una lista enlazada (línea 7). Las funciones plugin_register() y plugin_unregister() se utilizan para añadir y eliminar plugins a la lista. La función call() (líneas 54–71) ejecuta la función específica (contenida en el plugin) que se le pasa el parámetro, es decir, invoca una función a partir de su nombre[19].

---

[19]Este proceso se denomina enlace tardío (*late binding*) o *name binding*.

Listado 2.127: Carga implícita de símbolos con libdl: plugin.c

```c
typedef struct plugin {
  char* key;
  void (*function)(int);
  struct plugin* next;
} plugin_t;

static plugin_t* plugins;

void
plugin_register(char* key, void (*function)(int)) {
  plugin_t* p = (plugin_t*) malloc(sizeof(plugin_t));
  p->key = key;
  p->function = function;
  p->next = plugins;
  plugins = p;
  printf("** Plugin '%s' successfully registered.\n", key);
}

void
plugin_unregister(char* key) {
  plugin_t *prev = NULL, *p = plugins;

  while (p) {
    if (0 == strcmp(p->key, key))
      break;

    prev = p;
    p = p->next;
  }

  if (!p)
    return;

  if (prev)
    prev->next = p->next;
  else
    plugins = p->next;

  free(p);
}

static plugin_t*
plugin_find(char* key) {
  plugin_t* p = plugins;
  while (p) {
    if (0 == strcmp(p->key, key))
      break;

    p = p->next;
  }
  return p;
}

void
call(char* key, int i) {
  plugin_t* p;

  p = plugin_find(key);
  if (!p) {
    char libname[PATH_MAX];
    sprintf(libname, "./dir%s/lib%s.so", key, key);
    printf("Trying load '%s'.\n", libname);
    dlopen(libname, RTLD_LAZY);
    p = plugin_find(key);
  }

  if (p)
```

```
68      p->function(i);
69    else
70      fprintf(stderr, "Error: Plugin '%s' not available.\n", key);
71  }
```

Esa invocación se puede ver en la línea 10 del siguiente listado:

Listado 2.128: Carga implícita de símbolos con libdl: main.c

```
1  #include <stdio.h>
2  #include "plugin.h"
3  #include "a.h"
4
5  int main() {
6    int i = 3;
7
8    printf("Results for '%d':\n", i);
9    a(i);
10   call("b", i);
11   return 0;
12 }
```

Para que los plugins (en este caso libb) se registren automáticamente al ser cargados se requiere un pequeño truco: el «atributo» constructor (línea 9) que provoca que la función que lo tiene se ejecute en el momento de cargar el objeto:

Listado 2.129: Carga implícita de símbolos con libdl: b.c

```
1  #include <stdio.h>
2  #include "../plugin.h"
3  #include "b.h"
4
5  void b(int i) {
6    printf("b(%d) returns '%d'\n", i, b2(i));
7  }
8
9  static void init() __attribute__((constructor));
10
11 static void init() {
12   plugin_register("b", &b);
13 }
```

Aunque este sistema es muy simple (intencionadamente) ilustra el concepto de la carga de símbolos bajo demanda desconocidos en tiempo de compilación. A partir de él es más fácil entender mecanismos más complejos puesto que se basan en la misma idea.

El atributo *constructor* indica que el símbolo al que va asociado debe almacenarse en una sección de la biblioteca reservada para el código de los constructores de variables estáticas. Estos constructores deben ejecutarse tan pronto como la biblioteca se carga en memoria. Análogamente, la sección *destructor* aglutina los destructores de las variables estáticas, que se invocan tan pronto como la biblioteca es cerrada.

En C++ no es necesario indicar manualmente estos atributos, basta definir un constructor para una variable estática.

2.7.3. Plugins con Glib `gmodule`

La biblioteca `glib` es un conjunto de utilidades, tipos abstractos de datos y otras herramientas de uso general y absolutamente portables. Es una biblioteca muy utilizada en los desarrollos del proyecto GNU. Un buen ejemplo de su uso es la biblioteca GTK (GIMP ToolKit) y el entorno de escritorio GNOME (GNU Object Model Environment). Una de esas utilidades es *GModule*, un sistema para realizar carga dinámica de símbolos compatible con múltiples sistemas operativos, incluyendo Sun, GNU/Linux, Windows, etc.

GModule ofrece un API muy similar a `libdl` con funciones prácticamente equivalentes, pero portables:

```
1  GModule* g_module_open(const gchar* file_name, GModuleFlags flags);
2  gboolean g_module_symbol(GModule* module, const gchar* symbol_name,
3                           gpointer* symbol);
4  gboolean g_module_close(GModule* module);
5  const gchar * g_module_error(void);
```

Carga explícita

El siguiente listado muestra cómo hacer la carga y uso de la función `b()`, equivalente al listado 2.125:

Listado 2.130: Carga explícita de símbolos con `GModule`: `main.c`

```
1  #include <stdio.h>
2  #include <glib.h>
3  #include <gmodule.h>
4  #include "a.h"
5
6  #define LIBB_PATH "./dirb/libb.so.1.0.0"
7
8  void error() {
9    g_error(g_module_error());
10 }
11
12 int main(){
13   int i = 3;
14   GModule* plugin;
15   void (*function_b)(int);
16
17   if ((plugin = g_module_open(LIBB_PATH, G_MODULE_BIND_LAZY)) == NULL)
18     error();
19
20   if (!g_module_symbol(plugin, "b", (gpointer*)&function_b))
21     error();
22
23   printf("Results for '%d'.\n",i);
24   a(i);
25   function_b(i);
26
27   g_module_close(plugin);
28
29   return 0;
30 }
```

Carga implícita

Por último, este módulo implementa el sistema de registro y carga automática usando una tabla hash de glib para almacenar los plugins:

```c
Listado 2.131: Carga explícita de símbolos con GModule: plugin.c

 1  #include <stdio.h>
 2  #include <gmodule.h>
 3  #include <glib/ghash.h>
 4  #include "a.h"
 5
 6  #ifndef PATH_MAX
 7  #define PATH_MAX 1024
 8  #endif
 9
10  static GHashTable* plugins = NULL;
11
12  void
13  plugin_register(char* key, void (*f)(int)) {
14    if (plugins == NULL)
15      plugins = g_hash_table_new_full(g_str_hash, g_str_equal, g_free, g_free);
16    g_hash_table_insert(plugins, key, f);
17    g_message("Plugin '%s' succesfully registered.", key);
18  }
19
20  void
21  plugin_unregister(const char* key) {
22    if (plugins != NULL)
23      g_hash_table_remove(plugins, key);
24  }
25
26  void
27  call(const char* key, int i) {
28    void (*p)(int) = NULL;
29    if (plugins != NULL)
30      p = g_hash_table_lookup(plugins, key);
31
32    if (!p) {
33      char libname[PATH_MAX];
34      sprintf(libname, "./dir%s/lib%s.so", key, key);
35      g_message("Trying load '%s'.", libname);
36      if (g_module_open(libname, G_MODULE_BIND_LAZY) == NULL)
37        g_error("Plugin '%s' not available", libname);
38      if (plugins != NULL)
39        p = g_hash_table_lookup(plugins, key);
40    }
41    if (!p)
42      g_error("Plugin '%s' not available", key);
43
44    p(i);
45  }
```

2.7.4. Carga dinámica desde Python

El módulo ctypes, de la librería estándar de Python, permite mapear los tipos de datos de C a Python para conseguir una correspondencia binaria. Eso hace posible cargar funciones definidas en librerías dinámicas creadas con C/C++ y utilizarlas directamente desde Python.

El siguiente listado muestra cómo cargar y utilizar la misma función b() de la librería dinámica de las secciones anteriores:

```
Listado 2.132: Carga de símbolos desde Python con ctypes
1  LIBB_PATH = "./dirb/libb.so.1.0.0"
2
3  import ctypes
4
5  plugin = ctypes.cdll.LoadLibrary(LIBB_PATH)
6  plugin.b(3)
```

Otro ejemplo que demuestra como cargar un símbolo de la librería estándar de C desde Python:

```
Listado 2.133: Usando ctypes para ejecutar la función printf() de la librería estándar de C
1  #!/usr/bin/python
2  # -*- coding: utf-8; mode: python -*-
3
4  import ctypes
5
6  libc = ctypes.cdll.LoadLibrary('libc.so.6')
7  libc.printf("hola %d\n", 4)
```

2.7.5. Plugins como objetos mediante el patrón *Factory Method*

Los plugins implican la adición y eliminación de código en tiempo de ejecución. Los problemas asociados tienen mucho que ver con los problemas que resuelven algunos de los patrones que ya conocemos. En esta sección veremos una pequeña selección.

Recordemos el patrón *factory method* ya descrito en el módulo 1. Se basa en la definición de una interfaz para crear instancias de objetos, permitiendo que las subclases redefinan este método. Este patrón se utiliza frecuentemente acoplado con la propia jerarquía de objetos, de forma parecida al patrón *prototype*, dando lugar a lo que se conoce como *constructor virtual*. Veamos un ejemplo similar al que poníamos para ilustrar el patrón prototipo, pero ahora empleando el patrón *factory method*.

```
Listado 2.134: Ejemplo de patrón factory method
1  class weapon {
2  public:
3      typedef shared_ptr<weapon> shared;
4      virtual shared make() = 0;
5      virtual void shoot() = 0;
6      virtual ~weapon() {}
7  };
```

Empleamos shared_ptr para simplificar la gestión de la memoria y definimos un destructor virtual por si acaso alguna de las subclases necesitan liberar memoria dinámica. Ahora cualquier instancia de weapon se podría usar como factoría, pero para simplificar aún más su uso vamos a definir una factoría que actúe de fachada frente a todos los *factory method* concretos. De esta forma disponemos de una factoría extensible.

Listado 2.135: Ejemplo de factoría extensible de armamento

```
 1  class weapon_factory {
 2  public:
 3    weapon::shared make(const string& key) {
 4      auto aux = factories_[key];
 5      if (aux)
 6        return aux->make();
 7
 8      return 0;
 9    }
10
11    void reg(const string& key, weapon* proto) {
12      factories_[key] = proto;
13    }
14
15    void unreg(const string& key) {
16      factories_.erase(key);
17    }
18
19  protected:
20    map<string, weapon*> factories_;
21  };
```

Para añadir o eliminar nuevas subclases de weapon tenemos que llamar a reg() o unreg() respectivamente. Esto es adecuado para la técnica RAII en la que la creación y destrucción de un objeto se utiliza para el uso y liberación de un recurso, es decir, la creación de una instancia implica el registro del plugin; cuando la instancia desaparece, el plugin se des-registra automáticamente:

Listado 2.136: Ejemplo de RAII para registro de nuevas armas

```
 1  template <class weapon_type>
 2  class weapon_reg {
 3    weapon_factory& factory_;
 4    const char* key_;
 5  public:
 6    weapon_reg(weapon_factory& factory, const char* key)
 7      : factory_(factory), key_(key) {
 8      factory_.reg(key_, new weapon_type());
 9    }
10    ~weapon_reg() {
11      factory_.unreg(key_);
12    }
13  };
```

Tanto la factoría como los objetos de registro podrían ser también modelados con el patrón *singleton*[20], pero para simplificar el ejemplo nos limitaremos a instanciarlos sin más:

Listado 2.137: Instancias de la factoría extensible y una factoría concreta

```
 1  class rifle: public weapon {
 2  public:
 3    weapon::shared make() { return weapon::shared(new rifle); }
 4    void shoot() { cout << "shoot bullet." << endl; }
 5  };
 6
 7  dynamic_weapon_factory dfactory;
 8  weapon_reg<rifle> rifle_reg(dfactory, "rifle");
```

---

[20]aunque de hecho, el patrón *singleton* se considera una mala práctica hoy día

Veamos cómo ha quedado el ejemplo. Tenemos subclases derivadas de weapon que saben cómo construir nuevos elementos. Tenemos una factoría extensible que se puede poblar con nuevas subclases de weapon. Y finalmente tenemos una clase auxiliar para facilitar el registro/des-registro con cualquier subclase de weapon. Es una estructura ideal para los plugins. El plugin simplemente tiene que proporciona una subclase de weapon e instanciar un weapon_reg para dicha clase. El único cambio que debemos hacer sobre la factoría es darle la posibilidad de cargar nuevos plugins dinámicamente. El siguiente listado especializa la factoría anterior para proporcionar carga dinámica: dynamic_weapon_factory.

Listado 2.138: Ejemplo de factoría extensible con plugins

```
1  class dynamic_weapon_factory : public weapon_factory {
2  public:
3    weapon::shared make(const string& key) {
4      auto ret = weapon_factory::make(key);
5      if (ret)
6        return ret;
7      load_plugin(key);
8      return weapon_factory::make(key);
9    }
10
11 private:
12   void load_plugin(const string& key) {
13     string libname = "./fmethod-" + key + ".so";
14     dlopen(libname.c_str(), RTLD_LAZY);
15   }
16 };
```

El código de un plugin es completamente análogo al de las otras factorías concretas, como rifle.

Listado 2.139: Ejemplo de plugin para la factoría extensible

```
1  #include "fmethod.hh"
2
3  class bow: public weapon {
4  public:
5    weapon::shared make() { return weapon::shared(new bow); }
6    void shoot() { cout << "shoot arrow." << endl; }
7  };
8
9  extern dynamic_weapon_factory dfactory;
10 weapon_reg<bow> bow_reg(dfactory, "bow");
```

La variable dfactory es la instancia de la factoría dinámica extensible. Está definida en el programa principal (por eso el extern en su declaración), así que para poder ser utilizada desde una biblioteca es preciso que el *linker* monte el programa principal con la opción -rdynamic. Por último se muestra un ejemplo de uso de la factoría:

```
         Listado 2.140: Ejemplo de uso de la factoría
 1  void
 2  load_and_shoot(const string name) {
 3    auto w = dfactory.make(name);
 4    if (w)
 5      w->shoot();
 6    else
 7      cout << "Missing weapon: " << name << endl;
 8  }
 9
10  int
11  main(int argc, char* argv[]) {
12    for_each(argv + 1, argv + argc,
13          bind(load_and_shoot, _1));
14  }
```

La descarga de la biblioteca dinámica (por ejemplo, utilizando la función dlclose o bien por la terminación del programa) provocará que se llame al destructor de bow_reg y con ello que se des-registre la factoría concreta (bow).

Nótese que en este ejemplo empleamos la infraestructura de plugins para mantener extensible nuestra aplicación, pero no manejamos explícitamente los plugins. Así, por ejemplo, no hemos proporcionado ninguna función de descarga de plugins. Incidiremos en este aspecto en el siguiente ejemplo.

2.7.6. Plugins multi-plataforma

La biblioteca *GModule* que hemos visto en la sección anterior es compatible con múltiples sistemas operativos. Sin embargo, no está todo resuelto automáticamente. Es preciso conocer algunos detalles de las plataformas más comunes para poder implantar con éxito una arquitectura de plugins portable. Para ello veremos una adaptación del ejemplo anterior para ejecutables PE (ReactOS, Microsoft Windows).

En el caso de los ejecutables PE (Portable Executable) no es posible compilar bibliotecas DLL (Dynamic Link Library) sin determinar las referencias a todos los símbolos. Así, no es posible referir un símbolo definido en el programa principal. La solución más sencilla es extraer la parte común del ejecutable en una biblioteca dinámica que se monta tanto con el ejecutable como con las otras bibliotecas. El programa principal sería:

```
         Listado 2.141: Programa principal para Windows
 1  #include "fmethod-win.hh"
 2
 3  extern dynamic_weapon_factory dfactory;
 4
 5  void
 6  load_and_shoot(const string name) {
 7    shared_ptr<weapon> w = dfactory.make(name);
 8    if (w)
 9      w->shoot();
10    else
11      cout << "Missing weapon: " << name << endl;
12  }
13
14  int main(int argc, char* argv[]) {
15    while (argc > 1) {
16      argc--; ++argv;
17      load_and_shoot(*argv);
18    }
19  }
```

Y la parte común se extraería en:

Listado 2.142: Biblioteca común con la factoría para Windows

```
1  #include "fmethod-win.hh"
2  #include <windows.h>
3
4  void
5  dynamic_weapon_factory::load_plugin(const string& key) {
6    string libname = "./fmethod-" + key + "-win.dll";
7    LoadLibrary(libname.c_str());
8  }
9
10 dynamic_weapon_factory dfactory;
11 weapon_reg<rifle> rifle_reg(dfactory, "rifle");
```

Nótese cómo se cargan las bibliotecas con LoadLibrary(). El plugin es muy similar a la versión ELF:

Listado 2.143: Plugin para Windows

```
1  #include "fmethod-win.hh"
2
3  class bow: public weapon {
4  public:
5      weapon_ptr make() { return weapon_ptr(new bow); }
6      void shoot() { cout << "shoot arrow." << endl; }
7  };
8  extern dynamic_weapon_factory dfactory;
9  weapon_reg<bow> bow_reg(dfactory, "bow");
```

Para compilar y probar todo no es necesario utilizar ReactOS o Microsoft Windows. Podemos usar el compilador cruzado GCC para MINGW32 y el emulador wine.

```
$ i586-mingw32msvc-g++ -std=c++0x -shared -Wl,--enable-runtime-pseudo-reloc \
  -o fmethod-fac-win.dll fmethod-fac-win.cc
$ i586-mingw32msvc-g++ -std=c++0x -Wl,--enable-runtime-pseudo-reloc \
  -Wl,--enable-auto-import -o fmethod-win.exe \
  fmethod-win.cc fmethod-fac-win.dll
$ i586-mingw32msvc-g++ -std=c++0x -shared -Wl,--enable-runtime-pseudo-reloc \
  -o fmethod-bow-win.dll fmethod-bow-win.cc fmethod-fac-win.dll
$ wine fmethod-win.exe rifle bow 2>/dev/null
```

La opción del montador -enable-runtime-pseudo-reloc permite utilizar la semántica tradicional de visibilidad de símbolos de POSIX. Todos los símbolos externos son automáticamente exportados. La opción -enable-auto-import permite que todos los símbolos usados en el ejecutable que no están definidos en el propio ejecutable sean automáticamente importados.

 Se propone como ejercicio la generalización de este código para que el mismo programa compile correctamente con ejecutables ELF o con ejecutables PE.

Capítulo 3

Técnicas específicas

Francisco Moya Fernández
Félix J. Villanueva Molina
Sergio Pérez Camacho
David Villa Alises

3.1. Serialización de objetos

La serialización de objetos tiene que ver en parte con la persistencia del estado de un videojuego. Serializar un objeto consiste en convertirlo en algo almacenable y recuperable. De este modo, el estado completo del objeto podrá ser escrito en disco o ser enviado a través de la red, y su estado podrá ser recuperado en otro instante de tiempo o en otra máquina.

Puede parecer una operación sencilla, después de todo, bastaría con almacenar el pedazo de memoria que representa al objeto y volver a ponerlo en el mismo sitio después. Lamentablemente esto no es posible, puesto que la configuración de la memoria varía de ejecución en ejecución y de máquina en máquina. Además, cada objeto tiene sus particularidades. Por ejemplo, si lo que se desea serializar es una std::string seguramente sea suficiente con almacenar los caracteres que la componen.

Uno de los problemas a la hora de serializar objetos es que estos pueden contener referencias o punteros a otros objetos, y este estado ha de conservarse de forma fidedigna. El problema de los punteros, es que la direcciones de memoria que almacenan serán diferentes en cada ejecución.

Antes de hablar de la serialización propiamente dicha, se presentarán los *streams* de C++.

3.1.1. *Streams*

Un *stream* es como una tubería por donde fluyen datos. Existen *streams* de entrada o de salida, y de ambas, de modo que un programa puede leer (entrada) de una abstrayéndose por completo de qué es lo que está llenando la misma. Esto hace que los *streams* sean una forma de desacoplar las entradas de la forma de acceder a las mismas, al igual que

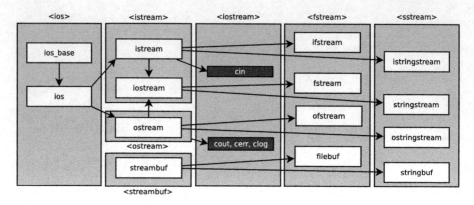

Figura 3.1: Jerarquía de *streams*

las salidas. No importa si quien rellena un *stream* es la entrada del teclado o un archivo, la forma de utilizarla es la misma para ambos casos. De este modo, controlar la entrada supondría conectar un *stream* a un fichero (o al teclado) y su salida al programa. Justo al revés (donde el teclado sería ahora la pantalla) se controlaría la salida.

Normalmente los *streams* tienen un *buffer* asociado puesto que escribir o leer en bloques suele ser mucho más eficiente en los dispositivos de entrada y salida. El *stream* se encargará (usando un `streambuf`[1]) de proporcionar o recoger el número de bytes que se requiera leer o escribir en el mismo

En la figura 3.1 se muestra la jerarquía de *streams* en la biblioteca estándar de C++. La clase `ios_base` representa la propiedades generales de un *stream*, como por ejemplo si este es de entrada o de salida o si es de texto o binaria. La clase `ios`, que hereda de la anterior, contiene un `streambuf`. Las clases `ostream` y `istream`, derivan de `ios` y proporcionan métodos de salida y de entrada respectivamente.

istream

La clase `istream` implementa métodos que se utilizan para leer del *buffer* interno de manera transparente. Existen dos formas de recoger la entrada: formateada y sin formatear. La primera usa el operador $>>$ y la segunda utiliza los siguientes miembros de la clase:

`gcount`	Devuelve el número de caracteres que retornó la última lectura no formateada
`get`	Obtiene datos sin formatear del *stream*
`getline`	Obtiene una línea completa del *stream*
`ignore`	Saca caracteres del *stream* y los descarta
`peek`	Lee el siguiente carácter sin extraerlo del *stream*
`read`	Lee en bloque el número de caracteres que se le pidan
`readsome`	Lee todo lo disponible en el *buffer*
`putback`	Introduce de vuelta un carácter en el *buffer*
`unget`	Decrementa el puntero *get*. Se leerá de nuevo el mismo carácter.

---

[1]`streambuf` es una clase que provee la memoria para dicho *buffer* incluyendo además funciones para el manejo del mismo (rellenado, *flushing*, etc. . .)

Utilizando `tellg` se obtiene la posición (`streampos`) del puntero en el *stream*, y es posible modificar la misma utilizando `seekg` con la posición que de desee como entrada. La función `seekg` también se puede utilizar con un *offset* como primer parámetro y con una posición base como segundo. Así, `ios_base::beg`, `ios_base::cur` y `ios_base::end` representan al principio del *stream*, a la posición actual y al final del mismo respectivamente. Es posible (y de hecho necesario con `end`) utilizar números negativos para posicionarse en un *stream*.

ostream

Un `ostream` representa una tubería en la que se puede escribir. Al igual que un `istream`, se soportan los datos formateados, en este caso la inserción, usando el operador $<<$.

Las operaciones para datos no formateados son las siguientes:

put	Escribe un carácter en el *stream*
write	Escribe un conjunto de caracteres desde un *buffer*

ifstream y ofstream

Estos *streams* que se utilizan para leer y escribir de archivos. En el ejemplo siguiente se muestra cómo leer de un archivo utilizando los visto sobre *streams*.

Listado 3.1: Ejemplo de lectura de un archivo

```cpp
#include <iostream>
#include <fstream>
#include <string>

using namespace std;

int main(int argc, char *argv[]) {
  ifstream infile("prueba.txt", ios_base::binary);

  if (!infile.is_open()) {
    cout << "Error abriendo fichero" << endl;
    return -1;
  }

  string linea;
  getline(infile, linea);
  cout << linea << endl;
  char buffer[300];
  infile.getline(buffer, 300);
  cout << buffer << endl;
  infile.read(buffer,3);
  buffer[3] = '\0';
  cout << "[" << buffer << "]" << endl;

  streampos p = infile.tellg();
  infile.seekg(2, ios_base::cur);
  infile.seekg(-4, ios_base::end);
  infile.seekg(p);

  int i;
  while ((i = infile.get()) != -1)
    cout << "\'" << (char) i << "\'=int(" << i << ")" << endl;

  return 0;
}
```

En la línea ⑨ de crea el *stream* del fichero, y se intenta abrir para lectura como un fichero binario. En ⑪-⑭ se comprueba que el archivo se abrió y se termina el programa si no es así. En ⑯-⑱ se usa una función global de string para rellenar una de estas con una línea desde el fichero. Se hace lo mismo con un *buffer* limitado a 300 caracteres en la líneas ⑳-㉒. Después se leen 3 caracteres sueltos (sin tener en cuenta el final de linea) (㉔-㉖). En ㉘-㉛ se juega con la posición del puntero de lectura, y en el resto, se lee carácter a carácter hasta el final del archivo.

Los modos de apertura son los siguientes:

`in`	Permitir sacar datos del *stream*
`out`	Permitir introducir datos en el *stream*
`ate`	Al abrir el *stream*, situar el puntero al final del archivo.
`app`	Poner el puntero al final en cada operación de salida
`trunc`	Trunca el archivo al abrirlo
`binary`	El *stream* será binario y no de texto

En el listado 3.2 se muestra cómo copiar un archivo.

Listado 3.2: Ejemplo de copia desde un archivo a otro

```
1  #include <fstream>
2  using namespace std;
3
4  int main()
5  {
6    fstream in ("prueba.txt", ios_base::in  | ios_base::binary);
7    fstream out("copiaP.txt", ios_base::out | ios_base::binary
8                                            | ios_base::trunc );
9    if (!in.is_open() || !out.is_open())
10     return -1;
11
12   in.seekg(0, ios_base::end);
13   size_t size = in.tellg();
14   in.seekg(0, ios_base::beg);
15
16   char* buffer = new char[size];
17
18   in.read  (buffer, size);
19   out.write(buffer, size);
20
21   delete [] buffer;
22   return 0;
23 }
```

Operadores de inserción y extracción

Es posible definir (sobrecargar) los operadores de inserción o de extracción para cualquier clase que nos interese, y así poder utilizarla para rellenar un *stream* o para modificarla extrayendo datos de un *stream*. Estos operadores se usan para una entrada/salida formateada. Vea el listado 3.3.

Listado 3.3: Operadores de inserción y extracción de Vector3D

```cpp
1  #include <iostream>
2
3  using namespace std;
4
5  class Vector3D {
6    friend ostream& operator<<(ostream& o, const Vector3D& v);
7    friend istream& operator>>(istream& i,Vector3D& v);
8  public:
9    Vector3D(float x, float y, float z) :
10     x_(x), y_(y), z_(z) {}
11 private:
12   float x_, y_, z_;
13 };
14
15 ostream& operator<<(ostream& o, const Vector3D& v)
16 {
17   o << "(" << v.x_ << ", " << v.y_ << ", " << v.z_ << ")" ;
18   return o;
19 }
20
21 istream& operator>>(istream& i,Vector3D& v)
22 {
23   char par, coma;
24   // formato: (X, Y, Z)
25   i >> par;
26   i >> v.x_;
27   i >> coma;
28   i >> v.y_;
29   i >> coma;
30   i >> v.z_;
31   return i;
32 }
```

En la líneas 15-19 se define el operador de inserción, y en las líneas 21-32 el de extracción. Es necesario definir estos operadores como amigos de la clase (líneas 6-7) ya que necesitan acceso a los atributos privados.

La forma de utilizarlos es la siguiente:

Listado 3.4: Operadores de inserción y extracción

```cpp
1  int main(int argc, char *argv[])
2  {
3    Vector3D v(1.0, 2.3, 4.5);
4    cout << v << endl;
5    cin  >> v ;
6    cout << v << endl;
7    return 0;
8  }
```

El programa anterior imprime el valor original del vector, y espera a la entrada de un vector con el mismo formato. Al pulsar RETURN el vector original se rellenará con los nuevos datos tomados de la entrada estándar. De hecho, el programa funciona también con una tubería del tipo echo "(1.0, 2.912, 3.123)"| ./ejecutable.

stringstream

La clase stringstream proporciona un interfaz para manipular cadenas como si fueran *streams* de entrada/salida.

Su uso puede sustituir de algún modo al de sprintf, ya que es posible utilizar un objeto de este tipo para transformar números en cadenas y para realizar un formateo básico (ver listado 3.5).

Listado 3.5: Usando un stringstream

```
 1  #include <iostream>
 2  #include <sstream>
 3
 4  using namespace std;
 5
 6  template<typename T>
 7  string toString(T in)
 8  {
 9    stringstream ss;
10    ss << in;
11    return ss.str();
12  }
13
14  template<typename T>
15  T toNumber(const string& s)
16  {
17    stringstream ss(s);
18    T t;
19    ss << s;
20    if (!(ss >> t))
21      throw;
22    return t;
23  }
24
25
26  int main(int argc, char *argv[])
27  {
28    stringstream s;
29
30    s << 98 << endl << "texto" << endl;
31    cout << (s.str() += "op\n") ;
32
33    string str = toString(9.001);
34    long   a = toNumber<long>("245345354525");
35    cout << a << endl;
36    return 0;
37  }
```

En las líneas (6-12) se define una función *templatizada* que se usa en (33) para transformar un número en una cadena, usando streamstream e invocando luego su método str(), que devuelve la cadena asociada.

En (14-23) se define otra que se puede utilizar para extraer un número de una cadena. Se ve un ejemplo de uso en la línea (34).

3.1.2. Serialización y Dependencias entre objetos

A la hora de serializar un objeto, o un conjunto de objetos, se pueden dar diferentes escenarios. No es lo mismo tener que escribir el contenido de un objeto que no tiene ninguna dependencia con otros, que tener que escribir el contenido de un conjunto de objetos que dependen unos de otros.

Sin dependencias

El escenario más simple es la serialización de un objeto sin dependencias con el resto, es decir, un objeto que no apunta a ningún otro y que está autocontenido.

La serialización será entonces trivial, y bastará con escribir cada una de los valores que contenga, y recuperarlo en el mismo orden.

Sea la siguiente una interfaz para objetos que puedan serializarse.

Listado 3.6: Interfaz simple para objetos serializables

```cpp
class ISerializable {
public:
  virtual void read (std::istream& in)  = 0;
  virtual void write(std::ostream& out) = 0;
};
```

De este modo, todos los objetos que deriven de esta clase tendrán que implementar la forma de escribir y leer de un *stream*. Es útil delegar los detalles de serialización al objeto.

Supóngase ahora una clase muy sencilla y sin dependencias, con un `double`, un `int` y un `string` para serializar.

Listado 3.7: Objeto serializable sin dependencias

```cpp
class ObjetoSimple : public ISerializable
{
public:
  ObjetoSimple(double a, int b, std::string cad);

  ObjetoSimple();
  virtual ~ObjetoSimple();

  virtual void read (std::istream& in);
  virtual void write(std::ostream& out);

private:

  double      a_;
  int         b_;
  std::string cad_;
};
```

La implementación de read() y write() sería como sigue:

Listado 3.8: Detalle de implementación de un serializable simple

```
 1  void
 2  ObjetoSimple::read(std::istream& in)
 3  {
 4    in.read((char*) &a_, sizeof(double));
 5    in.read((char*) &b_, sizeof(int));
 6
 7    size_t len;
 8    in.read((char*) &len, sizeof(size_t));
 9    char* auxCad = new char[len+1];
10
11    in.read(auxCad, len);
12    auxCad[len] = '\0';
13    cad_ = auxCad;
14
15    delete [] auxCad;
16
17    std::cout << "a_: "   << a_   << std::endl;
18    std::cout << "b_: "   << b_   << std::endl;
19    std::cout << "cad_: " << cad_ << std::endl;
20  }
21
22  void
23  ObjetoSimple::write(std::ostream& out)
24  {
25    out.write((char*) &a_, sizeof(double));
26    out.write((char*) &b_, sizeof(int));
27
28    size_t len = cad_.length();
29    out.write((char*) &len, sizeof(size_t));
30    out.write((char*) cad_.c_str(), len);
31  }
```

En la lectura y escritura se realiza un *cast* a char* puesto que así lo requieren las funciones read y write de un *stream*. Lo que se está pidiendo a dichas funciones es: "desde/en esta posición de memoria, tratada como un char*, lee/escribe el siguiente número de caracteres".

El número de caracteres (bytes/octetos en x86+) viene determinado por el segundo parámetro, y en este ejemplo se calcula con sizeof, esto es, con el tamaño del tipo que se está guardando o leyendo.

Un caso especial es la serialización de un string, puesto que como se aprecia, no se está guardando todo el objeto, sino los caracteres que contiene. Hay que tener en cuenta que será necesario guardar la longitud de la misma (línea (30)) para poder reservar la cantidad de memoria correcta al leerla de nuevo ((8-9)).

A continuación se muestra un ejemplo de uso de dichos objetos utilizando archivos para su serialización y carga.

Listado 3.9: Uso de un objeto serializable simple

```
 1  int main(int argc, char *argv[])
 2  {
 3    {
 4      ofstream fout("data.bin", ios_base::binary | ios_base::trunc);
 5      if (!fout.is_open())
 6        return -1;
 7
 8      ObjetoSimple o(3.1371, 1337, "CEDV");
 9      o.write(fout);
```

```
10        ObjetoSimple p(9.235, 31337, "UCLM");
11        p.write(fout);
12
13    }
14
15    ifstream fin("data.bin", ios_base::binary);
16    ObjetoSimple q;
17    q.read(fin);
18    ObjetoSimple r;
19    r.read(fin);
20
21    return 0;
22  }
```

Se está utilizando un archivo para escribir el valor de un par de objetos, y tras cerrarse, se vuelve a abrir para leer los datos almacenados y rellenar un par nuevo.

Con dependencias

Habrá dependencia entre objetos, cuando la existencia de uno esté ligada a la de otro. Normalmente esto viene determinado porque uno de los miembros de una clase es un puntero a la misma o a otra clase.

Cuando existen objetos con dependencias hay dos aproximaciones posibles para su serialización. La primera consiste en diseñar la arquitectura para que no se utilicen punteros. En vez de esto se utilizarán UUID (Universally Unique Identifier)s (IDs únicas universales). Un objeto, en vez de almacenar un puntero al resto de objetos, almacenará su UUID y hará uso de factorías para recuperar el objeto en tiempo de carga o de ejecución. Las ventajas son claras, y las desventajas son el tiempo necesario para mantener las referencias actualizadas, y que la arquitectura dependerá de esta decisión de diseño completamente.

Otra forma de serializar clases con punteros es escribir sin preocupación y reparar el estado no-válido de ese objeto teniendo en cuenta las propiedades de los mismos. Un puntero referencia una dirección de memoria única, es decir, dos objetos diferentes no podrán compartir la misma dirección de memoria. Visto de otro modo, dos punteros iguales apuntan al mismo objeto. Teniendo esto en cuenta, el propio puntero podría valer como un UUID interno para la serialización.

De este modo, la serialización y deserialización lectura de objetos con punteros podría ser del siguiente modo:

- Almacenar todos los objetos, teniendo en cuenta que lo primero que se almacenará será la dirección de memoria que ocupa el objeto actual. Los punteros del mismo se almacenarán como el resto de datos.

- Al leer los objetos, poner en una tabla el puntero antiguo leído, asociado a la nueva dirección de memoria.

- Hacer una pasada corrigiendo el valor de los punteros, buscando la correspondencia en la tabla.

Para ello necesitamos una interfaz nueva, que soporte la nueva función `fixPtrs()` y otras dos para leer y recuperar la posición de memoria del propio objeto.

Listado 3.10: Nueva interfaz de objeto serializable

```
1  class ISerializable {
2  public:
3    virtual void read (std::istream& in)  = 0;
4    virtual void write(std::ostream& out) = 0;
5
6    virtual void fixPtrs () = 0;
7
8  protected:
9    virtual void readMemDir (std::istream& in)   = 0;
10   virtual void writeMemDir(std::ostream& out)  = 0;
11 };
```

Esta vez se implementará dicha interfaz con la clase `Serializable`:

Listado 3.11: Implementación de la interfaz ISerializable

```
1  class Serializable : public ISerializable {
2  public:
3    Serializable();
4    ~Serializable();
5
6    virtual void read (std::istream& in)  = 0;
7    virtual void write(std::ostream& out) = 0;
8
9    virtual void fixPtrs () = 0;
10
11 protected:
12   virtual void readMemDir (std::istream& in);
13   virtual void writeMemDir(std::ostream& out);
14
15   Serializable* sPtr;
16 };
```

En la línea ⒂ se añade un puntero que almacenará la dirección de memoria de la propia clase.

La implementación de las funciones de lectura y escritura se muestra a continuación.

Listado 3.12: Implementación de la interfaz ISerializable (II)

```
1  void Serializable::readMemDir(std::istream& in)
2  {
3    in.read((char*) &sPtr, sizeof(Serializable*) );
4    LookUpTable::getMap()[sPtr] = this;
5  }
6
7  void Serializable::writeMemDir (std::ostream& out)
8  {
9    sPtr = this;
10   out.write((char*) &sPtr, sizeof(Serializable*) );
11 }
```

Cuando se lee la antigua dirección de memoria en `readMemDir`, esta se almacena en una tabla junto con la nueva dirección (línea ⑷). La implementación de la tabla se podría dar a través de una especie de *Singleton*, que envolvería un `map` y lo mostraría como una variable global.

Listado 3.13: Tabla de búsqueda de punteros

```
1  class Serializable; // Forward Dec.
2
3  class LookUpTable
4  {
5    friend class std::auto_ptr<LookUpTable*>;
6  public:
7    static std::map<Serializable*, Serializable*>& getMap();
8
9    typedef std::map<Serializable*, Serializable*>::iterator itMapS;
10
11 private:
12   LookUpTable(){}
13
14   std::map<Serializable*, Serializable*> sMap_;
15
16 };
```

Listado 3.14: Tabla de búsqueda de punteros (II)

```
1  std::map<Serializable*, Serializable*>&
2  LookUpTable::getMap()
3  {
4    static std::auto_ptr<LookUpTable> instance_(new LookUpTable);
5    return instance_->sMap_;
6  }
```

El nuevo tipo de objeto compuesto tendrá que derivar de la clase Serializable y no de ISerializable como antes.

Listado 3.15: Declaración de ObjetoCompuesto

```
1  class ObjetoCompuesto : public Serializable
2  {
3  public:
4    ObjetoCompuesto(double a, int b, std::string cad,
5                    ObjetoCompuesto* other);
6
7    ObjetoCompuesto();
8    virtual ~ObjetoCompuesto();
9
10   virtual void read (std::istream& in);
11   virtual void write(std::ostream& out);
12
13   virtual void fixPtrs();
14
15   void printCad();
16   void printOther();
17
18 private:
19
20   double     a_;
21   int        b_;
22   std::string cad_;
23   ObjetoCompuesto* obj_;
24 };
```

Uno de los constructores ahora acepta un puntero a un objeto del mismo tipo. En ㉓ se declara un puntero a un objeto del mismo tipo, y tendrá que ser serializado, recuperado y arreglado. Con motivo de probar si la lectura ha sido correcta, se han añadido un par de funciones, printCad, que imprime la cadena serializada del propio objeto y printOther, que imprime la cadena del objeto apuntado a través del primer método.

De este modo, la implementación de la clase anterior sería la siguiente. Primero para las funciones de impresión, que son las más sencillas:

Listado 3.16: Definición de ObjetoCompuesto

```
1 {
2   if (obj_) obj_->printCad();
3 }
```

Y a continuación las de serialización y deserialización, con el añadido de que justo antes de leer el resto del objeto, se lee la dirección de memoria que se almacenó (línea ④), que será la encargada de rellenar la tabla de punteros como se ha visto anteriormente. En la línea ⑲ se lee el puntero, como se haría de forma normal. En este momento, el puntero contendría la dirección antigua fruto de la serialización. Para la escritura pasa exactamente lo mismo, simplemente se guardan los punteros que corresponden a las direcciones de memoria en el momento de la escritura.

Listado 3.17: Definición de ObjetoCompuesto (II)

```
1  void
2  ObjetoCompuesto::read(std::istream& in)
3  {
4    readMemDir(in);
5    in.read((char*) &a_, sizeof(double));
6    in.read((char*) &b_, sizeof(int));
7
8    size_t len;
9    in.read((char*) &len, sizeof(size_t));
10   char* auxCad = new char[len+1];
11   in.read(auxCad, len);
12   auxCad[len] = '\0';
13   cad_ = auxCad;
14   delete [] auxCad;
15   in.read((char*) &obj_, sizeof(ObjetoCompuesto*) );
16
17   std::cout << "a_: "  << a_   << std::endl;
18   std::cout << "b_: "  << b_   << std::endl;
19   std::cout << "cad_: " << cad_ << std::endl;
20   std::cout << "obj_: " << obj_ << std::endl;
21   std::cout << "this: " << this << std::endl;
22   std::cout << "-------------" << std::endl;
23 }
24
25 void
26 ObjetoCompuesto::write(std::ostream& out)
27 {
28   writeMemDir(out);
29
30   out.write((char*) &a_, sizeof(double));
31   out.write((char*) &b_, sizeof(int));
32   size_t len = cad_.length();
33   out.write((char*) &len, sizeof(size_t));
34   out.write((char*) cad_.c_str(), len);
35   out.write((char*) &obj_, sizeof(ObjetoCompuesto*) );
36   std::cout << "* obj_: " << obj_ << std::endl;
37 }
```

La función que se encarga de arreglar los punteros es la siguiente:

```
Listado 3.18: Definición de ObjetoCompuesto (III)

1    if (it == LookUpTable::getMap().end()) {
2        std::cout << "Puntero no encontrado" << std::endl;
3        throw;
4    }
5    obj_ = (ObjetoCompuesto*) it->second;
6    std::cout << "obj_ FIXED: " << obj_ << std::endl;
7  }
8
9  void ObjetoCompuesto::printCad()
10 {
11     std::cout << cad_ << std::endl;
12 }
```

Si el puntero almacenado es nulo, no cambiará nada. Si el puntero no es nulo, se sustituirá por el que esté almacenado en la tabla, que será precisamente la nueva posición del objeto apuntado en memoria. Hay que tener en cuenta que para que esta función no falle, primero tendrá que estar cargado en memoria en objeto al que se debería estar apuntando.

Así, una forma de utilizar todas estas clases sería esta:

```
Listado 3.19: Serialización con dependencias

1  int main() {
2    cout << "Serializando" << endl; cout << "------------" << endl;
3    {
4      ofstream fout("data.bin", ios_base::binary | ios_base::trunc);
5      if (!fout.is_open())
6        return -1;
7
8      ObjetoCompuesto o(3.1371, 1337,  "CEDV", NULL);
9      o.write(fout);
10     ObjetoCompuesto p(9.235,  31337, "UCLM", &o);
11     p.write(fout);
12     ObjetoCompuesto q(9.235,  6233,  "ESI",  &p);
13     q.write(fout);
14
15     ObjetoCompuesto* k = new ObjetoCompuesto(300.2,  1000,  "BRUE", &p);
16     k->write(fout);
17     delete k;
18
19     ObjetoCompuesto r(10.2,   3243,  "2012", k);
20     r.write(fout);
21   }
22   cout << "\nRecuperando" << endl;
23   cout << "-----------" << endl;
24
25   ifstream fin("data.bin", ios_base::binary);
26
27   std::vector<Serializable*> objetosLeidos;
28
29   for (int i = 0; i < 5; ++i) {
30     ObjetoCompuesto* o = new ObjetoCompuesto();
31     o->read(fin);
32     objetosLeidos.push_back(o);
33   }
34
35   cout << "\nFix punteros" << endl;
36   cout << "------------" << endl;
37
38   for_each(objetosLeidos.begin(), objetosLeidos.end(),
```

```
39              mem_fun(&Serializable::fixPtrs));
40
41   cout << "\nProbando" << endl;
42   cout << "--------"   << endl;
43
44   std::vector<Serializable*>::iterator it;
45   for (it = objetosLeidos.begin();
46       it != objetosLeidos.end();
47       ++it)
48     static_cast<ObjetoCompuesto*>((*it))->printOther();
49
50   return 0;
51 }
```

En las líneas (5-23) se crea el archivo que se usará como un *stream* y algunos objetos que se van serializando. Algunos de ellos se crean en el *stack* y otro en el *heap*. El archivo se cerrará puesto que la variable fout sale de contexto al terminar el bloque.

En la línea (27) se abre el mismo archivo para proceder a su lectura. En (29-35) se leen los datos del archivo y se van metiendo en un vector. En (40-41) se procede a ejecutar la función fixPtrs de cada uno de los objetos almacenados dentro del vector. Justo después se ejecutan las funciones que imprimen las cadenas de los objetos apuntados, para comprobar que se han restaurado correctamente las dependencias.

La salida al ejecutar el programa anterior se muestra a continuación:

```
Serializando
------------
* obj_: 0
* obj_: 0x7fff3f6dad80
* obj_: 0x7fff3f6dadb0
* obj_: 0x7fff3f6dadb0
* obj_: 0x11b3320

Recuperando
-----------
a_: 3.1371
b_: 1337
cad_: CEDV
obj_: 0
this: 0x11b3260
--------------
a_: 9.235
b_: 31337
cad_: UCLM
obj_: 0x7fff3f6dad80
this: 0x11b3370
--------------
a_: 9.235
b_: 6233
cad_: ESI
obj_: 0x7fff3f6dadb0
this: 0x11b3440
--------------
a_: 300.2
b_: 1000
cad_: BRUE
obj_: 0x7fff3f6dadb0
this: 0x11b3520
--------------
a_: 10.2
```

```
b_ : 3243
cad_ : 2012
obj_ : 0x11b3320
this: 0x11b35d0
- - - - - - - - - - - - -

Fix punteros
- - - - - - - - - - -
obj_ FIXED: 0x11b3260
obj_ FIXED: 0x11b3370
obj_ FIXED: 0x11b3370
obj_ FIXED: 0x11b3520

Probando
- - - - - - - -
CEDV
UCLM
UCLM
BRUE
```

Cabe destacar que la dirección de memoria obtenida de los objetos en el *stack* se diferencia notablemente de la obtenida del *heap*. Como se puede ver, la serialización y la posterior lectura es correcta cuando se arreglan los punteros con la técnica presentada.

3.1.3. Serialización con Boost

Boost provee al programador de C++ con muchas utilidades, entre ellas la capacidad para serializar objetos de forma muy sencilla y metódica, convirtiendo una tarea tediosa en un mero trámite.

Objetos sin dependencias

Para serializar la clase simple expuesta en la sección anterior, primero habría del siguiente modo.

En la línea ⑧ se permite el acceso a esta clase desde la función access de Boost, que se usará para la invocación de serialize 18-22. El símbolo & utilizado dentro de dicha función *templatizada* representa a << o >> según sea el tipo de Archive, que será el envoltorio de fstreams de Boost usado para la serialización. Es precisamente en esa función donde se lleva a cabo la serialización, puesto que para cada variable de la clase, se procede a su lectura o escritura.

Listado 3.20: Serializando un objeto simple con Boost

```
1  #include <fstream>
2  #include <boost/archive/text_oarchive.hpp>
3  #include <boost/archive/text_iarchive.hpp>
4
5  class ObjetoSimple {
6  friend class boost::serialization::access;
7  public:
8    ObjetoSimple(double a, int b, std::string cad);
9    ObjetoSimple();
10   virtual ~ObjetoSimple();
11
12   void print();
13
14   template<class Archive>
15   void serialize(Archive & ar, const unsigned int version) {
16     ar & a_;
17     ar & b_;
18     ar & cad_;
19   }
20
21 private:
22   double    a_;
23   int       b_;
24   std::string cad_;
25 };
```

A continuación se muestra cómo utilizar esta clase en un programa:

Listado 3.21: Uso de un objeto simple serializable con Boost

```
1  {
2    ofstream fout ("dataSimple", ios_base::trunc);
3    ObjetoSimple oSimple(1.0, 2, "BOOST");
4    boost::archive::text_oarchive outA(fout);
5    outA << oSimple;
6  }
7
8  {
9    ObjetoSimple otherSimple;
10   ifstream fin("dataSimple", ios_base::binary );
11   boost::archive::text_iarchive inA(fin);
12   inA >> otherSimple;
13   otherSimple.print();
14 }
```

En el primer bloque se crea un archivo de salida, y se crean y escriben dos objetos. En el segundo se leen y se imprimen. Como se muestra en la líneas ⑤ y ⑫, se usan los operadores de inserción y extracción de las clases de Boost utilizadas.

Objetos con dependencias

Sea la siguiente clase una similar a la compuesta que se planteó en la sección anterior, añadiendo además un objeto de tipo ObjetoSimple como miembro.

Listado 3.22: Declarando un objeto compuesto serializable con Boost

```
 1  class ObjetoCompuesto
 2  {
 3  friend class boost::serialization::access;
 4  public:
 5    ObjetoCompuesto(double a, int b, std::string cad, ObjetoCompuesto* other);
 6    ObjetoCompuesto();
 7    virtual ~ObjetoCompuesto();
 8    void print();
 9    void printOther();
10
11    template<class Archive>
12    void serialize(Archive & ar, const unsigned int version) {
13      ar & a_;
14      ar & b_;
15      ar & cad_;
16      ar & simple_;
17      ar & obj_;
18    }
19  private:
20    double      a_;
21    int         b_;
22    std::string cad_;
23    ObjetoSimple    simple_;
24    ObjetoCompuesto* obj_;
25  };
```

Como se puede apreciar, la serialización se lleva a cabo de la misma manera si se utiliza Boost. De hecho la forma de utilizarlos es similar, excepto a la hora de crear los objetos:

Listado 3.23: Uso de un objeto compuesto serializable

```
 1    {
 2      ofstream fout ("dataCompuesto", ios_base::trunc );
 3      ObjetoCompuesto oComp (4.534,  90, "BOOST COMPO", NULL);
 4      ObjetoCompuesto oComp2(43.234, 280, "OTRO BOOST COMPO", &oComp);
 5      boost::archive::text_oarchive outA(fout);
 6      outA << oComp;
 7      outA << oComp2;
 8    }
 9
10    {
11      ObjetoCompuesto otherComp;
12      ObjetoCompuesto otherComp2;
13
14      ifstream fin("dataCompuesto", ios_base::binary );
15      boost::archive::text_iarchive inA(fin);
16
17      inA >> otherComp;
18      inA >> otherComp2;
19
20      otherComp.print();
21      cout << "\n\n\n";
22      otherComp2.print();
23    }
```

De hecho, dos de los pocos casos donde esta forma difiere se muestran en el siguiente apartado.

Objetos derivados y con contenedores

En el código siguiente se muestra una clase `Base` y una clase `ObjetoDerivadoCont` que hereda de ella. Además, incluye un contenedor `vector` que se serializará con la misma.

Listado 3.24: Declarando un objeto base serializable con Boost

```cpp
1  class Base {
2  friend class boost::serialization::access;
3  public:
4    Base(const std::string& bName) :
5      baseName_(bName) {}
6
7    virtual void print() {
8      std::cout << "Base::print(): " << baseName_;
9    };
10
11   virtual ~Base() {}
12
13   template<class Archive>
14   void serialize(Archive & ar, const unsigned int version) {
15     ar & baseName_;
16   }
17
18 protected:
19   std::string baseName_;
20 };
```

Listado 3.25: Declarando un objeto derivado y con contenedores serializable con Boost

```cpp
1  class ObjetoDerivadoCont : public Base
2  {
3  friend class boost::serialization::access;
4  public:
5    ObjetoDerivadoCont(std::string s) :
6      Base(s) { }
7
8    ObjetoDerivadoCont() : Base("default") {}
9
10   virtual ~ObjetoDerivadoCont(){}
11
12   virtual void print();
13
14   void push_int(int i) {
15     v_.push_back(i);
16   };
17
18   template<class Archive>
19   void serialize(Archive & ar, const unsigned int version) {
20     ar & boost::serialization::base_object<Base>(*this);
21     ar & v_;
22   }
23
24 private:
25   std::vector<int> v_;
26 };
```

La única cosa que hay que tener en cuenta a la hora de serializar este tipo de clases es que hay que ser explícito a la hora de serializar la parte relativa a la clase base. Esto se lleva a cabo como se muestra en la línea ⟨20⟩ del código anterior.

Para que se puedan serializar contenedores, simplemente habrá que incluir la cabecera de Boost correspondiente:

```
1  #include <boost/serialization/vector.hpp>
```

Si se quisiera serializar una list, se usaría list.hpp.

A continuación, se muestra un ejemplo de uso donde se ve cómo se rellenan los vectors, para luego serializar dos los objetos y proceder a recuperarlos en el segundo bloque.

```
1   {
2       ofstream fout ("dataDerivadoCont", ios_base::trunc);
3       boost::archive::text_oarchive outA(fout);
4
5       ObjetoDerivadoCont oDeriv ("DERIVADO1");
6       oDeriv.push_int(38);  oDeriv.push_int(485);
7       oDeriv.push_int(973); oDeriv.push_int(545);
8
9       ObjetoDerivadoCont oDeriv2("DERIVADO2");
10      oDeriv2.push_int(41356);  oDeriv2.push_int(765);
11
12      outA << oDeriv;
13      outA << oDeriv2;
14  }
15
16  {
17      ifstream fin("dataDerivadoCont", ios_base::binary );
18      boost::archive::text_iarchive inA(fin);
19
20      ObjetoDerivadoCont oD;
21      ObjetoDerivadoCont oD2;
22
23      inA >> oD;
24      inA >> oD2;
25
26      oD.print();
27      cout << "\n\n\n";
28      oD2.print();
29      cout << "\n\n\n";
30  }
```

Con todos los ejemplos anteriores se puede afrontar casi cualquier tipo de serialización. Queda claro que el uso de Boost acelera el proceso, pero aun existen plataformas donde Boost no está portada (aquellas con compiladores que no soportan todas las características de C++, por ejemplo) y donde la STL aun lucha por parecerse al estándar. Es en éstas donde habrá que realizar una serialización más artesana y usar algún tipo de técnica parecida a la vista en las primeras secciones.

3.2. C++ y scripting

A pesar de que el uso de un lenguaje de propósito general como C++ nos permite abordar cualquier tipo de problema, existen lenguajes más o menos apropiados para tareas específicas. En el diseño de un lenguaje se tiene en mente aspectos como la eficiencia, portabilidad, simpleza, etc. y difícilmente se pueden alcanzar la excelencia en todas las facetas.

No obstante, sería deseable que pudiéramos realizar cada tarea en aquel lenguaje más apropiado para la tarea a realizar. Por ejemplo, mientras que C/C++ se caracterizan, entre otras cosas, por su eficiencia, lenguajes como Python nos proporcionan un entorno de programación simple y muy productivo de cara a prototipado rápido así como una gran portabilidad.

Existen muchos proyectos que utilizan varios lenguajes de programación, utilizando el más apropiado para cada tarea. En esta sección vamos a ver un ejemplo de esta interacción entre diversos lenguajes de programación. En concreto vamos a elegir C++, como ya hemos comentado, un lenguaje orientado a objetos muy eficiente en su ejecución y Python, un lenguaje interpretado (como java, php, Lua, etc.) muy apropiado por su simpleza y portabilidad que nos permite desarrollar prototipos de forma rápida y sencilla.

3.2.1. Consideraciones de diseño

En el caso de juegos, el planteamiento inicial es qué partes implementar en C++ y qué partes dejar al lenguaje de *scripting*.

En el caso del desarrollo de juegos cuyo lenguaje principal sea de *scripting* (por ejemplo, Python), una aproximación genérica sería, desarrollar el juego por completo, y después, mediante técnicas de *profiling* se identifican aquellas partes críticas para mejorar las prestaciones, que son las que se implementan en C/C++. Obviamente aquellas partes que, a priori, ya sabemos que sus prestaciones son críticas, podemos anticiparnos y escribirlas directamente en C/C++.

En el caso de que la aplicación se implemente en C/C++, utilizamos un lenguaje de *scripting* para el uso de alguna librería concreta o para poder modificar/adaptar/extender/corregir el comportamiento sin tener que recompilar. En general, cuando hablamos de C++ y *scripting* hablamos de utilizar las características de un lenguaje de prototipado rápido desde C++, lo cual incluye, a grandes rasgos:

- Crear y borrar objetos en el lenguaje de *scripting* e interaccionar con ellos invocando métodos .

- pasar datos y obtener resultados en invocaciones a funciones

- Gestionar posibles errores que pudieran suceder en el proceso de interacción, incluyendo excepciones.

 Lua vs Python: Mientras que Lua está pensado para extender aplicaciones y como lenguaje de configuración, Python es más completo y puede ser utilizado para funciones más complejas.

Otro ejemplo de las posibilidades de los lenguajes de scripting son utilizar lenguajes específicos ampliamente usados en otros entornos como la inteligencia artificial, para implementar las partes relacionadas del juego. Ejemplos de este tipo de lenguajes serían LISP y Prolog ampliamente usados en inteligencia artificial, y por lo tanto, muy apropiados para modelar este tipo de problemas.

En la actualidad, las decisiones de diseño en cuanto a qué lenguaje de *scripting* usar viene determinado por las características de dichos lenguajes. Sin tener en cuenta lenguajes muy orientados a problemas concretos como los mencionados LISP y Prolog, y considerando sólo aquellos lenguajes de *scripting* de propósito general, las opciones actuales pasan por Lua y Python principalmente.

Atendiendo a sus características, Python:

- Tiene una gran librería y, generalmente, bien documentada.

- Facilita la gestión de cadenas y tiene operadores binarios.

- A partir de la versión 2.4, Python tiene los denominados *ctypes* que permiten acceder a tipos de librerías compartidas sin tener que hacer un *wrapper* C.

- Tiene buenas prestaciones en computación numérica (lo cual es muy deseable en simuladores de eventos físicos)

En contraste Lua es un lenguaje más simple, originalmente pensado para labores de configuración y que ha sido orientado específicamente a la extensión de aplicaciones, algunas de sus características son:

- En general, usa menos memoria y el intérprete es más rápido que el de Python.

- Tiene una sintaxis simple y fácil de aprender si bien es cierto que no tiene la documentación, ejemplos y tutoriales que Python.

Es cierto que tanto Lua como Python pueden ser utilizados para extender aplicaciones desarrolladas en C/C++, la decisión de qué lenguaje usar depende de qué características queremos implementar en el lenguaje de *scripting*. Al ser Python un lenguaje más genérico, y por tanto más versátil, que Lua será el que estudiaremos más en profundidad.

3.2.2. Invocando Python desde C++ de forma nativa

En nomenclatura Python, hablamos de extender Python cuando usamos funciones y objetos escritos en un lenguaje (por ejemplo C++) desde programas en Python. Por el contrario, se habla de Python embebido cuando es Python el que se invoca desde una aplicación desarrollada en otro lenguaje. Desde la nomenclatura C/C++ se habla de *scripting* cuando accedemos a un lenguaje de script desde C++.

Uso de lenguajes compilados

Aquellas partes de cálculo intensivo deben ir implementadas en los lenguajes eficientes (compilados)

El interprete Python ya incluye extensiones para empotrar Python en C/C++. Es requisito imprescindible tener instalado en la máquina a ejecutar los ejemplos de esta sección, el intérprete de Python (usaremos la versión 2.7) aunque dichas extensiones están desde la versión 2.2.

En el primer ejemplo, vamos a ver la versión Python del intérprete y que nos sirve para ver cómo ejecutar una cadena en dicho intérprete desde un programa en C++.

Listado 3.28: Imprimiendo la versión del intérprete Python desde C++

```
1  #include <python2.7/Python.h>
2
3  int main(int argc, char *argv[])
4  {
5    Py_Initialize();
6    PyRun_SimpleString("import sys; print '%d.%d' % sys.version_info[:2]\n");
7    Py_Finalize();
8    return 0;
9  }
```

Función	Cometido
Py_Initialize()	Inicializa el intérprete
PyString_FromString("cadena")	Retorna un puntero a PyObject con una cadena (E.j. nombre del módulo a cargar).
PyImport_Import(PyObject* name)	Carga un módulo, retorna un puntero a PyObject.
PyModule_GetDict(PyObject* modulo)	Obtiene el diccionario con atributos y métodos del módulo. Retorna un puntero a PyObject.
PyDict_GetItemString(PyObject *Diccionario, "función")	Obtiene una referencia a una función. Retorna un puntero a PyObject
PyObject_CallObject(PyObject *función, argumentos)	Llama a la función con los argumentos proporcionados.
PyCallable_Check(PyObject *funcion)	Comprueba que es un objeto invocable.
PyRun_File	Interpreta un archivo
PyTuple_New(items)	Crea una tupla
PyTuple_SetItem(tupla, posición, item)	Almacena un Item en una tupla
PyErr_Print()	Imprime error.
PyList_Check(PyObject*)	Comprueba si PyObject es una lista

Tabla 3.1: Funciones útiles de invocación de Python desde C++

La función `Py_Initialize()` inicializa el intérprete creando la lista de módulos cargados (sys.modules), crea los módulos básicos (__main__, __builtin__ y sys) y crea la lista para la búsqueda de módulos sys.path. En definitiva lo prepara para recibir órdenes.`PyRun_SimpleString()` ejecuta un comando en el intérprete, podemos ver que en este caso, importamos el módulo sys y a continuación imprimimos la versión del intérprete que estamos ejecutando. Por último, finalizamos la instancia del intérprete liberando la memoria utilizada y destruyendo los objetos creados en la sesión.

Todas estas funciones se definen en el archivo Python.h que proporciona la instalación de Python y que proporciona un API para acceder al entorno de ejecución de este lenguaje. El propio intérprete de Python utiliza esta librería.

Estas extensiones permiten invocar todo tipo de sentencias e interaccionar con el intérprete de Python, eso sí, de forma no muy orientada a objetos. Utilizando el tipo *PyObject* (concretamente punteros a este tipo) podemos obtener referencias a cualquier módulo e invocar funciones en ellas. En la tabla 3.1 podemos ver, de forma muy resumida, algunas funciones que nos pueden ser muy útiles. Por supuesto no están todas pero nos pueden dar una referencia para los pasos principales que necesitaríamos de cara a la interacción C++ y Python.

La gestión de errores (del módulo sys) en la actualidad está delegada en la función exc_info()() que devuelve una terna que representan el tipo de excepción que se ha producido, su valor y la traza (lo que hasta la versión 1.5 representaban las variables sys.exc_type, sys.exc_value y sys.exc_traceback).

Con el ejemplo visto en esta subsección no existe un intercambio entre nuestro programa C++ y el entorno Python. Por supuesto, el soporte nativo de Python nos permite realizar cualquier forma de interacción que necesitemos. No obstante, podemos beneficiarnos de librerías que nos hacen esta interacción más natural y orientada a objetos. Vamos a estudiar la interacción entre ambos entornos mediante la librería boost.

3.2.3. Librería boost

La librería boost [1] nos ayuda en la interacción de C++ y Python. Es necesario resaltar que está más evolucionada en el uso de C++ desde Python que al revés. Esto es debido a que generalmente, es un caso de uso más frecuente el usar C++ desde Python por dos motivos principalmente:

- Aumentar la eficiencia del programa implementando partes críticas en C++.

- Usar alguna librería C++ para la cual no existen *bindings* en Python.

No obstante, como ya hemos indicado anteriormente, el uso de Python desde C++ también cuenta con ventajas y para introducir la librería boost, vamos a continuar con nuestro ejemplo de obtener la versión del interprete desde nuestro programa en C++.

Usando Python desde nuestro programa en C++

Nuestra primera modificación va a ser imprimir la versión del intérprete desde C++, por lo que debemos realizar un intercambio de datos desde el intérprete de Python al código en C++.

Listado 3.29: Obteniendo información del intérprete Python desde C++

```
1   #include <boost/python.hpp>
2   #include <boost/python/import.hpp>
3   #include <iostream>
4
5   using namespace boost::python;
6   using namespace std;
7
8   int main(int argc, char *argv[])
9   {
10
11      Py_Initialize();
12      PyRun_SimpleString("import sys; major, minor = sys.version_info[:2]");
13      object mainobj = import("__main__");
14      object dictionary = mainobj.attr("__dict__");
15      object major = dictionary["major"];
16      int major_version = extract<int>(major);
17      object minor = dictionary["minor"];
18      int minor_version = extract<int>(minor);
19      cout<<major_version<<"."<<minor_version<<endl;
20      Py_Finalize();
21      return 0;
22  }
```

Debemos observar varios puntos en este nuevo listado:

- Seguimos usando *Py_Initialize* y *Py_Finalize*. Estas funciones se utilizan siempre y son obligatorias, en principio, no tienen equivalente en boost.

- Se usa Run_SimpleString para seguir con el ejemplo anterior, luego veremos como substituir esta sentencia por usos de la librería boost.

- Para acceder al interprete de Python, necesitamos acceder al módulo principal y a su diccionario (donde se definen todos los atributos y funciones de dicho módulo). Este paso se realiza en las lineas 13 y 14.

- Una vez obtenemos el diccionario, podemos acceder a sus variables obteniéndolas como referencias a `object()`, linea 15.

La plantilla extract() nos permite extraer de una instancia de *object*, en principio, cualquier tipo de C++. En nuestro ejemplo extraemos un entero correspondiente a las versiones del intérprete de Python (versión mayor y menor). De forma genérica, si no existe una conversión disponible para el tipo que le pasamos a extract(), una excepción Python (*TypeError*) es lanzada.

Como vemos en este ejemplo, la flexibilidad de Python puede simplificarnos la interacción con la parte de C++. La sentencia (linea 12) sys.version_info nos devuelve un tupla en Python, no obstante, hemos guardado esa tupla como dos enteros (*major* y *minor*) al cual accedemos de forma individual (líneas 16 y 19 mediante *extract*). Como ya hemos comentado, esta plantilla es clave de cara a obtener referencias a los tipos básicos desde C++ y puede ser empleado para aquellos tipos básicos definidos como pueden ser std::string, double, float, int, etc. Para estructuras más complejas (por ejemplo, tuplas), esta extracción de elementos se puede realizar mediante el anidamiento de llamadas a la plantilla *extract*.

Modificando brevemente el ejemplo anterior podemos mostrar el caso más básico de una tupla. tal y como podemos ver en este listado:

Listado 3.30: Extracción de tipos compleja

```
1   PyRun_SimpleString("import sys; result = sys.version_info[:2]");
2   object mainobj = import("__main__");
3   object dictionary = mainobj.attr("__dict__");
4   object result = dictionary["result"];
5   tuple tup = extract<tuple>(result);
6   if (!extract<int>(tup[0]).check() || !extract<int>(tup[1]).check())
7       return 0;
8   int major =extract<int>(tup[0]);
9   int minor =extract<int>(tup[1]);
10  cout<<major<<"."<<minor<<endl;
11  Py_Finalize();
12  return 0;
13  }
```

---

ahora vemos como guardamos en *result* la tupla que, posteriormente, es guardada en la variable *tup* mediante el extract() correspondiente (línea 5).

A partir de este punto podemos obtener los elementos de la tupla (obviamente conociendo de antemano los campos de dicha tupla y su disposición en la misma) como podemos ver en las líneas 8 y 9. Obviamente, es recomendable realizar la comprobación de que la conversión de un entorno a otro se ha realizado correctamente mediante el uso de la función check() (linea 6).

Para el siguiente ejemplo vamos a dar un paso más allá en nuestra forma de pasar datos de un entorno a otro. Particularizando en la programación de videojuegos, vamos a suponer que tenemos una clase hero la cual, va a representar un héroe. Cada instancia coge su nombre del héroe que representa y a continuación se le asigna un arma.

Además se tiene un método configure(), que nos permite obtener la configuración del héroe en concreto, en este caso, simplemente la imprime. Bien asumimos como decisión de diseño, que, salvo el nombre, el arma asignada a cada héroe será variable y podremos ir obteniendo diversas armas conforme avancemos en el juego. Esta última parte la decidimos implementar en Python. Por lo tanto, habrá un método en Python, al cual le pasaremos un objeto de la clase hero y ese método lo configurará de forma apropiada (en nuestro caso sólo con el tipo de arma).

Listado 3.31: Clase hero

```
1  class hero{
2    string _name;
3    string _weapon;
4    int amunnition;
5  public:
6    hero(){}
7    hero(string name){
8      _name=name;
9    }
10
11   void configure()
12   {
13     cout<<"Getting configuration:"<<_name<<": "<<_weapon<<endl;
14   }
15   void weapon(string weapon){
16     _weapon=weapon;
17   }
18 };
```

En el siguiente listado podemos ver esta función. En este ejemplo simplemente le pasa el arma (Kalasnikov) invocando el método correspondiente.

Listado 3.32: Configurar una instancia de la clase hero desde Python

```
1  def ConfHero(hero):
2      hero.weapon("Kalasnikov")
3      hero.configure()
```

Para conseguir este ejemplo, necesitamos exponer la clase hero al intérprete de Python.

En boost, se usa la macro BOOST_PYTHON_MODULE que básicamente crea un módulo (*ConfActors*), que podremos usar en Python, definiendo las clases y métodos que le proporcionemos (en nuestro caso el constructor que acepta una cadena y los métodos configure() y weapon())

Listado 3.33: Exponer clases C++ a entornos Python

```
1  // Exposing class heroe to python
2  BOOST_PYTHON_MODULE( ConfActors )
3  {
4    class_<hero>("hero")
5      .def(init<std::string>() )
6      .def("configure", &hero::configure)
7      .def("weapon", &hero::weapon)
8    ;
9  }
```

Con esta infraestructura vamos a invocar la función en Python ConfHero() para que le asigne el arma y, a continuación vamos a comprobar que esa asignación se realiza de forma satisfactoria.

Listado 3.34: Pasando objetos C++ como argumentos de funciones en Python

```
1   int main(int argc, char *argv[])
2   {
3     Py_Initialize();
4     initConfActors(); //initialize the module
5     object mainobj = import("__main__");
6     object dictionary(mainobj.attr("__dict__"));
7     object result = exec_file("configureActors.py", dictionary, dictionary);
8     object ConfHero_function = dictionary["ConfHero"];
9     if(!ConfHero_function.is_none())
10      {
11        boost::shared_ptr<hero> Carpanta(new hero("Carpanta"));
12        ConfHero_function(ptr(Carpanta.get()));
13        hero *obj = ptr(Carpanta.get());
14        obj->configure();
15      }
16    Py_Finalize();
17    return 0;
18  }
```

En el listado anterior, en la línea 7 cargamos el contenido del archivo Python en el diccionario, con esta sentencia ponemos en el diccionario toda la información relativa a atributos y a funciones definidas en dicho archivo. A continuación ya podemos obtener un objeto que representa a la función Python que vamos a invocar (línea 8).

Si este objeto es válido (línea 9), obtenemos un puntero compartido al objeto que vamos a compartir entre el intérprete Python y el espacio C++. En este caso, creamos un objeto de la clase *hero* (línea 11).

Ya estamos listo para invocar la función proporcionándole la instancia que acabamos de crear. Para ello, utilizamos la instancia del puntero compartido y obtenemos con get() la instancia en C++, con el cual podemos llamar a la función (línea 13) y por supuesto comprobar que, efectivamente, nuestro héroe se ha configurado correctamente (línea 14).

Invocando C++ desde el intérprete Python

Veamos ahora el caso contrario, es decir, vamos a tener una clase en C++ y vamos a acceder a ella como si de un módulo en Python se tratara. De hecho el trabajo duro ya lo hemos realizado, en el ejemplo anterior, ya usábamos un objeto definido en C++ desde el interprete en Python.

Aprovechemos ese trabajo, si tenemos en un archivo el código relativo a la clase *hero* (listado 3.31) y la exposición realizada de la misma (listado 3.33) lo que nos falta es construir un módulo dinámico que el intérprete Python pueda cargar. En este punto nos puede ayudar el sistema de construcción del propio interprete. Efectivamente podemos realizar un archivo setup.py tal y como aparece en el listado 3.35

Listado 3.35: Configuración para generar el paquete Python a partir de los fuentes C++

```
1   from distutils.core import setup, Extension
2
3   module1 = Extension('ConfActors', sources = ['hero.cc'] , libraries = ['boost_python-py27'])
4
5   setup (name = 'PackageName',
6          version = '1.0',
7          description = 'A C++ Package for python',
8          ext_modules = [module1])
```

De esta forma, podemos decirle a las herramientas de construcción y distribución de paquetes Python toda la información necesaria para que haga nuestro nuevo paquete a partir de nuestros fuentes en C++. En él, se le indica los fuentes. Para compilar y generar la librería que, con posterioridad, nos permitirá importarla desde el intérprete de comandos, debemos invocar el archivo setup.py con el intérprete indicándole que construya el paquete:

```
python setup.py build
```

Esto nos generará la librería específica para la máquina donde estamos y lo alojará en el directorio build que creará en el mismo directorio donde esté el setup.py (build/lib.linux-i686-2.7/ en nuestro caso) y con el nombre del módulo (ConfActors.so) que le hemos indicado. A partir de este punto, previa importación del módulo ConfActors, podemos acceder a todas sus clases y métodos directamente desde el interprete de Python, como si fuera un módulo más escrito de forma nativa en este lenguaje. Dentro del directorio build, podríamos comprobar la funcionalidad de nuestra clase *hero*:

```
>>> import ConfActors
>>> a = ConfActors.hero("tiolabara")
>>> a.configure()
Getting configuration:tiolabara:
>>> a.weapon("bara")
>>> a.configure()
Getting configuration:tiolabara: bara
>>>
```

3.2.4. Herramienta SWIG

No se puede terminar esta sección sin una mención explícita a la herramienta SWIG [3], una herramienta de desarrollo que permite conectar programas escritos en C/C++ con una amplia variedad de lenguajes de programación de scripting incluidos Python, PHP, Lua, C#, Java, R, etc.

Para C++ nos automatiza la construcción de *wrappers* para nuestro código mediante una definición de las partes a utilizar en el lenguaje destino.

A modo de ejemplo básico, vamos a usar una nueva clase en C++ desde el interprete Python, en este caso una clase player al cual le vamos a proporcionar parámetros de configuración.

Listado 3.36: Definición de la clase Player

```
1  #include <string>
2  #include <iostream>
3
4  class Player
5  {
6      std::string _name;
7      std::string _position;
8  public:
9      Player(std::string name);
10     void position(std::string pos);
11     void printConf();
12  };
```

Y su implementación:

Listado 3.37: Implementación de la clase en C++

```cpp
1  #include "player.h"
2
3  using namespace std;
4  Player::Player(string name){
5      _name=name;
6  }
7
8  void Player::position(string pos){
9      _position=pos;
10 }
11
12 void Player::printConf(){
13     cout<<_name<<" "<<_position<<endl;
14 }
```

Sin modificación de estos archivos construimos un archivo de configuración para swig:

Listado 3.38: Archivo de configuración de SWIG

```
1  #define SWIG_FILE_WITH_INIT
2  #include "player.h"
3  %}
4
5  %include "std_string.i"
6  %include "player.h"
```

Con este archivo de configuración generamos `player_wrap.cc` y `player.py`:

```
swig -shadow -c++ -python player.i
```

El *wrapper* se debe compilar y enlazar con la implementación de la clase en una librería dinámica que se puede importar directamente desde el intérprete.

Listado 3.39: Testeando nuestro nuevo módulo Python

```python
1  import player
2  p = player.Player('Carpanta')
3  dir(player)
4  p.printConf()
5  p.position("Goalkeeper")
6  p.printConf()
```

3.2.5. Conclusiones

Realizar un tutorial completo y guiado de la interacción entre C++ y los lenguajes de *scripting* queda fuera del ámbito de este libro. Hemos proporcionado, no obstante, algunos ejemplos sencillos que permiten al lector hacerse una idea de los pasos básicos para una interacción básica entre C++ y un lenguaje de *scripting* de propósito general como es Python.

Se inició esta sección proporcionando los motivos por los que la integración de varios lenguajes de programación en una misma aplicación es una técnica muy útil y ampliamente utilizada en el mundo de los videojuegos. El objetivo final es utilizar el lenguaje más apropiado para la tarea que estamos desarrollando, lo cual da como resultado una mayor productividad y juegos más flexibles y extensibles.

A continuación hemos proporcionado algunas directivas básicas de cómo decidir entre lenguajes de scripting y compilados y qué partes son apropiadas para unos lenguajes u otros.

La mayor parte de esta sección se ha dedicado a mostrar cómo podemos integrar C++ y Python de tres maneras posibles:

- El soporte nativo del intérprete de Python es lo más básico y de más bajo nivel que hay para integrar Python en C++ o viceversa. La documentación del intérprete puede ayudar al lector a profundizar en este API.

- La librería boost nos aporta una visión orientada a objetos y de más alto nivel para la interacción entre estos lenguajes. Esta librería, o mejor dicho conjunto de librerías, de propósito general nos ayuda en este aspecto particular y nos proporciona otras potentes herramientas de programación en otros ámbitos como hemos visto a lo largo de este curso.

- Por último, hemos introducido la herramienta SWIG que nos puede simplificar de manera extraordinaria la generación de *wrappers* para nuestro código C++ de una forma automática y sin tener que introducir código adicional en nuestro código para interaccionar con Python.

Herramientas y librerías similares a estas están disponibles para otros lenguajes de programación como Lua, prolog, etc.

Capítulo 4

Optimización

Francisco Moya Fernández

A ntes de entrar en materia vamos a matizar algunos conceptos. Optimizar hace referencia a obtener el mejor resultado posible. Pero la bondad o maldad del resultado depende fuertemente de los criterios que se pretenden evaluar. Por ejemplo, si queremos hacer un programa lo más pequeño posible el resultado será bastante diferente a si lo que queremos es el programa más rápido posible. Por tanto cuando hablamos de optimización debemos acompañar la frase con el objetivo, con la magnitud que se pretende mejorar hasta el limite de lo posible. Así se habla frecuentemente de optimizar en velocidad u optimizar en tamaño.

La optimización normalmente es un proceso iterativo e incremental. Cada etapa produce un resultado mejor (o por lo menos más fácil de mejorar). A cada una de estas etapas del proceso se les suele denominar también optimizaciones, aunque sería más correcto hablar de etapas del proceso de optimización. Pero además el objetivo de optimización se enmarca en un contexto:

- Las mismas optimizaciones que en una arquitectura concreta generan mejores resultados pueden afectar negativamente al resultado en otras arquitecturas. Por ejemplo, la asignación de variables (o parámetros) a registros en un PowerPC aprovecha el hecho de disponer de un buen número de registros de propósito general. Si se usara el mismo algoritmo para asignar registros en un x86, en el que la mayoría de los registros son de propósito específico, obligaría a introducir multitud de instrucciones adicionales para almacenar temporalmente en la pila.

- Las mismas optimizaciones que permiten mejorar el rendimiento en un procesador pueden perjudicar al rendimiento cuando usamos multiprocesadores o procesadores multi-core. Por ejemplo, el paso por referencia, que permite ahorrar copias innecesarias, también exige utilizar primitivas de sincronización cuando los datos se acceden desde diferentes procesos. Estas primitivas afectan al paralelismo global y los bloqueos pueden superar con mucho el tiempo de copia del objeto.

- Incluso dentro de una misma arquitectura hay optimizaciones que penalizan a determinados procesadores de la misma familia. Por ejemplo en la familia Intel Pentium la forma más eficiente para transferir bloques de memoria era mediante el uso de instrucciones del coprocesador matemático debido al mayor tamaño de dichos registros frente a los de propósito general [48]. Eso ya no aplica para ninguna de las variantes modernas de la familia x86.

En cualquier caso es muy importante tener presente el objetivo global desde el principio, porque las oportunidades de mejora más destacables no están en mano del compilador, sino del programador. Los algoritmos y las estructuras de datos empleados son los que verdaderamente marcan la diferencia, varios órdenes de magnitud mejor que otras alternativas.

El programador de videojuegos siempre tiene que mantener un equilibrio entre dos frases célebres de Donald Knuth[1]:

1. *In established engineering disciplines a 12 % improvement, easily obtained, is never considered marginal and I believe the same viewpoint should prevail in software engineering.* En las disciplinas de ingeniería tradicionales una mejora de un 12 %, fácil de obtener, nunca se considera marginal y pienso que el mismo punto de vista debe prevalecer en la ingeniería de software.

2. *Premature optimization is the root of all evil.* La optimización prematura es la raíz de toda maldad.

Es decir, cuando se está desarrollando un videojuego la optimización no es una prioridad. No debemos ocuparnos de mejorar cuando todavía no sabemos qué debemos mejorar. Está ampliamente documentado que el ser humano es extremadamente malo prediciendo cuellos de botella.

Pero eso no puede justificar la programación descuidada. No es justificable incluir fragmentos de código o algoritmos claramente ineficientes cuando se puede hacer bien desde el principio a un mínimo coste, o incluso a un coste menor.

4.1.   Perfilado de programas

Una vez que se dispone de un prototipo o un fragmento funcional del programa podemos determinar los cuellos de botella del programa para intentar mejorarlo. Para ello se suele emplear una técnica conocida como perfilado de software (*software profiling*). El perfilado permite contestar preguntas como:

- ¿Dónde se gasta la mayor parte del tiempo de ejecución? De cara a concentrar los esfuerzos de optimización donde más se notará.

- ¿Cuál es el camino crítico? Para incrementar las prestaciones globales. Por ejemplo, el número de *frames* por segundo.

- ¿Cuál es la tasa de fallos de la memoria caché? Con el objetivo de mejorar la localidad de la memoria.

Normalmente recabar este tipo de información implica instrumentar el código añadiendo algunas instrucciones que permiten acumularla en un archivo (o varios) para cada ejecución del programa. La información de perfilado es posteriormente analizada con un programa, el perfilador o *profiler*.

---

[1] Ambas frases aparecen prácticamente juntas en la página 268 de [38].

Cada *profiler* implementa el registro de la información de forma diferente. Básicamente se utilizan cuatro técnicas: trazas, muestreo estadístico, puntos de ruptura hardware y contadores hardware. Veamos cada una de ellas en más detalle:

- Cuando el evento de interés corresponde a una operación que requiere un tiempo considerable es posible trazar cada ejecución de la operación sin un impacto significativo en las prestaciones del programa. Ésta es la técnica empleada por el perfilador de Linux *perf* (descrito más adelante) para trazar las operaciones sobre el sistema de archivos, las operaciones de *writeback*, las operaciones de gestión de energía, la recepción y el manejo de interrupciones, las operaciones de planificación de procesos, etc. También es la técnica empleada por utilidades como *strace*, que traza las llamadas al sistema de un proceso.

- Sin embargo, en un programa de tamaño considerable no es posible ejecutar código adicional en todos los eventos de interés (por ejemplo, en todas las llamadas a función). En ese caso se realiza un análisis estadístico. Periódicamente se realiza un muestreo del contador de programa y se analiza en qué función se encuentra. Es más, en lugar de solo observar el valor del contador de programa puede analizar el contenido de la pila para determinar todos marcos de pila activos, es decir, la *call trace*. Con esto es posible determinar el grafo de llamadas y el tiempo estimado destinado a cada función.

- En lugar de instrumentar el código o muestrear de forma estadística, es posible utilizar los mecanismos previstos en los procesadores actuales para facilitar el perfilado. Por ejemplo, una posibilidad es el empleo de puntos de ruptura hardware para detectar cuándo se escribe una posición de memoria, cuándo se escribe, o cuándo se ejecuta la instrucción que contiene. Esta técnica se puede emplear para trazar solo un conjunto limitado de funciones, o para estudiar el patrón de accesos a un objeto. También se emplea en la utilidad *ltrace*, que traza las llamadas a procedimientos de bibliotecas dinámicas desde un proceso determinado.

- Por último los procesadores modernos proporcionan otra funcionalidad especialmente interesante para el perfilado. Disponen de una *Performance Monitoring Unit* que controla un conjunto de registros especiales denominados *performance counters*. Estos registros son capaces de contar determinados eventos, tales como ciclos de la CPU, ciclos de bus, instrucciones, referencias a la cache, fallos de la memoria caché, saltos o fallos en la predicción de saltos. Estos registros pueden ser utilizados en *profilers* tales como *perf* para realizar mediciones muy precisas.

Es importante conocer cuándo se emplea cada una de estas técnicas para poder interpretar con precisión los datos del perfilado. Así, por ejemplo, las técnicas basadas en muestreo de la traza de llamadas debe entenderse en un contexto estadístico. Valores bajos en los contadores de llamadas no tienen significado absoluto, sino en relación a otros contadores. Es muy posible que tengamos que ejecutar el mismo fragmento de código múltiples veces para eliminar cualquier sesgo estadístico.

Para cualquier análisis que requiera examinar la pila (perfilado de la traza de llamadas, o del grafo de llamadas, o simplemente la depuración interactiva), se asume el convenio de que un registro contiene la dirección del marco de pila actual (*frame pointer*) y al principio del marco de pila actual se almacena una copia del *frame pointer* anterior a la llamada actual.

Sin embargo los compiladores actuales pueden generar código perfectamente funcional sin necesidad de *frame pointer*. Es importante compilar los programas evitando la opción `-fomit-frame-pointer` o incluso explícitamente indicando `-fno-omit-frame-pointer` durante el desarrollo para que estos análisis funcionen correctamente.

4.1.1. El perfilador de Linux *perf*

El subsistema *Linux Performance Counters* proporciona una abstracción de los *performance counters* disponibles en los procesadores modernos. Independientemente del hardware subyacente Linux ofrece una serie de contadores de 64 bits virtualizados por CPU o por tarea y combinado con un sistema de traza de eventos de otro tipo (eventos software, trazas). Es más sencillo de lo que parece, veamos algún ejemplo.

En las distribuciones más actuales, la herramienta *perf* está incluida en el paquete linux-base. Pero se trata de un simple envoltorio para ejecutar la correspondiente al kernel que se está ejecutando. El ejecutable real se encuentra en el paquete linux-tools-X.Y donde X.Y hace referencia a la versión del kernel empleada. Por ejemplo, linux-tools-3.2 o linux-tools-3.8.

Por tanto para instalar la herramienta deberemos ejecutar:

```
$ sudo apt-get install linux-base linux-tools-3.2
```

A continuación conviene configurar el kernel para que permita a los usuarios normales recabar estadísticas de todo tipo. Esto no debe hacerse con carácter general, sino solo en las computadoras empleadas en el desarrollo, puesto que también facilita la obtención de información para realizar un ataque.

```
$ sudo sh -c "echo -1 > /proc/sys/kernel/perf_event_paranoid"
```

Ahora ya como usuarios normales podemos perfilar cualquier ejecutable, e incluso procesos en ejecución. Tal vez la primera tarea que se debe realizar para perfilar con perf es obtener la lista de eventos que puede contabilizar. Esta lista es dependiente de la arquitectura del procesador y de las opciones de compilación del kernel.

```
$ perf list

List of pre-defined events (to be used in -e):
  cpu-cycles OR cycles                          [Hardware event]
  stalled-cycles-frontend OR idle-cycles-frontend    [Hardware event]
  stalled-cycles-backend OR idle-cycles-backend      [Hardware event]
  instructions                                  [Hardware event]
  cache-references                              [Hardware event]
  cache-misses                                  [Hardware event]
  branch-instructions OR branches               [Hardware event]
  branch-misses                                 [Hardware event]
  bus-cycles                                    [Hardware event]

  cpu-clock                                     [Software event]
  task-clock                                    [Software event]
  page-faults OR faults                         [Software event]
  minor-faults                                  [Software event]
  major-faults                                  [Software event]
  context-switches OR cs                        [Software event]
  cpu-migrations OR migrations                  [Software event]
  alignment-faults                              [Software event]
  emulation-faults                              [Software event]

  L1-dcache-loads                               [Hardware cache event]
  L1-dcache-load-misses                         [Hardware cache event]
  L1-dcache-stores                              [Hardware cache event]
  L1-dcache-store-misses                        [Hardware cache event]
  L1-dcache-prefetches                          [Hardware cache event]
  L1-dcache-prefetch-misses                     [Hardware cache event]
  L1-icache-loads                               [Hardware cache event]
  L1-icache-load-misses                         [Hardware cache event]
  L1-icache-prefetches                          [Hardware cache event]
```

```
L1-icache-prefetch-misses               [Hardware cache event]
LLC-loads                               [Hardware cache event]
LLC-load-misses                         [Hardware cache event]
LLC-stores                              [Hardware cache event]
LLC-store-misses                        [Hardware cache event]
LLC-prefetches                          [Hardware cache event]
LLC-prefetch-misses                     [Hardware cache event]
dTLB-loads                              [Hardware cache event]
dTLB-load-misses                        [Hardware cache event]
dTLB-stores                             [Hardware cache event]
dTLB-store-misses                       [Hardware cache event]
dTLB-prefetches                         [Hardware cache event]
dTLB-prefetch-misses                    [Hardware cache event]
iTLB-loads                              [Hardware cache event]
iTLB-load-misses                        [Hardware cache event]
branch-loads                            [Hardware cache event]
branch-load-misses                      [Hardware cache event]
node-loads                              [Hardware cache event]
node-load-misses                        [Hardware cache event]
node-stores                             [Hardware cache event]
node-store-misses                       [Hardware cache event]
node-prefetches                         [Hardware cache event]
node-prefetch-misses                    [Hardware cache event]

rNNN (...)                       [Raw hardware event descriptor]

mem:<addr>[:access]                     [Hardware breakpoint]

i915:i915_gem_object_create             [Tracepoint event]
i915:i915_gem_object_bind               [Tracepoint event]
i915:i915_gem_object_unbind             [Tracepoint event]
...
sched:sched_wakeup                      [Tracepoint event]
sched:sched_wakeup_new                  [Tracepoint event]
sched:sched_switch                      [Tracepoint event]
...
```

En la lista de eventos podemos apreciar seis tipos diferentes.

- *Software event.* Son simples contadores del kernel. Entre otros permite contar cambios de contexto o fallos de página.

- *Hardware event.* Este evento se refiere a los contadores incluidos en las PMU (Performance Monitoring Units) de los procesadores modernos. Permite contar ciclos, intrucciones ejecutadas, fallos de caché. Algunos de estos contadores se ofrecen de forma unificada como contadores de 64 bits, de tal forma que oculta los detalles de la PMU subyacente. Pero en general su número y tipo dependerá del modelo de rocesador donde se ejecuta.

- *Hardware cache event.* Dentro del subsistema de memoria las PMU modernas[2] permiten extraer estadísticas detalladas de las memorias caché de primer nivel de último nivel o del TLB (Translation Lookaside Buffer). Nuevamente se trata de contadores que dependen fuertemente del modelo de procesador sobre el que se ejecuta.

- *Hardware breakpoint.* Los puntos de ruptura hardware permiten detener la ejecución del programa cuando el procesador intenta leer, escribir o ejecutar el contenido de una determinada posición de memoria. Esto nos permite monitorizar detalladamente objetos de interés, o trazar la ejecución de instrucciones concretas.

---

[2]Los eventos de las PMU se documentan en los manuales de los fabricantes. Por ejemplo, los contadores de la arquitectura Intel 64 e IA32 se documentan en el apéndice A de [31] disponible en http://www.intel.com/Assets/PDF/manual/253669.pdf y los de los procesadores AMD64 en [5] disponible en http://support.amd.com/us/Processor_TechDocs/31116.pdf

■ *Tracepoint event.* En este caso se trata de trazas registradas con la infraestructura *ftrace* de Linux. Se trata de una infraestructura extremadamente flexible para trazar todo tipo de eventos en el kernel o en cualquier módulo del kernel. Esto incluye eventos de la GPU, de los sistemas de archivos o del propio *scheduler.*

■ *Raw hardware event.* En el caso de que perf no incluya todavía un nombre simbólico para un contador concreto de una PMU actual se puede emplear el código hexadecimal correspondiente, de acuerdo al manual del fabricante.

4.1.2. Obteniendo ayuda

La primera suborden de perf que debe dominarse es help, que se emplea para obtener ayuda. La ejecución de perf help sin más nos muestra todas las órdenes disponibles. Las más utilizadas son perf stat, perf record, perf report y perf annotate.

Cada una de estas órdenes tienen ayuda específica que puede obtenerse con perf help *suborden.*

4.1.3. Estadísticas y registro de eventos

La operación más sencilla que se puede hacer con perf es contar eventos. Eso puede realizarse con la suborden perf stat:

```
$ perf stat glxgears

Performance counter stats for 'glxgears':

    80,416861 task-clock            #   0,069 CPUs utilized
          171 context-switches      #   0,002 M/sec
           71 CPU-migrations        #   0,001 M/sec
        10732 page-faults           #   0,133 M/sec
    109061681 cycles                #   1,356 GHz                    [86,41 %]
     75057377 stalled-cycles-frontend #  68,82 % frontend cycles idle  [85,21 %]
     58498153 stalled-cycles-backend  #  53,64 % backend  cycles idle  [62,34 %]
     68356682 instructions          #   0,63  insns per cycle
                                     #   1,10  stalled cycles per insn [80,66 %]
     14463080 branches              # 179,851 M/sec                   [86,78 %]
       391522 branch-misses         #   2,71 % of all branches        [80,19 %]

 1,158777481 seconds time elapsed
```

Basta indicar el ejecutable a continuación de perf stat. Por defecto muestra un conjunto de métricas comunes, que incluye eventos hardware (como los ciclos o las instrucciones), eventos software (como los cambios de contexto), y métricas derivadas a la derecha (como el número de instrucciones por ciclo).

Puede utilizarse perf para medir un tipo de eventos concreto empleando la opción -e:

```
$ perf stat -e cycles,instructions precompute_landscape

Performance counter stats for 'precompute_landscape':

    4473759 cycles        #   0,000 GHz
    3847463 instructions  #   0,86  insns per cycle

 0,004595748 seconds time elapsed
```

Y podemos dividir entre los eventos que ocurren en espacio de usuario y los que ocurren en espacio del kernel.

```
$ perf stat -e cycles:u,cycles:k precompute_landscape

Performance counter stats for 'precompute_landscape':

         1827737 cycles:u    #  0,000 GHz
         2612202 cycles:k    #  0,000 GHz

      0,005022949 seconds time elapsed
```

Todos los eventos hardware aceptan los modificadores u para filtrar solo los que ocurren en espacio de usuario, k para filtrar los que ocurren en espacio del kernel y uk para contabilizar ambos de forma explícita. Hay otros modificadores disponibles, incluso alguno dependiente del procesador en el que se ejecuta.

4.1.4. Multiplexación y escalado

Las PMU tienen dos tipos de contadores: los contadores fijos, que cuentan un único tipo de evento, y los contadores genéricos, que pueden configurarse para contar cualquier evento hardware. Cuando el usuario solicita más eventos de los que físicamente se pueden contar con los contadores implementados el sistema de perfilado multiplexa los contadores disponibles. Esto hace que parte del tiempo se estén contando unos eventos y parte del tiempo se están contando otros eventos distintos.

Posteriormente el propio sistema escala los valores calculados en proporción al tiempo que se ha contado el evento respecto al tiempo total. Es muy fácil de ver el efecto con un ejemplo. El computador sobre el que se escriben estas líneas dispone de un procesador Intel Core i5. Estos procesadores tienen 4 contadores genéricos[3].

Vamos a ver qué pasa cuando se piden 4 eventos idénticos:

```
$ perf stat -e cycles,cycles,cycles,cycles render_frame

Performance counter stats for 'render_frame':

       803261796 cycles     #  0,000 GHz
       803261796 cycles     #  0,000 GHz
       803261796 cycles     #  0,000 GHz
       803261799 cycles     #  0,000 GHz

      0,306640126 seconds time elapsed
```

Puede verse que la precisión es absoluta, los cuatro contadores han contado prácticamente la misma cantidad de ciclos. En cambio, veamos qué pasa cuando se solicitan 5 eventos idénticos:

```
$ perf stat -e cycles,cycles,cycles,cycles,cycles render_frame

Performance counter stats for 'render_frame':

       801863997 cycles     #  0,000 GHz    [79,06 %]
       801685466 cycles     #  0,000 GHz    [80,14 %]
       792515645 cycles     #  0,000 GHz    [80,37 %]
       792876560 cycles     #  0,000 GHz    [80,37 %]
       793921257 cycles     #  0,000 GHz    [80,08 %]

      0,306024538 seconds time elapsed
```

---

[3]Lo más normal es disponer de dos o cuatro contadores genéricos y otros tantos específicos. Realiza la misma prueba en tu ordenador para comprobar cuántos contadores genéricos tiene.

Los valores son significativamente diferentes, pero los porcentajes entre corchetes nos previenen de que se ha realizado un escalado. Por ejemplo, el primer contador ha estado contabilizando ciclos durante el 79,06 % del tiempo. El valor obtenido en el contador se ha escalado dividiendo por 0,7906 para obtener el valor mostrado.

En este caso los contadores nos dan una aproximación, no un valor completamente fiable. Nos vale para evaluar mejoras en porcentajes significativos, pero no mejoras de un 1 %, porque como vemos el escalado ya introduce un error de esa magnitud. Además en algunas mediciones el resultado dependerá del momento concreto en que se evalúen o de la carga del sistema en el momento de la medida. Para suavizar todos estos efectos estadísticos se puede ejecutar varias veces empleando la opción -r.

```
$ perf stat -r 10 -e cycles,cycles,cycles,cycles,cycles render_frame

Performance counter stats for 'render_frame'' (10 runs):

    803926738 cycles   # 0,000 GHz   ( +-   0,15 % )  [79,42 %]
    804290331 cycles   # 0,000 GHz   ( +-   0,14 % )  [79,66 %]
    802303057 cycles   # 0,000 GHz   ( +-   0,17 % )  [80,21 %]
    797518018 cycles   # 0,000 GHz   ( +-   0,11 % )  [80,59 %]
    799832288 cycles   # 0,000 GHz   ( +-   0,19 % )  [80,15 %]

  0,310143008 seconds time elapsed ( +-   0,39 % )
```

Entre paréntesis se muestra la variación entre ejecuciones.

4.1.5. Métricas por hilo, por proceso o por CPU

Es posible contabilizar los eventos solo en un hilo, o en todos los hilos de un proceso, o en todos los procesos de una CPU, o de un conjunto de ellas. Por defecto perf contabiliza eventos del hilo principal incluyendo todos los subprocesos, creados con fork(), o hilos, creados con pthread_create(), lanzados durante la ejecución. Este comportamiento se implementa con un mecanismo de herencia de contadores que puede desactivarse con la opción -i de perf stat.

Alternativamente se puede recolectar datos de un conjunto de procesadores en lugar de un proceso concreto. Este modo se activa con la opción -a y opcionalmente comple-mentado con la opción -C. Al utilizar la opción -a se activa la recolección de datos por CPU, pero por defecto se agregan todos los contadores de todas las CPU (recolección de datos a nivel de sistema). Con la opción -C podemos seleccionar la CPU o conjunto de CPUs de los que se recaban estadísticas. Por ejemplo, para recolectar el número de fallos de página en espacio de usuario de las CPUs 0 y 2 durante 5 segundos:

```
$ perf stat -a -e faults -C 0,2 sleep 5

Performance counter stats for 'sleep 5':

           233 faults

   5,001227158 seconds time elapsed
```

Nótese que utilizamos la orden sleep para no consumir ciclos y de esta forma no influir en la medida.

4.1.6. Muestreo de eventos

Además de contar eventos, `perf` puede realizar un muestreo similar a otros *profilers*. En este caso `perf record` recolecta datos en un archivo llamado `perf.data` que posteriormente puede analizarse con `perf report` o `perf annotate`.

El periodo de muestreo se especifica en número de eventos. Si el evento que se utiliza para el muestreo es `cycles` (es así por defecto) entonces el periodo tiene relación directa con el tiempo, pero en el caso general no tiene por qué. Incluso en el caso por defecto la relación con el tiempo no es lineal, en caso de que el procesador tenga activos modos de escalado de frecuencia.

Por defecto `perf record` registra 1000 muestras por segundo y ajusta dinámicamente el periodo para que mantenga esta tasa. El usuario puede establecer una frecuencia de muestreo utilizando la opción `-F` o puede establecer un periodo fijo con la opción `-c`.

A diferencia de otros *profilers*, `perf record` puede recoger estadísticas a nivel del sistema completo o de un conjunto de CPUs concreto empleando las opciones `-a` y `-C` que ya hemos visto al explicar `perf stat`.

Es especialmente interesante el muestreo de la traza de llamada empleando la opción `-g`, aunque para que esta característica muestre resultados fiables es necesario mantener el convenio de *marcos de llamada* y no compilar mediante la opción `-fomit-frame-pointer`.

Para mostrar los resultados almacenados en `perf.data` puede emplearse `perf report`. Por ejemplo, a continuación recolectaremos datos de la actividad del sistema durante 5 segundos y mostraremos el resultado del perfilado.

```
$ perf record -a sleep 10
[ perf record: Woken up 1 times to write data ]
[ perf record: Captured and wrote 0.426 MB perf.data (~18612 samples) ]
$ perf report
```

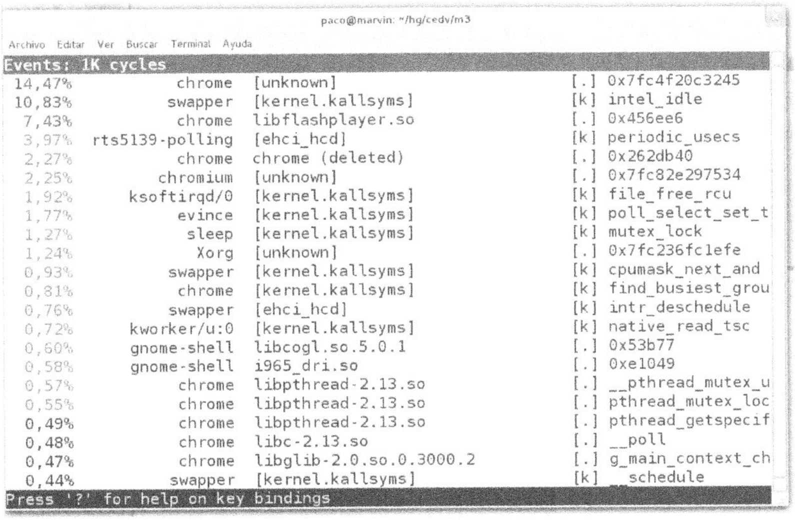

Figura 4.1: Interfaz textual de `perf report`.

El muestreo permite analizar qué funciones se llevan la mayor parte del tiempo de ejecución y, en caso de muestrear también la traza de llamada permite identificar de forma rápida los cuellos de botella. No se trata de encontrar la función que más tiempo se lleva, sino de identificar funciones que merezca la pena optimizar. No tiene sentido optimizar una función que se lleva el 0,01 % del tiempo de ejecución, porque simplemente no se notaría.

Una vez identificada la función o las funciones susceptibles de mejora podemos analizarlas en mayor detalle, incluso a nivel del código ensamblador empleando `perf annotate` *símbolo*. También desde la interfaz de texto es posible examinar el código anotado seleccionando el símbolo y pulsando la tecla [a].

Para poder utilizar las características de anotación del código de los perfiladores es necesario compilar el programa con información de depuración.

Para ilustrar la mecánica veremos un caso real. Ingo Molnar, uno de los principales desarrolladores de la infraestructura de perfilado de Linux, tiene multitud de mensajes en diversos foros sobre optimizaciones concretas que fueron primero identificadas mediante el uso de `perf`. Uno de ellos[4] describe una optimización significativa de `git`, el sistema de control de versiones.

En primer lugar realiza una fase de análisis de una operación concreta que revela un dato intranquilizador. Al utilizar la operación de compactación `git gc` descubre un número elevado de ciclos de estancamiento (*stalled cycles*[5]):

```
$ perf record -e stalled-cycles -F 10000 ./git gc
$ perf report --stdio

# Events: 26K stalled-cycles
#
# Overhead   Command    Shared Object           Symbol
# ........   .........  .....................   ......................
#
    26.07 %      git     git                     [.] lookup_object
    10.22 %      git     libz.so.1.2.5           [.] 0xc43a
     7.08 %      git     libz.so.1.2.5           [.] inflate
     6.63 %      git     git                     [.] find_pack_entry_one
     5.37 %      git     [kernel.kallsyms]       [k] do_raw_spin_lock
     4.03 %      git     git                     [.] lookup_blob
     3.09 %      git     libc-2.13.90.so         [.] __strlen_sse42
     2.81 %      git     libc-2.13.90.so         [.] __memcpy_ssse3_back
```

Ingo descubre que la función `find_pack_entry_one()` se lleva un porcentaje significativo de los ciclos de estancamiento. Por tanto examina el contenido de esa función con `perf annotate`. Para poder extraer todo el beneficio de esta orden es interesante compilar el programa con información de depuración.

---

[4]`http://thread.gmane.org/gmane.comp.version-control.git/172286`

[5]En las versiones actuales de `perf` habría que usar `stalled-cycles-frontend` en lugar de `stalled-cycles` pero mantenemos el texto del caso de uso original para no confundir al lector.

```
$ perf annotate find_pack_entry_one

Percent | Source code & Disassembly of git
--------------------------------------------
      :
    ...
      :              int cmp = hashcmp(index + mi * stride, sha1);
   0.90 : 4b9264:   89 ee           mov     %ebp,%esi
   0.45 : 4b9266:   41 0f af f2      imul    %r10d,%esi
   2.86 : 4b926a:   4c 01 de         add     %r11,%rsi
  53.34 : 4b926d:   f3 a6            repz cmpsb %es:(%rdi),%ds:(%rsi)
  14.37 : 4b926f:   0f 92 c0         setb    %al
   5.78 : 4b9272:   41 0f 97 c4      seta    %r12b
   1.52 : 4b9276:   41 28 c4         sub     %al,%r12b
```

La mayoría de la sobrecarga está en la función hashcmp() que usa memcmp(), pero esta última se expande como instrucciones ensamblador por el propio compilador.

Ingo Molnar estudia el caso concreto. La función hashcmp() compara *hashes*, y por eso se utiliza memcmp(), pero si no coinciden el primer byte diferirá en el 99 % de los casos. Por tanto modifica el programa para escribir la comparación manualmente, evitando entrar en la comparación para la mayor parte de los casos.

El resultado es realmente sorprendente. Antes de la optimización obtuvo estos números:

```
$ perf stat --sync --repeat 10 ./git gc

Performance counter stats for './git gc' (10 runs):

   2771.119892 task-clock         #    0.863 CPUs utilized      ( +-  0.16 % )
         1,813 context-switches   #    0.001 M/sec              ( +-  3.06 % )
           167 CPU-migrations     #    0.000 M/sec              ( +-  2.92 % )
        39,210 page-faults        #    0.014 M/sec              ( +-  0.26 % )
 8,828,405,654 cycles             #    3.186 GHz                ( +-  0.13 % )
 2,102,083,909 stalled-cycles     #   23.81% of all cycles are idle ( +-  0.52 % )
 8,821,931,740 instructions       #    1.00  insns per cycle
                                  #    0.24  stalled cycles per insn ( +-  0.04 % )
 1,750,408,175 branches           #  631.661 M/sec              ( +-  0.04 % )
    74,612,120 branch-misses      #    4.26% of all branches    ( +-  0.07 % )

   3.211098537  seconds time elapsed ( +-  1.52 % )
```

La opción -sync hace que se ejecute una llamada sync() (vuelca los buffers pendientes de escritura de los sistemas de archivos) antes de cada ejecución para reducir el ruido en el tiempo transcurrido.

Después de la optimización el resultado es:

```
$ perf stat --sync --repeat 10 ./git gc

Performance counter stats for './git gc' (10 runs):

   2349.498022 task-clock         #    0.807 CPUs utilized      ( +-  0.15 % )
         1,842 context-switches   #    0.001 M/sec              ( +-  2.50 % )
           164 CPU-migrations     #    0.000 M/sec              ( +-  3.67 % )
        39,350 page-faults        #    0.017 M/sec              ( +-  0.06 % )
 7,484,317,230 cycles             #    3.185 GHz                ( +-  0.15 % )
 1,577,673,341 stalled-cycles     #   21.08% of all cycles are idle ( +-  0.67 % )
11,067,826,786 instructions       #    1.48  insns per cycle
                                  #    0.14  stalled cycles per insn ( +-  0.02 % )
 2,489,157,909 branches           # 1059.442 M/sec              ( +-  0.02 % )
    59,384,019 branch-misses      #    2.39% of all branches    ( +-  0.22 % )

   2.910829134  seconds time elapsed ( +-  1.39 % )
```

La misma operación se aceleró en un 18 %. Se han eliminado el 33 % de los ciclos de estancamiento y la mayoría de ellos se han traducido en ahorro efectivo de ciclos totales y con ello en mejoras de velocidad.

Este ejemplo deja claro que las instrucciones ensamblador que emite el compilador para optimizar `memcmp()` no son óptimas para comparaciones pequeñas. La instrucción `repz cmpsb` requiere un tiempo de *setup* considerable durante el cual la CPU no hace nada más.

Otro efecto interesante que observa Ingo Molnar sobre esta optimización es que también mejora la predicción de saltos. Midiendo el evento `branch-misses` obtiene los siguientes resultados:

	branch-misses	% del total
Antes	74,612,120	4.26 % (± 0.07 %)
Después	59,384,019	2.39 % (± 0.22 %)

Tabla 4.1: Mejora en predicción de saltos

Por alguna razón el bucle abierto es más sencillo de predecir por parte de la CPU por lo que produce menos errores de predicción.

No obstante es importante entender que estas optimizaciones corresponden a problemas en otros puntos (compilador que genera código subóptimo, y arquitectura que privilegia un estilo frente a otro). Por tanto se trata de optimizaciones con fecha de caducidad. Cuando se utilice una versión más reciente de GCC u otro compilador más agresivo en las optimizaciones esta optimización no tendrá sentido.

Un caso célebre similar fue la optimización del recorrido de listas en el kernel Linux[6]. Las listas son estructuras muy poco adecuadas para la memoria caché. Al no tener los elementos contiguos generan innumerables fallos de caché. Mientras se produce un fallo de caché el procesador está parcialmente parado puesto que necesita el dato de la memoria para operar. Por esta razón en Linux se empleó una optimización denominada *prefetching*. Antes de operar con un elemento se accede al siguiente. De esta forma mientras está operando con el elemento es posible ir transfiriendo los datos de la memoria a la caché.

Desgraciadamente los procesadores modernos incorporan sus propias unidades de *prefetch* que realizan un trabajo mucho mejor que el manual, puesto que no interfiere con el TLB. El propio Ingo Molnar reporta que esta optimización estaba realmente causando un impacto de 0,5 %.

La lección que debemos aprender es que nunca se debe optimizar sin medir, que las optimizaciones dependen del entorno de ejecución, y que si el entorno de ejecución varía las optimizaciones deben re-evaluarse.

4.1.7. Otras opciones de `perf`

Puede resultar útil también la posibilidad de contabilizar procesos o hilos que ya están en ejecución (opciones `-p` y `-t` respectivamente). A pesar de usar cualquiera de estas opciones se puede especificar una orden para limitar el tiempo de medición. En caso contrario mediría el proceso o hilo hasta su terminación.

También es posible generar gráficos de líneas temporales. Para ello es necesario utilizar la suborden `perf timechart record` para registrar los eventos de forma similar a como se hacía con `perf record` y posteriormente emplear `perf timechart` para generar el archivo `output.svg`. Este archivo puede editarse o convertirse a PDF (Portable Document

---

[6]https://lwn.net/Articles/444336/

Paquete	Herramienta	Descripción
Valgrind Callgrind[7]	kCacheGrind	Excelentes capacidades de representación gráfica.
Google Performance Tools[8]	google-pprof	Permite perfilado de CPU y de memoria dinámica. Permite salida en formato *callgrind* para poder analizar con kCacheGrind.
GNU Profiler[9]	gprof	Es una herramienta estándar pero ha ido perdiendo su utilidad conforme fueron surgiendo los perfiladores basados en PMU.
nVidia Visual Profiler	nvvp	Es específico para GPUs nVidia.
AMD APP Profiler	sprofile	Es específico para GPUs AMD/ATI Radeon.

Tabla 4.2: Herramientas de perfilado en GNU/Linux.

Format) con *inkscape*. El problema es que el tiempo de captura debe ser reducido o de lo contrario el archivo SVG se volverá inmanejable. No obstante es muy útil para detectar problemas de bloqueo excesivo. Por ejemplo, los datos de la figura 4.2 se grabaron con perf timechart record -a sleep 1.

Por último conviene citar la suborden perf top que permite monitorizar en tiempo real el sistema para analizar quién está generando más eventos.

4.1.8. Otros perfiladores

La tabla 4.2 muestra una colección de herramientas de perfilado disponibles en entornos GNU y GNU/Linux.

La mayoría de los perfiladores requieren compilar el programa de una manera especial. El más extendido y portable es GNU Profiler, incluido dentro de binutils, que es directamente soportado por el compilador de GNU. Si se compilan y se montan los programas con la opción -pg el programa quedará instrumentado para perfilado.

Todas las ejecuciones del programa generan un archivo gmon.out con la información recolectada, que puede examinarse con gprof. GNU Profiler utiliza muestreo estadístico sin ayuda de PMU. Esto lo hace muy portable pero notablemente impreciso.

Google Performance Tools aporta un conjunto de bibliotecas para perfilado de memoria dinámica o del procesador con apoyo de PMU. Por ejemplo, el perfilado de programas puede realizarse con la biblioteca libprofiler.so. Esta biblioteca puede ser cargada utilizando la variable de entorno LD_PRELOAD y activada mediante la definición de la variable de entorno CPUPROFILE. Por ejemplo:

```
$ LD_PRELOAD=/usr/lib/libprofiler.so.0 CPUPROFILE=prof.data \
  ./light-model-test
```

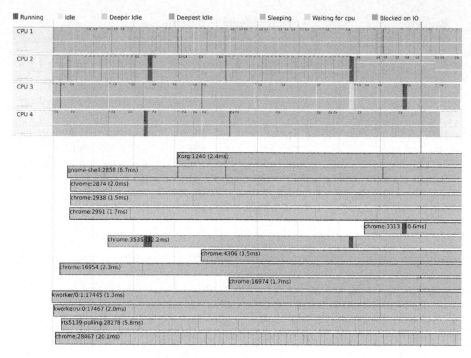

Figura 4.2: Ejemplo de perf timechart.

GPU Profilers

De momento sólo nVidia proporciona un profiler con capacidades gráficas sobre GNU/Linux. AMD APP Profiler funciona en GNU/Linux pero no con interfaz gráfica.

Esto genera el archivo prof.data con los datos de perfilado, que luego pueden examinarse con google-pprof. Entre otras capacidades permite representación gráfica del grafo de llamadas o compatibilidad con el formato de kcachegrind.

Una característica interesante de Google Performance Tools es la capacidad de realizar el perfilado solo para una sección concreta del código. Para ello, en lugar de definir la variable CPUPROFILE basta incluir en el código llamadas a las funciones ProfilerStart() y ProfilerStop().

Para un desarrollador de videojuegos es destacable la aparición de perfiladores específicos para GPUs. Las propias GPUs tienen una PMU (*Performance Monitoring Unit*) que permite recabar información de contadores específicos. De momento en el mundo del software libre han emergido nVidia Visual Profiler, AMD APP Profiler y extensiones de Intel a perf para utilizar los contadores de la GPU (perf gpu). Probablemente en un futuro cercano veremos estas extensiones incorporadas en la distribución oficial de linux-tools.

4.2. Optimizaciones del compilador

Los compiladores modernos implementan un enorme abanico de optimizaciones. Con frecuencia son tan eficientes como el código ensamblador manualmente programado. Por esta razón es cada vez más raro encontrar fragmentos de código ensamblador en programas bien optimizados.

El lenguaje C++, y su ancestro C son considerados como lenguajes de programación de sistemas. Esto se debe a que permiten acceso a características de muy bajo nivel, hasta el punto de que algunos autores lo consideran un *ensamblador portable*. Los punteros no dejan de ser una forma de expresar direccionamiento indirecto, así como el operador de indexación no deja de ser una expresión de los modos de direccionamiento relativo.

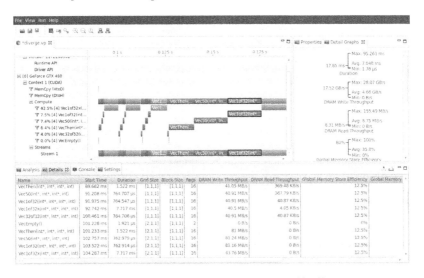

Figura 4.3: Aspecto de la interfaz de nVidia Visual Profiler.

C fue diseñado con el objetivo inicial de programar un sistema operativo. Por este motivo, desde las primeras versiones incorpora características de muy bajo nivel que permite dirigir al compilador para generar código más eficiente. Variables registro, funciones en línea, paso por referencia, o plantillas son algunas de las características que nos permiten indicar al compilador cuándo debe esforzarse en buscar la opción más rápida. Sin embargo, la mayoría de las construcciones son simplemente indicaciones o sugerencias, que el compilador puede ignorar libremente si encuentra una solución mejor. En la actualidad tenemos compiladores libres maduros con capacidades comparables a los mejores compiladores comerciales, por lo que frecuentemente las indicaciones del programador son ignoradas.

4.2.1. Variables registro

Los más viejos del lugar recordarán un modificador opcional para las variables denominado `register`. Este modificador indica al compilador que se trata de una variable especialmente crítica, por lo que sugiere almacenarla en un registro del procesador. Era frecuente ver código como éste:

Listado 4.1: Utilización arcaica de register para sumar los 1000 primeros números naturales.

```
1   register unsigned i, sum = 0;
2   for (i=1; i<1000; ++i)
3       sum += i;
```

Esta palabra clave está en desuso porque los algoritmos de asignación de registros actuales son mucho mejores que la intuición humana. Pero además, aunque se utilizara, sería totalmente ignorada por el compilador. La mera aparición de register en un programa debe ser considerada como un *bug*, porque engaña al lector del programa haciéndole creer que dicha variable será asignada a un registro, cuando ese aspecto está fuera del control del programador.

4.2.2. Código estático y funciones *inline*

Ya se ha comentado el uso del modificador inline en el módulo 1. Sirve para indicar al compilador que debe replicar el código de dicha función cada vez que aparezca una llamada. Si no se hiciera generaría código independiente para la función, al que salta mediante una instrucción de llamada a subrutina. Sin embargo no siempre es posible la sustitución en línea del código y además el compilador es libre de hacer sustitución en línea de funciones aunque no estén marcadas como inline. Veamos un ejemplo:

Listado 4.2: Ejemplo sencillo de función apropiada para la expansión en línea.

```
1    int sum(int* a, unsigned size)
2    {
3        int ret = 0;
4        for (int i=0; i<size; ++i) ret += a[i];
5        return ret;
6    }
7
8    int main() {
9        int a[] = { 1, 2, 3, 4, 5};
10       return sum(a, sizeof(a)/sizeof(a[0]));
11   }
```

Compilemos este ejemplo con máximo nivel de optimización. No es necesario dominar el ensamblador de la arquitectura x86_64 para entender la estructura.

```
$ gcc -S -O3 -c inl.cc
```

El resultado es el siguiente:

Listado 4.3: Resultado de la compilación del ejemplo anterior.

```
1        .file    "inl.cc"
2        .text
3        .p2align 4,,15
4        .globl  _Z3sumPij
5        .type   _Z3sumPij, @function
6    _Z3sumPij:
7    .LFB0:
8        .cfi_startproc
9        xorl    %eax, %eax
10       testl   %esi, %esi
11       pushq   %rbx
12       .cfi_def_cfa_offset 16
13       .cfi_offset 3, -16
```

```
14      je    .L2
15      movq   %rdi, %r8
16      movq   %rdi, %rcx
17      andl   $15, %r8d
18      shrq   $2, %r8
19      negq   %r8
20      andl   $3, %r8d
21      cmpl   %esi, %r8d
22      cmova  %esi, %r8d
23      xorl   %edx, %edx
24      testl  %r8d, %r8d
25      movl   %r8d, %ebx
26      je    .L11
27      .p2align 4,,10
28      .p2align 3
29  .L4:
30      addl   $1, %edx
31      addl   (%rcx), %eax
32      addq   $4, %rcx
33      cmpl   %r8d, %edx
34      jb    .L4
35      cmpl   %r8d, %esi
36      je    .L2
37  .L3:
38      movl   %esi, %r11d
39      subl   %r8d, %r11d
40      movl   %r11d, %r9d
41      shrl   $2, %r9d
42      leal   0(, %r9,4), %r10d
43      testl  %r10d, %r10d
44      je    .L6
45      pxor   %xmm0, %xmm0
46      leaq   (%rdi,%rbx,4), %r8
47      xorl   %ecx, %ecx
48      .p2align 4,,10
49      .p2align 3
50  .L7:
51      addl   $1, %ecx
52      paddd  (%r8), %xmm0
53      addq   $16, %r8
54      cmpl   %r9d, %ecx
55      jb    .L7
56      movdqa %xmm0, %xmm1
57      addl   %r10d, %edx
58      psrldq $8, %xmm1
59      paddd  %xmm1, %xmm0
60      movdqa %xmm0, %xmm1
61      psrldq $4, %xmm1
62      paddd  %xmm1, %xmm0
63      movd   %xmm0, -4(%rsp)
64      addl   -4(%rsp), %eax
65      cmpl   %r10d, %r11d
66      je    .L2
67  .L6:
68      movslq %edx, %rcx
69      leaq   (%rdi,%rcx,4), %rcx
70      .p2align 4,,10
71      .p2align 3
72  .L9:
73      addl   $1, %edx
74      addl   (%rcx), %eax
75      addq   $4, %rcx
76      cmpl   %edx, %esi
77      ja    .L9
78  .L2:
79      popq   %rbx
80      .cfi_remember_state
81      .cfi_def_cfa_offset 8
82      ret
```

```
83    .L11:
84       .cfi_restore_state
85       movl    %r8d, %eax
86       jmp .L3
87       .cfi_endproc
88    .LFE0:
89       .size    _Z3sumPij, .-_Z3sumPij
90       .section    .text.startup,"ax",@progbits
91       .p2align 4,,15
92       .globl  main
93       .type   main, @function
94    main:
95    .LFB1:
96       .cfi_startproc
97       movl    $15, %eax
98       ret
99       .cfi_endproc
100   .LFE1:
101      .size   main, .-main
102      .ident  "GCC: (Debian 4.6.3-1) 4.6.3"
103      .section    .note.GNU-stack,"",@progbits
```

El símbolo _Z3sumPij corresponde a la función sum() aplicando las reglas de *mangling*.
Podemos decodificarlo usando c++filt.

```
$ echo _Z3sumPij | c++filt
sum(int*, unsigned int)
```

El símbolo codifica la signatura entera de la función. Sin embargo no se utiliza en
ninguna parte. Observemos en detalle las instrucciones de la función main() eliminando
las directivas no necesarias.

Listado 4.4: Código de la función main() del ejemplo anterior.

```
1    main:
2            movl    $15, %eax
3            ret
```

El código se limita a retornar el resultado final, un 15. El compilador ha realizado la
expansión en línea y sucesivamente ha aplicado propagación de constantes y evaluación
de expresiones constantes para simplificarlo al mínimo. Y entonces ¿por qué aparece el
código de la función sum()?

El motivo es simple, la función puede ser necesaria desde otra unidad de compilación.
Por ejemplo, supóngase que en otra unidad de compilación aparece el siguiente código.

Listado 4.5: Otra unidad de compilación puede requerir la función sum().

```
1    #include <iostream>
2    using namespace std;
3
4    int sum(int* a, unsigned sz);
5
6    struct A {
7        A() {
8            int a[] = { 1, 1, 1, 1 };
9            cout << sum(a, 4) << endl;
10       }
11   };
12
13   A a;
```

¿Significa eso que el código no utilizado ocupa espacio en el ejecutable? Podemos responder a esa pregunta compilando el ejemplo inicial y examinando los símbolos con nm:

```
$ g++ -O3 -o inl inl.cc
$ nm --dynamic inl
                 w _Jv_RegisterClasses
                 w __gmon_start__
                 U __libc_start_main
```

No ha quedado ningún símbolo reconocible. El montador ha optimizado el ejecutable para que solo contenga los símbolos utilizados. ¿Y si un plugin necesita la función sum()? La respuesta la conocemos, aunque no conocíamos los detalles, basta montar con la opción -rdynamic:

```
$ g++ -O3 -rdynamic -o inl inl.cc
$ nm --dynamic inl
00000000004008d8 R _IO_stdin_used
                 w _Jv_RegisterClasses
0000000000400720 T _Z3sumPij
0000000000600c00 A __bss_start
0000000000600bf0 D __data_start
                 w __gmon_start__
00000000004007f0 T __libc_csu_fini
0000000000400800 T __libc_csu_init
                 U __libc_start_main
0000000000600c00 A _edata
0000000000600c10 A _end
00000000004008c8 T _fini
00000000004005f8 T _init
0000000000400638 T _start
0000000000600bf0 W data_start
0000000000400630 T main
```

Si el código está en una biblioteca dinámica el montador no eliminará los símbolos porque no puede determinar si se usarán en el futuro. Sin embargo algunas funciones solo serán necesarias en un archivo concreto. En ese caso pueden declararse como static, lo que evita que se exporte el símbolo.

 La palabra static es seguramente la palabra clave más sobrecargada de C++. Aplicado a las funciones o las variables globales quiere decir que el símbolo no se exporta. Aplicado a un método quiere decir que se trata de un método de clase, no aplicado a una instancia concreta. Aplicado a una variable local quiere decir que se almacena en la zona de datos estáticos.

Listado 4.6: Esta biblioteca solo exporta la función sum10().

```
1  static int sum(int* a, unsigned size)
2  {
3      int ret = 0;
4      for (int i=0; i<size; ++i) ret += a[i];
5      return ret;
6  }
7
8  int sum10(int* a)
9  {
10     return sum(a,10);
11 }
```

La expansión en línea de las funciones no siempre produce un código óptimo. Para ilustrar este punto vamos a utilizar un ejemplo ya conocido de la sección anterior. En dicha sección describíamos un caso de optimización de git de Ingo Molnar. Simplificando al máximo el caso se trataba del siguiente fragmento de código:

Listado 4.7: Funciones críticas en la ejecución de git gc.

```
1  #include <string.h>
2
3  static inline int hashcmp(const char *sha1, const char *sha2)
4  {
5      return memcmp(sha1, sha2, 20);
6  }
7
8  extern const char null_sha1[20] __attribute__((aligned(8)));
9  static inline int is_null_sha1(const char *sha1)
10 {
11     return !hashcmp(sha1, null_sha1);
12 }
13
14
15 int ejemplo(char* sha1, char* index, unsigned mi)
16 {
17         int cmp, i;
18         for (i=0; i<mi; ++i) {
19                 cmp = hashcmp(index + i * 1024, sha1);
20                 if (cmp == 0) return 0;
21         }
22         return cmp;
23 }
```

Estas funciones, que eran expandidas en línea por el compilador, exhibían un comportamiento anómalo con respecto a los ciclos de estancamiento y a la predicción de saltos. Por lo que Ingo propone la siguiente optimización:

Listado 4.8: Optimización de funciones críticas en la ejecución de git gc.

```
1  static inline int hashcmp(const char *sha1, const char *sha2)
2  {
3      int i;
4
5      for (i = 0; i < 20; i++, sha1++, sha2++) {
6          if (*sha1 != *sha2)
7              return *sha1 - *sha2;
8      }
9      return 0;
10 }
11
12 extern const char null_sha1[20];
13 static inline int is_null_sha1(const char *sha1)
14 {
15     return !hashcmp(sha1, null_sha1);
16 }
17
18 int ejemplo(char* sha1, char* index, unsigned mi)
19 {
20         int cmp, i;
21         for (i=0; i<mi; ++i) {
22                 cmp = hashcmp(index + i * 1024, sha1);
23                 if (cmp == 0) return 0;
24         }
25         return cmp;
26 }
```

Lo interesante de este caso de estudio es que partió de un análisis con el perfilador que determinaba que la función `memcmp()` era subóptima para comparaciones cortas. La función `memcmp()` se expandía automáticamente en línea en forma de un puñado de instrucciones ensamblador. Una de ellas, `repz cmpsb`, era identificada como la culpable del problema. Actualmente ni `gcc-4.6` ni `clang` expanden automáticamente la función `memcmp()`. Por tanto el resultado es bien distinto. Empleando `perf stat -r 100 -e cycles:u` se obtienen los resultados que muestra la tabla 4.3.

Compilador	Ciclos	Ciclos Opt.	Mejora
`gcc-4.6`	192458	190022	1,3 %
`clang-3.0`	197163	198232	-0,5 %
`llvm-gcc-4.6`	189164	191826	-1,4 %

Tabla 4.3: Resultados de la optimización de Ingo Molnar con compiladores actuales (100 repeticiones).

El mejor resultado lo obtiene `llvm-gcc` con el caso sin optimizar. El caso de `clang` genera resultados absolutamente comparables, dentro de los márgenes de error de `perf`. En cualquiera de los casos el resultado es mucho menos significativo que los resultados que obtuvo Ingo Molnar. Una optimización muy efectiva en un contexto puede no ser tan efectiva en otro, y el contexto es siempre cambiante (nuevas versiones de los compiladores, nuevas arquitecturas, etc.).

4.2.3. Eliminación de copias

En la mayor parte del estándar de C++ se suele indicar que el compilador tiene libertad para optimizar siempre que el resultado se comporte *como si* esas optimizaciones no hubieran tenido lugar. Sin embargo el estándar permite además un rango de optimizaciones muy concreto pero con gran impacto en prestaciones, que pueden cambiar el comportamiento de un programa. En [32], sección 12.8, § 32 introduce la noción de *copy elision*. Lo que sigue es una traducción literal del estándar.

Cuando se cumplen determinados criterios una implementación puede omitir la llamada al constructor de copia o movimiento de un objeto, incluso cuando el constructor y/o destructor de dicho objeto tienen efectos de lado. En estos casos la implementación simplemente trata la fuente y el destino de la operación de copia o movimiento omitida como dos formas diferentes de referirse al mismo objeto, y la destrucción de dicho objeto ocurre cuando ambos objetos hubieran sido destruidos sin la optimización. Esta elisión de las operaciones de copia o movimiento, denominada elisión de copia, se permite en las siguientes circunstancias (que pueden ser combinadas para eliminar copias múltiples):

- *En una sentencia* return *de una función cuyo tipo de retorno sea una clase, cuando la expresión es el nombre de un objeto automático no volátil (que no sea un parámetro de función o un parámetro de una cláusula* catch*) con el mismo tipo de retorno de la función (que no puede ser* const *ni* volatile*), la operación de copia o movimiento puede ser omitida mediante la construcción directa del objeto automático en el propio valor de retorno de la función.*

- *En una expresión* throw*, cuando el operando es el nombre de un objeto automático no volátil (que no sea un parámetro de función o un parámetro de una cláusula* catch*) cuyo ámbito de declaración no se extienda más allá del final del bloque* try *más interior que contenga a dicha ex-*

presión (si es que existe), la operación de copia o movimiento desde el operando hasta el objeto excepción puede ser omitida mediante la construcción del objeto automático directamente sobre el objeto excepción.

- *Cuando un objeto temporal de clase que no ha sido ligado a una referencia sería copiado o movido a un objeto con la misma calificación de const/volatile, la operación de copia o movimiento puede ser omitida construyendo el temporal directamente sobre el destino de la copia o movimiento.*

- *Cuando la declaración de excepción en una clausula catch declara un objeto del mismo tipo (salvo por modificadores const o volatile) como el objeto excepción, la operación de copia o movimiento puede ser omitida tratando la declaración de excepción como un alias del objeto excepción siempre que el significado del programa no sea cambiado salvo por la ejecución de constructores y destructores del objeto de la declaración de excepción.*

```
1     class Thing {
2       public:
3       Thing();
4       ~Thing();
5       Thing(const Thing&);
6     };
7
8     Thing f() {
9       Thing t;
10      return t;
11    }
12
13    Thing t2 = f();
```

Aquí los criterios de elisión pueden combinarse para eliminar dos llamadas al constructor de copia de Thing: la copia del objeto automático local t en el objeto temporal para el valor de retorno de la función f() y la copia de ese objeto temporal al objeto t2. Por tanto la construcción del objeto local t puede verse como la inicialización directa del objeto t2, y la destrucción de dicho objeto tendrá lugar al terminar el programa. Añadir un constructor de movimiento a Thing tiene el mismo efecto, en cuyo caso es el constructor de movimiento del objeto temporal a t2 el que se elide.

Copy elision es un concepto que incluye dos optimizaciones frecuentes en compiladores de C++: RVO (tercera circunstancia contemplada en el estándar) y NRVO (Named Return Value Optimization) (primera circunstancia contemplada en el estándar).

4.2.4.   Volatile

Las optimizaciones del compilador pueden interferir con el funcionamiento del programa, especialmente cuando necesitamos comunicarnos con periféricos. Así por ejemplo, el compilador es libre de reordenar y optimizar las operaciones mientras mantenga una equivalencia funcional. Así, por ejemplo este caso se encuentra no pocas veces en código de videojuegos caseros para consolas.

```
1  void reset(unsigned& reg)
2  {
3    reg = 1;
4    for(int i=0; i<1000000; ++i);
5    reg = 0;
6  }
```

El programador piensa que el bucle implementa un retardo y por tanto la función permite generar un pulso en el bit menos significativo. Compilando el ejemplo con máximo nivel de optimización obtenemos lo siguiente:

```
1  _Z5resetRj:
2          movl    $0, (%rdi)
3          ret
```

El compilador ha eliminado todo hasta el punto de que ni siquiera escribe el pulso. Una forma sencilla de corregir este comportamiento es declarar el contador i y el registro reg como volatile. Esto indica al compilador que no debe hacer optimizaciones con respecto a esas variables. Otra forma sería sustituir el bucle de espera por una llamada a función (por ejemplo usleep(10)).

4.3. Conclusiones

La optimización de programas es una tarea sistemática, pero a la vez creativa. Toda optimización parte de un análisis cuantitativo previo, normalmente mediante el uso de perfiladores. Existe un buen repertorio de herramientas que nos permite caracterizar las mejores oportunidades, pero no todo lo que consume tiempo está en nuestra mano cambiarlo. Las mejores oportunidades provienen de la re-estructuración de los algoritmos o de las estructuras de datos.

Por otro lado el programador de videojuegos deberá optimizar para una plataforma o conjunto de plataformas que se identifican como objetivo. Algunas de las optimizaciones serán específicas para estas plataformas y deberán re-evaluarse cuando el entorno cambie.

Capítulo 5

Validación y Pruebas

David Villa Alises

L a programación, igual que cualquier otra disciplina técnica, debería ofrecer garantías sobre los resultados. La formalización de algoritmos ofrece garantías indiscutibles y se utiliza con éxito en el ámbito de los algoritmos numéricos y lógicos. Sin embargo, el desarrollo de software en muchos ámbitos está fuertemente ligado a requisitos que provienen directamente de necesidades de un cliente. En la mayoría de los casos, esas necesidades no se pueden formalizar dado que el cliente expresa habitualmente requisitos ambiguos o incluso contradictorios. El desarrollo de software no puede ser ajeno a esa realidad y debe integrar al cliente de forma que pueda ayudar a validar, refinar o rectificar la funcionalidad del sistema durante todo el proceso.

Un programador responsable comprueba que su software satisface los requisitos del cliente, comprueba los casos típicos y se asegura que los errores detectados (ya sea durante el desarrollo o en producción) se resuelven y no vuelven a aparecer. Es imposible escribir software perfecto (a día de hoy) pero un programador realmente profesional escribe código limpio, legible, fácil de modificar y adaptar a nuevas necesidades. En este capítulo veremos algunas técnicas que pueden ayudar a escribir código más limpio y robusto.

5.1. Programación defensiva

La expresión «programación defensiva» se refiere a las técnicas que ayudan al programador a evitar, localizar y depurar fallos, especialmente aquellos que se producen en tiempo de ejecución. En muchas situaciones, especialmente con lenguajes como C y C++, el programa puede realizar una operación ilegal que puede terminar con la ejecución del proceso por parte del sistema operativo. El caso más conocido en este sentido se produce cuando se dereferencia un puntero que apunta a memoria fuera de los límites reservados para ese proceso: el resultado es el fatídico mensaje *segmentation fault* (abreviado como SEGFAULT). Cuando esa situación no ocurre en todos los casos sino que aparece esporádicamente, encontrar la causa del problema puede ser realmente complicado y puede llevar mucho tiempo. Para este tipo de problemas la depuración *postmortem* es una gran ayuda, pero antes de llegar a la autopsia, hay algunas medidas preventivas que podemos tomar: el control de invariantes.

En programación, una invariante es un predicado que asumimos como cierto antes, durante y después de la ejecución de un bloque de código (típicamente una función o método). Definir invariantes en nuestras funciones puede ahorrar mucho tiempo de depuración porque tenemos garantías de que el problema está limitado al uso correcto de la función que corresponda.

Muy ligado al concepto de invariante existe una metodología denominada «diseño por contrato». Se trata de un método para definir la lógica de una función, objeto u otro componente de modo que su interfaz no depende solo de los tipos de sus parámetros y valor de retorno. Se añaden además predicados que se evalúan antes (pre-condiciones) y después (post-condiciones) de la ejecución del bloque de código. Así, la interfaz de la función es mucho más rica, el valor del parámetro además de ser del tipo especificado debe tener un valor que cumpla con restricciones inherentes al problema.

Listado 5.1: Una función que define una *invariante* sobre su parámetro

```
1  double sqrt(double x) {
2    assert(x >= 0);
3    [...]
4  }
```

Normalmente el programador añade comprobaciones que validan los datos de entrada procedentes de la interfaz con el usuario. Se trata principalmente de convertir y verificar que los valores obtenidos se encuentran dentro de los rangos o tengan valores según lo esperado. Si no es así, se informa mediante la interfaz de usuario que corresponda. Sin embargo, cuando se escribe una función que va a ser invocada desde otra parte, no se realiza una validación previa de los datos de entrada ni tampoco de los producidos por la función. En condiciones normales podemos asumir que la función va a ser invocada con los valores correctos, pero ocurre que un error en la lógica del programa o un simple error-por-uno puede implicar que utilicemos incorrectamente nuestras propias funciones, provocando errores difíciles de localizar.

 «Error por uno»: Se denomina así a los errores (*bugs*) debidos a comprobaciones incorrectas ('>' por '>=', '<' por '<=' o viceversa), en la indexación de vectores en torno a su tamaño, iteraciones de bucles, etc. Estos casos deben ser objeto de testing concienzudo.

La herramienta más simple, a la vez que potente, para definir invariantes, pre-condiciones o post-condiciones es la función assert()[1], que forma parte de la librería estándar de prácticamente todos los lenguajes modernos. assert() sirve, tal como indica su nombre, para definir aserciones, que en el caso de C++ será toda expresión que pueda ser evaluada como cierta.

---

[1]En C++. la función assert() se encuentra en el fichero de cabecera <cassert>.

El siguiente listado es un ejemplo mínimo de usa aserción. Se muestra también el resultado de ejecutar el programa cuando la aserción falla:

Listado 5.2: assert-argc.cc: Un ejemplo sencillo de assert()

```
1  #include <cassert>
2
3  int main(int argc, char *argv[]) {
4      assert(argc == 2);
5      return 0;
6  }
```

```
$ ./assert-argc hello
$ ./assert-argc
assert-argc: assert-argc.cc:4: int main(int, char**): Assertion 'argc == 2' failed.
Abortado
```

Veamos algunos usos habituales de assert()

- Validar los parámetros de una función (pre-condiciones). Por ejemplo, comprobar que una función recibe un puntero no nulo:

```
1  void Inventory::add(Weapon* weapon) {
2      assert(weapon);
3      [...]
4  }
```

- Comprobar que el estado de un objeto es consistente con la operación que se está ejecutando, ya sea como pre-condición o como post-condición.

- Comprobar que un algoritmo produce resultados consistentes. Este tipo de post-condiciones se llaman a menudo *sanity checks*.

- Detectar condiciones de error irrecuperables.

```
1  void Server::bind(int port) {
2      assert(port > 1024);
3      assert(not port_in_use(port));
4      [...]
5  }
```

5.1.1. Sobrecarga

Las aserciones facilitan la depuración del programa porque ayudan a localizar el punto exacto donde se desencadena la inconsistencia. Por eso deberían incluirse desde el comienzo de la implementación. Sin embargo, cuando el programa es razonablemente estable, las aserciones siempre se cumplen (o así debería ser). En una versión de producción las aserciones ya no son útiles[2] y suponen una sobrecarga que puede afectar a la eficiencia del programa.

---

[2]Por contra, algunos autores como Tony Hoare, defienden que en la versión de producción es dónde más necesarias son las aserciones.

Obviamente, eliminar «a mano» todas las aserciones no parece muy cómodo. La mayoría de los lenguajes incorporan algún mecanismo para desactivarlas durante la compilación. En C/C++ se utiliza el preprocesador. Si la constante simbólica NDEBUG está definida la implementación de assert() (que en realidad es una macro de preprocesador) se substituye por una sentencia vacía de modo que el programa que se compila realmente no tiene absolutamente nada referente a las aserciones.

En los casos en los que necesitamos hacer aserciones más complejas, que requieran variables auxiliares, podemos aprovechar la constante NDEBUG para eliminar también ese código adicional cuando no se necesite:

```
1  [...]
2  #ifndef NDEBUG
3  vector<int> values = get_values();
4  assert(values.size());
5  #endif
```

Aunque esta contante se puede definir simplemente con #define NDEBUG, lo más cómodo y aconsejable es utilizar el soporte que los compiladores suelen ofrecer para definir contantes en línea de comandos. En el caso de g++ se hace así:

```
$ g++ -DNDEBUG main.cc
```

Definir la constante en el código, aparte de ser incómodo cuando se necesita activar/desactivar con frecuencia, puede ser confuso porque podría haber ficheros que se preprocesan antes de que la constante sea definida.

5.2.   Desarrollo ágil

El desarrollo ágil de software trata de reducir al mínimo la burocracia típica de las metodologías de desarrollo tradicionales. Se basa en la idea de que «el software que funciona es la principal medida de progreso». El desarrollo ágil recoge la herencia de varías corrientes de finales de los años 90 como Scrum o la programación extrema y todas esas ideas se plasmaron en el llamado *manifiesto ágil*:

> Estamos descubriendo formas mejores de desarrollar software tanto por nuestra propia experiencia como ayudando a terceros. A través de este trabajo hemos aprendido a valorar:
>
> - *Individuos e interacciones* sobre procesos y herramientas.
> - *Software funcionando* sobre documentación extensiva.
> - *Colaboración con el cliente* sobre negociación contractual.
> - *Respuesta ante el cambio* sobre seguir un plan.
>
> Esto es, aunque valoramos los elementos de la derecha, valoramos más los de la izquierda.

Las técnicas de desarrollo ágil pretenden entregar valor al cliente pronto y a menudo, es decir, priorizar e implementar las necesidades expresadas por el cliente para ofrecerle un producto que le pueda resultar útil desde el comienzo. También favorecen la adopción de cambios importantes en los requisitos, incluso en las últimas fases del desarrollo.

5.3. TDD

Una de las técnicas de desarrollo ágil más efectiva es el Desarrollo Dirigido por Pruebas o TDD (Test Driven Development). La idea básica consiste en empezar el proceso escribiendo pruebas que representen directamente requisitos del cliente. Algunos autores creen que el término «ejemplo» describe mejor el concepto que «prueba». Una prueba es un pequeño bloque de código que se ejecuta sin ningún tipo de interacción con el usuario (ni entrada ni salida) y que determina de forma inequívoca (la prueba pasa o falla) si el requisito correspondiente se está cumpliendo.

En el desarrollo de software tradicional las pruebas se realizan una vez terminado el desarrollo asumiendo que desarrollo y pruebas son fases estancas. Incluso en otros modelos como el iterativo, en espiral o el prototipado evolutivo las pruebas se realizan después de la etapa de diseño y desarrollo, y en muchas ocasiones por un equipo de programadores distinto al que ha escrito el código.

Figura 5.1: Kent Beck, uno de los principales creadores de *eXtreme programing*, TDD y los métodos ágiles.

5.3.1. Las pruebas primero

Con TDD la prueba es el primer paso que desencadena todo el proceso de desarrollo. En este sentido, las pruebas no son una mera herramienta de *testing*. Las pruebas se utilizan como un medio para capturar y definir con detalle los requisitos del usuario, pero también como ayuda para obtener un diseño consistente evitando añadir complejidad innecesaria. Hacer un desarrollo dirigido por pruebas acota el trabajo a realizar: si todas las pruebas pasan, el programa está terminado, algo que puede no resultar trivial con otros modelos de desarrollo.

Este proceso resulta muy útil para evitar malgastar tiempo y esfuerzo añadiendo funcionalidad que en realidad no se ha solicitado. Este concepto se conoce como YAGNI (You Ain't Gonna Need It) y aunque a primera vista pueda parecer una cuestión trivial, si se analiza detenidamente, puede suponer un gran impacto en cualquier proyecto. Es frecuente que los programadores entusiastas y motivados por la tarea acaben generando un diseño complejo plasmado en una gran cantidad de código difícil de mantener, mejorar y reparar.

5.3.2. rojo, verde, refactorizar

Cada uno de los requisitos identificados debe ser analizado hasta obtener una serie de escenarios que puedan ser probados de forma independiente. Cada uno de esos escenarios se convertirá en una prueba. Para cada uno de ellos:

- Escribe la prueba haciendo uso de las interfaces del sistema (¡es probable que aún no existan!) y ejecútala. La prueba debería fallar y debes comprobar que es así (**rojo**).

- A continuación escribe el código de producción mínimo necesario para que la prueba pase (**verde**). Ese código «mínimo» debe ser solo el imprescindible, lo más simple posible, hasta el extremo de escribir métodos que simplemente retornan el valor que la prueba espera[3]. Eso ayuda a validar la interfaz y confirma que la prueba está bien especificada. Pruebas posteriores probablemente obligarán a modificar el código de producción para que pueda considerar todas las posibles situaciones. A esto se le llama «triangulación» y es la base de TDD: Las pruebas dirigen el diseño.

- Por último **refactoriza** si es necesario. Es decir, revisa el código de producción y elimina cualquier duplicidad. También es el momento adecuado para renombrar tipos, métodos o variables si ahora se tiene más claro cuál es su objetivo real. Por encima de cualquier otra consideración el código debe expresar claramente la *intención del programador*. Es importante refactorizar tanto el código de producción como las propias pruebas.

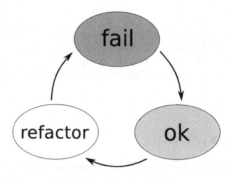

Figura 5.2: Algoritmo TDD

Este sencillo método de trabajo (el algoritmo TDD) favorece que los programadores se concentren en lo que realmente importa: satisfacer los requisitos del usuario. También ayuda al personal con poca experiencia en el proyecto a decidir *cuál es el próximo paso* en lugar de divagar o tratando de «mejorar» el programa añadiendo funcionalidades no solicitadas.

Por supuesto, TDD no es la panacea (nada lo es). La experiencia y la profesionalidad del programador son clave para obtener un buen resultado, igual que en cualquier otra metodología. Algunos críticos arguyen que la «triangulación» y el diseño emergente son esencialmente fantasía. Raramente producen un diseño de calidad por si mismos, salvo para problemas muy simples.

Obviamente ninguna metodología conocida nos permite a los programador apagar el cerebro. Incluso admitiendo esas críticas cómo ciertas, TDD resulta muy útil para establecer un método de desarrollo sistemático. En resumen, ayuda a decidir «qué es lo siguiente» y proporciona una disciplina para crear código más limpio y probado.

---

[3] Kent Beck se refiere a esto con la expresión "Fake it until make it".

5.4. Tipos de pruebas

Hay muchas formas de clasificar las pruebas, y todo lo referente al *testing* tradicional es aplicable aquí, aunque quizá de un modo diferente: pruebas de caja negra y blanca, pruebas de aceptación, integración, sistema, unitarias y largo etcétera. En el contexto de las metodologías ágiles podemos concretar los siguientes tipos de pruebas [11]:

De aceptación Idealmente debería estar especificado por el cliente o al menos por un analista con la ayuda del cliente. Se expresa en términos del dominio de la aplicación, sin detalles de implementación. Esto incluye los test no funcionales, es decir, aquellos que expresan requisitos no relacionados con los resultados obtenidos sino sobre cuestiones como tiempo de ejecución, consumo de energía, etc.

De sistema Es un test que utiliza el sistema completo, desde el interfaz de usuario hasta la base de datos, y lo hace del mismo modo que lo harían los usuarios reales. Son pruebas muy frágiles, es decir, pequeños cambios sin relación aparente pueden hacer fallar la prueba aunque funcionalmente el sistema sea correcto.

Unitarios Se utilizan para probar un único componente del sistema: un método o función, y para unas condiciones concretas (un escenario). La validación se puede hacer bien comprobando el estado final conocido el estado inicial o por la interacción entre el componente que se está probando y sus colaboradores.

Desde el punto de vista ágil hay una pauta clara: las pruebas se escriben para ejecutarse, y debería ocurrir tan a menudo como sea posible. Lo ideal sería ejecutar todas las pruebas después de cada cambio en cualquier parte de la aplicación. Obviamente eso resulta prohibitivo incluso para aplicaciones pequeñas. Hay que llegar a una solución de compromiso. Por este motivo, las pruebas unitarias son las más importantes. Si están bien escritas, las pruebas unitarias se deberían poder ejecutar en muy pocos segundos. Eso permite que, con los frameworks y herramientas adecuadas se pueda lanzar la batería de pruebas unitarias completa mientras se está editando el código (sea la prueba o el código de producción).

Para que una prueba se considere unitaria no basta con que esté escrita en un framework xUnit, debe cumplir los principios FIRST [40], que es un acrónimo para:

Fast Las pruebas unitarias deberían ser muy rápidas. Como se ha dicho, todas las pruebas unitarias de la aplicación (o al menos del módulo) deberían ejecutarse en menos de 2–3 segundos.

Independent Cada prueba debe poder ejecutarse por separado o en conjunto, y en cualquier orden, sin que eso afecte al resultado.

Repeatable La prueba debería poder ejecutarse múltiples veces dando siempre el mismo resultado. Por este motivo no es buena idea incorporar aleatoriedad a los tests. También implica que la prueba debe poder funcionar del mismo modo en entornos distintos.

Self-validating La prueba debe ofrecer un resultado concreto: pasa o falla, sin que el programador tenga que leer o interpretar un valor en pantalla o en un fichero.

Timely El test unitario debería escribirse justo cuando se necesite, es decir, justo antes de escribir el código de producción relacionado, ni antes ni después.

En cuanto al resto de las pruebas: sistema, integración y aceptación; deberían ejecutarse al menos una vez al día. Existe toda una disciplina, llamada «integración continua» que trata sobre la compilación, integración y prueba de todo el sistema de forma totalmente automática, incluyendo la instalación de dependencias e incluso el empaquetado y despliegue. Esta operación puede hacerse cada vez que un programador añade nuevo código al repositorio o bien una vez al día si la aplicación es muy grande. El objetivo es disponer de información precisa y actualizada sobre el estado de la aplicación en su conjunto y sobre los requisitos que está cumpliendo.

5.5.   Pruebas unitarias con google-tests

En esta sección veremos un ejemplo de TDD intencionadamente simple para crear la función `factorial()`[4]. Para ello vamos a utilizar el framework de pruebas google-tests (gtest). El primer test prueba que el resultado de `factorial(0)` es 1:

Listado 5.3: `factorial-test.cc`: Pruebas para `factorial()`

```
1  #include "gtest/gtest.h"
2  #include "factorial.h"
3
4  TEST(FactorialTest, Zero) {
5    EXPECT_EQ(1, factorial(0));
6  }
```

Se incluye el archivo de cabecera de gtest (línea 1) donde están definidas las macros que vamos a utilizar para definir las pruebas. La línea 4 define una prueba llamada Zero mediante la macro TEST para el caso de prueba (*TestCase*) FactorialTest. La línea 5 especifica una expectativa: el resultado de invocar factorial(0) debe ser igual a 1.

Además del fichero con la prueba debemos escribir el código de producción, su fichero de cabecera y un Makefile. Al escribir la expectativa ya hemos decidido el nombre de la función y la cantidad de parámetros (aunque no el tipo). Veamos estos ficheros:

Listado 5.4: Escribiendo `factorial()` con TDD: Makefile

```
1  CC=$(CXX)
2  CXXFLAGS=-I/usr/src/gtest -pthread
3  LDFLAGS=-pthread -lpthread
4
5  all: factorial-test
6
7  factorial-test: factorial-test.o factorial1.o gtest_main.a
8
9  gtest_main.a: gtest-all.o gtest_main.o
10     ar rv $@ $^
11
12 gtest%.o: /usr/src/gtest/src/gtest%.cc
13     g++ $(CXXFLAGS) -c $<
14
15 clean:
16     $(RM) factorial-test *.o *~
17     $(RM) *.a
```

---
[4]Inspirado en el primer ejemplo del tutorial de GTests.

Listado 5.5: Escribiendo `factorial()` con TDD: `factorial.h`

```
1  int factorial(int n);
```

Y el código de producción mínimo para pasar la prueba:

Listado 5.6: Escribiendo `factorial()` con TDD: `factorial.cc` (1)

```
1  #include "factorial.h"
2
3  int factorial(int n) {
4    return 1;
5  }
```

Compilamos y ejecutamos el binario obtenido:

```
$ make
g++ -c -o factorial.o factorial.cc
g++ factorial-test.o factorial.o -lpthread -lgtest -lgtest_main -o factorial-test
$ ./factorial-test
Running main() from gtest_main.cc
[==========] Running 1 test from 1 test case.
[----------] Global test environment set-up.
[----------] 1 test from FactorialTest
[ RUN      ] FactorialTest.Zero
[       OK ] FactorialTest.Zero (0 ms)
[----------] 1 test from FactorialTest (0 ms total)

[----------] Global test environment tear-down
[==========] 1 test from 1 test case ran. (0 ms total)
[  PASSED  ] 1 test.
```

Esta primera prueba no la hemos visto fallar porque sin el fichero de producción ni siquiera podríamos haberla compilado. Añadamos ahora un segundo caso de prueba al fichero:

Listado 5.7: `factorial-test.cc`: Pruebas para `factorial()`

```
1  TEST(FactorialTest, Positive) {
2    EXPECT_EQ(1, factorial(1));
3    EXPECT_EQ(2, factorial(2));
4  }
```

Como es lógico, la expectativa de la línea 2 también pasa ya que el resultado es el mismo que para la entrada 0. Veamos el resultado:

```
1  $ ./factorial-test
2  Running main() from gtest_main.cc
3  [==========] Running 2 tests from 1 test case.
4  [----------] Global test environment set-up.
5  [----------] 2 tests from FactorialTest
6  [ RUN      ] FactorialTest.Zero
7  [       OK ] FactorialTest.Zero (0 ms)
8  [ RUN      ] FactorialTest.Positive
9  factorial-test.cc:10: Failure
10 Value of: factorial(2)
11   Actual: 1
12 Expected: 2
13 [  FAILED  ] FactorialTest.Positive (0 ms)
14 [----------] 2 tests from FactorialTest (0 ms total)
15
```

```
16 [----------] Global test environment tear-down
17 [==========] 2 tests from 1 test case ran. (0 ms total)
18 [  PASSED  ] 1 test.
19 [  FAILED  ] 1 test, listed below:
20 [  FAILED  ] FactorialTest.Positive
21  1 FAILED TEST
```

El resultado nos indica la prueba que ha fallado (línea 8), el valor obtenido por la llamada (línea 11) y el esperado (línea 12).

A continuación se debe modificar la función factorial() para que cumpla la nueva expectativa. Después escribir nuevas pruebas que nos permitan comprobar que la función cumple con su cometido para unos cuantos casos representativos.

5.6.   Dobles de prueba

TDD, y el *agilismo* en general, está muy relacionada con la orientación a objetos, y en muchos sentidos se asume que estamos haciendo un diseño orientado a objetos prácticamente en todos los casos.

La mayoría de los lenguajes de programación que soportan la orientación a objetos tienen herramientas para conseguir encapsulación y ocultación. La ocultación (el hecho de no exponer los detalles de implementación de la clase) resulta crucial en un diseño orientado a objetos porque proporciona «sustituibilidad», en relación a LSP (Liskov Substitution Principle). Pero la ocultación dificulta la definición de pruebas en base a aserciones sobre de estado porque el estado del objeto está definido por el valor de sus atributos, y sus atributos no deberían estar expuestos. Si tuviéramos acceso a todos los atributos del objeto (sea con *getters* o porque directamente sean públicos) sería una pista de un mal diseño.

Debido a ello, suele ser más factible definir la prueba haciendo aserciones sobre la interacción que el objeto que se está probando (el SUT (Subject Under Test)[5]) realiza con sus colaboradores, es decir, a través se sus interfaces. El problema de usar un colaborador real es que éste tendrá a su vez otros colaboradores de modo que es probable que para probar un único método necesitemos montar gran parte de la aplicación. Como lo que queremos es instanciar lo mínimo posible del sistema real podemos recurrir a los dobles[6] de prueba.

Un doble de prueba es un objeto capaz de simular la interfaz que un determinado colaborador ofrece al SUT, pero que realmente no implementa nada de lógica. El doble (dependiendo de su tipo) tiene utilidades para comprobar qué métodos y parámetros usó el SUT cuando invocó al doble.

Un requisito importante para poder realizar pruebas con dobles es que las clases de nuestra aplicación permitan «inyección de dependencias». Consiste en pasar (inyectar) las instancias de los colaboradores (dependencias) que el objeto necesitará durante la vida de la instancia. Pero no estamos hablando de un requisito impuesto por las pruebas, se trata de otro de los principios SOLID (SRP, OCP, LSP, ISP, DIP), en concreto DIP (Dependency Inversion Principle), algo que debería cumplir todo diseño OO (Orientación a Objetos).

---

[5] SUT: Subject Under Test
[6] Son «dobles» en el mismo sentido que los actores que ruedan las escenas arriesgadas en el cine.

SOLID[7] es una serie de 5 principios esenciales para conseguir diseños orientados a objetos de calidad. Estos son:

SRP — Single Responsibility
OCP — Open Closed
LSP — Liskov Substitution
ISP — Interface Segregation
DIP — Dependency Inversion

Aunque hay cierta confusión con la terminología, hay bastante consenso en distinguir al menos entre los siguientes tipos de dobles:

Fake Es una versión rudimentaria del objeto de producción. Funcionalmente equivalente, pero tomando atajos que no serían admisibles en el código final. Por ejemplo, una base de datos cuya persistencia es un diccionario en memoria.

Stub Devuelve valores predefinidos para los métodos que el SUT va a invocar. Se trata de un colaborador que «le dice al SUT lo que necesita oir» pero nada más.

Mock El mock se programa con una serie de expectativas (invocaciones a sus métodos) que deberían ocurrir durante la ejecución de la prueba. Si alguna de esas llamadas no se produce, u ocurre en una forma diferente a lo esperado, la prueba fallará.

Spy El spy es un objeto que registra todas las invocaciones que se hacen sobre él. Después de utilizado, se pueden hacer aserciones para comprobar que ciertas llamadas a sus métodos ocurrieron. A diferencia del mock, puede haber recibido otras invocaciones además de las que se comprueban y el comportamiento sigue siendo correcto.

 Una regla básica: Nunca se deben crear dobles para clases implementadas por terceros, sólo para clases de la aplicación que se está desarrollando.

5.7. Dobles de prueba con google-mock

En esta sección veremos un ejemplo muy simple de uso con google-mock, el framework de dobles C++ que complementa a google-test. Vamos a implementar el método `notify()` de la clase `Observable` (también llamada `Subject`) del patrón *observador*.

Los primeros ficheros que se muestran son el fichero de cabecera `observable.h`:

Listado 5.8: Patrón observador con TDD: `observable.h`

```
1   #ifndef _OBSERVABLE_H_
2   #define _OBSERVABLE_H_
3
4   #include <vector>
5   #include "observer.h"
6
7   class Observable {
8     std::vector<Observer*> observers;
9   public:
10    void attach(Observer* observer);
11    void detach(Observer* observer);
12    void notify(void);
13  };
14
15  #endif
```

Y el fichero de implementación `observable.cc`:

Listado 5.9: Patrón observador con TDD: `observable.cc`

```
1   #include <algorithm>
2   #include <functional>
3
4   #include "observable.h"
5   #include "observer.h"
6
7   void
8   Observable::attach(Observer* observer) {
9     observers.push_back(observer);
10  }
11
12  void
13  Observable::detach(Observer* observer) {
14    observers.erase(find(observers.begin(), observers.end(),
15                observer));
16  }
17
18  void
19  Observable::notify(void) {
20    observers[0]->update();
21  }
```

Para escribir un test que pruebe el método `notify()` necesitamos un *mock* para su colaborador (el *observador*). El siguiente listado muestra la interfaz que deben implementar los observadores:

Listado 5.10: Patrón observador con TDD: `observer.h`

```
1   #ifndef _OBSERVER_H_
2   #define _OBSERVER_H_
3
4   class Observer {
5   public:
6     virtual void update(void) = 0;
7     virtual ~Observer() {}
8   };
9
10  #endif
```

Con ayuda de google-mock escribimos el *mock* para este colaborador:

Listado 5.11: Patrón observador con TDD: mock-observer.h

```
1  #ifndef MOCK_OBSERVER_H
2  #define MOCK_OBSERVER_H
3
4  #include <gmock/gmock.h>
5  #include "observer.h"
6
7  class MockObserver : public Observer {
8  public:
9    MOCK_METHOD0(update, void());
10 };
11
12 #endif
```

Lo interesante aquí es la definición del método *mockeado* en la línea 9. La macro MOCK_METHOD0 indica que es para un método sin argumentos llamado update() que devuelve void. Aunque podemos escribir este fichero *a mano* sin demasiados problemas, existe una herramienta llamada gmock_gen que los genera automáticamente a partir de los ficheros de declaración de las clases.

Es hora de escribir la prueba. Vamos a comprobar que si tenemos un *observable* con un *observador* registrado e invocamos su método notify() el método update() del observador se ejecuta una vez (y solo una).

Listado 5.12: Patrón observador con TDD: observable-tests.cc

```
1  #include <gmock/gmock.h>
2  #include <gtest/gtest.h>
3
4  #include "observable.h"
5  #include "mock-observer.h"
6
7  TEST(ObserverTest, UpdateObserver) {
8    MockObserver observer;
9    EXPECT_CALL(observer, update()).Times(1);
10
11   Observable observable;
12   observable.attach(&observer);
13
14   observable.notify();
15 }
```

En la prueba creamos el doble para el observer (línea 8) y creamos la expectativa (línea 9). Después creamos el observable (línea 11) y registramos el observador (línea 12). Por último invocamos el método notify() (línea 14).

También necesitamos un `Makefile` para compilar y ejecutar la prueba:

Listado 5.13: Patrón observador con TDD: `Makefile`

```
 1  GMOCK_DIR = gmock
 2  GTEST_DIR = gmock/gtest
 3
 4  CC        = g++
 5  CXXFLAGS  = -I $(GTEST_DIR)/include -I $(GTEST_DIR) -I $(GMOCK_DIR)/include -I $(GMOCK_DIR) -
        pthread -std=c++11
 6  LDLIBS    = -pthread -lpthread
 7
 8  TARGET    = observable-tests
 9
10  vpath %.cc $(GMOCK_SRC)/src
11
12  $(TARGET): observable-tests.o observable.o libgmock.a
13
14  gmock: gmock-1.7.0.zip
15      unp $<
16      ln -s gmock-1.7.0 gmock
17
18  gmock-1.7.0.zip:
19      wget https://googlemock.googlecode.com/files/gmock-1.7.0.zip
20
21  libgmock.a: gtest-all.o gmock-all.o gmock_main.o
22      ar rv $@ $^
23
24  gtest-all.o: $(GTEST_DIR)/src/gtest-all.cc
25      g++ $(CXXFLAGS) -c $<
26
27  gmock%.o: $(GMOCK_DIR)/src/gmock%.cc
28      g++ $(CXXFLAGS) -c $<
29
30  test: $(TARGET)
31      ./$<
32
33  clean:
34      $(RM) $(TARGET) *.o *~ *.a
```

Ejecutemos el `Makefile`:

```
 1  $ make test
 2  g++ -I /usr/src/gmock   -c -o observable-tests.o observable-tests.cc
 3  g++ -I /usr/src/gmock   -c -o observable.o observable.cc
 4  g++ -I /usr/src/gmock   -c -o gmock_main.o /usr/src/gmock/src/gmock_main.cc
 5  g++ -I /usr/src/gmock   -c -o gmock-all.o /usr/src/gmock/src/gmock-all.cc
 6  g++  observable-tests.o observable.o gmock_main.o gmock-all.o  -lpthread -lgtest -o observable-tests
 7  $ ./observable-tests
 8  Running main() from gmock_main.cc
 9  [==========] Running 1 test from 1 test case.
10  [----------] Global test environment set-up.
11  [----------] 1 test from ObserverTest
12  [ RUN      ] ObserverTest.UpdateObserver
13  observable-tests.cc:11: Failure
14  Actual function call count doesn't match EXPECT_CALL(observer, update())...
15          Expected: to be called once
16            Actual: never called - unsatisfied and active
17  [  FAILED  ] ObserverTest.UpdateObserver (1 ms)
18  [----------] 1 test from ObserverTest (1 ms total)
19
20  [----------] Global test environment tear-down
21  [==========] 1 test from 1 test case ran. (1 ms total)
22  [  PASSED  ] 0 tests.
23  [  FAILED  ] 1 test, listed below:
24  [  FAILED  ] ObserverTest.UpdateObserver
```

```
25
26   1 FAILED TEST
```

Después de la compilación (líneas 2-6) se ejecuta el binario correspondiente al test (línea 7). El test falla porque se esperaba una llamada a update() (línea 15) y no se produjo ninguna (línea 16) de modo que la expectativa no se ha cumplido. Es lógico porque el cuerpo del método notify() está vacío. Siguiendo la filosofía TDD escribir el código mínimo para que la prueba pase:

Listado 5.14: Código mínimo para satisfacer la expectativa

```
1  void
2  Observable::notify(void) {
3    observers[0]->update();
4  }
```

Volvemos a ejecutar la prueba:

```
1  $ make test
2  g++ -I /usr/src/gmock   -c -o observable.o observable.cc
3  g++   observable-tests.o observable.o gmock_main.o gmock-all.o  -lpthread -lgtest -o observable-
        tests
4  $ ./observable-tests
5  Running main() from gmock_main.cc
6  [==========] Running 1 test from 1 test case.
7  [----------] Global test environment set-up.
8  [----------] 1 test from ObserverTest
9  [ RUN      ] ObserverTest.UpdateObserver
10 [       OK ] ObserverTest.UpdateObserver (0 ms)
11 [----------] 1 test from ObserverTest (0 ms total)
12
13 [----------] Global test environment tear-down
14 [==========] 1 test from 1 test case ran. (0 ms total)
15 [  PASSED  ] 1 test.
```

La prueba pasa. Hora de escribir otra prueba. Comprobemos que update() no se invoca si nadie invoca notify():

Listado 5.15: Prueba negativa para Observer::update()

```
1  TEST(ObserverTest, NeverUpdateObserver) {
2    MockObserver observer;
3    EXPECT_CALL(observer, update()).Times(0);
4
5    Observable observable;
6    observable.attach(&observer);
7  }
```

La prueba pasa. Ahora comprobemos que funciona también para dos observadores:

Listado 5.16: Prueba para notificación de dos observadores

```
1  TEST(ObserverTest, TwoObserver) {
2    MockObserver observer1, observer2;
3    EXPECT_CALL(observer1, update());
4    EXPECT_CALL(observer2, update());
5
6    Observable observable;
7    observable.attach(&observer1);
8    observable.attach(&observer2);
9
10   observable.notify();
11 }
```

Y ejecutamos la prueba:

```
1  $ make test
2  Running main() from gmock_main.cc
3  [==========] Running 3 tests from 1 test case.
4  [----------] Global test environment set-up.
5  [----------] 3 tests from ObserverTest
6  [ RUN      ] ObserverTest.UpdateObserver
7  [       OK ] ObserverTest.UpdateObserver (0 ms)
8  [ RUN      ] ObserverTest.NeverUpdateObserver
9  [       OK ] ObserverTest.NeverUpdateObserver (0 ms)
10 [ RUN      ] ObserverTest.TwoObserver
11 observable-tests.cc:30: Failure
12 Actual function call count doesn't match EXPECT_CALL(observer2, update())...
13          Expected: to be called once
14            Actual: never called - unsatisfied and active
15 [  FAILED  ] ObserverTest.TwoObserver (0 ms)
16 [----------] 3 tests from ObserverTest (1 ms total)
17
18 [----------] Global test environment tear-down
19 [==========] 3 tests from 1 test case ran. (1 ms total)
20 [  PASSED  ] 2 tests.
21 [  FAILED  ] 1 test, listed below:
22 [  FAILED  ] ObserverTest.TwoObserver
23
24 1 FAILED TEST
```

Y la segunda expectativa falla (línea) y nos la muestra en consola:

```
Actual function call count doesn t match EXPECT_CALL(observer2, update())...
```

Implementemos `notify()` para recorrer todos los observadores:

Listado 5.17: Patrón observador con TDD: observable.cc

```
1  Observable::notify(void) {
2    for (auto observer: observers) {
3      observer->update();
4    }
5  }
```

Ejecutamos de nuevo la prueba:

```
 1  $ make test
 2  Running main() from gmock_main.cc
 3  [==========] Running 3 tests from 1 test case.
 4  [----------] Global test environment set-up.
 5  [----------] 3 tests from ObserverTest
 6  [ RUN      ] ObserverTest.UpdateObserver
 7  [       OK ] ObserverTest.UpdateObserver (0 ms)
 8  [ RUN      ] ObserverTest.NeverUpdateObserver
 9  [       OK ] ObserverTest.NeverUpdateObserver (0 ms)
10  [ RUN      ] ObserverTest.TwoObserver
11  [       OK ] ObserverTest.TwoObserver (0 ms)
12  [----------] 3 tests from ObserverTest (0 ms total)
13
14  [----------] Global test environment tear-down
15  [==========] 3 tests from 1 test case ran. (0 ms total)
16  [  PASSED  ] 3 tests.
```

Todo correcto, aunque sería conveniente una prueba adicional para un mayor número de observadores registrados. También podríamos comprobar que los observadores desregistrados (*detached*) efectivamente no son invocados, etc.

Aunque los ejemplos son sencillos, es fácil ver la dinámica de TDD.

5.8. Limitaciones

Hay ciertos aspectos importantes para la aplicación en los que TDD, y el *testing* en general, tienen una utilidad limitada (al menos hoy en día). Las pruebas permiten comprobar fácilmente aspectos funcionales, pero es complejo comprobar requisitos no funcionales.

Puede ser complicado probar rendimiento, fiabilidad, tiempo de respuesta y otros aspectos importantes, al menos escribiendo las pruebas primero. TDD tampoco ayuda a diseñar cuestiones de carácter general como la arquitectura de la aplicación, la seguridad, la accesibilidad, el modelo de persistencia, etc. Se dice que estos detalles de diseño «no emergen» de las pruebas.

Respecto al desarrollo de videojuegos, TDD no se adapta bien al diseño y prueba de la concurrencia, y en particular es complejo probar todo lo relacionado con la representación gráfica e interacción con el usuario. A pesar de ello, los métodos ágiles también están causando un importante impacto en el desarrollo de videojuegos y la informática gráfica en general. Cada día aparecen nuevos frameworks y herramientas que hacen posible probar de forma sencilla cosas que antes se consideraban inviables.

«Los tests no pueden probar la ausencia de fallos, sólo su existencia»

Kent Beck

Capítulo 6

Empaquetado y distribución

Francisco Moya Fernández
David Villa Alises

Cada desarrollador de videojuegos tiene sus propios motivos para invertir su tiempo y esfuerzo en la elaboración de un producto tan complejo. Algunos programan juegos de forma altruista como carta de presentación o como contribución a la sociedad. Pero la mayoría de los desarrolladores de videojuegos trabajan para ver recompensado su esfuerzo de alguna forma, ya sea con donaciones, publicidad empotrada en el juego, o directamente cobrando por su distribución, o por las actualizaciones, o por nuevos niveles. En todos estos casos hay un factor común, el desarrollador quiere que el juego sea usado por la mayor cantidad posible de usuarios.

En capítulos anteriores hemos visto diferencias entre MS Windows y GNU/Linux desde el punto de vista de programación (plugins). En general son diferencias relativamente pequeñas, es perfectamente posible programar el videojuego para que se compile sin problemas en cualquiera de estas plataformas.

Pero el videojuego no solo tiene que compilarse, tiene que llegar al usuario de alguna forma que le permita instalarlo sin dificultad. En este capítulo veremos precisamente eso, la construcción de paquetes instalables para algunas plataformas (MS Windows y GNU/Linux).

A diferencia del resto de actividades de desarrollo, los sistemas de empaquetado de software son completamente diferentes de unas plataformas a otras, e incluso hay alternativas muy diferentes en una misma plataforma. Nos centraremos en las que consideramos con mayor proyección.

6.1.   Empaquetado y distribución en Windows

Existe una amplísima variedad de herramientas para el empaquetado en Microsoft Windows, y ninguna aglutina todas las ventajas[1]. En Microsoft Visual Studio anteriores a la versión 2012 (opción no disponible en la versión *Express*) era posible crear instaladores utilizando un tipo de proyecto especial (Visual Studio Setup Project, *vdproj*). Sin embargo esta opción, que ya había sido marcada como obsoleta en VS2010 terminó de eliminarse en la versión 2012. Para reemplazar esta funcionalidad Microsoft propone dos alternativas:

- **InstaShield 2010 Limited Edition (*ISLE*).** Consiste en una versión restringida de la popular herramienta de generación de instaladores, actualmente propiedad de Flexera Software LLC. Esta edición limitada se puede descargar de forma gratuita previo registro, y se instala como un plugin de Visual Studio, pero limita las características del producto[2].

- **Windows Installer XML Toolset (*WIX*).** Se trata de un conjunto de herramientas desarrolladas como un proyecto de software libre bajo la *Microsoft Reciprocal License (Ms-RL.* Fue inicialmente desarrollado por Microsoft y actualmente mantenido por un grupo de programadores que incluye a algunos de los desarrolladores de Visual Studio (por ejemplo, el líder del proyecto WIX, Rob Mensching). También existe un plugin para Visual Studio (*Votive*) para simplificar su uso.

En esta sección describiremos la segunda de las opciones. Microsoft utiliza WIX para desarrollar sus propios instaladores de Visual Studio, Office, o SQL Server. A diferencia de ISLE, WIX tiene un conjunto de características muy rico que va en progresivo aumento.

6.1.1.   Creación de un paquete básico

Para ilustrar el funcionamiento de WIX utilizaremos un ejemplo sencillo de OGRE que simplemente muestra al personaje Sinbad de forma estática y permite el movimiento con cursores y ratón. Sin embargo empaquetaremos todos los componentes de OGRE para que la estructura del paquete pueda ser reutilizada en desarrollos más complejos. El código fuente del ejemplo puede obtenerse de `https://bitbucket.org/arco_group/ ogre-hello/downloads/ogre-hello-0.1.tar.gz`.

Pre-requisitos

Antes de empezar el empaquetado tenemos que tener disponible una versión del proyecto correctamente compilada en MS Windows y probada. Puede utilizarse el conjunto de compiladores de GNU para Windows (MinGW) o Visual Studio. No es importante para esta sección cómo se generan los ejecutables.

En la documentación en línea de OGRE 1.8.1 se explica cómo construir proyectos con el SDK como proyecto de Visual Studio 2010 Express (Ver `http://www.ogre3d.org/ tikiwiki/tiki-index.php`, apartado *Installing the Ogre SDK*). Es preciso puntualizar que no es necesario copiar el ejecutable al directorio de binarios de OGRE. Tan solo hay que garantizar que:

- Las bibliotecas dinámicas de OGRE (*.DLL) están en la ruta de búsqueda (típicamente en el mismo directorio de la aplicación).

---

[1]Una comparativa simple con un subconjunto de las alternativas disponibles puede verse en `http://en. wikipedia.org/wiki/List_of_installation_software`.

[2]Ver `http://msdn.microsoft.com/en-us/library/ee721500(v=vs.100).aspx`

- El directorio donde se meten los plugins de OGRE (típicamente el mismo de la aplicación) está correctamente consignado en el archivo de configuración correspondiente (plugins.cfg).

- El archivo de configuración de los recursos (resources.cfg) incluye referencias relativas al directorio de instalación de la aplicación.

En el mundo de las aplicaciones para Microsoft Windows es frecuente distribuir el software con la mayoría de las dependencias. Así, por ejemplo, cada juego realizado con OGRE tendría su propia versión de las DLL de OGRE. Esto tiene puntos positivos y negativos:

- El software ha sido realizado con una versión particular de OGRE. Si se utilizara cualquier otra es posible que se expusieran errores que no han sido detectados en el control de calidad. Distribuir OGRE con el propio juego permite que convivan múltiples versiones sin afectarse.

- Incluir en cada juego un conjunto de bibliotecas incrementa innecesariamente las necesidades de disco. Si 50 juegos tuvieran su propia copia particular de OGRE estaríamos ocupando casi 1GB más de lo necesario. En cualquier caso, al precio actual del almacenamiento esto tiene poca importancia. En la práctica real tiene aún menos importancia porque los fabricantes de videojuegos suelen desarrollar plataformas más o menos genéricas con los ejecutables, que se personalizan con scripts, plugins y archivos de medios. Solo el paquete de la plataforma tendrá una copia de las bibliotecas de OGRE.

- Los problemas arreglados en OGRE no se ven automáticamente arreglados en las aplicaciones que usan OGRE. No es posible actualizar OGRE en todos los paquetes que lo usan a la vez, es preciso actualizar cada uno de los juegos de forma independiente.

- Por tanto cada distribuidor de videojuegos se convierte en el responsable de actualizar todos los componentes de sus aplicaciones de la forma más diligente posible. Esto es también una oportunidad para crear ventajas competitivas ofreciendo un mejor servicio.

MS Windows Installer

Desde la aparición de Office 2000 Microsoft intenta estandarizar la instalación de software en los sistemas Windows alrededor de un software genérico de gestión de paquetes de software denominado Windows Installer. Además de distribuirlo dentro de Office 2000, Microsoft preparó un componente redistribuible que contenía Windows Installer y lo incluyó en todas las versiones posteriores de sus sistemas operativos. Se trata de un software de relativo bajo nivel que gestiona la base de datos de paquetes, y define el formato y estructura de los paquetes y de las actualizaciones. Incluye todo el software necesario para instalar, configurar, desinstalar, actualizar, reparar y analizar el software de un equipo.

Hasta entonces la única alternativa disponible era la distribución de un programa independiente en cada distribución de software (típicamente setup.exe) que debía ser ejecutado con privilegios de administrador. Este programa era el responsable de las tareas de instalación de los archivos (archivos cab), la configuración del registro o de los usuarios, etc. Al instalar el producto se solía instalar otro programa complementario (típicamente uninstall.exe) que permitía deshacer el proceso de instalación el producto.

Con Windows Installer toda la información pasa a estar contenida en un único archivo, el paquete de instalación, con extensión msi. También pueden instalarse paquetes de parches (con extensión msp).

Instalación mínima con WIX

Windows Installation XML Toolset es el primer proyecto liberado con una licencia libre por Microsoft en 2004. Inicialmente fue programado por Rob Mensching con el objetivo de facilitar la creación de archivos msi y msp sin necesidad de utilizar una interfaz gráfica.

WIX utiliza una aproximación puramente declarativa. En un archivo XML (con extensión wxs) se describe el producto y dónde se pueden encontrar cada uno de sus elementos. Este archivo es posteriormente compilado mediante la herramienta candle.exe para analizar su consistencia interna y generar un archivo intermedio, con extensión wixobj. Estos archivos intermedios siguen siendo XML aunque su contenido no está pensado para ser editado o leído por seres humanos.

Uno o varios archivos wixobj pueden ser procesados por otra herramienta, denominada light.exe para generar el archivo msi definitivo.

Este flujo de trabajo, muy similar al de la compilación de programas, es el más simple de cuantos permite WIX, pero también va a ser el más frecuente. Además de esto, WIX incluye herramientas para multitud de operaciones de gran utilidad en proyectos grandes.

Preparación del archivo XML

WIX sigue la filosofía de que el paquete de distribución es parte del desarrollo del programa. Por tanto el archivo wxs que describe el paquete debe escribirse de forma incremental junto al resto del programa.

Desgraciadamente en muchas ocasiones nos encontramos con que la tarea de empaquetado no se ha considerado durante el desarrollo del proyecto. Ya sea porque se ha utilizado otra plataforma para el desarrollo del videojuego, o por simple desidia, lo cierto es que frecuentemente llegamos al final del proceso de desarrollo sin ni siquiera habernos planteado la construcción del paquete. También en esos casos WIX aporta una solución, mediante la herramienta heat.exe. Esta herramienta puede construir fragmentos del archivo wxs mediante el análisis de directorios o archivos que van a incluirse en el paquete.

Una de las formas más sencillas de generar un paquete instalable es instalar los binarios y los archivos de medios necesarios durante la ejecución en un directorio independiente. El archivo generado no especialmente legible ni siquiera está completo, pero puede usarse como punto de partida.

Por ejemplo, si un programa instala todos los ejecutables y archivos auxiliares en el subdirectorio bin podemos generar el archivo wxs inicial con:

```
> heat.exe dir bin -out nombre-del-juego.wxs
```

Sin embargo, para mayor legibilidad en este primer ejemplo vamos a construir el archivo desde cero. Volvamos al ejemplo ogre-hello. Una vez generados los ejecutables en modo *Release* tenemos un subdirectorio Release que contiene todos los ejecutables, en este caso OgreHello.exe. Por sí solo no puede ejecutarse, necesita las bibliotecas de OGRE, los archivos del subdirectorio media y los archivos de configuración resources.cfg y plugins.cfg que se incluyen con el código fuente. Es bastante habitual copiar las DLL al subdirectorio Release para poder probar el ejemplo.

La estructura del archivo wxs es la siguiente:

```
1  <?xml version="1.0" encoding="utf-8"?>
2  <Wix xmlns='http://schemas.microsoft.com/wix/2006/wi'>
3    <Product Name='OgreHello 1.0'
4            Id='06d99eb2-5f61-4753-a6fb-ba90166119cf'
5            UpgradeCode='36a85162-a254-44b7-af91-44416d1c1935'
6            Language='3082' Codepage='1252'
7            Version='1.0.0' Manufacturer='UCLM'>
8
9      <!-- aqui va la descripcion de los componentes del producto -->
10
11    </Product>
12  </Wix>
```

La etiqueta *Wix* se usa para envolver toda la descripción del instalador. Dentro de ella debe haber un *Product* que describe el contenido del archivo msi. Todos los productos tienen los atributos Id y UpgradeCode que contienen cada uno un GUID (*Globally Unique Identifier*). Un GUID (o UUID) es un número largo de 128 bits, que puede generarse de manera que sea muy poco probable que haya otro igual en ningún otro sitio. Se utilizan por tanto para identificar de manera unívoca. En este caso se identifica el producto y el código de actualización.

Todas las versiones del producto tienen el mismo Id, mientras que para cambio de *major version* se genera otro nuevo GUID para UpgradeCode (al pasar de 1.x a 2.x, de 2.x a 3.x, etc.). El UpgradeCode es utilizado por *Windows Installer* para detectar cuando debe eliminar la versión vieja para reemplazarla por la nueva o simplemente reemplazar determinados archivos. Para generar un GUID nuevo puede utilizarse, por ejemplo, un generador de GUIDs en línea, como http://www.guidgenerator.com/.

Los códigos numéricos de *Language* y *Codepage* se corresponden a los valores indicados por microsoft en http://msdn.microsoft.com/en-us/library/Aa369771.aspx. En nuestro caso el idioma elegido es el español de España y la página de códigos es la correspondiente al alfabeto latino.

Dentro de un producto pueden declararse multitud de aspectos sobre el instalador. Lo primero es definir el paquete MSI que se va a generar:

```
1      <Package Id='*'
2              Description='Instalador de OgreHello 0.1'
3              Manufacturer='UCLM'
4              InstallerVersion='100'
5              Languages='3082'
6              Compressed='yes'
7              SummaryCodepage='1252' />
```

Cada nuevo paquete generado tendrá su propio GUID. Por este motivo WIX permite simplificar la construcción con el código especial * que indica que debe ser auto-generado por el compilador. El atributo InstallerVersion indica la versión mínima de *Windows Installer* requerida para poder instalar el paquete. Si no se implementan aspectos avanzados, siempre será 100, que corresponde a la versión 1.0.

A continuación podemos declarar los archivos comprimidos que contiene el instalador. Se trata de archivos cab que son incluidos dentro del archivo msi. Habitualmente, dada la capacidad de los medios actuales solo es necesario incluir un archivo cab.

```
1      <Media Id='1' Cabinet='OgreHello.cab' EmbedCab='yes'/>
```

Ya solo queda describir la estructura de directorios que debe tener el producto. Se trata de una estructura jerárquica construida desde el directorio raíz, que siempre debe tener un atributo Id con valor *TARGETDIR* y un atributo Name con el valor *SourceDir*.

```
1  <Directory Id='TARGETDIR' Name='SourceDir'>
2    <Directory Id='ProgramFilesFolder' Name='PFiles'>
3      <Directory Id='INSTALLDIR' Name='OgreHello 1.0'>
4        <Directory Id='MediaDir' Name='media'/>
5        <Directory Id="ProgramMenuFolder" Name="Programs">
6          <Directory Id="ProgramMenuDir" Name="OgreHello 1.0"/>
7        </Directory>
8      </Directory>
9    </Directory>
10 </Directory>
```

En este caso hemos creado un directorio OgreHello 1.0 dentro del directorio estándar para los archivos de programa (normalmente C:\Program Files). Dentro de este directorio hemos hecho un subdirectorio media que contendrá los archivos de medios (recursos).

Ahora podemos añadir componentes dentro de estos directorios. Cada componente es un conjunto de archivos muy fuertemente relacionado, hasta el punto de que no tiene sentido actualizar uno sin actualizar los demás. En general se tiende hacia componentes lo más pequeños posibles (un solo archivo), con objeto de que se puedan hacer parches más pequeños. Por ejemplo, el ejecutable principal es un componente, pero por simplicidad añadiremos también los archivos de configuración.

```
1  <DirectoryRef Id='INSTALLDIR' FileSource='.'>
2    <Component Id='MainExecutable' Guid='1e71f142-c7cd-4525-980b-78ebcafedeb1'>
3      <File Name='OgreHello.exe' KeyPath='yes'>
4        <Shortcut Id='startmenuOgreHello' Directory="ProgramMenuDir" Name="OgreHello 1.0"
5                  WorkingDirectory='INSTALLDIR' Icon='OgreHello.exe' IconIndex='0' Advertise='yes'
                   />
6      </File>
7      <File Name='plugins.cfg'/>
8      <File Name='resources.cfg'/>
9    </Component>
10 </DirectoryRef>
```

Cada componente tiene también un GUID que lo identifica. En este caso contiene tres archivos, el ejecutable y los dos archivos de configuración. Además, para el ejecutable creamos también un atajo en el menú de inicio de Windows.

El atributo KeyPath de los archivos se pone a *yes* solamente para un archivo dentro del componente. Este archivo será utilizado por *Windows Installer* para identificar si el componente está previamente instalado.

Para simplificar el resto del paquete vamos a meter todas las bibliotecas de OGRE en un único componente. En un caso real probablemente convendría dividirlo para permitir parches más pequeños en caso de que no afecten a todas las bibliotecas de OGRE.

```
1  <DirectoryRef Id='INSTALLDIR' FileSource='$(env.OGRE_HOME)\bin\release'>
2    <Component Id='OgreDLLs' Guid='373f56f3-82c8-4c94-a0f6-d9be98d8d4af'>
3      <File Name='OgreMain.dll' KeyPath='yes'/>
4      <File Name='OgrePaging.dll'/>
5      <File Name='OgreProperty.dll'/>
6      <File Name='OgreRTShaderSystem.dll'/>
7      <File Name='OgreTerrain.dll'/>
8      <File Name='cg.dll'/>
9      <File Name='OIS.dll'/>
10     <File Name='Plugin_BSPSceneManager.dll'/>
11     <File Name='Plugin_CgProgramManager.dll'/>
12     <File Name='Plugin_OctreeSceneManager.dll'/>
```

```
13        <File Name='Plugin_OctreeZone.dll'/>
14        <File Name='Plugin_ParticleFX.dll'/>
15        <File Name='Plugin_PCZSceneManager.dll'/>
16        <File Name='RenderSystem_Direct3D9.dll'/>
17        <File Name='RenderSystem_GL.dll'/>
18      </Component>
19    </DirectoryRef>
```

Debe observarse el uso del atributo FileSource para configurar la fuente de los archivos a partir del valor de la variable de entorno OGRE_HOME. Esta variable contiene el directorio de instalación del SDK de OGRE si se han seguido los pasos indicados en la documentación.

A continuación queda añadir los archivos de medios.

```
1  <DirectoryRef Id='MediaDir' FileSource='media'>
2    <Component Id='MediaFiles' Guid='9088eac3-9a72-4942-ba5e-28d870c90c36'>
3      <File Name='Sinbad.mesh' KeyPath='yes'/>
4      <File Name='Sinbad.material'/>
5      <File Name='sinbad_body.tga'/>
6      <File Name='sinbad_clothes.tga'/>
7      <File Name='sinbad_sword.tga'/>
8    </Component>
9  </DirectoryRef>
```

Un último componente nos permitirá borrar la carpeta OgreHello 1.0 del menú de inicio en caso de desinstalación.

```
1  <DirectoryRef Id='ProgramMenuDir'>
2    <Component Id="ProgramMenuDir" Guid="b16ffa2a-d978-4832-a5f2-01005e59853c">
3      <RemoveFolder Id='ProgramMenuDir' On='uninstall' />
4      <RegistryValue Root='HKCU' Key='Software\[Manufacturer]\[ProductName]' Type='string' Value
         ='' KeyPath='yes' />
5    </Component>
6  </DirectoryRef>
```

Cada producto software puede tener un conjunto de características que se instalan obligatoriamente o bien según la selección del usuario. En el caso más simple el paquete contiene una sola de estas características que instala todos los componentes que hemos definido anteriormente.

```
1  <Feature Id='Complete' Level='1'>
2    <ComponentRef Id='MainExecutable' />
3    <ComponentRef Id='OgreDLLs' />
4    <ComponentRef Id='MediaFiles' />
5    <ComponentRef Id='ProgramMenuDir' />
6  </Feature>
```

Como colofón podemos definir el icono de la aplicación. Normalmente se incluye dentro del mismo ejecutable, por lo que no es necesario añadir archivos nuevos.

```
1  <Icon Id="OgreHello.exe" SourceFile="OgreHello.exe" />
```

Construcción del paquete

Para construir el paquete es preciso ejecutar `candle.exe` para generar el archivo `wixobj` y posteriormente `light.exe` para generar el archivo `msi`. Por ejemplo, suponiendo que el archivo `wxs` está en el subdirectorio `wix` del proyecto y que los binarios están compilados en el subdirectorio `release` deberemos ejecutar:

```
> cd release
> candle.exe ..\wix\ogre-hello.wxs
> light.exe ogre-hello.wixobj
```

Si todo va correctamente, en el directorio `release` estará disponible el archivo `ògre-hello.msi` con el paquete de instalación.

Un doble click en el explorador es todo lo que se necesita para instalarlo. Alternativamente podemos usar la herramienta `msiexec` de *Windows Installer*:

```
> msiexec /i ogre-hello.msi
```

6.1.2.   Interacción con el usuario

Hasta ahora los paquetes que hemos construido no tienen ningún tipo de interacción con el usuario. WIX permite añadir fácilmente todo tipo de interacción con el usuario para personalizar la instalación.

Para activar estas características es necesario ejecutar `light.exe` con la extensión *WixUIExtension*:

```
> light.exe -ext WixUIExtension ogre-hello.wixobj
```

Por ejemplo, para añadir un formulario que pregunta al usuario dónde se desea instalar tan solo tenemos que cambiar la sección *Feature* de este modo:

```
1  <UIRef Id="WixUI_Mondo" />
2  <UIRef Id="WixUI_ErrorProgressText" />
3  <Feature Id='Complete' Level='1'
4          Title='OgreHello 1.0'
5          Description='Componentes de OgreHello 1.0.'
6          Display='expand'
7          ConfigurableDirectory='INSTALLDIR'>
8     <ComponentRef Id='MainExecutable' />
9     <ComponentRef Id='OgreDLLs' />
10    <ComponentRef Id='MediaFiles' />
11    <ComponentRef Id='ProgramMenuDir' />
12  </Feature>
```

Tan solo hemos añadido dos referencias externas y algunos atributos, como `Title`, `Description`, `Display` y `ConfigurableDirectory`. El resultado es el que se muestra en la figura.

Figura 6.1: Ejemplo de diálogos generados por WIX.

6.1.3. Otras características

WIX es un producto complejo, con multitud de características avanzadas. Es posible crear bases de datos, replicar sitios web, instalar pre-requisitos, añadir o modificar permisos, alterar las reglas del *firewall*, etc. La utilización de XML permite que se puedan desarrollar paquetes modulares, con componentes compartidos por otros paquetes. Además permite crear con facilidad paquetes con parches, que solo alteran lo que ha sido modificado.

WIX dispone de documentación razonablemente completa, existe un excelente tutorial y ya se ha publicado un libro. Sin embargo las mejoras en WIX a veces van más rápido que la documentación de Internet. A menudo se leen comentarios acerca de la imposibilidad de crear paquetes con dependencias externas. Sin embargo los *bindles* de WIX permiten instalaciones encadenadas, incluso desde fuentes en red.

Recomendamos la consulta periódica de su página web http://wixtoolset.org.

6.2.   Empaquetado y distribución en GNU/Linux

Debian GNU/Linux es una de las distribuciones de software libre más veteranas y de mayor calidad que existen actualmente. Debian se distingue principalmente por las siguientes características:

- No depende de ninguna empresa u organismo privado. Está completamente desarrollada y mantenida por voluntarios.

- Es libre y universal. El contrato social [3] de Debian es una declaración de valores y principios que recoge su objetivo y una definición detallada de las licencias libres que acoge.

- Asume un fuerte compromiso con la calidad, que se ve reflejado en una estricta y bien definida política[4] para incorporación de nuevo software y liberación de versiones.

- Soporta 12 arquitecturas diferentes, con varios núcleos en algunas de ellas.

- Un sofisticado sistema de paquetería (.deb), y herramientas para su gestión y actualización mediante APT (Advanced Packaging Tool). Probablemente ésta es la razón más importante por la que existe tal cantidad de distribuciones derivadas activas (unas 140) siendo Ubuntu la más popular.

Por estos motivos, .deb es probablemente el formato de paquete más adecuado para distribuir nuestro software en plataformas GNU/Linux.

El sistema de paquetería de Debian está definido por una serie de normas y procedimientos recogidos también en la Debian Policy. Uno de estos procedimientos especifica las habilidades que deben tener los desarrolladores (más conocidos como Debian Developers o DD). Solo los DD tiene permiso para subir nuevo software a los repositorios de Debian. Sin embargo, cualquier persona puede convertirse en DD si cumple una serie de exámenes. Es un proceso largo y muy burocrático, puesto que aparte de las habilidades técnicas requiere demostrar conocimientos aplicados de propiedad intelectual e industrial, y de licencias de software.

Afortunadamente, no es necesario realizar este proceso para colaborar con Debian. Es posible ser mantenedor (*maintainer*) de paquetes propios o ajenos. Los mantenedores realizan un trabajo similar, pero requieren la supervisión de un DD (un *sponsor*) para que su trabajo sea incluido en Debian de forma oficial.

Para aprender a empaquetar nuevo software o mantener paquetes existentes existe un documento llamado «Guía del nuevo mantenedor de Debian»[5]. Tanto la política como la guía del mantenedor explican como crear y mantener muchos tipos de paquetes: script de shell, programas de lenguajes interpretados, paquetes que dan lugar a un solo paquete binario, a múltiples, librerías dinámicas, módulos del kernel y muchos otros.

Esta sección se centra en describir el proceso para crear un paquete binario, que contendrá al menos un ejecutable ELF resultado de compilar un programa C++, además de ficheros auxiliares, que es el caso más habitual para distribuir un juego sencillo.

---

[3]http://www.debian.org/social_contract.es.html

[4]http://www.debian.org/doc/debian-policy/

[5]http://www.debian.org/doc/manuals/maint-guide/index.en.html

Se habla de un «paquete oficial» cuando está disponible a través de las copias espejo (*mirrors*) oficiales de Debian. Pero también es posible crear un paquete Debian correcto, pero que vamos a distribuir por nuestros propios medios (no-oficial). Aunque construir un paquete oficial es más complejo y requiere considerar más detalles, será ése el caso que abordemos aquí, puesto que siendo capaces de manejar un paquete oficial, se es capaz obviamente de manejar uno no oficial.

6.2.1. Pidiendo un paquete

Lo primero que debes averiguar antes de empezar es comprobar si el paquete existe previamente. Si no es el caso, debes comprobar si ya hay alguien que lo haya solicitado o que ya esté trabajando en ello. Puedes empaquetar cualquier programa que permita su distribución conforme a las directrices DFSG (Debian Free Software Guidelines) incluso sin pedir permiso al autor. Eso significa que aunque estés interesado en empaquetar un programa propio, podría ocurrir que ya hubiera alguien haciéndolo, siempre claro que tu programa esté disponible de algún modo y tenga una licencia libre.

Cualquiera puede solicitar que se empaquete un programa. Estas solicitudes (y otras operaciones) se hacen reportando un error (*bug*) a un paquete especial llamado WNPP (Work-Needing and Prospective Packages) mediante el sistema DBTS (Debian Bug Tracking System), que está basado en comandos enviados a través de mensajes de correo electrónico. Veamos cuáles son esas operaciones:

- RFP (Request For Package) Corresponden con las solicitudes anteriormente mencionadas. Estas notificaciones aparecen en `http://www.debian.org/devel/wnpp/requested`. Las peticiones deberían incluir el nombre del programa, una breve descripción, el copyright y una URL para descarga.

- ITP (Intent to Package) Expresa la disposición del emisor de dicho reporte para empaquetar el programa por si mismo. Si vas a empaquetar un programa propio, debes enviar un ITP. Si ya existe, puedes escribir a su emisor para ofrecerle ayuda si tienes interés en que el paquete esté listo lo antes posible. Los paquetes en este estado apararecen en `http://www.debian.org/devel/wnpp/being_packaged`.

- RFH (Request For Help) Es una solicitud del mantenedor actual para que otros voluntarios de Debian le ayuden, ya sea porque el programa es complejo o porque no dispone de tiempo para dedicarle. Aparecen listados en `http://www.debian.org/devel/wnpp/help_requested`.

- RFA (Request For Adoption) Indica que el mantenedor ya no quiere o no puede mantener el paquete, aunque se seguirá encargando hasta que aparezca un nuevo voluntario. Aparecen en `http://www.debian.org/devel/wnpp/rfa_bypackage`.

- O (Orphaned) Indica que el mantenedor actual ya no va a mantener el paquete. Se requiere un nuevo mantenedor lo antes posible. Se listan en `http://www.debian.org/devel/wnpp/orphaned`.

Para facilitar la creación de estos reportes (que se formatean como mensajes de correo) existe el programa `reportbug`. Se llama así porque en realidad éste es el mecanismo para informar de cualquier problema en cualquier paquete oficial.

Asumiendo que ya has enviado el ITP puedes empezar a trabajar en la tarea de empaquetado propiamente dicha.

6.2.2. Obteniendo el fuente original

Lo habitual es que el autor (*upstream author*, usando la nomenclatura de Debian) proporcione los ficheros fuentes de su programa mediante un archivo .tar.gz (llamado a menudo *tarball*) o similar un su sitio web, o bien en un sistema de control de versiones público como github o bitbucket.

Vamos a empaquetar el programa ogre-hello, cuyo código fuente se puede descargar como vemos en el siguiente listado. Después se procede a descomprimir el archivo y a entrar en el directorio que aparece.

```
$ wget https://bitbucket.org/arco_group/ogre-hello/downloads/ogre-hello-0.1.tgz
$ tar xvfz ogre-hello-0.1.tar.gz
$ cd ogre-hello-0.1
ogre-hello-0.1$
```

6.2.3. Estructura básica

En este punto podemos utilizar el programa dh_make que nos ayuda a generar las plantillas de ficheros necesarios para concruir el paquete Debian, pero antes de eso debemos crear dos variables de entorno para el nombre y dirección de correo del mantenedor:

```
DEBEMAIL="juan.nadie@gmail.com"
DEBFULLNAME="Juan Nadie"
export DEBEMAIL DEBFULLNAME
```

Estas variables son útiles para otras operaciones relacionadas con las construcción de paquetes, por lo que es buena idea añadirlas al fichero $HOME/.bashrc para futuras sesiones. Después de eso, ejecuta dh_make:

```
ogre-hello-0.1$ dh_make -f ../ogre-hello-0.1.tar.gz
Type of package: single binary, indep binary, multiple binary, library, kernel module, kernel patch?
 [s/i/m/l/k/n] s

Maintainer name  : Juan Nadie
Email-Address    : juan.nadie@gmail.com
Date             : Wed, 24 Apr 2013 12:59:40 +0200
Package Name     : ogre-hello
Version          : 0.1
License          : blank
Type of Package  : Single
Hit <enter> to confirm:
Done. Please edit the files in the debian/ subdirectory now. You should also
check that the ogre-hello Makefiles install into $DESTDIR and not in / .
```

La ejecución de dh_make ha creado un subdirectorio llamado debian con muchos ficheros. Muchos de ellos son ejemplos (extensión .ex) para distintos fines: página de manual en distintos formatos, acciones durante la instalación o desinstalación del paquete, script para creación de un servicio en background (*daemon*), integración con cron, y muchos otros usos. Entre todos ellos hay cuatro ficheros esenciales que todo paquete Debian debe tener. A continuación de muestran y describen, una vez modificados según corresponde con el paquete en cuestión. Compárelos con los generados por dh_make.

manpages: Todo fichero ejecutable en el PATH debería tener su página de manual. Las páginas de manual están escritas en groff, pero es mucho más sencillo crearlas a partir de formatos más sencillos como SGML (Standard Generalized Markup Language), XML (eXtensible Markup Language), asciidoc o reStructuredText y convertirlas en el momento de la construcción del paquete.

debian/control

El fichero debian/control es una especie de *manifiesto* del paquete. Incluye información esencial para el sistema de gestión de paquetes. Veamos el fichero generado:

Listado 6.1: dh_make: debian/control

```
 1  Source: ogre-hello
 2  Section: unknown
 3  Priority: optional
 4  Maintainer: Juan Nadie <juan.nadie@gmail.com>
 5  Build-Depends: debhelper (>= 9)
 6  Standards-Version: 3.9.6
 7  Homepage: <insert the upstream URL, if relevant>
 8  #Vcs-Git: git://anonscm.debian.org/collab-maint/ogre-hello.git
 9  #Vcs-Browser: http://anonscm.debian.org/?p=collab-maint/ogre-hello.git;a=summary
10
11  Package: ogre-hello
12  Architecture: any
13  Depends: ${shlibs:Depends}, ${misc:Depends}
14  Description: <insert up to 60 chars description>
15   <insert long description, indented with spaces>
```

Este fichero tiene dos secciones claramente diferenciadas. La sección Source (sólo puede haber una) describe el paquete *fuente* y la información necesaria para su construcción. Cada sección Package (puede haber varias aunque en este caso solo haya una) describe los paquetes binarios (los archivos .deb) resultado de la construcción del paquete fuente. Veamos el significado de cada uno de los campos del fichero:

Campos de la sección *fuente*:

Source
Es el nombre del paquete fuente, normalmente el mismo nombre del programa tal como lo nombró el autor original (*upstream author*).

Section
La categoría en la que se clasifica el paquete, dentro de una lista establecida, vea http://packages.debian.org/unstable/.

Priority
La importancia que tiene el paquete para la instalación. Las categorías son: *required, important, standard, optional* y *extra*. Este paquete, al ser un juego y no causar ningún conflicto, es *optional*. Puede ver el significado de cada una de estas prioridades en http://www.debian.org/doc/debian-policy/ch-archive.html.

Maintainer
Es el nombre y la dirección de correo electrónico de la persona que mantiene el paquete actualmente.

Build-Depends

Es una lista de nombres de paquetes (opcionalmente con las versiones requeridas) que son necesarios para compilar el presente paquete. Estos paquetes deben estar instalados en el sistema (además del paquete build-essential) para poder construir los paquetes «binarios».

Standards-Version

La versión más reciente de la *policy* que cumple el paquete.

Campos de la sección *binaria*:

Package

El nombre del paquete binario, que dará lugar al archivo .deb. Este nombre debe cumplir una serie de reglas que dependen del lenguaje en que está escrito el programa, su finalidad, etc.

Architecture

Indica en qué arquitecturas hardware puede compilar el programa. Debian soporta 12 arquitecturas, con sus variantes (284 a día de hoy). Puedes ver los identificadores de todas ellas simplemente ejecutando dpkg-architecture -L.

Aparte de las arquitecturas soportadas por Debian hay dos identificadores especiales:

- «all», indica que el mismo programa funciona en todas las plataformas. Normalmente se trata de programas escritos en lenguajes interpretados o bien ficheros multimedia, manuales, etc, que no requieren compilación. Se dice que son paquetes «independientes de arquitectura».

- «any», indica que el programa debe ser compilado pero está soportado en todas las arquitecturas.

Depends

Es una lista de los nombres de los paquetes necesarios para instalar el paquete y ejecutar los programas que contiene.

Debe quedar clara la diferencia entre el campo Build-Depends y el campo Depends. El primero contiene dependencias necesarias para la **construcción** del paquete, mientras que el segundo lista las dependencias para su **ejecución**. Es fácil comprobar la diferencia. Cuando se requieren librerías, Build-Depends contiene las versiones -dev (como libogre-1.8-dev en nuestro caso), que incluyen los ficheros de cabecera, mientras que Depends contiene la versión de usuario (libogre-1.8.0).

Después de nuestras modificaciones podría quedar del siguiente modo:

```
Listado 6.2: debian/control adaptado a ogre-hello
1  Source: ogre-hello
2  Section: games
3  Priority: optional
4  Maintainer: Juan Nadie <Juan.Nadie@gmail.com>
5  Build-Depends: debhelper (>= 9.0.0), libogre-1.8-dev, libois-dev, libgl1-mesa-dev, quilt
6  Standards-Version: 3.9.6
7
8  Package: ogre-hello
9  Architecture: any
10 Depends: ${shlibs:Depends}, ${misc:Depends}, libogre-1.8.0
11 Description: minimal packaged Ogre example
12   minimal Ogre example to demostrate Debian packaging
```

debian/changelog

Contiene una descripción breve de los cambios que el mantenedor hace a los ficheros específicos del paquete (los que estamos describiendo). En este fichero no se describen los cambios que sufre el programa en sí; eso corresponde al autor del programa y normalmente estarán en un fichero CHANGES (o algo parecido) dentro del .tgz que descargamos.

El siguiente listado muestra el fichero changelog generado por dh_make:

```
Listado 6.3: debian/changelog para ogre-hello
1  ogre-hello (0.1-1) unstable; urgency=low
2
3    * Initial release (Closes: #nnnn)  <nnnn is the bug number of your ITP>
4
5   -- Juan Nadie <Juan.Nadie@gmail.com>  Wed, 24 Apr 2013 12:59:40 +0200
```

Cada vez que el mantenedor haga un cambio debe crear una nueva entrada como esa al comienzo del fichero. Fíjese que la versión del paquete está formada por el número de versión del programa original más un guión y un número adicional que indica la *revisión* del paquete debian. Si el mantenedor hace cambios sobre el paquete manteniendo la misma versión del programa irá incrementando el número tras el guión. Sin embargo, cuando el mantenedor empaqueta una nueva versión del programa (supongamos la 0.2 en nuestro ejemplo) el número tras el guión vuelve a empezar desde 1.

Como se puede apreciar, la primera versión del paquete debería cerrar (solucionar) un bug existente. Ese bug (identificado por un número) corresponde al ITP que el mantenedor debió enviar antes de comentar con el proceso de empaquetado.

Cuando una nueva versión del paquete se sube a los repositorios oficiales, las sentencias Closes son procesadas automáticamente para cerrar los bugs notificados a través del DBTS. Puedes ver más detalles en http://www.debian.org/doc/debian-policy/ch-source.html#s-dpkgchangelog

debian/copyright

Este fichero debe contender toda la información sobre el autor del programa y las licencias utilizadas en cada una de sus partes (si es que son varias). También debería indicar quién es el autor y la licencia de los ficheros del paquete debian. El fichero generado por dh_make contiene algo similar a:

Listado 6.4: dh_make: debian/copyright

```
1  Format: http://www.debian.org/doc/packaging-manuals/copyright-format/1.0/
2  Upstream-Name: ogre-hello
3  Source: <url://example.com>
4
5  Files: *
6  Copyright: <years> <put author's name and email here>
7             <years> <likewise for another author>
8  License: <special license>
9   <Put the license of the package here indented by 1 space>
10  <This follows the format of Description: lines in control file>
11  .
12  <Including paragraphs>
13
14 # If you want to use GPL v2 or later for the /debian/* files use
15 # the following clauses, or change it to suit. Delete these two lines
16 Files: debian/*
17 Copyright: 2015 Juan Nadie <Juan.Nadie@gmail.com>
18 License: GPL-2+
19  This package is free software; you can redistribute it and/or modify
20  it under the terms of the GNU General Public License as published by
21  the Free Software Foundation; either version 2 of the License, or
22  (at your option) any later version.
23  .
24  This package is distributed in the hope that it will be useful,
25  but WITHOUT ANY WARRANTY; without even the implied warranty of
26  MERCHANTABILITY or FITNESS FOR A PARTICULAR PURPOSE.  See the
27  GNU General Public License for more details.
28  .
29  You should have received a copy of the GNU General Public License
30  along with this program. If not, see <http://www.gnu.org/licenses/>
31  .
32  On Debian systems, the complete text of the GNU General
33  Public License version 2 can be found in "/usr/share/common-licenses/GPL-2".
34
35 # Please also look if there are files or directories which have a
36 # different copyright/license attached and list them here.
37 # Please avoid to pick license terms that are more restrictive than the
38 # packaged work, as it may make Debian's contributions unacceptable upstream.
```

El fichero debería contener una sección (que comienza con «Files:»)» por cada autor y licencia involucrados en el programa. La sección «Files: debian/*» ya está completa y asume que el mantenedor va a utilizar la licencia GPL-2 o superior para los ficheros del paquete.

Debemos modificar este fichero para incluir las licencias específicas del programa que estamos empaquetando. Las secciones nuevas serían:

Listado 6.5: `debian/copyright` para `ogre-hello`

```
 1  Format: http://www.debian.org/doc/packaging-manuals/copyright-format/1.0/
 2  Upstream-Name: ogre-hello
 3  Source: http://www.ogre3d.org/tikiwiki/Sinbad+Model
 4
 5  Files: *
 6  Copyright: 2013 ogre.developers@ogre.com
 7  License: GPL-2
 8   This package is free software; you can redistribute it and/or modify
 9   it under the terms of the GNU General Public License as published by
10   the Free Software Foundation; either version 2 of the License, or
11   (at your option) any later version.
12   .
13   This package is distributed in the hope that it will be useful,
14   but WITHOUT ANY WARRANTY; without even the implied warranty of
15   MERCHANTABILITY or FITNESS FOR A PARTICULAR PURPOSE.  See the
16   GNU General Public License for more details.
17   .
18   You should have received a copy of the GNU General Public License
19   along with this program. If not, see <http://www.gnu.org/licenses/>
20   .
21   On Debian systems, the complete text of the GNU General
22   Public License version 2 can be found in "/usr/share/common-licenses/GPL-2".
23
24  Files: media/*
25  Copyright: 2009-2010  Zi Ye <omniter@gmail.com>
26  License:
27   This work is licensed under the Creative Commons Attribution-Share
28   Alike 3.0 Unported License.  To view a copy of this license, visit
29   http://creativecommons.org/licenses/by-sa/3.0/ or send a letter to
30   Creative Commons, 171 Second Street, Suite 300, San Francisco,
31   California, 94105, USA.
32   .
33   This character is a gift to the OGRE community
34   (http://www.ogre3d.org).  You do not need to give credit to the
35   artist, but it would be appreciated. =)
```

debian/rules

Se trata de un fichero `Makefile` de GNU Make que debe incluir un serie de objetivos: clean, binary, binary-arch, binary-indep y build. Estos objetivos son ejecutados por el programa `dpkg-buldpackage` durante la construcción del paquete.

El listado muestra el fichero `rules` generado:

Listado 6.6: `dh_make`: `debian/rules`

```
 1  #!/usr/bin/make -f
 2  # -*- makefile -*-
 3  # Sample debian/rules that uses debhelper.
 4  # This file was originally written by Joey Hess and Craig Small.
 5  # As a special exception, when this file is copied by dh-make into a
 6  # dh-make output file, you may use that output file without restriction.
 7  # This special exception was added by Craig Small in version 0.37 of dh-make.
 8
 9  # Uncomment this to turn on verbose mode.
10  #export DH_VERBOSE=1
11
12  %:
13      dh $@ --with quilt
```

Por fortuna, actualmente el programa `debhelper` (o `dh`) hace la mayor parte del trabajo aplicando reglas por defecto para todos los objetivos. Solo es necesario sobre-escribir (reglas `override_` de dichos objetivos en el fichero `rules` si se requiere un comportamiento especial.

El listado anterior contiene una pequeña diferencia respecto al generado por `dh_make` que consiste en la adición del parámetro `-with quilt`. El programa `quilt` es una aplicación especializada en la gestión de parches de un modo muy cómodo.

6.2.4.   Construcción del paquete

Una vez contamos con los ficheros básicos se puede proceder a una primera compilación del paquete. Para ello utilizamos el programa `dpkg-buildpackage`. El siguiente listado muestra el comando y parte del resultado. Se omiten algunas partes dado que la salida es bastante verbosa:

```
ogre-hello-0.1$ dpkg-buildpackage -us -us
dpkg-buildpackage: source package ogre-hello
dpkg-buildpackage: source version 0.1-1
dpkg-buildpackage: source changed by Juan Nadie <Juan.Nadie@gmail.com>
dpkg-buildpackage: host architecture amd64
 dpkg-source --before-build ogre-hello-0.1
dpkg-source: info: applying make-install
 fakeroot debian/rules clean
dh clean --with quilt
   dh_testdir
   dh_auto_clean
make[1]: Entering directory '/home/david/repos/ogre-hello/ogre-hello-0.1'
rm -f helloWorld *.log *.o *~
make[1]: Leaving directory '/home/david/repos/ogre-hello/ogre-hello-0.1'
   dh_quilt_unpatch
 dpkg-source -b ogre-hello-0.1
dpkg-source: info: using source format '3.0 (quilt)'
dpkg-source: info: applying make-install
dpkg-source: info: building ogre-hello using existing ./ogre-hello_0.1.orig.tar.gz
dpkg-source: info: building ogre-hello in ogre-hello_0.1-1.debian.tar.gz
dpkg-source: info: building ogre-hello in ogre-hello_0.1-1.dsc
 debian/rules build
dh build --with quilt
   [...]
   dh_testdir
make[1]: Entering directory '/home/david/repos/ogre-hello/ogre-hello-0.1'
g++ -I. -Wall -O2 -D_RELEASE 'pkg-config --cflags OGRE' 'pkg-config --libs OGRE' -lOIS -lstdc++ helloWorld.cpp
       -o helloWorld
make[1]: Leaving directory '/home/david/repos/ogre-hello/ogre-hello-0.1'
   dh_auto_test
 fakeroot debian/rules binary
dh binary --with quilt
   [...]
   dh_md5sums
   dh_builddeb
dpkg-deb: building package 'ogre-hello' in '../ogre-hello_0.1-1_amd64.deb'.
 dpkg-genchanges >../ogre-hello_0.1-1_amd64.changes
dpkg-genchanges: including full source code in upload
 dpkg-source --after-build ogre-hello-0.1
dpkg-buildpackage: full upload (original source is included)
```

Fíjese en los parámetros de la llamada: `-us -uc`. Piden que no se firmen digitalmente ni el paquete fuente ni el fichero `.changes` respectivamente.

 build-depends: Para construir el paquete debe tener instalados todos los paquetes listados en los campos `Build-Depends` y `Build-Depends-Indep`, además del paquete `build-essential`.

Este proceso ha creado tres ficheros en el directorio padre:

ogre-hello_0.1-1.dsc
Es una descripción del paquete fuente, con una serie de campos extraídos del fichero `debian/control` además de los *checksums* para los otros dos ficheros que forman el paquete fuente: el `.orig.tar.gz` y el `.debian.tar.gz`.

Listado 6.7: Fichero con la descripción del paquete ogre-hello

```
 1  Format: 3.0 (quilt)
 2  Source: ogre-hello
 3  Binary: ogre-hello
 4  Architecture: any
 5  Version: 0.1-1
 6  Maintainer: Juan Nadie <Juan.Nadie@gmail.com>
 7  Standards-Version: 3.9.6
 8  Build-Depends: debhelper (>= 9.0.0), libogre-1.8-dev, libois-dev, libgl1-mesa-dev, quilt
 9  Package-List:
10   ogre-hello deb games optional
11  Checksums-Sha1:
12   651807d3ca4d07a84e80eb2a20f4fe48eb986845 1188396 ogre-hello_0.1.orig.tar.gz
13   5e59ae17c6fd21a69573fc61bdd85bbb275ced68 1870 ogre-hello_0.1-1.debian.tar.gz
14  Checksums-Sha256:
15   48f09390131bb0ea66d91a1cd27fbe6ccc9b29a465159b6202f0f2dc38702b10 1188396 ogre-hello_0.1.orig.tar.gz
16   79275174e5a2b358cd3b031db6dc46faca0a5865c1b22fcb778c6e05e594e4b9 1870 ogre-hello_0.1-1.debian.tar.gz
17  Files:
18   4d5e668550d95dc0614435c1480a44e1 1188396 ogre-hello_0.1.orig.tar.gz
19   83cf823860cc404ece965d88b565e491 1870 ogre-hello_0.1-1.debian.tar.gz
```

ogre-hello_0.1-1_amd64.changes

Este fichero es utilizado por el archivo (el repositorio) de paquetes de Debian y se emplea en la subida (*upload*) de paquetes por parte de los DD (Debian Developer). Contiene *checksum* para los otros ficheros y, en una versión oficial, debería estar firmado digitalmente para asegurar que el paquete no ha sido manipulado por terceros.

ogre-hello_0.1-1.debian.tar.gz

Es un archivo que contiene todos los cambios que el mantenedor del paquete ha hecho respecto al fuente del programa original, es decir, el directorio debian principalmente.

ogre-hello_0.1-1_amd64.deb

Es el paquete *binario* resultado de la compilación (en concreto para la arquitectura amd-64) que puede ser instalado con dpkg o indirectamente con los gestores de paquetes apt-get, aptitude u otros.

 Es posible descargar y construir el paquete binario (.deb) a partir de los ficheros .dsc, .debian.tar.gz y .orig.tar.gz. La forma más simple de hacer esto con un paquete disponible en el repositorio es el comando apt-get -build source nombre-de-paquete

Aunque aparentemente todo ha ido bien y se ha generado el fichero .deb vamos a comprobar que hay algunos problemas graves por resolver. La forma más eficaz de ver estos problemas en utilizar el programa lintian:

```
ogre-hello-0.1$ lintian ../ogre-hello\_0.1-1\_amd64.changes
W: ogre-hello: empty-binary-package
```

Este aviso indica que el paquete no contiene nada aparte de los ficheros aportados por el propio sistema de construcción. Veamos qué contiene realmente:

```
ogre-hello-0.1$ debc ../ogre-hello_0.1-1_amd64.deb
new debian package, version 2.0.
size 1192818 bytes: control archive=760 bytes.
     352 bytes,    10 lines      control
     836 bytes,    11 lines      md5sums
Package: ogre-hello
Version: 0.1-1
```

```
Architecture: amd64
Maintainer: Juan Nadie <Juan.Nadie@gmail.com>
Installed-Size: 2814
Depends: libc6 (>= 2.2.5), libgcc1 (>= 1:4.1.1), libogre-1.8.0, libois-1.3.0, libstdc++6 (>= 4.2.1)
Section: games
Priority: optional
Description: minimal packaged Ogre example
 minimal Ogre example to demostrate Debian packaging

*** Contents:
drwxr-xr-x root/root         0 2013-04-29 14:05 ./
drwxr-xr-x root/root         0 2013-04-29 14:05 ./usr/
drwxr-xr-x root/root         0 2013-04-29 14:05 ./usr/share/
drwxr-xr-x root/root         0 2013-04-29 14:05 ./usr/share/doc/
drwxr-xr-x root/root         0 2013-04-29 14:05 ./usr/share/doc/ogre-hello/
-rw-r--r-- root/root      2348 2013-04-29 13:15 ./usr/share/doc/ogre-hello/copyright
-rw-r--r-- root/root       175 2013-04-29 13:15 ./usr/share/doc/ogre-hello/changelog.Debian.gz
```

Esto se debe a que no basta con compilar el programa, es necesario instalar los ficheros en el lugar adecuado. Esta es uno de los objetivos principales del empaquetado.

6.2.5. Parches: adaptación a Debian

Instalar el programa y sus ficheros asociados requiere en este caso modificar el fichero `Makefile`. El siguiente listado muestra esos cambios respetando el lugar adecuado según la política de Debian:

Listado 6.8: Parche para la instalación de `ogre-hello`

```
1  install: helloWorld
2      install -vd $(DESTDIR)/usr/games
3      install -v -m 444 helloWorld $(DESTDIR)/usr/games/ogre-hello
4      install -vd $(DESTDIR)/usr/share/games/ogre-hello/
5      install -v -m 444 *.cfg $(DESTDIR)/usr/share/games/ogre-hello/
6      install -vd $(DESTDIR)/usr/share/games/ogre-hello/media
7      install -v -m 444 media/*.tga $(DESTDIR)/usr/share/games/ogre-hello/media/
8      install -v -m 444 media/*.material $(DESTDIR)/usr/share/games/ogre-hello/media/
9      install -v -m 444 media/*.mesh $(DESTDIR)/usr/share/games/ogre-hello/media/
```

Es imporante destacar que toda la instación debe hacerse respecto a un directorio contenido en la variable `DESTDIR`. Se utiliza el programa `install` para crear los directorios necesarios y copiar cada fichero a sus lugar, indicando además los permisos de acceso y ejecución que correspondan.

Sin embargo, si tratamos de construir el programa utilizando la herramienta `dpkg-buildpackage` en este momento estado obtendremos un error:

```
dpkg-source: info: local changes detected, the modified files are:
ogre-hello-0.1/makefile
dpkg-source: info: you can integrate the local changes with dpkg-source --commit
```

Se debe a que no está permitido modificar los ficheros extraídos del tarball del autor del programa. Es necesario crear un *parche*. Un parche es un fichero que contiene los cambios que es preciso realizar en otro fichero para lograr un resultado concreto, indicando el número de línea y otro contenido que ayuda a las herramientas a localizar el lugar exacto. Por suerte, el propio error nos ofrece una forma muy sencilla que crear este parche:

```
ogre-hello-0.1$ dpkg-source --commit
dpkg-source: info: local changes detected, the modified files are:
ogre-hello-0.1/makefile
Enter the desired patch name: make-install
```

El programa `dpkg-source` pide un nombre para el parche (le damos `make-install`) y como resultado:

- Deja el fichero `makefile` tal como estaba antes de nuestro cambio.

- Crea el parche en `debian/patches/make-install`.

- Crea el fichero `debian/patches/series` que contendrá los nombres de todos los parches a aplicar (`make-install`) en este momento.

Estos parches serán aplicados por el programa `quilt`, que se invocará automáticamente al usar `dpkg-buildpackage`. Veamos las diferencias:

```
ogre-hello-0.1$ dpkg-buildpackage -us -us -rfakeroot
[...]
dh build --with quilt
   dh\_testdir
   dh\_quilt\_patch
File series fully applied, ends at patch make-install
[...]
install -vd /home/david/repos/ogre-hello/ogre-hello-0.1/debian/ogre-hello/usr/games
install: creating directory '/home/david/repos/ogre-hello/ogre-hello-0.1/debian/ogre-hello/usr'
install: creating directory '/home/david/repos/ogre-hello/ogre-hello-0.1/debian/ogre-hello/usr/games'
install -v -m 444 helloWorld /home/david/repos/ogre-hello/ogre-hello-0.1/debian/ogre-hello/usr/games/ogre-hello
[....]
```

Veamos qué problemas detecta `lintian`:

```
ogre-hello-0.1$ lintian ../ogre-hello_0.1-1_amd64.changes
W: ogre-hello: binary-without-manpage usr/games/ogre-hello
W: ogre-hello: hardening-no-relro usr/games/ogre-hello
```

Y el contenido del paquete binario:

```
ogre-hello-0.1$ debc ../ogre-hello_0.1-1_amd64.deb
[...]
*** Contents:
drwxr-xr-x root/root          0 2013-04-29 14:26 ./
drwxr-xr-x root/root          0 2013-04-29 14:26 ./usr/
drwxr-xr-x root/root          0 2013-04-29 14:26 ./usr/games/
-rwxr-xr-x root/root      37912 2013-04-29 14:26 ./usr/games/ogre-hello
drwxr-xr-x root/root          0 2013-04-29 14:26 ./usr/share/
drwxr-xr-x root/root          0 2013-04-29 14:26 ./usr/share/doc/
drwxr-xr-x root/root          0 2013-04-29 14:26 ./usr/share/doc/ogre-hello/
-rw-r--r-- root/root       2348 2013-04-29 13:15 ./usr/share/doc/ogre-hello/copyright
-rw-r--r-- root/root        175 2013-04-29 13:15 ./usr/share/doc/ogre-hello/changelog.Debian.gz
drwxr-xr-x root/root          0 2013-04-29 14:26 ./usr/share/games/
drwxr-xr-x root/root          0 2013-04-29 14:26 ./usr/share/games/ogre-hello/
-rw-r--r-- root/root         27 2013-04-29 14:26 ./usr/share/games/ogre-hello/resources.cfg
-rw-r--r-- root/root        225 2013-04-29 14:26 ./usr/share/games/ogre-hello/ogre.cfg
-rw-r--r-- root/root        112 2013-04-29 14:26 ./usr/share/games/ogre-hello/plugins.cfg
drwxr-xr-x root/root          0 2013-04-29 14:26 ./usr/share/games/ogre-hello/media/
-rw-r--r-- root/root       2519 2013-04-29 14:26 ./usr/share/games/ogre-hello/media/Sinbad.material
-rw-r--r-- root/root     786476 2013-04-29 14:26 ./usr/share/games/ogre-hello/media/sinbad\_body.tga
-rw-r--r-- root/root    1026978 2013-04-29 14:26 ./usr/share/games/ogre-hello/media/Sinbad.mesh
-rw-r--r-- root/root     196652 2013-04-29 14:26 ./usr/share/games/ogre-hello/media/sinbad\_sword.tga
-rw-r--r-- root/root     786476 2013-04-29 14:26 ./usr/share/games/ogre-hello/media/sinbad\_clothes.tga
```

Aunque ahora el paquete contiene los ficheros deseados y los instalará en su ruta correcta, aún tiene algunos problemas ya que el programa no estaba pensado para trabajar con esta estructura de ficheros:

- Los ficheros de configuración de ogre se buscan en el directorio actual, pero queremos buscarlos en `/usr/share/games/ogre-hello`.

  Para solucionarlo, editamos el fichero `ExampleApplication.h` (línea 180) y, a continuación, asignamos el valor `/usr/share/games/ogre-hello/` a la variable `mResourcePath`. Después se ejecuta `dpkg-source -commit` y escribimos `resource-path` como nombre del parche.

- Los recursos gráficos se buscan en `media`, pero en la versión instalada deberían buscarse en `/usr/share/games/ogre-hello/media`. En este caso se debe editar la variable `FileSystem` del fichero `resources.cfg` con el valor `/usr/share/games/ogre-hello/media/`.

Con esto último tendremos un total de tres parches y el programa será funcional tras la instalación. Quedan aún dos problemas (no tan graves) por resolver según informa `lintian`. El primero (binary-without-manpage) indica que todo fichero ejecutable en el PATH debería tener una página de manual. El segundo (hardening-no-relro) indica que el programa debería estar compilado con determinadas opciones que eviten problemas comunes.

6.2.6. Actualización del paquete

Mantener un paquete no acaba con la construcción de un paquete correcto y funcional. Lo normal será que el autor del programa continúe mejorando su aplicación y liberando versiones nuevas (*releases*). Además, los usuarios de Debian pueden encontrar e informar de problemas en el paquete que también deben ser reparados. En ambos casos el mantenedor debe actualizar el paquete y crear una nueva versión (en el primer caso) o revisión (en el segundo caso).

El mantenedor puede tener conocimiento de una nueva versión del programa mediante una notificación de los usuarios al DBTS. Sin embargo, existe un método automático para lograrlo. El paquete puede contar con un fichero especial en `debian/watch` que contiene normalmente una URL con una expresión regular para localizar los ficheros fuente de todas las versiones que proporcione el autor. El siguiente listado muestra el fichero `watch` para el programa `ogre-hello`.

El fichero `watch` es procesado automáticamente por el sistema DEHS (Debian External Health Status) de Debian. Este sistema lleva el control de todos los paquetes de cada mantenedor y le permite comprobar fácilmente el estado de todos sus paquetes[6].

Listado 6.9: Fichero `watch` para `ogre-hello`

```
1  version=3
2  http://bitbucket.org/arco_group/ogre-hello/downloads/ogre-hello-(.*)\.tgz
```

Obviamente esto resulta útil cuando mantenemos un programa de un tercero, pero también es interesante incluso aunque estemos empaquetando una aplicación propia. El programa `uscan` puede procesar este fichero y descargar automáticamente los fuentes del programa. Incluso puede crear un enlace a él con el nombre `.orig.tar.gz` que cumple las normas de Debian.

---

[6]Como ejemplo vea `http://qa.debian.org/developer.php?login=pkg-games-devel%40lists.alioth.debian.org`

```
ogre-hello-0.1$ uscan --verbose --download-current-version \
        --force-download --repack --destdir ..
-- Scanning for watchfiles in .
-- Found watchfile in ./debian
-- In debian/watch, processing watchfile line:
   http://bitbucket.org/arco_group/ogre-hello/downloads/ogre-hello-(.*)\.tar\.gz
-- Found the following matching hrefs:
     /arco_group/ogre-hello/downloads/ogre-hello-0.1.tar.gz
     /arco_group/ogre-hello/downloads/ogre-hello-0.1.tar.gz
Newest version on remote site is 0.1, local version is 0.1
 => Package is up to date
Newest version on remote site is 0.1, local version is 0.1
 => ogre-hello-0.1.tar.gz already in package directory
-- Scan finished
```

Las cuatro últimas líneas de la salida de uscan confirman que tenemos empaquetada la última versión y que además tenemos en disco el *tarball* del autor.

Una vez que disponemos de la nueva versión del programa, debemos crear una nueva entrada en el fichero debian/changelog (que se puede automatizar en parte con el programa dch). Para aplicar los cambios del nuevo tarball puedes utilizar el programa uupdate aunque uscan puede encargarse también de esto. A continuación debe comprobar que la construcción de la nueva versión es correcta poniendo especial atención a la aplicación de los parches sobre la nueva versión del código fuente.

6.2.7. Subir un paquete a Debian

Enviar el paquete resultante a un repositorio oficial de Debian requiere el uso de algunas herramientas adicionales: la principal es dupload, que consideramos exceden el ámbito de este documento. Si estás interesado en que tus paquetes aparezcan en los repositorios oficiales lo más sencillo es conseguir un *sponsor* y él te ayudará con esa tarea, auditará tu trabajo de empaquetado y subirá el paquete por ti.

6.3. Otros formatos de paquete

Junto con .deb, el otro sistema de paquete de amplio uso es RPM (RPM Package Manager). Este formato fue creado por la distribución Red Hat y hoy en día es utilizado por muchas otras: Fedora, SUSE, CentOS, Yellow Dog, Oracle Linux, etc.

El formato .rpm guarda muchas similitudes con .deb. Existen paquetes de fuentes (con extensión .srpm o src.rpm), paquetes binarios por cada arquitectura (por ejemplo .i386.rpm) y también independientes de arquitectura (.noarch.rpm). El procedimiento para la creación de un paquete .rpm es en muchos sentidos más anárquico que el equivalente .deb e históricamente los gestores de paquetes manejan peor las dependencias (en especial las circulares).

Sin embargo, es sencillo crear un paquete .rpm a partir del equivalente .deb mediante el programa alien:

```
$ fakeroot alien --to-rpm ../ogre-hello_0.1-1_amd64.deb
ogre-hello-0.1-2.x86_64.rpm generated
```

Por supuesto ésta no es la manera más ortodoxa, pero en la mayoría de los casos permite obtener un paquete funcional con muy poco esfuerzo si ya se cuenta con un paquete Debian correcto.

Capítulo 7

Representación Avanzada

Sergio Pérez Camacho
Jorge López González
César Mora Castro

L os sistemas de partículas suponen una parte muy importante del impacto visual que produce una aplicación 3D. Sin ellos, las escenas virtuales se compondrían básicamente de geometría sólida y texturas. Los elementos que se modelan utilizando estos tipos de sistemas no suelen tener una forma definida, como fuego, humo, nubes o incluso aureolas simulando ser escudos de fuerza. En las siguientes secciones se van a introducir los fundamentos de los sistemas de partículas y billboards, y cómo se pueden generar utilizando las múltiples características que proporciona Ogre.

7.1. Fundamentos

Para poder comprender cómo funcionan los sistemas de partículas, es necesario conocer primero el concepto de Billboard, ya que dependen directamente de estos. A continuación se define qué son los Billboard, sus tipos y los conceptos matemáticos básicos asociados a estos, para despues continuar con los sistemas de partículas.

7.1.1. Billboards

Billboard significa, literalmente, *valla publicitaria*, haciendo alusión a los grandes carteles que se colocan cerca de las carreteras para anunciar un producto o servicio. Aquellos juegos en los que aparece el nombre de un jugador encima de su personaje, siempre visible a la cámara, utilizan billboards. Los árboles de juegos de carrera que daban la sensación de ser un dibujo plano, utilizan Billboards.

Un Billboard es un polígono con una textura, y con un vector de orientación. A medida que la posición de la cámara cambia, la orientación del Billboard cambiará.

Esta técnica se combina con transparencia mediante un canal alfa y con texturas animadas para representar vegetación (especialmente hierba), humo, niebla, explosiones...

Figura 7.1: Ejemplo típico de videojuego que utiliza billboards para modelar la vegetación. Screenshot tomado del videojuego libre Stunt Rally.

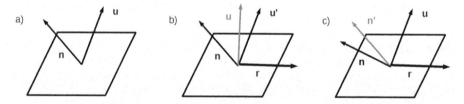

Figura 7.2: En a) se puede observar un Billboard con el vector up y el vector normal. En b) y c) se muestran ejemplos de cómo calcular uno de los vectores dependiendo del otro en el caso de no ser perpendiculares.

Cada billboard está formado por un vector normal $\vec{n}$ y un vector up $\vec{u}$, como se aprecia en la Figura 7.2. Esto es suficiente para definir la orientación del polígono, y poder extraer así la matriz de rotación. El último dato necesario es la *posición* del polígono en el espacio.

Para que el billboard sea correcto, el vector normal y el up deben ser perpendiculares. A menudo no lo son, por lo que hay que utilizar una serie de transformaciones para conseguirlo. El método consiste en tomar uno de los dos vectores como *fijo*, mientras que será el otro el que se recalcule.

Una vez tomado un vector fijo, se calcula el vector $\vec{r}$, resultado de realizar el producto vectorial entre $\vec{u}$ y $\vec{n}$, por lo que será perpendicular a ellos:

$$\vec{r} = \vec{u} \cdot \vec{v}$$

El siguiente paso es normalizarlo, pues se tomará como vector canónico para la matriz de rotación del billboard.

En caso de haber tomado como vector fijo el vector normal $\vec{n}$ (como representa el caso b) de la Figura 7.2), se calcula el nuevo vector $\vec{u'}$ mediante:

$$\vec{u'} = \vec{n} \cdot \vec{r}$$

En el caso de haber sido el vector up $\vec{u}$ el escogido como fijo (caso c) de la Figura 7.2), la ecuación es la que sigue:

$$\vec{n'} = \vec{r} \cdot \vec{u}$$

El nuevo vector es normalizado, y ya se podría obtener la matriz de rotación del billboard. El criterio para escoger un vector como fijo para calcular la orientación del billboard depende del tipo de este, y del efecto que se quiera obtener. A continuación se explican los tres tipos básicos de billboard existentes.

Billboard alineado a la pantalla

Estos son los tipos más simples de billboard. Su vector up $\vec{u}$ siempre coincide con el de la cámara, mientras que el vector normal $\vec{n}$ se toma como el inverso del vector normal de la cámara (hacia donde la cámara está mirando). Estos dos vectores son siempre perpendiculares, por lo que no es necesario recalcular ninguno con el método anterior. La matriz de rotación de estos billboard es la misma para todos.

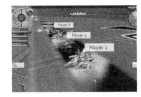

Figura 7.3: *Screenshot* de billboard alineado con la pantalla. Obtenido del videojuego libre Air Rivals.

Por lo tanto estos billboard siempre estarán alineados con la pantalla, aun cuando la cámara realice giros sobre el eje Z (*roll*), como se puede apreciar en la Figura 7.3. Esta técnica también puede utilizarse para *sprites* circulares como partículas.

Billboard orientado en el espacio

En el caso de tratarse de un objeto físico, en el que el vector up debe corresponder con el vector up del mundo, el tipo anterior no es el apropiado. En este caso, el vector up del billboard no es de la cámara, si no el del mundo virtual, mientras que el vector normal sigue siento la inversa del vector hacia donde mira la cámara. En este caso el vector fijo es el normal, mientras que el que se recalcula es el vector up.

Sin embargo, utilizar esta misma matriz de rotación para todos los billboard puede dar lugar a imprecisiones. Según se ha explicado, estos tipos de billboard se mostrarían como en el caso a) de la Figura 7.5. Al estar lo suficientemente cerca de la cámara puede sufrir una distorsión debido a la perspectiva del punto de vista.

La solución a esta distorsión son los billboard orientados al punto de vista. El vector up seguiría siendo el mismo (el vector up del mundo), mientras que el vector normal es el que une el centro del billboard con la posición de la cámara. De esta forma, cada billboard tendría su propia matriz de rotación, y dicha distorsión no existiría. En el caso b) de la Figura 7.5 se aprecia este último tipo.

Evidentemente, este tipo de billboard es menos eficiente, ya que cada uno debe calcular su propia matriz de rotación. Para paliar este aumento de consumo de tiempo de cómputo, podría implementarse dos niveles de billboard dependiendo de la distancia de estos a la cámara. Si están lo suficientemente lejos, la distorsión es mínima y pueden utilizarse los primeros, mientras que a partir de cierta distancia se aplicarían los billboard orientados al punto de vista.

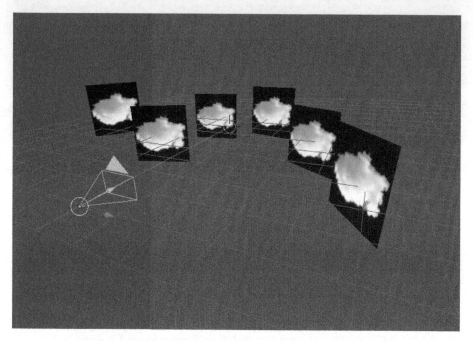

Figura 7.4: Ejemplo de utilización de billboards orientados en el espacio.

Los billboard orientados en el espacio son muy útiles para la representación de llamas, humo, explosiones o nubes. Una técnica que se suele utilizar es añadir una textura animada a un billboard, y luego crear de forma caótica y aleatoria instancias de este billboard, cambiando parámetros como el tamaño o la transparencia. De esta forma se elimina la sensación de bucle repetitivo en la animación. Este es un método muy común para representar algunos sistemas de partículas. En [60] se describe la técnica utilizada para la implementación de las nubes en Microsoft Flight Simulator.

Un inconveniente de esta forma de implementar sistemas de partículas es cuando intersectan con objetos con geometría real. Al realizarse esta intersección se pierde la ilusión. Para ello se implementa un *fade-out*, que consiste en hacer que el billboard sea más transparente a medida que se acerca a cualquier objeto. Este tipo de billboards se denominan *soft particles*.

En [6] se pueden encontrar más técnicas utilizadas para dar más sensación de realismo a estos billboard.

Billboard axial

El último tipo de billboard son los axiales. Estos no miran directamente a la cámara, simplemente giran alrededor de un eje fijo definido, normalmente su vector up. Este técnica suele utilizarse para representar árboles lejanos, como el de la Figura 7.1. En este caso el vector fijo es el vector up, mientras que el recalculado es el normal.

El mayor problema con este tipo de billboard es que si la cámara se sitúa justo encima del billboard (en algún punto de su eje de rotación), la ilusión desaparecía al no mostrarse el billboard. Una posible solución es añadir otro billboard horizontal al eje de rotación. Otra sería utilizar el billboard cuando el modelo esté lo suficientemente lejos, y cambiar a geometría tridimensional cuando se acerque.

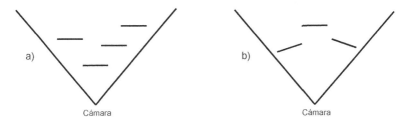

Figura 7.5: Billboards con el mismo vector normal que la cámara en a), mientras que en b) son orientados al punto de vista.

7.1.2. Sistemas de partículas

Como se ha visto en la sección anterior, con los billboard se pueden representar de forma eficiente y visualmente efectiva muchos tipos de elementos como nubes, humo o llamas. A continuación se va a explicar de forma más concreta en qué consiste un sistema de partículas y qué técnicas se utilizan para implementarlos.

Según [49], un sistema de partículas es un conjunto de pequeños objetos separados en movimiento de acuerdo a algún algoritmo. Su objetivo principal es la simulación de fuego, humo, explosiones, flujos de agua, árboles, etc.

Las tareas típicas de un sistema de partículas incluyen la creación, puesta en movimiento, transformación y eliminado de dichas partículas durante sus diferentes periodos de vida. Sin embargo, la que más nos interesa es la representación de dichas partículas.

Dependiendo del elemento que se quiera representar, las partículas pueden ser mostradas como simples puntos, líneas o incluso billboards. Algunas bibliotecas gráficas como DirectX da soporte para la representación de puntos, y eliminar así la necesidad de crear un billboard con un polígono.

Figura 7.6: Sistema de partículas simulando una llamarada.

Algunos sistemas de partículas pueden implementarse mediante el *vertex shader*, para calcular la posición de las distintas partículas y así delegar esa parte de cómputo a la GPU. Además puede realizar otras tareas como detección de colisiones.

Elementos de vegetación como hierba o árboles pueden realizarse mediante estas partículas, y determinar la cantidad de estas dependiendo de la distancia de la cámara, todo mediante el *geometry shader*.

A continuación se explican con más detalle dos conceptos básicos utilizados en los sistemas de partículas: los *impostors* y las *nubes de billboards*.

Impostors

Un *impostor* es un billboard cuya textura es renderizada en tiempo de ejecución a partir de la geometría de un objeto más complejo desde la posición actual de la cámara. El proceso de rendering es proporcional al número de píxeles que el impostor ocupa en la pantalla, por lo que es mucho más eficiente. Un buen uso para estos impostors es para representar un elemento que esté compuesto por muchos objetos pequeños iguales, o para objetos muy lejanos. Además, dependiendo de la distancia, la frecuencia con la que se renderizan esos objetos es menor.

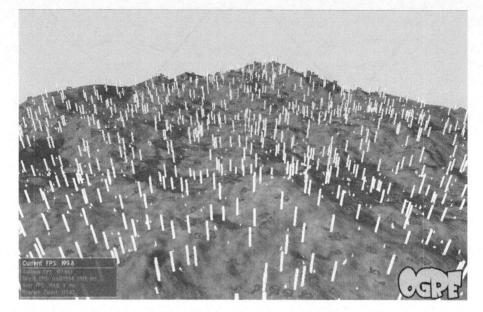

Figura 7.7: Ejemplo de utilización de impostors utilizando Ogre.

Figura 7.8: Modelado de un helicóptero mediante nube de billboards.

Una ventaja importante de los impostors es el poder añadir un desenfoque a la textura de forma rápida para poder dar la sensación de profundidad de campo.

Nubes de Billboards

El problema de los impostors es que estos deben continuar orientadas a la cámara, por lo que si esta hace un movimiento el impostor debe ser renderizado de nuevo. Las nubes de billboards consiste en representar un modelo complejo como un conjunto pequeño de billboards superpuestos. A cada uno de ellos se les puede aplicar un material y propiedades diferentes, para conseguir un buen resultado con un alto rendimiento. En la Figura 7.8 se puede apreciar el modelo geométrico de un helicóptero (izquierda), su correspondiente representación con una nube de billboards (centro) y la descomposición de cada billboard (derecha). Este ejemplo ha sido tomado de [19].

Algunas aproximaciones propuestas sugieren utilizar parte del modelo como geometría convencional, y para el resto utilizar una nube de billboards. Por ejemplo, hacer el tronco de un arbol geométricamente y añadir billboards para las hojas.

7.2. Uso de Billboards

En Ogre, no existe un elemento billboard por sí sólo que se pueda representar. Estos deben pertenecer a un objeto de la clase *BillboardSet*. Esta clase se encarga de *gestionar* los diferentes billboards que están contenidos en ella.

Billboards individuales

También es posible controlar la representación individual de cada *Billboard* dentro de un *BillboardSet*, pero la penalización en rendimiento es mucho mayor. En la mayoría de los casos es más eficiente crear distintos *Billboard-Sets*.

Ogre tratará el *BillboardSet* como un elemento único: o se representan todos los *Billboard* contenidos, o no se representa ninguno. El posicionamiento de los *Billboards* se realiza relativo a la posición del *SceneNode* al que pertenece el *BillboardSet*.

La forma más común de crear un *BillboardSet* es indicando el número de *Billboard* que son necesarios en el constructor del *BillboardSet*. Cada vez que queramos crear un *Billboard* mediante el método *createBillboard* de *BillboardSet*, se nos devolverá uno. Una vez que se agote la capacidad el método devolverá *NULL*.

En el siguiente código vemos un ejemplo sencillo de una escena con tres billboards. Como se ha explicado anteriormente, para poder crear *Billboards* es necesario que estos pertenezcan a un *BillboardSet*. En la línea ② creamos uno, con nombre *BillboardSet* y con capacidad para tres *Billboard*. Por defecto, el tipo de *Billboard* es *point*. Más adelante se explicarán los tres tipos básicos que ofrece Ogre. En la línea ③ se asigna un material a esos Billboard. En este caso, el material se encuentra descrito en un fichero llamado *Cloud.material*.

Capacidad dinámica

Se puede indicar al *BillboardSet* que aumente de forma dinámica su capacidad. Así, cada vez que se pida un Billboard y no quede ninguno, se aumentará la capacidad al doble automáticamente. Este método es potencialmente peligroso, sobretodo si se utiliza en algún tipo de bucle.

En la línea ④ se especifica el tamaño del rectángulo que definirán cada uno de los *Billboard*. En la línea ⑤ se activa la opción de que Ogre ordene automáticamente los *Billboard* según su distancia a la cámara, para que, en caso de que el material tenga transparencia, no se superpongan unos encima de otros y causen un efecto indeseado.

Listado 7.1: Primer ejemplo con Billboards

```
1  void MyApp::createScene() {
2    Ogre::BillboardSet* billboardSet = _sceneManager->createBillboardSet("BillboardSet",3);
3    billboardSet->setMaterialName("Cloud");
4    billboardSet->setDefaultDimensions(10.,10.);
5    billboardSet->setSortingEnabled(true);
6
7    billboardSet->createBillboard(Ogre::Vector3(0,0,0));
8    billboardSet->createBillboard(Ogre::Vector3(50,0,50));
9    billboardSet->createBillboard(Ogre::Vector3(-50,0,-50));
10
11   Ogre::SceneNode* node1 = _sceneManager->createSceneNode("Node1");
12   node1->attachObject(billboardSet);
13   _sceneManager->getRootSceneNode()->addChild(node1);
14 }
```

De las líneas 7-9 se crean tantos *Billboard* como capacidad se dió al *BillboardSet* en el momento de su creación. A cada uno de ellos se le indica la posición relativa al *SceneNode* al que pertenece el *BillboardSet*. Por último, en las líneas 11-13 se crea un nodo y se adjunta el *BillboardSet* a él.

Todos los *Billboard* que pertenezcan a un *BillboardSet* deben ser idénticos en cuanto a tamaño y material. Este es un requerimiento semi-obligatorio por cuestiones de eficiencia. Una vez añadidos, es posible cambiar los *Billboard* individualmente, aunque esto se desaconseja debido a la penalización en el rendimiento, a no ser que haya una buena razón (por ejemplo, volúmenes de humo que se expanden).

7.2.1. Tipos de Billboard

Ogre, por defecto, al crear un *Billboard* lo crea utilizando el tipo *point billboard*. Este tipo se puede cambiar a través del método *BillboardSet::setBillboardType*, y recibe un argumento del tipo *BillboardType*. Los tres tipos básicos existentes son:

- **Point Billboard:** se indican con el valor *BBT_POINT*, y se corresponden con los Billboards alineados en la pantalla. Se trata del tipo más simple, y no es necesario indicar ningún parámetro adicional.

- **Oriented Billboard:** se indican con los valores:

  - *BBT_ORIENTED_COMMON*

  - *BBT_ORIENTED_SELF*

  Se corresponden con los Billboard axiales. Es necesario indicar un eje sobre el cuál girar (en el ejemplo de los árboles, se corresponde con el tronco). En caso de utilizarse la opción *Oriented Common*, este vector se indica mediante el método *BillboardSet::setCommonDirection*, y todos los *Billboard* del conjunto lo utilizarán. En el caso de utilizar *Oriented Self*, cada *Billboard* podrá tener su propio "tronco", y se especifica en la variable pública *Billboard::mDirection* de cada *Billboard*.

- **Perpendicular Billboard:** se indican con los valores:

  - *BBT_PERPENDICULAR_COMMON*

  - *BBT_PERPENDICULAR_SELF*

  Se corresponde con los Billboard orientados en el espacio. Siempre apuntan a la cámara, pero al contrario que con los Billboard alineados en la pantalla, el vector up no tiene por qué ser el mismo que el de ella. En cualquier caso es necesario indicar un vector up mediante la llamada *Billboard::setCommonUpVector*. También se debe indicar un vector de dirección. En caso de haber escogido *Perpendicular Common* se indica mediante la llamada *BillboardSet::setCommonDirection*. En caso de haber escogido *Perpendicular Self*, se almacena en la variable pública *Billboard::mDirection*. Este vector se escoge como fijo, y se recalcula el vector up, según el método explicado en la primera sección. Este vector suele ser el inverso al vector de dirección de la cámara, o el vector con origen en la posición del *Billboard* y destino la posición de la cámara. Es importante normalizarlo.

En el caso de los tipos *BBT_PERPENDICULAR_COMMON*, *BBT_PERPENDICULAR_SELF* y *BBT_ORIENTED_SELF* es necesario actualizar los valores de los vectores según la posición actual de la cámara en cada frame. Para ello se debe recuperar los *Billboard* desde el método *frameStarted* del *FrameListener*, y actualizarlos según el valor escogido.

7.2.2. Aplicando texturas

Hasta ahora se ha explicado que todos los *Billboard* de un mismo *BillboardSet* deben tener el mismo tamaño y el mismo material. Sin embargo, exite la opción de indicar a cada *Billboard* qué porción de la textura del material puede representar. De esta forma, se puede indicar una textura que esté dividida en filas y en columnas con varias *subtexturas*, y asignar a cada *Billboard* una de ellas.

En la Figura 7.9 se observa un ejemplo de textura subdividida. Las coordenadas están contenidas en el rango de 0 a 1.

En el siguiente código se va a utilizar esta técnica para que, cada uno de los *Billboard*, muestren un trozo de la textura asociada. En 2-9 se crea el escenario y un *BillboardSet* de tipo *point* y un material asociado llamado "ABC", como la de la Figura 7.9. De las líneas 11-19 se instancian los 4 *Billboard*. Se ha declarado el puntero a *Billboard* b para poder referenciar cada uno de los *Billboard* según se crean y poder indicar las coordenadas de las texturas asociadas. Esto se hace mediante el método *Billboard::setTexcoordRect*, al cual se le pasa un objeto del tipo *FloatRec*, indicando las coordenadas de la esquina superior izquierda y de la esquina inferior derecha. Los valores de esa esquina están en el rango de 0 a 1. Para terminar, de las líneas 21-23 se crea el nodo y se adjunta el *BillboardSet*.

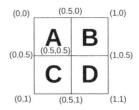

Figura 7.9: Ejemplo de subdivisión de una textura.

Listado 7.2: Ejemplo de coordenadas de texturas.

```
1  void MyApp::createScene() {
2      /* Preparing simbad and ground */
3      /* Creating Sinbad and Ground ...*/
4
5      /* ABC BillboardSet*/
6      Ogre::BillboardSet* abcBillboardSet = _sceneManager->createBillboardSet("AbcBillboardSet",4);
7      abcBillboardSet->setBillboardType(Ogre::BBT_POINT);
8      abcBillboardSet->setMaterialName("ABC");
9      abcBillboardSet->setDefaultDimensions(7.,7);
10
11     Ogre::Billboard* b;
12     b = abcBillboardSet->createBillboard(Ogre::Vector3(-15,0,0));
13     b->setTexcoordRect(Ogre::FloatRect(0.,0.,0.5,0.5));
14     b = abcBillboardSet->createBillboard(Ogre::Vector3(-5,0,0));
15     b->setTexcoordRect(Ogre::FloatRect(0.5,0.,1.,0.5));
16     b = abcBillboardSet->createBillboard(Ogre::Vector3(5,0,0));
17     b->setTexcoordRect(Ogre::FloatRect(0.,0.5,0.5,1.));
18     b = abcBillboardSet->createBillboard(Ogre::Vector3(15,0,0));
19     b->setTexcoordRect(Ogre::FloatRect(0.5,0.5,1.,1.));
20
21     Ogre::SceneNode* abcNameNode =_sceneManager->getRootSceneNode()->createChildSceneNode("
           AbcNameNode");
22     abcNameNode->setPosition(0,10,0);
23     abcNameNode->attachObject(abcBillboardSet);
24  }
```

7.3.   Uso de Sistemas de Partículas

Figura 7.10: Resultado del ejemplo de Billboard con coordenadas de texturas.

Los sistemas de partículas en Ogre se implementan típicamente mediante scripts, aunque cualquier funcionalidad se puede realizar también por código. La extensión de los script que definen las plantillas de estos sistemas es *.particle*. Son plantillas porque en ellas se definen sus características, y luego se pueden instanciar tanto sistemas como se desee. Es decir, se puede crear un fichero *.particle* para definir un tipo de explosión, y luego instanciar cualquier número de ellas.

Los sistemas de partículas son entidades que se enlazan a *SceneNodes*, por lo que están sujetos a la orientación y posicionamiento de estos. Una vez que se han emitido las partículas, estas pasan a formar parte de la escena, por lo que si se mueve el punto de emisión del sistema, las partículas no se verán afectadas, quedando en el mismo sitio. Esto es interesante si se quiere dejar una estela, por ejemplo, de humo. Si se desea que las partículas ya creadas se trasladen con el nodo al que pertenece el sistema, se puede indicar que el posicionamiento se haga referente al sistema de coordenadas local.

 Los sistemas de partículas deben tener siempre una cantidad límite de estas, o *quota*. Una vez alcanzado esta cantidad, el sistema dejará de emitir hasta que se eliminen algunas de las partículas *antiguas*. Las partículas tienen un límite de vida configurable para ser eliminadas. Por defecto, este valor de *quota* es 10, por lo que puede interesar al usuario indicar un valor mayor en la plantilla.

Eficiencia ante todo

Los sistemas de partículas pueden rápidamente convertirse en una parte muy agresiva que requiere mucho tiempo de cómputo. Es importante dedicar el tiempo suficiente a optimizarlos, por el bien del rendimiento de la aplicación.

Ogre necesita calcular el espacio físico que ocupa un sistema de partículas (su *BoundingBox*) de forma regular. Esto es computacionalmente costoso, por lo que por defecto, deja de recalcularlo pasados 10 segundos. Este comportamiento se puede configurar mediante el método *ParticleSystem::setBoundsAutoUpdated( )*, el cual recibe como parámetro los segundos que debe recalcular la *BoundingBox*. Si se conoce de antemano el tamaño aproximado del espacio que ocupa un sistema de partículas, se puede indicar a Ogre que no realice este cálculo, y se le indica el tamaño fijo mediante el método *ParticleSystem::setBounds( )*. De esta forma se ahorra mucho tiempo de procesamiento. Se puede alcanzar un compromiso indicando un tamaño inicial aproximado, y luego dejando a Ogre que lo recalcule durante poco tiempo pasados algunos segundos desde la creación del sistema.

A continuación se describen los dos elementos básicos que definen los sistemas de partículas en Ogre: los *emisores* y los *efectores*.

7.3.1.   Emisores

Los emisores definen los *objetos* que literalmente *emiten* las partículas a la escena. Los distintos emisores que proporciona Ogre son:

- **Puntos:** *point*. Todas las partículas son emitidas desde un mismo punto.

- **Caja:** *box*. Las partículas son emitidas desde cualquier punto dentro de un volumen rectangular.

- **Cilindro:** *cylinder*. Las partículas son emitidas desde un volumen cilíndrico definido.

- **Elipsoide:** *ellipsoid*. Las partículas se emiten desde un volumen elipsoidal.

- **Superficie de elipsoide:** *hollow elipsoid*. Las partículas se emiten desde la superficie de un volumen elipsoidal.

- **Anillo:** *ring*. Las partículas son emitidas desde los bordes de un anillo.

La velocidad, frecuencia y dirección de emisión de las partículas es completamente configurable. Estos emisores se posicionan de forma relativa al *SceneNode* al que pertenecen.

Las partículas no son emitidas en una línea recta. Se debe especificar un ángulo mediante el parámetro *angle* para definir el *cono* de emisión. Un valor 0 indica que se emiten en línea recta, mientras que un valor de 180 significa que se emite en cualquier dirección. Un valor de 90 implica que se emiten de forma aleatoria en el hemisferio centrado en el vector de dirección.

Otros parámetros que se pueden configurar son la frecuencia de emisión (partículas/-segundo), la velocidad (puede ser una velocidad establecida o aleatoria para cada partícula), el tiempo de vida o TTL (Time To Live) (definido o aleatorio), y el tiempo de emisión del sistema. Más adelante se mostrarán ejemplos de uso de estos parámetros.

7.3.2. Efectores

Los efectores o *affectors* realizan cambios sobre los sistemas de partículas. Estos cambios pueden ser en su dirección, tiempo de vida, color, etc. A continuación se explican cada uno de los efectores que ofrece Ogre.

- **LinearForce:** aplica una *fuerza* a las partículas del sistema. Esta fuerza se indica mediante un vector, cuya dirección equivale a la dirección de la fuerza, y su módulo equivale a la magnitud de la fuerza. La aplicación de una fuerza puede resultar en un incremento enorme de la velocidad, por lo que se dispone de un parámetro, *force_application* para controlar esto. El valor *force_application average* ajusta el valor de la fuerza para estabilizar la velocidad de las partículas a la media entre la magnitud de la fuerza y la velocidad actual de estas. Por el contrario, *force_application add* deja que la velocidad aumente o se reduzca sin control.

- **ColourFader:** modifica el color de una partícula mientras ésta exista. El valor suministrado a este modificador significa ' ' cantidad de cambio de una componente de color en función del tiempo". Por lo tanto, un valor de *red -0.5* decrementará la componente del color rojo en 0.5 cada segundo. Un valor de -0.5 no quiere decir que se reduzca a la mitad cada segundo, y por lo tanto, nunca alcanzará el valor de 0. Significa de al valor de la componente (perteneciente al intervalo de 0 a 1) se le restará 0.5. Por lo tanto a un valor de blanco (1) se reducirá a negro (0) en dos segundos.

- **ColourFader2:** es similar a *ColourFader*, excepto que el modificador puede cambiar de comportamiento pasada una determinada cantidad de tiempo. Por ejemplo, el color de una partícula puede decrementarse suavemente hasta el 50 % de su valor, y luego caer en picado hasta 0.

- **ColourInterpolator:** es similar a *ColourFader2*, sólo que se pueden especificar hasta 6 cambios de comportamiento distintos. Se puede ver como una generalización de los otros dos modificadores.

- **Scaler:** este modificador cambia de forma proporcional el tamaño de la partícula en función del tiempo.

- **Rotator:** rota la textura de la partícula por bien un ángulo aleatorio, o a una velocidad aleatoria. Estos dos parámetros son definidos dentro de un rango (por defecto 0).

- **ColourImage:** este modificador cambia el color de una partícula, pero estos valores se toman de un fichero imagen (con extensión .png, .jpg, etc.). Los valores de los píxeles se leen de arriba a abajo y de izquierda a derecha. Por lo tanto, el valor de la esquina de arriba a la izquierda será el color inicial, y el de abajo a la derecha el final.

7.3.3. Ejemplos de Sistemas de Partículas

Para poder utilizar los sistemas de partículas en Ogre, es necesario editar el fichero *plugins.cfg* y añadir la línea *Plugin=Plugin_ParticleFX* para que pueda encontrar el plugin. En caso de utilizarse en Windows, hay que asegurarse de tener la biblioteca *Plugin_ParticleFX.dll* en el directorio de plugins del proyecto, o la biblioteca *Plugin_ParticleFX.so* en caso de sistemas UNIX.

Este primer ejemplo ilustra un anillo de fuego. A continuación se explica paso a paso cómo se instancia el sistema de partículas y qué significan cada uno de los campos del script que lo define.

Listado 7.3: Instancia de un sistema de partículas.

```
1  void MyApp::createScene() {
2    Ogre::ParticleSystem* ps = _sceneManager->createParticleSystem("Ps","ringOfFire");
3
4    Ogre::SceneNode* psNode = _sceneManager->getRootSceneNode()->createChildSceneNode("PsNode");
5    psNode->attachObject(ps);
6  }
```

Figura 7.11: Captura de pantalla del sistema de partículas *RingOfFire*

Como se puede observar, crear un sistema de partículas en código no es nada complicado. En la línea ②se crea un objeto de tipo *ParticleSystem*, indicando su nombre y el nombre del script que lo define, en este caso *ringOfFire*. En las líneas 4-5 se crea un *SceneNode* y se añade a él.

El script 7.4 define realmente las propiedades del sistema de partículas. Los scripts de sistemas de partículas comienzan con la palabra reservada *particle_system* seguido del nombre del sistema, como se indica en la línea ①. De las líneas 3-6 se indican varios parámetros generales del sistema:

- *quota:* Indica el número máximo de partículas que pueden haber vivas en un momento. Si el número de partículas alcanza esta cantidad, no se crearán más partículas hasta que mueran otras.

- *material:* indica el material de cada partícula. Cada una de las partículas es, por defecto, un *Billboard* como los estudiados anteriormente. Este material indica qué textura se representará en cada uno de ellos.

- *particle_width:* indica el ancho de cada partícula.

Listado 7.4: Script para el sistema *ringOfFire*

```
1  particle_system ringOfFire
2  {
3      quota   1000
4      material    explosion
5      particle_width  10
6      particle_height 10
7
8      emitter Ring
9      {
10         angle   10
11         direction   0 1 0
12         emission_rate   250
13         velocity_min    3
14         velocity_max    11
15         time_to_live    3
16         width   30
17         height  30
18         depth   2
19     }
20
21     affector ColourFader
22     {
23         red -0.5
24         green   -0.5
25         blue    -0.25
26     }
27 }
```

- *particle_height:* indica el alto de cara partícula.

A continuación se declaran tantos emisores y modificadores como se deseen. En las líneas 8-19 se declara un emisor del tipo anillo. Los parámetros especificados para este emisor son:

- *angle:* define el ángulo de apertura con el que las partículas salen disparadas.

- *direction:* indica la dirección de salida d e las partículas, teniendo en cuenta el ángulo. En realidad, el par dirección-ángulo define un cono por el cual las partículas se crean.

- *emission_rate:* indica el ratio de partículas por segundo emitidas.

- *velocity_min:* velocidad mínima inicial de las partíclas.

- *velocity_max:* velocidad máxima inicial de las partículas.

- *time_to_live* tiempo de vida de una partícula.

- *width:* determina el ancho del anillo.

- *height:* determina el alto del anillo.

- *depth:* determina la profundidad del anillo.

Además se ha declarado un modificado del tipo *ColourFader* que cambia el color de las partículas en el tiempo. Concretamente, por cada segundo que pasa decrementa la componente del color rojo en 0.5, la del color verde en 0.5 y la del color azul en 0.25.

¡Y aún hay más! Existen multitud de parámetros para configurar los sistemas de partículas, emisores y modificadores en Ogre. En la API oficial se detallan todos y cada uno de estos parámetros.

7.4. Introducción a los Shaders

A lo largo de las siguiente páginas se introducirá, y se enseñará a manejar, una de las herramientas más poderosas que existen a la hora de sacar partido de nuestro hardware gráfico: los *shaders*. Descubriremos cómo gracias a estos pequeños fragmentos de código nos hacemos con todo el control sobre el dibujado de nuestras escenas, a la vez que se abre ante nosotros la posibilidad de añadir una gran variedad de efectos que, hasta no hace mucho, eran imposibles en aplicaciones gráficas interactivas.

Para comenzar a entender lo que son los *shaders* es conveniente acercarse primero a la problemática que resuelven y, para ello, en la siguiente sección se hará un pequeño repaso a la historia de la generación de gráficos por computador, tanto en su vertiente interactiva como en la no interactiva, puesto que la historia de los *shaders* no es más que la historia de la lucha por conseguir mejorar y controlar a nuestro gusto el proceso de generación de imágenes por ordenador.

7.4.1. Un poco de historia

Nuestra narracción comienza en los años 80, una época que hoy en día a algunos les puede parecer como un tiempo mejor, pero que definitivamente no lo era, sobre todo si querías dedicarte al desarrollo de aplicaciones gráficas interactivas.

En estos años el desarrollo de este tipo de aplicaciónes era realmente complicado y no sólo por la poca capacidad de las máquinas de la época, si no también por la falta de estandarización que existía en los APIs gráficos, lo que provocaba que cada hardware necesitara de su propio software para poder ser usado.

Este contexto hacía evidente que los gráficos 3D tardarían todavía un poco en llegar a ser algo común en los ordenadores personales y aun más si hablamos de moverlos en tiempo real. Es por tanto fácil comprender por qué los mayores avances en este campo estuvieron enfocados sobre todo hacia el renderizado no interactivo. En aquellos tiempos la principal utilidad que tenía la informática gráfica eran la investigación y el desarrollo de *CGI (Computer Generated Imagery)* para anuncios y películas.

Es en este punto donde la historia de los *shaders* comienza, en una pequeña empresa conocida como *LucasFilms* a principios de los años 80. Por esas fechas el estudio decidió contratar programadores gráficos para que, comandados por *Edwin Catmull*, empezaran a informatizar la industria de los efectos especiales. Casi nada.

Aquel grupo de pioneros se embarcó en varios proyectos diferentes, logrando que cada uno de ellos desembocara en cosas muy interesantes. Uno de estos proyectillos acabó siendo el germen de lo que más adelante se conocería como *Pixar Animation Studios*. Y fue en esta compañía donde, durante el desarrollo del API abierto *RISpec (RenderMan Interface Specification)*, se creó el concepto de *shader*. El propósito de *RISpec* era la descripción de escenas 3D para convertirlas en imágenes digitales fotorealistas. En este API se incluyó el *RenderMan Shading Language*, un lenguaje de programación al estilo C que permitía, por primera vez, que la descripción de materiales de las superficies no dependiera sólo de un pequeño conjunto de parámetros, sino que pudiera ser especificada con toda libertad (no olvidemos que tener la posibilidad de especificar cómo se hace o no se hace algo es siempre muy valioso).

Año	Tarjeta Gráfica	Hito
1987	IBM VGA	Provee un *pixel framebuffer* que la CPU debe encargarse de llenar.
1996	3dfx Voodoo	Rasteriza y texturiza triángulos con vértices pre-transformados.
1999	NVIDIA GeForce 256	Aplica tanto transformaciones, como iluminación a los vértices. Usa una *fixed function pipeline*.
2001	NVIDIA GeForce 3	Incluye *pixel shader* configurable y *vertex shader* completamente programable.
2003	NVIDIA GeForce FX	Primera tarjeta con shaders completamente programables.

Tabla 7.1: Evolución del hardware de gráfico para PC.

RISpec 3.0 (donde se introdujo el concepto de *shader*) fue publicado en Mayo de 1988 y fue diseñado con la vista puesta en el futuro para, de esta manera, poder adaptarse a los avances en la tecnología durante un numero significativo de años. A las películas en que se ha usado nos remitimos para dar fe de que lo consiguieron (http://www.pixar.com/featurefilms/index.html).

Hasta aquí el nacimiento del concepto *shader*, una funcionalidad incluida en *RISpec 3.0* para especificar sin cortapisas cómo se dibujan las superficies (materiales en nuestra jerga) de los elementos de una escena 3D. ¿Pero que ocurre con nuestro campo de estudio?

El panorama para los gráficos en tiempo real no era tan prometedor por aquel entonces hasta que surgieron los primeros APIs estándar que abstraían el acceso al hardware gráfico. En 1992 apareció *OpenGL*, en 1995 *DirectX* y, ya lanzados, surge en 1996 la primera tarjeta gráfica, la *3Dfx Voodoo*, que liberaba a la CPU de algunas de las tareas que implicaban la representación de gráficos por ordenador.

Tarjeta gráfica y API estándarizado, estos dos ingredientes combinados ya empiezan a permitir la preparación de un plato como Dios manda de gráficos 3D en tiempo real en ordenadores de escritorio. Si, 1996, este es el momento en que la cosa empieza a ponerse seria y se establecen los actuales *pipelines gráficos* (cuyo funcionamiento ya se trató al principio del Módulo 2, pero que, y hay que insistir, es vital comprender para poder desarrollar cualquier aplicación gráfica interactiva, por ello más adelante se vuelven a tratar).

Aun así, en los 90, tanto los APIs como el hardware ofrecían como único *pipeline* de procesamiento gráfico el *fixed-function pipeline* (FFP). El FFP permite varios tipos de configuración a la hora de establecer cómo se realizará el proceso de renderizado, sin embargo estas posibilidades están predefinidas y, por tanto, limitadas. De este modo, aunque el salto de calidad era evidente durante muchos

Pipeline

En ingeniería del software, un pipeline consiste en una cadena etapas de procesamiento, dispuestas de tal forma que la salida de una de estas etapas es la entrada de la siguiente, facilitando con ello la ejecución en paralelo de las etapas.

años el renderizado interactivo estuvo muchísimo más limitado que su versión no interactiva.

La programación gráfica antes de los *shaders* usaba un conjunto fijo de algoritmos que, colectivamente, son conocidos como *fixed-function pipeline*. Este permitía habilitar un conjunto prefijado de características y efectos, pudiendo manipular algunos parámetros pero, como es de esperar, con opciones limitadas no se puede ejercer un gran control sobre lo que ocurre en el proceso de renderizado.

En el lado no interactivo del espectro, las arquitecturas de alto rendimiento de renderizado por software usadas para el CGI de las películas permitía llegar muchísimo más lejos en cuanto a la calidad de las imagenes generadas. *RenderMan* permitía a los artistas y programadores gráficos controlar totalmente el resultado del renderizado mediante el uso de este simple, pero potente, lenguaje de programación.

La evolución de la tecnología para construir los hardware gráficos y su correspondiente incremento en la capacidad de procesamiento acabó permitiendo trasladar la idea de *RenderMan* a los ordenadores domésticos en el año 2001, el cual nos trae a dos protagonistas de excepción: la *NVIDIA GeForce3* que introdujo por primera vez un pipeline gráfico programable (aunque limitado) y *DirectX 8.0* que nos dió el API para aprovechar esas capacidades.

Desde entonces, como suele pasar en la informática, con el paso de los años todo fue a mejor, el hardware y los API gráficos no han hecho sino dar enormes saltos hacia delante tanto en funcionalidad como en rendimiento (un ejemplo de la evolución de las capacidades de las tarjetas gráficas se presenta en la tabla 7.1). Lo cual nos ha llevado al momento actual, en el que los FFP han sido casi sustituidos por los *programmable-function pipelines* y sus *shader* para controlar el procesamiento de los gráficos.

Hasta aquí el repaso a la historia de los *shaders*, que nos ha permitido introducir algunos conceptos básicos que siempre os acompañaran si os animáis a seguir por este campo: *pipeline*, *programmable-function pipeline*, *fixed-function pipeline*. Pero...

7.4.2. ¿Y qué es un Shader?

Una de las definiciones clásicas de *shader* los muestra como: *"piezas de código, que implementan un algoritmo para establecer como responde un punto de una superficie a la iluminación"*. Es decir sirven para establecer el color definitivo de los pixeles que se mostrarán en pantalla.

Gestion-Recursos

En algún momento comprenderéis que hacer videojuegos, al final, no es más que gestionar recursos y balancear calidad de imagen con rapidez de ejecución. Por eso conocer el funcionamiento de un motor gráfico, conocimientos altos de ingeniería del software y gestión de recursos en un programa software son de las habilidades más demandadas.

Como veremos esta definición ya no es del todo correcta. Los *shader* actuales cumplen muchas más funciones, ya que pueden encargarse de modificar todo tipo de parámetros (posición de vértices, color de pixeles e incluso generar geometría en los más avanzados). Hoy por hoy una definición de *shader* más acertada podría ser: *"Un conjunto de software que especifica la forma en que se renderiza un conjunto de geometría"*, definición extraída del libro *"GPU Gems"* [23], ideal para aprender sobre técnicas avanzadas de programación gráfica.

Desde un punto de vista de alto nivel los *shader* nos permiten tratar el estado de renderizado como un recurso, lo cual los convierte en una herramienta extremadamente poderosa, permitiendo que el dibujado de una aplicación, es decir, la configuración del dispositivo que se encarga de ello sea casi completamente dirigido por recursos (de la misma forma en que la geometría y las texturas son recursos externos a la aplicación). Facilitando de esta manera su reusabilidad en múltiples proyectos.

Las definiciones, en mi opinión, suelen ser siempre algo esotéricas para los profanos en una materia, por ello la mejor manera de terminar de explicar qué son y cómo funcionan estas pequeñas piezas de código es repasando el funcionamiento del *pipeline* gráfico: desde la transmisión de los vértices a la *GPU*, hasta la salida por pantalla de la imagen generada.

7.4.3. Pipelines Gráficos

En esta sección se va a repasar el funcionamiento interno de los dos tipos de *pipelines gráficos*, para que de esta forma quede clara la forma en que trabajan los *shader* y cual es exáctamente la función que desempeñan en el proceso de renderizado. Además es muy importante conocer el funcionamiento del *pipeline* a la hora de desarrollar *shaders* y en general para cualquier aplicación con gráficos en tiempo real.

La información ofrecida aquí complementa a la que aparece en las secciones 1, 2 y 3 del capitulo *Fundamentos de Gráficos Tridimensionales* del Módulo 2, donde se explica con mas detalle el *pipeline gráfico* y que se recomienda se repase antes de continuar.

¿Por qué una GPU?

El motivo por el que se usan tarjetas gráficas busca que la CPU delegue en la medida de lo posible la mayor cantidad de trabajo en la GPU, y que así la CPU quede liberada de trabajo. Delegar ciertas tareas en alguien o algo especializado en algo concreto es siempre una buena idea. Existen además dos claves de peso que justifican la decisión de usar un hardware específico para las tareas gráficas. La primera es que las CPU son procesadores de propósito general mientras que la tarea de procesamiento de gráficos tiene características muy específicas que hacen fácil extraer esa funcionalidad aparte. La segunda es que hay mercado para ello, hoy en día nos encontramos con que muchas aplicaciones actuales (videojuegos, simulaciones, diseño gráfico, etc...) requieren de *rendering* interactivo con la mayor calidad posible.

Diseño de una GPU

La tarea de generar imagenes por ordenador suele implicar el proceso de un gran número de elementos, por suerte se da la circunstancia de que la mayor parte de las veces no hay dependencias entre ellos. El procesamiento de un vértice, por ejemplo, no depende del procesamiento de los demás o, tomando un caso en el que quisieramos aplicar iluminación local, se puede apreciar que la representación de un pixel iluminado no depende de la de los demás.

Además el procesamiento de los gráficos es áltamente paralelizable puesto que los elementos involucrados suelen ser magnitudes vectoriales reales. Tanto la posición, como el color y otros elementos geométricos se representan cómodamente mediante vectores a los que se aplican diferentes algoritmos. Estos, generalmente, suelen ser bastante simples y poco costosos computacionalmente (las operaciones más comunes en estos algoritmos son la suma, multiplicación o el producto escalar).

En consecuencia, las GPUs se diseñan como *Stream Processors*. Estos procesadores están especializados en procesar gran cantidad de elementos en paralelo, distribuyéndolos en pequeñas unidades de procesamiento (etapas del *pipeline*), las cuales disponen de operaciones para tratar con vectores de forma eficiente y donde algunas son programables o, al menos, configurables (¿Os suena?).

7.4.4. Fixed-Function Pipeline

Para seguir el proceso tomaremos como referencia el *pipeline gráfico* simplificado de la figura 7.12, que representa las etapas básicas de un *fixed-function pipeline*. Este tipo de *pipeline* no ofrece mucha libertad en la manipulación de sus parámetros pero aun se usa, sobre todo cuando uno quiere rapidez sobre calidad, y sirve como base para entender el por qué son necesarias las etapas programables mediante *shaders*.

Para empezar la aplicación descompone la escena en batches y se los manda al *pipeline*. Así que como entrada, la primera etapa del *pipeline*, recibe el conjunto de vértices correspondientes a la geometría de la escena que va en cada batch.

Un vértice en el contexto en el que nos encontramos se corresponde con la posición de un punto en el espacio 3D, perteneciente a una superficie, para el que se conocen los valores exactos de ciertas propiedades (conocidos como componentes del vértice). Estas propiedades pueden incluir atributos como el color de la superficie (primario y secundario, si tiene componente especular), uno o varios conjuntos de coordenadas de textura, o su vector normal que indicará la dirección en que la superficie está orientada con respecto al vértice y que se usa para los cálculos de iluminación, entre otros (un vértice puede incluir mucha más información, como se muestra en la sección 10.1.2.2 Vertex Atributes del muy recomendable libro Game Engine Architecture [28]).

> Una **primitiva** es una región de una superficie definida por sus vértices. La primitiva más usada en informática gráfica es el triángulo, puesto que sus tres vértices siempre definen un plano.

Transformación de Vértices

El conjunto de vértices primero atraviesa esta etapa de procesamiento del pipeline gráfico, en la que se realizan una serie de operaciones matemáticas sobre los mismos. Estas operaciones incluyen las transformaciones necesarias para convertir la posición del vértice a la posición que tendrá en pantalla (Transformación de Modelado, Transformación de Visualización y Transformación de Proyección visto en sección 1.1.2 del Módulo 2) y que será usada por el rasterizador, la generación de las coordenadas de textura y el cálculo de la iluminación sobre el vértice para conocer su color.

> **Batch**: Sería conveniente no olvidar jamás que la GPU no suele recibir toda la información de la escena de golpe, sino que se le envían para dibujar varios grupos de primitivas cada vez, agrupados en la unidad de trabajo conocida como *batch*.

Ensamblado de Primitivas y Rasterización

Los vértices transformados fluyen en secuencia hacia la siguiente etapa donde el ensamblado de primitivas toma los vértices y los une para formar las primitivas correspondientes gracias a la información recibida sobre la conectividad de los mismos (que indica cómo se ensamblan).

Esta información se transmite a la siguiente etapa en unidades discretas conocidas como *batches*.

El resultado del ensamblado da lugar a una secuencia de triángulos, líneas o puntos, en la cual no todos los elementos tienen porque ser procesados. A este conjunto, por lo tanto, se le pueden aplicar dos procesos que aligerarán la carga de trabajo del hardware gráfico.

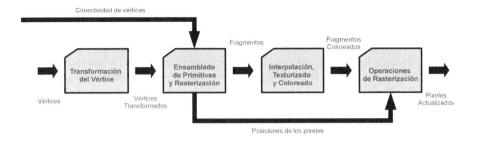

Figura 7.12: Pipeline del hardware gráfico simplificado.

 Textura: Es una matriz que almacena los valores de color de una superficie en los puntos interiores de las primitivas. Es una de las maneras, quizás la que nos es más familiar, para obtener un mayor nivel de detalle en la representación de los modelos 3D.

Por un lado las primitivas pueden ser descartadas mediante el proceso de *clipping*, en el cual se selecciona sólo a aquellas que caen dentro del volumen de visualización (la región visible para el usuario de la escena 3D, conocido también como *view frustum* o pirámide de visión). Y por otro lado, el rasterizador puede descartar también aquellas primitivas cuya cara no esté apuntando hacia el observador, mediante el proceso conocido como *culling*.

Las primitivas que sobreviven a estos procesos son rasterizadas. La rasterización es el proceso mediante el que se determina el conjunto de pixeles que cubren una determinada primitiva. Polígonos, líneas y puntos son rasterizados de acuerdo a unas reglas especificadas para cada tipo de primitiva. El

Framebuffer

Los *framebuffer* son dispositivos gráficos que ofrecen una zona de memoria de acceso aleatorio, que representa cada uno de los pixeles de la pantalla.

resultado de la rasterización son un conjunto de localizaciones de pixeles, al igual que un conjunto de fragmentos. Es importante recalcar que no hay ninguna relación entre el conjunto de fragmentos generados en la rasterización y el número de vértices que hay en una primitiva. Por ejemplo, un triángulo que ocupe toda la pantalla provocará la creación de miles de fragmentos.

 ¿Pixel o fragmento? Habitualmente se usan indistintamente los términos pixel y fragmento para referirse al resultado de la fase de rasterización. Sin embargo existen diferencias importantes entre estos dos términos y considero apropiado aclarar qué es cada uno. Pixel proviene de la abreviatura de "picture element" y representa el contenido del framebuffer en una localización específica, al igual que el color, profundidad y algunos otros valores asociados con esa localización. Un fragmento sin embargo representa el estado potencialmente requerido para actualizar un pixel en particular. En la etapa en la que nos encontramos del pipeline es mucho más apropiado el término fragmento ya que estamos ante pixeles potenciales, contienen toda la información de un pixel pero son candidatos a pixel, no pixeles.

El término *"fragmento"* es usado porque la rasterización descompone cada primitiva geométrica, como puede ser un triángulo, en fragmentos del tamaño de un pixel por cada pixel que la primitiva cubre y al estar discretizándolo, lo fragmenta. Un fragmento tiene asociada una localización para el pixel, un valor de profundidad, y un conjunto de parámetros interpolados como son: el color primario, el color especular, y uno o varios conjuntos de coordenadas de textura. Estos parámetros interpolados son derivados de los parámetros incluidos en los vértices transformados de la primitiva que generó los fragmentos.

Como la rasterización ocurre con todas las primitivas y puede ser que detrás del triángulo de ejemplo hubiera otro triángulo y se generarán fragmentos en la misma posición de pantalla que los que se han generado para el triángulo delantero. Pero tranquilos, como buenos pixeles potenciales que son, guardan información de su profundidad y transparencia, con lo que en las dos etapas siguientes se puede controlar que un fragmento sólo actualice su pixel correspondiente en el *framebuffer* si supera los distintos tests de rasterización que tenemos disponibles.

Interpolación, texturizado y coloreado

Una vez las primitivas han sido rasterizadas en una colección de cero o más fragmentos, la fase de interpolación, texturizado y coloreado se dedica precisamente a eso, a interpolar los parámetros de los fragmentos como sea necesario, realizando una secuencia de operaciones matemáticas y de texturizado que determinan el color final de cada fragmento.

Como complemento a la determinación del color de los fragmentos, esta etapa puede encargarse también de calcular la profundidad de cada fragmento pudiendo descartarlos y así evitar la actualización del correspondiente pixel en pantalla. Debido a que los fragmentos pueden ser descartados, esta etapa devuelve entre uno y cero fragmentos coloreados por cada uno recibido.

Operaciones de Rasterización

La fase en que se ejecutan las operaciones de *rasterización* pone en marcha una secuencia de tests para cada cada fragmento, inmediatamente antes de actualizar el *framebuffer*. Estas operaciones son una parte estándar de *OpenGL* y *Direct3D*, e incluyen: el *scissor test*, *alpha test*, *stencil test* y el *depth test*. En ellos están involucrados el color final del fragmento, su profundidad, su localización, así como su valor de *stencil*:

- **Scissor Test**: Permite restringir el área de dibujado de la pantalla, descartando así, todos aquellos fragmentos que no entren dentro.

- **Alpha Test**: Permite descartar fragmentos comparando el valor de *alpha* de cada fragmento, con un valor constante especificado.

- **Stencil Test**: A partir del uso del *stencil buffer*, hace una comparación con el *framebuffer*, y descarta aquellos fragmentos que no superen la condición especificada. Como si usara una máscara, o una plantilla, para especificar qué se dibuja y qué no.

- **Depth Test**: A partir del valor de profundidad del fragmento establece qué fragmento está más cerca de la cámara (podría haber fragmentos por delante) y, en función de la condición especificada lo descarta o no.

Si cualquier test falla, esta etapa descarta el fragmento sin actualizar el valor de color del pixel (sin embargo, podría ocurrir una operación de escritura para el valor *stencil*). Pasar el *depth test* puede reemplazar el valor de profundidad del pixel, por el valor de profundidad del fragmento. Despues de los tests, la operación de *blending* combina el color final del fragmento con el valor de color del pixel correspondiente. Finálmente, con una operación de escritura sobre el *framebuffer* se reemplaza el color del pixel, por el color mezclado.

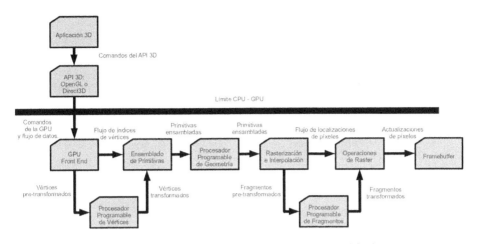

Figura 7.13: Pipeline del hardware gráfico programable simplificado.

Conclusión

Tras concluir esta serie de pasos obtenemos en el *framebuffer*, al fín, la imagen generada a partir de nuestra escena 3D. La cual podrá ser volcada a la pantalla, o usada para algún otro propósito.

Como se puede apreciar, la libertad para influir en el proceso de renderizado en este tipo de *pipeline* está muy limitada. Cualquier transformación sobre los vértices debe hacerse mediante código de la aplicación (siendo la CPU la encargada de ejecutarlo) y se limita a ofrecer los diferentes tests comentados, junto con algun parámetro configurable más, que son los que proveen algo de control sobre la forma en que se renderizan las imagenes. Todo esto es más que suficiente para obtener resultados decentes en muchos tipos de videojuegos. ¿Pero acaso no nos gustan también los gráficos 3D alucinantes?

7.4.5. Programmable-Function Pipeline

Gracias al *programmable-function pipeline* muchas de las operaciones que antes asumía la CPU, definitivamente pasan a manos de la GPU.

La figura 7.13 muestra las etapas de procesamiento de vértices y fragmentos en una GPU con un pipeline programable simplificado. En el, se puede apreciar que se mantienen las mismas etapas que en el *fixed-function pipeline*, pero se añaden tres etapas nuevas en las que los *shader* se encargan de establecer cómo se procesan los vértices, primitivas y fragmentos.

A continuación, en la siguiente sección, se explica someramente cómo funcionan estas nuevas etapas, que se corresponden con cada uno de los tipos de *shader* que existen a día de hoy.

Tipos de Shader

Originalmente los *shaders* sólo realizaban operaciones a nivel de pixel (o fragmento). Los que hoy se conocen como *fragment/pixel shaders*. A lo largo del tiempo se han introducido más tipos de *shader*], por lo que ahora el término *shader* se ha vuelto mucho más genérico, abarcando los tres tipos que se usan hoy en día en la generación de gráficos en tiempo real.

Vertex Shader

El flujo de datos del procesamiento de vértices comienza cargando los atributos de cada vértice (posición, color, coordenadas de textura, etc...) en el procesador de vértices. Este va ejecutando las distintas operaciones secuencialmente para cada vértice hasta que termina. El resultado de esta etapa es un vértice transformado en función de las instrucciónes del *shader*. Después del ensamblaje de la primitiva geométrica y de la rasterización, los valores interpolados son pasados al procesador de fragmentos.

Como ya se ha comentado, los *vertex shader* tienen acceso y pueden modificar los atributos de los vértices. A su vez se permite a cada vértice acceder a lo que se conoce como variables *uniformes*. Estas son variables globales de sólo lectura que permiten acceder a información que no cambia a lo largo de una pasada del material, como pueden ser por ejemplo, la matriz mundo/vista o la delta de tiempo (tiempo pasado entre una vuelta del bucle principal y otra).

Un *vertex shader* recibe como entrada un vértice y devuelve siempre un sólo vértice, es decir, no puede crear nueva geometría.

Cada *vertex shader* afecta a un sólo vértice, es decir, se opera sobre vértices individuales no sobre colecciones de ellos. A su vez, tampoco se tiene acceso a la información sobre otros vértices, ni siquiera a los que forman parte de su propia primitiva.

En el listado de código 7.5 se muestra un ejemplo de este tipo de *shaders*. Cómo se puede ver, la sintaxis es muy parecida a la de un programa escrito en C.

Listado 7.5: Ejemplo de Vertex Shader

```
1  // Estructura de salida con la información del vertice procesado
2  struct tVOutput {
3      float4 position:   POSITION;
4      float4 color   :   COLOR;
5  };
6
7  // Usamos la posición y color del vértice
8  tVOutput v_color_passthrough(
9      float4          position  :   POSITION,
10     float4          color     :   COLOR
11     uniform float4x4   worldViewMatrix) {
12     tVOutput    OUT;
13     // Transformación del vértice
14     OUT.position = mul(worldViewMatrix, position);
15     OUT.color = color;
16     return OUT;
17 }
```

El fragmento de código es bastante explicativo por si mismo porque, básicamente, no hace nada con el vértice. Recibe algunos parámetros (color y posición) y los devuelve. La única operación realizada tiene que ver con transformar la posición del vértice a coordenadas de cámara.

Fragment Shader

Los procesadores de fragmentos requieren del mismo tipo de operaciones que los procesadors de vértices con la salvedad de que tenemos acceso a las operaciones de texturizado. Estas operaciones permiten al procesador acceder a la imagen, o imagenes, usadas de textura y permiten manipular sus valores.

Los *fragment shader* tienen como propósito modificar cada fragmento individual que les es suministrado desde la etapa de *rasterizacion*.

Estos tienen acceso a información como es: la posición del fragmento, los datos interpolados en la *rasterizacion* (color, profundidad, coordenadas de textura), así como a la textura que use la primitiva a la cual pertenece (en forma de variable uniforme, como los *vertex shader*), pudiendo realizar operaciones sobre todos estos atributos.

 Al igual que los *vertex shader*, sólo puede procesar un fragmento cada vez y no puede influir sobre, ni tener acceso a, ningún otro fragmento.

En el listado de código 7.6 se muestra un ejemplo de este tipo de *shaders*:

Listado 7.6: Ejemplo de Fragment Shader

```
1  // Estructura de salida con la información del fragmento procesado
2  struct tFOutput {
3      float4 color : COLOR;
4  };
5
6  // Devuelve el color interpolado de cada fragmento
7  tFOutput f_color_passthrough(
8      float4 color : COLOR)
9  {
10     tFOutput OUT;
11     // Se aplica el color al fragmento
12     OUT.color = color;
13
14     return OUT;
15 }
```

Geometry Shader

Este es el más nuevo de los tres tipos de shader. Puede modificar la geometría e incluso generar nueva de forma procedural. Al ser este un tipo de *shader* muy reciente todavía no está completamente soportado por las tarjetas gráficas y aun no se ha extendido lo suficiente.

La etapa encargada de procesar la geometría estaría enclavada entre las etapas de ensamblado de primitivas y la de rasterización e interpolación (ver Figura 7.13).

Este tipo de *shader* recibe la primitiva ensamblada y, al contrario que los *vertex shader*, si tiene conocimiento completo de la misma. Para cada primitiva de entrada tiene acceso a todos los vértices, así como a la información sobre cómo se conectan.

En esta sección no se tratarán, pero cualquiera que lo desee puede encontrar más información al respecto en el capítulo 3 del libro *"Real-Time Rendering"* [7].

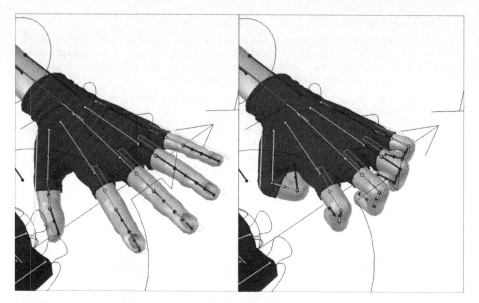

Figura 7.14: Ejemplos de *skinning* (Fuente: Wikipedia).

7.4.6.   Aplicaciones de los Shader

Existen múltiples y diferentes aplicaciones para los shaders. En esta sección se enumeran algunas de las funciones que pueden ayudar a cumplir.

Vertex Skinning

Los vértices de una superficie, al igual que el cuerpo humano, son movidos a causa de la influencia de una estructura esquelética. Como complemento, se puede aplicar una deformación extra para simular la dinámica de la forma de un músculo.

En este caso el *shader* ayuda a establecer cómo los vértices se ven afectados por el esqueleto y aplica las transformaciones en consecuencia.

Vertex Displacement Mapping

Los vértices pueden ser desplazados, por ejemplo verticalmente, en función de los resultados ofrecidos por un algoritmo o mediante la aplicación de un mapa de alturas (una textura en escala de grises), consiguiendo con ello, por ejemplo, la generación de un terreno irregular.

Screen Effects

Los *shader* pueden ser muy útiles para lograr todo tipo de efectos sobre la imagen ya generada tras el renderizado. Gracias a las múltiples pasadas que se pueden aplicar, es posible generar todo tipo de efectos de post-procesado, del estilo de los que se usan en las películas actuales.

Los *fragment shader* realizan el renderizado en una textura temporal (un *framebuffer* alternativo) que luego es procesada con filtros antes de devolver los valores de color.

Figura 7.15: Ejemplos de *vertex displacement mapping* (Fuente: Wikipedia).

Figura 7.16: Ejemplo de *glow* o *bloom* (Fuente: Wikipedia).

Figura 7.17: Diferencia entre *Per-Vertex Lighting* (izquierda) y *Per-Pixel Lighting* (derecha).

Figura 7.18: Ejemplo de *normal mapping*.

Light and Surface Models

Mediante *shaders* es posible calcular los nuevos valores de color aplicando distintos modelos de iluminación, lo cual involucra parametros como son las normales de las superficies (N), angulo en el que incide la luz (L), angulo de la luz reflejada (R) y el ángulo de visión. De esta forma se pueden conseguir unos resultados finales con una altísima calidad, aunque habría que tener cuidad con su uso. El conseguir, por ejemplo, luz por pixel implicaría unas operaciones bastante complejas por cada pixel que se vaya a dibujar en pantalla, lo cual, contando los pixeles de una pantalla, pueden ser muchas operaciones.

Visual representation improvement

Gracias a estas técnicas es posible lograr que la visualización de los modelos sea mucho mejor, sin incrementar la calidad del modelo. Ejemplo de esta técnica sería el *Normal mapping*, donde a partir de una textura con información sobre el valor de las normales (codificada cada normal como un valor RGB, correspondiente al XYZ de la misma) a lo largo de toda su superficie, permite crear la ilusión de que el modelo cuenta con más detalle del que realmente tiene.

Figura 7.19: Ejemplo de *Toon Shading* (Fuente: Wikipedia).

Non-Photorealistic Rendering

Los modelos de iluminación no tienen porque limitarse a imitar el "mundo real", pueden asignar valores de color correspondientes a mundos imaginarios, como puede ser el de los dibujos animados o el de las pinturas al oleo.

7.4.7. Lenguajes de Shader

Existe una gran variedad de lenguajes para escribir *shaders* en tiempo real y no parece que vayan a dejar de aparecer más. Estos pueden agruparse en dos categorías: los basados en programas individuales o los que se basan en ficheros de efectos.

La primera aproximación necesita que se cree una colección de ficheros, cada uno de los cuales implementa un *Vertex Shader* o un *Fragment Shader* en una pasada de renderizado. Ejemplos de estos lenguajes son: *Cg, HLSL* o *GLSL*. Lo cual conlleva una cierta complejidad en su gestión pues para cada pasada de renderizado, en los efectos complejos, necesita de dos ficheros diferentes.

Para solucionar este problema surgen el siguiente tipo de lenguajes que son aquellos basados ficheros de efectos, de los cuales, el más conocido es el *CgFX* de *NVidia*, y que a su vez es un super conjunto del *Microsoft effect framework*.

Los lenguajes basados en ficheros de efectos permiten que los diferentes *shader* se incluyan en un mismo fichero y, además, introducen dos nuevos conceptos: técnica y pasada. En los cuales pueden ser agrupados los diferentes *shaders* y permiten que el estado del dispositivo gráfico pueda ser definido en cada pasada de renderizado.

Con esta aproximación se consigue que la gestión sea más manejable, mejor dirigida por recursos y mucho más poderosa.

7.5. Desarrollo de shaders en Ogre

Para crear y gestionar los diferentes *shaders* en Ogre se usa la aproximación basada en ficheros de efectos. Los cuales ya se han comentado previamente.

Con el objetivo de hacer lo más sencillo el aprendizaje, primero se explicará cómo montar la escena a mostrar y más tarde se explicará qué es lo que ha pasado.

En estos ejemplos, se usará el lenguaje *Cg*, del que se puede encontrar una documentación muy completa en el libro *"The Cg Tutorial: The Definitive Guide to Programmable Real-Time Graphics"* [24], que, afortunadamente, puede encontrarse online y de forma gratuita en la página de desarrolladores de NVIDIA:

```
http://developer.nvidia.com/object/cg_tutorial_home.html
```

También podemos recurrir al capítulo correspondiente a los materiales y *shaders* de *"Ogre 3D 1.7 Beginner's Guide"* [37] que puede ser un buen punto de partida para empezar con este tema.

Poniendo a punto el entorno

Antes de empezar debemos tener claro que para usar los *shader* en Ogre debemos contar con dos tipos de ficheros. Por un lado tendremos los *programas*, o archivos *.cg*, en los que se encontrarán los *shaders* escritos en *Cg*, y por otro lado tendremos los archivos de efectos, o materiales, que definirán cómo se usan nuestros *programas*

Una vez sabido esto, el siguiente paso debería ser dejar claro donde se han colocado los ficheros correspondientes a los shader, para que así puedan ser usados por Ogre. Estos se deben colocar en la ruta:

```
/[directorio_proyecto_ogre]/media/materials/programs
```

Si queremos usar otro directorio deberemos indicarlo en el archivo *resources.cfg*, bajo la etiqueta *[popular]* por ejemplo (hay que tener cuidado sin embargo con lo que se coloca bajo esa etiqueta en un desarrollo serio).

```
[Popular]
...
FileSystem=../../media/materials/programs/mis_shaders
...
```

Por otro lado, es conveniente tener a mano el fichero de *log* que genera Ogre en cada ejecución, para saber por qué nuestro *shader* hace que todo aparezca blanco (o lo que es lo mismo ¿por qué ha fallado su compilación?).

 Log de Ogre: En el fichero de log podremos encontrar información sobre los perfiles y funcionalidad soportada por nuestra tarjeta gráfica, así cómo información sobre posibles errores en la compilación de nuestros materiales o shaders.

7.5.1. Primer Shader

Este primer *shader* servirá de toma de contacto para familiarizarnos con algunos de los conceptos que introduce. Es por eso que no hace prácticamente nada, sólo deja que el vértice pase a través de el, modificando únicamente su color y enviándolo a la siguiente etapa. La escena 3D puede ser cualquiera, siempre y cuando alguna de las entidades tenga asociado el material que se definirá ahora. Lo primero es indicarle a Ogre alguna información sobre los *shader* que queremos que use, la cual debe estar incluida en el propio archivo de material.

Al definir el *shader* que usará nuestro material hay que indicar al menos:

- El nombre del *shader*
- En qué lenguaje está escrito
- En qué fichero de código está almacenado
- Cómo se llama el punto de entrada al shader

- En qué perfil queremos que se compile

Por último, antes de definir el material en si, hay que indicar también a los shader cuales son aquellos parámetros que Ogre les pasará. En este caso sólo pasamos la matriz que usaremos para transformar las coordenadas de cada vértice a coordenadas de cámara. Es importante definir esta información al principio del fichero de material.

Listado 7.7: Declaración del *vertex shader* en el material

```
1  // Declaracion vertex shader y lenguaje usado
2  vertex_program VertexGreenColor cg
3  {
4      // Archivo con los programas
5      source firstshaders.cg
6
7      // Punto de entrada al shader
8      entry_point v_green_color
9
10     // Perfiles validos
11     profiles vs_1_1 arbvp1
12
13     // Parámetros usados
14     default_params
15     {
16         param_named_auto worldViewMatrix worldviewproj_matrix
17     }
18 }
```

Para este caso, el material quedaría tal y como se ve en el listado 7.8. Y queda claro cómo en la pasada se aplican los dos *shader*.

Listado 7.8: Primer Material con shaders

```
1  vertex_program VertexGreenColor cg
2  {
3      source firstshaders.cg
4      entry_point v_green_color
5      profiles vs_1_1 arbvp1
6
7      default_params
8      {
9          param_named_auto worldViewMatrix worldviewproj_matrix
10     }
11 }
12
13 fragment_program FragmentColorPassthrough cg
14 {
15     source firstshaders.cg
16     entry_point f_color_passthrough
17     profiles ps_1_1 arbfp1
18 }
19
20 material VertexColorMaterial
21 {
22     technique
23     {
24         pass
25         {
26             vertex_program_ref VertexGreenColor
27             {
28             }
29
30             fragment_program_ref FragmentColorPassthrough
31             {
32             }
```

```
33        }
34      }
35  }
```

Los dos programas que definen nuestros primeros *fragment* y *vertex shader* aparecen en los listados 7.9 y 7.10, y los dos deberían incluirse en el fichero *firstshaders.cg* (o en el archivo que queramos), tal y como indicamos en el material.

Listado 7.9: Primer vertex shader

```
1  // Estructura de salida con la información del vertice procesado
2  struct tVOutput {
3      float4  position:   POSITION;
4      float4  color   :   COLOR;
5  };
6
7  // Cambia el color primario de cada vertice a verde
8  tVOutput v_green(
9      float4  position : POSITION,
10     uniform float4x4 worldViewMatrix)
11  {
12      tVOutput OUT;
13      // Transformamos la posición del vértice
14      OUT.position = mul(worldViewMatrix, position);
15      // Asignamos el valor RGBA correspondiente al verde
16      OUT.color = float4(0, 1, 0, 1);
17      return OUT;
18  }
```

 Declaración shaders. Para más información sobre la declaración de los *shader*, sería buena idea dirigirse al manual en: http://www.ogre3d.org/docs/manual/-manual_18.html

El *vertex shader* recibe cómo único parámetro del vértice su posición, esta es transformada a coordenadas del espacio de cámara gracias a la operación que realizamos con la variable que representa la matriz de transformación.

Por último se asigna el color primario al vértice, que se corresponde con su componente difusa, y que en este caso es verde.

Listado 7.10: Primer fragment shader

```
1  // Estructura de salida con la información del fragmento procesado
2  struct tFOutput {
3      float4 color : COLOR;
4  };
5
6  // Devuelve el color interpolado de cada fragmento
7  tFOutput f_color_passthrough(
8      float4 color : COLOR)
9  {
10     tFOutput OUT;
11     // Se aplica el color al fragmento
12     OUT.color = color;
13
14     return OUT;
15  }
```

El *fragment shader* se limita símplemente a devolver el color interpolado (aunque en este caso no se note) y el resultado debería ser como el mostrado en la Figura 7.20

Cualquiera con conocimientos de C o C++, no habrá tenido mucha dificultad a la hora de entender los dos listado de código anteriores. Sin embargo si habrá notado la presencia de algunos elementos nuevos, propios de Cg. Y es que hay algunas diferencias importantes, al tratarse de un lenguaje tan especializado.

En primer lugar, en Cg no hay necesidad de especificar qué tipos de elementos o librerías queremos usar (como se hace en C o C++ con los `#include`). Automáticamente se incluye todo lo necesario para un programa escrito en este lenguaje.

Figura 7.20: Resultado del uso de los primeros *shader*.

Por otro lado, tenemos un conjunto completamente nuevo de tipos de datos, que se encargan de representar vectores y matrices.

En los lenguajes de programación clásicos, los tipos de datos representan magnitudes escalares (`int`, o `float` son ejemplos de ello). Pero, cómo hemos visto en la sección 7.4.5, las GPU están preparadas para tratar con vectores (entiendolos como una colección de magnitudes escalares). Los vectores en C o C++ pueden representarse fácilmente mediante arrays de valores escalares, sin embargo, como su procesamiento es fundamental en el tratamiento de vértices o fragmentos, Cg ofrece tipos predefinidos para estas estructuras.

Para el tratamiento de vectores, podemos usar los siguientes tipos:

```
float2 uv_coord;
```

```
float3 position;
```

```
float4 rgba_color;
```

O sus equivalentes con la mitad de precisión:

```
half2 uv_coord;
```

```
half3 position;
```

```
half4 rgba_color;
```

Estos tipos de datos son mucho más eficientes que el uso de un array, por lo que no es recomendable sustituir un `float4 X`, por un `float X[4]`, ya que no son exactamente lo mismo. Cg se encarga de almacenar esta información en una forma, mediante la cual, es posible sacar mucho mejor partido de las características de una GPU a la hora de operar con estos elementos. Por otro lado, Cg soporta nativamente tipos para representar matrices. Ejemplos de declaraciones serían:

```
float4x4 matrix1;
```

```
float2x4 matrix2;
```

Al igual que los vectores, el uso de estos tipos garantiza una forma muy eficiente de operar con ellos.

Otra de las cosas que seguramente pueden llamar la atención, es la peculiar forma en que se declaran los tipos de los atributos pertenecientes a la estructura usada *tVOutput*, o *tFOutput*.

```
float4 position : POSITION;
```

Atributos especiales Cg

Para más información sobre ellos se recomienda consultar los capítulos 2 y 3 del muy recomendable *"The Cg Tutorial"* [24]

A los dos puntos, y una palabra reservada tras la declaración de una variable (como **POSITION** o **COLOR**), es lo que, en Cg, se conoce como *semántica*. Esto sirve para indicar al *pipeline* gráfico, qué tipo de datos deben llenar estas variables. Es decir, como ya sabemos, los shader son programas que se ejecutan en ciertas etapas del *pipeline*. Por lo tanto, estas etapas reciben cierta información que nosotros podemos usar indicando con la *semántica* cuáles son estos datos. Los únicos sitios donde se pueden usar son en estructuras de entrada o salida (como las de los ejemplos) o en la definición de los parámetros que recibe el punto de entrada (método principal) de nuestro *shader*.

Por último, es necesario hablar brevemente sobre la palabra reservada *uniform*, su significado, y su conexión con lo definido en el fichero de material.

El *pipeline* debe proveer de algún mecanismo para comunicar a los *shader* los valores de aquellos elementos necesarios para conocer el estado de la simulación (la posición de las luces, la delta de tiempo, las matrices de transformación, etc...). Esto se consigue mediante el uso de las variable declaradas como *uniform*. Para Cg, estas son variables externas, cuyos valores deben ser especificados por otro elemento.

En la declaración del *vertex shader* en el material (listado 7.8) se puede ver cómo se declara el parámetro por defecto `param_named_auto worldViewMatrix worldviewproj_matrix`, que nos permite acceder a la matriz de transformación correspondiente mediante un parámetro *uniform*.

7.5.2.   Comprobando la interpolación del color

Con este segundo *shader*, se persigue el objetivo de comprobar cómo la etapa de rasterización e interpolación hace llegar al *fragment shader* los fragmentos que cubren cada primitiva con su componente de color interpolado a partir de los valores de color de los vértices.

Para ello es necesario que creemos una escena especialmente preparada para conseguir observar el efecto.

```
Listado 7.11: Escena definida en Ogre

1  void CPlaneExample::createScene(void)
2  {
3      // Creamos plano
4      Ogre::ManualObject* manual = createManualPlane();
5      manual->convertToMesh("Quad");
6
7      // Creamos la entidad
8      Ogre::Entity* quadEnt = mSceneMgr->createEntity("Quad");
9
10     // Lo agregamos a la escena
11     Ogre::SceneNode* quadNode = mSceneMgr->getRootSceneNode()->createChildSceneNode("QuadNode");
12
13     quadNode->attachObject(ent);
14 }
15
16 Ogre::ManualObject* CPlaneExample::createManualPlane() {
17     // Creamos un cuadrado de forma manual
18     Ogre::ManualObject* manual = mSceneMgr->createManualObject("Quad");
19
20     // Iniciamos la creacion con el material correspondiente al shader
21     manual->begin("VertexColorMaterial", Ogre::RenderOperation::OT_TRIANGLE_LIST);
22
23     // Situamos vértices y sus correspondientes colores
```

```
24      manual->position(5.0, 0.0, 0.0);
25      manual->colour(1, 1, 1);
26
27      manual->position(-5.0, 10.0, 0.0);
28      manual->colour(0, 0, 1);
29
30      manual->position(-5.0, 0.0, 0.0);
31      manual->colour(0, 1, 0);
32
33      manual->position(5.0, 10.0, 0.0);
34      manual->colour(1, 0, 0);
35
36      // Establecemos los indices
37      manual->index(0);
38      manual->index(1);
39      manual->index(2);
40
41      manual->index(0);
42      manual->index(3);
43      manual->index(1);
44
45      manual->end();
46      return manual;
47  }
```

El *vertex shader* lo único que tendrá que hacer es dejar pasar el vértice, pero esta vez, en vez de cambiarle el color dejamos que siga con el que se le ha asignado.

Para ello, en el método que define el punto de entrada del *shader* hay que indicarle que recibe como parametro el color del vértice.

El *fragment shader* podemos dejarlo igual, no es necesario que haga nada. Incluso es posible no incluirlo en el fichero de material (cosa que no se puede hacer con los *vertex shader*).

Figura 7.21: El cuadrado aparece con el color de sus cuatro vértices interpolado.

El resultado obtenido, debería ser el mostrado en la figura 7.21.

Listado 7.12: Segundo vertex shader

```
1   // Estructura de salida con la información del vertice procesado
2   struct tVOutput {
3       float4  position:   POSITION;
4       float4  color   :   COLOR;
5   };
6
7   // Usamos la posición y color del vértice
8   tVOutput v_color_passthrough(
9       float4          position    :   POSITION,
10      float4          color       :   COLOR
11      uniform float4x4    worldViewMatrix) {
12      tVOutput    OUT;
13      // Transformación del vértice
14      OUT.position = mul(worldViewMatrix, position);
15      OUT.color = color;
16      return OUT;
17  }
```

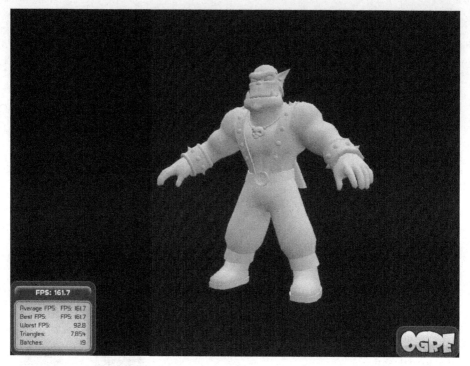

Figura 7.22: Ogro dibujado como si tuviera un mapa de normales encima.

 Ahora que sabes cómo modificar el color de los vértices. ¿Serías capaz de pintar la entidad típica del Ogro como si de textura tuviera un mapa de normales? Figura 7.22 Tip: Has de usar la normal del vértice para conseguirlo.

7.5.3. Usando una textura

Pintar un modelo con el color de sus vértices puede ser interesante, pero desde luego no es muy impresionante. Por lo tanto con este tercer *shader* usaremos una textura para darle algo de detalle a nuestro plano anterior. Para ello necesitamos acceder a las coordenadas de textura de nuestra entidad cuadrada, por lo que se las añadiremos en nuestro método *createManualPlane*.

Listado 7.13: Creación de un plano al que se le asignan coordenadas de textura

```
1  // Situamos vértices y coordenadas de textura
2  manual->position(5.0, 0.0, 0.0);
3  manual->textureCoord(0, 1);
4  manual->position(-5.0, 10.0, 0.0);
5  manual->textureCoord(1, 0);
6  manual->position(-5.0, 0.0, 0.0);
7  manual->textureCoord(1, 1);
8  manual->position(5.0, 10.0, 0.0);
9  manual->textureCoord(0, 0);
```

```
     Listado 7.14: Declaración del material
1  material TextureMaterial {
2      technique
3      {
4          pass
5          {
6              vertex_program_ref VertexTexPassthrough
7              {
8              }
9
10             fragment_program_ref FragmentTexPassthrough
11             {
12             }
13
14             // Indicamos la textura
15             texture_unit
16             {
17                 texture sintel.png
18             }
19         }
20     }
21 }
```

Para este ejemplo es necesario indicar la textura que se usará y aunque en el capítulo 8 del Módulo 2 ya se habló del tema, será necesario apuntar un par de cosas sobre este nuevo material que aparece en el listado 7.14.

Una vez podemos acceder a las coordenadas de textura del plano, podemos usarlas desde el *vertex shader*. Aunque en este caso nos limitaremos simplemente a pasarla, sin tocarla, al *fragment shader*, tal y como se ve en el listado de código 7.15.

Ahora el *fragment shader* mostrado en el listado 7.16 recibe la coordenada interpolada de textura e ignora el color del vértice. El resultado debería ser el que se ve en la Figura 7.23.

Figura 7.23: El cuadrado aparece con una textura.

```
     Listado 7.15: Tercer vertex shader. Hacemos uso de las coordenadas UV
1  // Vertex shader
2  struct tVOutput {
3      float4  position:   POSITION;
4      float2  uv  :   TEXCOORD0;
5  };
6
7  // Usamos la posición y la coordenada de textura
8  tVOutput v_uv_passthrough(
9      float4          position    :   POSITION,
10     float2          uv          :   TEXCOORD0,
11     uniform float4x4    worldViewMatrix)
12 {
13     tVOutput    OUT;
14
15     // Transformación del vértice
16     OUT.position = mul(worldViewMatrix, position);
17     OUT.uv = uv;
18
19     return OUT;
20 }
```

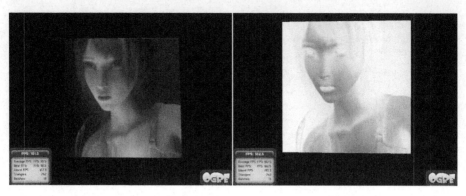

Figura 7.24: A la izquierda, textura con una cierta tonalidad rojiza. A la derecha, la textura se muestra como el negativo de una foto.

Listado 7.16: Segundo fragment shader. Mapeamos la textura en los fragmentos

```
1  struct tFOutput {
2      float4  color    :   COLOR;
3  };
4
5  // Devuelve el color correspondiente a la textura aplicada
6  tFOutput f_tex_passthrough(
7      float2          uv  : TEXCOORD0,
8      uniform sampler2D   texture)
9  {
10     tFOutput OUT;
11     // Asignamos el color de la textura correspondiente
12     // en función de la coordenada UV interpolada
13     OUT.color = tex2D(texture, uv);
14     return OUT;
15 }
```

En el anterior *shader* no se introdujo ningún concepto nuevo más allá de cómo suministrar el color del vértice al *vertex shader*, sin embargo, ahora nos encontramos con una variable uniform sampler2D, un tipo nuevo que no habíamos visto, y el método tex2D.

En Cg, un *sampler* se refiere a un objeto externo que se puede muestrear, como es una textura. El sufijo 2D indica que es una textura convencional en 2 dimensiones (existen texturas de 1D y 3D). Para ver los diferentes sampler que soporta Cg puedes ir al capítulo 3 de *"The Cg Tutorial"* [24].

El método tex2D se encarga de devoler el color de la textura correspondiente a la coordenada de textura que se le pase como parámetro.

 ¿Serías capaz de crear un *fragment shader* que mostrara la textura modificada por los valores de color de los vértices como en la Figura 7.24 (izquierda)? (Unas pocas líneas más adelante está la respuesta)

7.5.4. Jugando con la textura

Esta subsección se limitará a mostrar algunos posibles efectos que se pueden conseguir mediante la modificación del *fragment shader*.

Primero, podríamos intentar devolver el color inverso de la textura que use nuestro modelo, dando un efecto como en el negativo de las fotos.

Esto es muy sencillo de conseguir, sólamente debemos restarle a 1 los valores correspondiente del vector RGBA. Veamos cómo:

Listado 7.17: Efecto negativo fotográfico

```
1  // Estructura de salida con la información del fragmento procesado
2  struct tFOutput {
3      float4 color : COLOR;
4  };
5
6  // Devuelve el color inverso por cada fragmento
7  tFOutput f_tex_inverse(
8      float2          uv  : TEXCOORD0,
9      uniform sampler2D   texture)
10 {
11     tFOutput OUT;
12     OUT.color = 1 - tex2D(texture, uv);
13     return OUT;
14 }
```

Y ya que estamos modificando el color, quizás en lugar de usar el efecto negativo, tenemos intención de potenciar algún color. En el siguiente ejemplo, daremos un tono rojizo a la textura usada.

Listado 7.18: Modificando los colores de la textura con el color rojo

```
1  // Devuelve el color correspondiente a la textura aplicada, modificandola para que predomine el
       rojo
2  tFOutput f_tex_red(
3      float2          uv  : TEXCOORD0,
4      uniform sampler2D   texture)
5  {
6      tFOutput OUT;
7      OUT.color = tex2D(texture, uv);
8      OUT.color.r *= 0.5f;
9      OUT.color.bg *= 0.15f;
10     return OUT;
11 }
```

Como se puede ver, lo único que se ha hecho es multiplicar el componente de color por una cantidad (mayor en el caso del rojo, y menor en el caso del verde y el azúl). A pesar de la sencillez del ejemplo, si has intentado ejecutar este ejemplo con lo aprendido hasta ahora, es probable que no hayas podido.

El motivo es que se introducen dos conceptos nuevos. El primero de ellos se conoce como *swizzling* y consiste en una forma de reordenar los elementos de los vectores, o incluso de acortarlos. Por ejemplo:

Figura 7.25: Los colores de la textura con su componente roja potenciada.

```
float4 vec1 = float4(0, 2, 3, 5);

float2 vec2 = vec1.xz; // vec2 = (0, 3)
```

```
float scalar = vec1.w; // scalar = 5

float3 vec3 = scalar.xxx; // vec3 = (5, 5, 5)

float4 color = vec1.rgba; // color = (0, 2, 3, 5)
```

Por otro lado, entramos de lleno en el asunto de los perfiles. Los perfiles son una forma de gestionar la funcionalidad de la que disponen los *shader* que programamos, y de esta manera, saber en qué dispositivos podrán funcionar y qué funcionalidad tenemos disponible.

Todos los ejemplos usados hasta ahora usaban los perfiles *vs_1_1* y *ps_1_1* para DirectX 8, y *arbvp1* y *arbfp1* para OpenGL, que son los perfiles más simples a la vez que los más ampliamente soportados. Sin embargo para disponer del *swizzling* es necesario usar los más avanzados *vs_2_0* y *ps_2_0*, que son compatibles con DirectX y OpenGL.

La declaración del *fragment shader* en el material quedará, entonces, como se muestra en el Listado 7.19.

Listado 7.19: Declaración del *fragment shader*

```
1  fragment_program FragmentRedTex cg
2  {
3      source texshaders.cg
4      entry_point f_tex_red
5      profiles ps_2_0 arbfp1
6  }
```

En el capítulo 2 de *"The Cg Tutorial"* [24], se puede encontrar más información al respecto.

A continuación se presentan algunos ejemplos más de *shaders* que servirán para familiarizarse con la forma en que se trabaja con ellos. Es muy recomendable intentar ponerlos en acción todos y modificar sus parámetros, jugar con ellos, a ver qué sucede.

Listado 7.20: Las funciones trigonométricas ayudan a crear un patrón de interferencia

```
1  // Devuelve el color de la textura modulado por una funciones trigonometricas
2  tFOutput f_tex_interference(
3      float2          uv  : TEXCOORD0,
4      uniform sampler2D   texture)
5  {
6      tFOutput OUT;
7      OUT.color = tex2D(texture, uv);
8      OUT.color.r *= sin(uv.y*100);
9      OUT.color.g *= cos(uv.y*200);
10     OUT.color.b *= sin(uv.y*300);
11     return OUT;
12 }
```

Listado 7.21: Las funciones trigonométricas ayudan a crear la ondulación en la textura

```
1  // Muestra la imagen modulada por una funcion trigonometrica
2  tFOutput f_tex_wavy(
3      float2          uv  : TEXCOORD0,
4      uniform sampler2D   texture)
5  {
6      tFOutput OUT;
7      uv.y = uv.y + (sin(uv.x*200)*0.01);
8      OUT.color = tex2D(texture, uv);
9      return OUT;
10 }
```

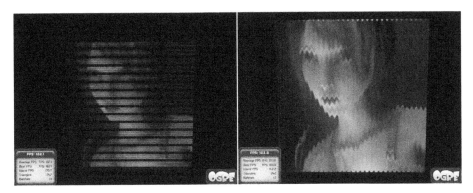

Figura 7.26: A la izquierda, efecto interferencia. A la derecha, efecto ondulado.

Listado 7.22: La composición del color de la textura en varias posiciones diferentes da lugar a un efecto borroso

```
1   // Como si dibujaramos tres veces la textura
2   tFOutput f_tex_blurry(
3       float2              uv  : TEXCOORD0,
4       uniform sampler2D   texture)
5   {
6       tFOutput OUT;
7       OUT.color = tex2D(texture, uv);
8       OUT.color.a = 1.0f;
9       OUT.color += tex2D(texture, uv.xy + 0.01f);
10      OUT.color += tex2D(texture, uv.xy - 0.01f);
11      return OUT;
12  }
```

Listado 7.23: Este efecto se consigue con una combinación del efecto blur con la conversión del color a escala de grises

```
1   // Dibuja la textura como si estuviera grabada en piedra
2   tFOutput f_tex_emboss(
3       float2              uv  : TEXCOORD0,
4       uniform sampler2D   texture)
5   {
6       float sharpAmount = 30.0f;
7
8       tFOutput OUT;
9       // Color inicial
10      OUT.color.rgb = 0.5f;
11      OUT.color.a = 1.0f;
12
13      // Añadimos el color de la textura
14      OUT.color -= tex2D(texture, uv - 0.0001f) * sharpAmount;
15      OUT.color += tex2D(texture, uv + 0.0001f) * sharpAmount;
16
17      // Para finalizar hacemos la media de la cantidad de color de cada componente
18      // para convertir el color a escala de grises
19      OUT.color = (OUT.color.r + OUT.color.g + OUT.color.b) / 3.0f;
20
21      return OUT;
22  }
```

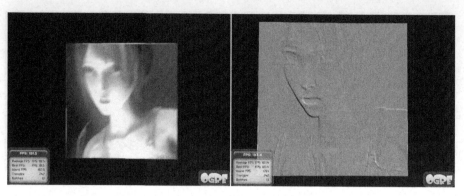

Figura 7.27: A la izquierda, efecto borroso (*blur*). A la derecha, efecto gravado en piedra.

7.5.5. Jugando con los vértices

Antes nos hemos dedicado a jugar un poco con los *fragment shader*, por lo que ahora sería conveniente hacer lo mismo con los *vertex shader*. Primero usaremos el conocimiento hasta ahora recogido para, a partir de un sólo modelo, dibujarlo dos veces en posiciones distintas. Para conseguirlo se necesitará un material que defina dos pasadas. Una primera en la que el personaje se dibujará en su lugar, y otra en la que será desplazado.

Listado 7.24: Definición de las dos pasadas

```
1  material CopyObjectMaterial {
2      technique
3      {
4          pass
5          {
6              vertex_program_ref VertexColorPassthrough
7              {
8              }
9
10             fragment_program_ref FragmentTexPassthrough
11             {
12             }
13
14             texture_unit
15             {
16                 texture terr_rock6.jpg
17             }
18         }
19         pass
20         {
21             vertex_program_ref VertexDisplacement
22             {
23             }
24
25             fragment_program_ref FragmentTexPassthrough
26             {
27             }
28
29             texture_unit
30             {
31                 texture terr_rock6.jpg
32             }
33         }
34     }
35  }
```

Figura 7.28: Resultado de las dos pasadas.

Listado 7.25: Vértice desplazado cantidad constante en eje X

```
1  // Desplazamiento del vértice 10 unidades en el eje X
2  tVOutput v_displacement(
3      float4          position    :   POSITION,
4      uniform float4x4    worldViewMatrix)
5  {
6      tVOutput    OUT;
7      // Modificamos el valor de la posición antes de transformarlo
8      OUT.position = position;
9      OUT.position.x += 10.0f;
10     OUT.position = mul(worldViewMatrix, OUT.position);
11     return OUT;
12 }
```

El anterior era un *shader* muy sencillo, por lo que ahora intentaremos crear nuestras propias animaciones mediante *shaders*.

Para ello necesitamos tener acceso a la delta de tiempo. En la página oficial[1] aparecen listados los diferentes parámetros que Ogre expone para ser accedidos mediante variables `uniform`. En este caso, en la definición del *vertex shader* realizada en el material debemos indicar que queremos tener acceso a la delta de tiempo, como se ve en el Listado 7.26.

---
[1]http://www.ogre3d.org/docs/manual/manual_23.html#SEC128

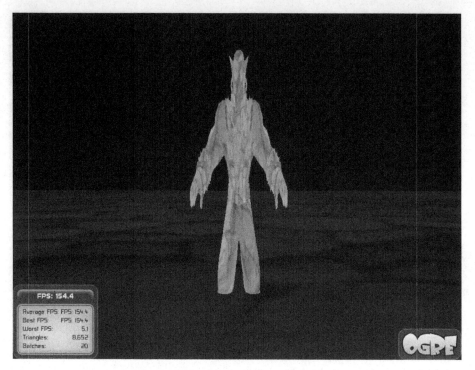

Figura 7.29: Personaje deformado en el eje Y.

Listado 7.26: Acceso a la variable que expone la delta de tiempo

```
1  vertex_program VertexPulse cg
2  {
3      source vertex_modification.cg
4      entry_point v_pulse
5      profiles vs_1_1 arbvp1
6
7      default_params
8      {
9          param_named_auto worldViewMatrix worldviewproj_matrix
10         param_named_auto pulseTime time
11     }
12 }
```

Una vez tenemos accesible el tiempo transcurrido entre dos vueltas del bucle principal, sólo necesitamos pasarlo como parámetro a nuestro *shader* y usarlo para nuestros propósitos. En este caso, modificaremos el valor del eje Y de todos los vértices del modelo, siguiendo una función cosenoidal, como se puede ver en el Listado 7.29.

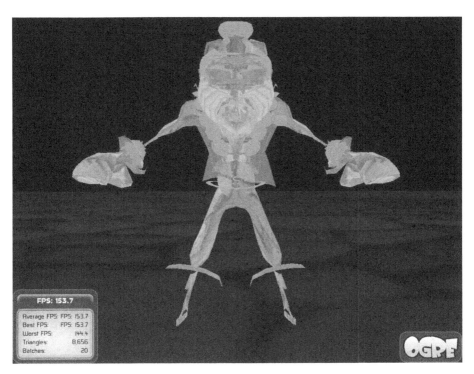

Figura 7.30: Figura con sus vértices desplazados en dirección de sus normales.

Listado 7.27: Combinación de función trigonométrica y delta de tiempo para conseguir simular un movimiento continuo

```
1  // A partir de la delta de tiempo simulamos una señal pulsante para
2  // escalar el modelo en Y
3  tVOutput v_pulse(
4      float4          position    :   POSITION,
5      float2          uv          :   TEXCOORD0,
6      uniform float   pulseTime,
7      uniform float4x4  worldViewMatrix)
8  {
9      tVOutput    OUT;
10
11     OUT.position = mul(worldViewMatrix, position);
12     OUT.position.y *= (2-cos(pulseTime));
13     OUT.uv = uv;
14
15     return OUT;
16 }
```

Sabiendo cómo hacer esto, se tiene la posibilidad de conseguir muchos otros tipos de efectos, por ejemplo en el siguiente se desplaza cada cara del modelo en la dirección de sus normales.

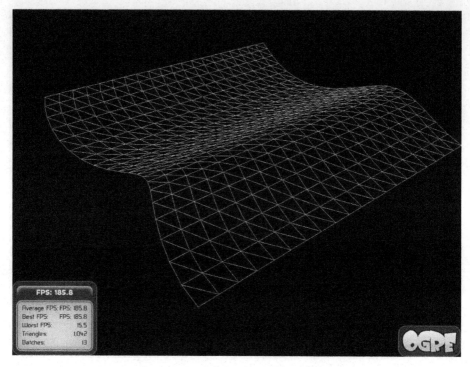

Figura 7.31: Plano con movimiento ondulatorio.

Listado 7.28: Uso de la normal y la delta de tiempo para crear un efecto cíclico sobre los vértices

```
1  tVOutput v_extrussion(
2      float4              position    :   POSITION,
3      float4              normal      :   NORMAL,
4      float2              uv          :   TEXCOORD0,
5      uniform float       pulseTime,
6      uniform float4x4    worldViewMatrix)
7  {
8      tVOutput    OUT;
9      OUT.position = position + (normal * (cos(pulseTime)*0.5f));
10     OUT.position = mul(worldViewMatrix, OUT.position);
11     OUT.uv = uv;
12
13     return OUT;
14 }
```

 ¿Serías capaz de montar una escena con un plano y crear un *shader* que simule un movimiento ondulatorio como el de la Figura 7.31?

7.5.6. Iluminación mediante shaders

Como ejercicio final de esta sección se propone conseguir montar una escena con una luz y un plano y, a partir de ella, conseguir usar un modelo de iluminación por pixel sencillo (como se ve en la Figura 7.17).

En el capítulo 9 del Módulo 2 se habla sobre el tema, a su vez, se puede encontrar una implementación, así como una explicación muy buena sobre iluminación en el capítulo 5 de *"The Cg Tutorial"* [24].

Como pista, o consejo: Se pueden *hardcodear* (poner como constantes) algunos parámetros en el material con el objetivo de simplificar la tarea. En el listado 7.29 se muestran todos los que son necesarios para hacer funcionar el ejercicio de luz por pixel, sólo hay que declararlos usando `param_named`.

Listado 7.29: Ejemplo de declaración de parámetros para ser usados como uniform por un *shader*

```
1  default_params
2  {
3      param_named        globalAmbient float3 0.1 0.1 0.1
4
5      param_named        Ke  float3  0.0 0.0 0.0
6      param_named        Ka  float3  0.0215 0.1745 0.0215
7      param_named        Kd  float3  0.07568 0.61424 0.07568
8      param_named        Ks  float3  0.633 0.727811 0.633
9      param_named        shininess float 76.8
10
11     param_named_auto   eyePosition camera_position_object_space
12
13     param_named_auto   lightPosition      light_position_object_space 0
14     param_named_auto   lightColorDiffuse  light_diffuse_colour 0
15 }
```

7.6. Optimización de interiores

En las dos secciones siguientes se tratarán diferentes maneras de acelerar la representación de escenas. Cabe destacar que estas optimizaciones difieren de las que tienen que ver con el código generado, o con los ciclos de reloj que se puedan usar para realizar una multiplicación de matrices o de vectores. Esta optimizaciones tienen que ver con una máxima: lo que no se ve no debería representarse.

 ¿Más velocidad? Las optimizaciones no sólo aumentan el número de *frames* por segundo, sino que puede hacer interactivo algo que no lo sería sin ellas.

Quizá cabe preguntarse si tiene sentido optimizar el dibujado de escenas ya que "todo eso lo hace la GPU". No es una mala pregunta, teniendo en cuenta que muchos monitores tienen una velocidad de refresco de $60Hz$, ¿para qué intentar pasar de una tasa de 70 *frames* por segundo a una de 100?. La respuesta es otra pregunta: ¿por qué no utilizar esos *frames* de más para añadir detalle a la escena? Quizá se podría incrementar el número de triángulos de los modelos, usar algunos *shaders* más complejos o añadir efectos de postproceso, como *antialiasing* o profundidad de campo.

La optimizaciones se han dividido en dos tipos: optimización de interiores y optimización de exteriores.

En esta sección vamos a ver la optimización de interiores, que consiste en una serie de técnicas para discriminar qué partes se pintan de una escena y cuáles no.

Una escena de interior es una escena que se desarrolla dentro de un recinto cerrado, como por ejemplo en un edificio, o incluso entre las calles de edificios si no hay grandes espacios abiertos.

Ejemplos claros de escenas interiores se dan en la saga *Doom* y *Quake*, de *Id Software*, cuyo título *Wolfenstein 3D* fue precursor de este tipo de optimizaciones.

Sin el avance en la representación gráfica que supuso la división del espacio de manera eficiente, estos títulos jamás hubieran sido concebidos. Fue el uso de árboles BSP (Binary Space Partitioning) (2D y 3D, respectivamente) lo que permitió determinar qué parte de los mapas se renderizaba en cada momento.

En general, la optimización de interiores consiste en un algoritmo de renderizado que determina (de forma muy rápida) la oclusiones en el nivel de geometría. Esto diferencia claramente a este tipo de técnicas a las utilizadas para la representación de exteriores, que se basarán principalmente en el procesado del nivel de detalle (LOD (Level-Of-Detail)).

7.6.1. Técnicas y Algoritmos

En su libro, Cormen et all [15] presentan a los algoritmos como una tecnología más a tener en cuenta a la hora de diseñar un sistema. Es decir, no sólo el hardware será determinante, sino que la elección de un algoritmo u otro resultará determinante en el buen rendimiento del mismo. Los videojuegos no son una excepción.

A continuación se presentarán algunas de las técnicas y algoritmos que recopila Dalmau [17] en su libro.

 Elección crucial: Conocer diferentes algoritmos y saber elegir el más apropiado en cada momento es de suma importancia. Un buen algoritmo puede suponer la diferencia entre poder disfrutar de una aplicación interactiva o no poder hacerlo.

7.6.2. Algoritmos basados en Oclusores

Si tuviéramos que determinar qué triángulos dentro de *frustum* ocluyen a otros, la complejidad de llevar a cabo todas las comprobaciones sería de $O(n^2)$, siendo n el número de triángulos.

Listado 7.30: Algoritmo básico basado en oclusores

```
1  vector<Triangle> occluders = createOccludersSet(sceneTrianles);
2  vector<Triangle>    others = removeOccluders(sceneTriangles,
3                                                occluders);
4  vector<Triangle>::iterator it;
5
6  for (it = others.begin(); it != others.end(); ++it)
7  {
8    if (closerThanFarPlane(*it) &&
9        !testOcclusion(*it, occluders))
10   {
11     (*it)->draw(); // (*it)->addToRendeQueue();
12   }
13 }
```

Dado que esta complejidad es demasiado alta para una aplicación interactiva, se hace necesario idear alguna forma para reducir el número de cálculos. Una forma sencilla es reducir la lista de posibles oclusores. Los triángulos más cercanos a la cámara tienen más posibilidades de ser oclusores que aquellos que están más alejados, ya que estadísticamente estos van a ocupar más área de la pantalla. De este modo, usando estos triángulos como oclusores y los lejanos como ocluidos, se podrá reducir la complejidad hasta casi $O(n)$. Si además se tiene en cuenta que el *frustum* de la cámara tiene un límite (plano *far*), se podrán descartar aun más triángulos, tomando como ocluidos los que estén más allá que este plano.

Este algoritmo podría beneficiarse del *clipping* y del *culling* previo de los triángulos. No es necesario incluir en el algoritmo de oclusores ningún triángulo que quede fuera del *frustum* de la vista actual, tampoco los triángulos que formen parte de las caras traseras se pintarán, ni tendrán que formar parte de los oclusores. La pega es que hay que realizar *clipping* y *culling* por software. Tras esto, se tendrían que ordenar los triángulos en Z y tomar un conjunto de los n primeros, que harán de oclusores en el algoritmo. Computacionalmente, llevar a cabo todas estas operaciones es muy caro. Una solución sería hacerlas sólo cada algunos *frames*, por ejemplo cuando la cámara se moviese lo suficiente. Mientras esto no pasase, el conjunto de oclusores no cambiaría, o lo haría de manera mínima.

Listado 7.31: Actualización de los oclusores

```
1  const size_t maxOccluders = 300;
2
3  newPos = calculateNewCameraPosition();
4  if (absoluteDifference(oldPos, newPos) > delta)
5  {
6    performClipping(sceneTriangles);
7    performCulling(sceneTriangles);
8    oldPos = newPos;
9    vector<Triangles> occluders =
10     getZOrderedTriangles(sceneTriangles,
11                          maxOccluders);
12 }
```

 Recursividad. Como casi todos los algoritmos de construcción de árboles, el BSP es un algoritmo recursivo. Se dice que una función es recursiva cuando se llama a sí misma hasta que se cumple una condición de parada. Una función que se llama a sí misma dos veces se podrá representar con un árbol binario; una que se llame n-veces, con un árbol n-ario.

7.6.3. Algoritmo BSP

Una de las formas para facilitar la representación de escenas interiores en tiempo real es el uso de estructuras de datos BSP (*Binary Space Partition*). Estas estructuras se han utilizado desde juegos como *Doom*, que usaba un árbol BSP de 2 dimensiones, y *Quake*, que fue el primero que usó uno de 3 dimensiones.

Un BSP es un árbol que se utiliza para clasificar datos espaciales, más concretamente triángulos en la mayoría de los casos. La ventaja principal de esta estructura es que se le puede preguntar por una serie de triángulos ordenados por el valor Z, desde cualquier punto de vista de la escena. Estos árboles se usan también para detectar colisiones en tiempo real.

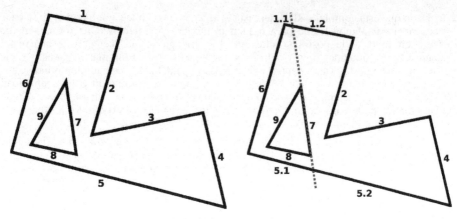

Figura 7.33: A la izquierda, mapa de una escena visto desde arriba. A la derecha, primera división (BSP).

Construcción de estructuras BSP

Un BSP se construye a partir de un conjunto de triángulos, normalmente de la parte estática de una escena, esto es, el mapa del nivel. El algoritmo de construcción es recursivo:

1. Tomar el conjunto completo de triángulos como entrada.

2. Buscar un triángulo que divida a ese conjunto en dos partes más o menos equilibradas.

3. Calcular el plano que corresponde a ese triángulo.

4. Crear un nodo de árbol y almacenar el triángulo y su plano asociado en el mismo.

5. Crear nuevos triángulos a partir de los que queden cortados por este plano.

6. Dividir el conjunto total en dos nuevos conjuntos según queden delante o detrás de la división.

7. Para cada uno de los nuevos conjuntos que aun tengan triángulos (más que un umbral máximo de división dado), volver al paso 2.

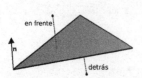

Figura 7.32: Posición con respecto a un plano de normal **n**.

Para explicar este algoritmo, se usará una representación de dos dimensiones para simplificar la complejidad. En la figura 7.33(izquierda) se ve la planta de un nivel. Cada segmento representa a un plano.

Primero se tomará el plano 7 como divisor del nivel, y este dividirá al plano 5 y al 1 en dos (figura 7.33(derecha)). El nivel queda dividido en dos nuevos conjuntos, detrás de la división quedan cinco planos (1.1, 6, 5.1, 8 y 9), y delante también (1.2, 2, 3, 4 y 5.2).

En el árbol se crearía un nodo que contendría el plano 7, que es con el que se ha realizado la división. Como los dos subconjuntos nuevos no están vacíos, se crearían de nuevo otros dos nodos (ver figura 7.34).

El algoritmo de división se irá aplicando recursivamente hasta que se hayan realizado todas la divisiones posibles (o se hayan llegado al umbral deseado), tal y como se puede ver en la figura 7.35.

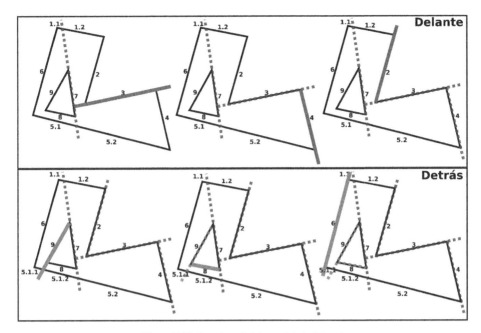

Figura 7.35: Sucesivas divisiones del nivel (BSP)

El árbol BSP que se obtiene después de rellenar todos los niveles se muestra en la figura 7.37. Notese cómo
el árbol queda bastante equilibrado gracias a una buena
elección del plano de división. Un buen equilibrio es fundamental para que pueda desempeñar su labor de manera
eficiente, puesto que si el árbol estuviera desequilibrado
el efecto sería parecido al no haber realizado una partición espacial.

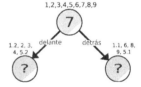

Figura 7.34: Árbol resultante de la
primera división (BSP).

La elección de un buen triángulo para utilizar como
plano de división no es trivial. Es necesario establecer algún criterio para encontrarlo. Un
criterio podría ser tomar el triángulo más cercano al centro del conjunto que se tiene que
dividir, que podría cortar a muchos otros triángulos, haciendo que creciera rápidamente el
número de ellos en los siguientes subconjuntos. Otro criterio podría ser buscar el triángulo
que corte a menos triángulos. Uno mejor sería mezclar esta dos ideas.

Ericson [22] analiza algunos problemas relacionados
con la elección del plano divisor y propone algunas
soluciones simples, parecidas al último criterio propuesto
anteriormente.

Otro problema al que hay que enfrentarse es al de
la división de los triángulos que resultan cortados por el
plano divisor. Cuando se corta un triángulo, este puede
dividirse en dos o tres triángulos, siendo mucho más
probable que se de la segunda opción. Esto es debido a

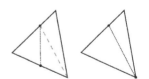

Figura 7.36: División de un triángulo por un plano.

que la división de un triángulo normalmente genera otro
triángulo y un cuadrilátero, que tendrá que ser dividido a su vez en otros dos triángulos
(figura 7.36).

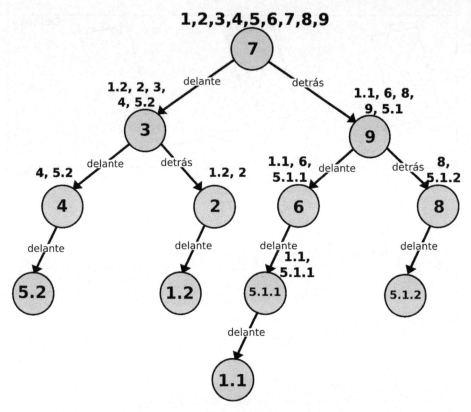

Figura 7.37: Sucesivas divisiones del nivel (BSP)

La solución pasa por tomar los vértices del triángulo atravesado como segmentos y hallar el punto de intersección de los mismos con el plano. Con esos puntos será trivial reconstruir los triángulos resultantes.

La estructura de árbol BSP podría estar representada en C++ como en el listado siguiente:

Listado 7.32: Class BSP

```cpp
class BSP {
public:
  BSP(vector<Triangle> vIn);

private:
  BSP* front;
  BSP* back;
  Plane p;
  Triangle t; // vector<Triangle>vt;
};
```

Su construcción vendría dada por una función como esta:

Listado 7.33: createBSP

```
1  BSP* createBSP(const vector<Triangle>& vIn) {
2
3    BSP* bsp = new BSP;
4
5    bsp->t = getBestTriangle(vt);
6    vtNew = removeTriangleFromVector(vt, t);
7
8    bsp->p = planeFromTriangle(t);
9
10   vector<Triangle>::iterator it;
11
12   for (it = vt.begin(); vt != vt.end(); ++it) {
13     if (cuts(bsp->p, *it))
14       split(*it, bsp->p);
15   }
16   vector<Triangle> frontSet = getFrontSet(vtNew, t);
17   vector<Triangle> backSet  = getBackSet(vtNew, t);
18
19   bsp->front = createBSP(frontSet);
20   bsp->back = createBSP(backSet);
21
22   return bsp;
23 }
```

Orden dependiente de la vista

La principal ventaja de un BSP es que gracias a él es posible obtener una lista de triángulos ordenados, sea cual sea la vista en la que nos encontremos.

Obsérvese el siguiente listado de código:

Listado 7.34: paintBSP

```
1  void paintBSP(BSP* bsp, const Viewpoint& vp) {
2    currentPos = backOrFront(bsp, vp);
3    if (currentPos == front) {
4      paintBSP(back, vp);
5      bsp->t.addToRenderQueue();
6      paintBSP(front, vp);
7    } else {
8      paintBSP(front, vp);
9      bsp->t.addToRenderQueue();
10     paintBSP(back, vp);
11   }
12 }
```

La función anterior pinta los triángulos (incluidos los que quedan detrás de la vista) en orden, desde el más lejano al más cercano.

Esto era muy útil cuando el *hardware* no implementaba un *Z-buffer*, ya que está función obtenía los triángulos ordenados con un coste linear.

Si cambiamos el algoritmo anterior (le damos la vuelta) recorreremos las caras desde las más cercanas a las más lejanas. Esto sí puede suponer un cambio con el hardware actual, ya que si pintamos el triángulo cuyo valor va a ser mayor en el *Z-buffer*, el resto de los triángulos ya no se tendrán que pintar (serán descartados por el *hardware*).

Clipping Jerárquico

Un BSP se puede extender para usarlo como un sistema de aceleración de *clipping*, quitando los triángulos que queden fuera del *frustum* de la cámara. Lo único que hay que añadir en el árbol durante su construcción en una *bounding box* por cada nodo. Cuanto más se profundice en el árbol, más pequeñas serán, y si el algoritmo de equilibrado de la división es bueno, una *bounding box* contendrá otras dos de un volumen más o menos parecido, equivalente a la mitad de la contenedora.

El algoritmo para recorrer el árbol es muy parecido al anterior, y bastaría con introducir una pequeña modificación.

Listado 7.35: BSPClipping

```
1  void paintBSP(BSP* bsp, const Viewpoint& vp, const Camera& cam) {
2    if ( isNodeInsideFrustum(bsp, cam.getCullingFrustum()) )
3    {
4      // Igual que en el ejemplo anterior
5    }
6  }
```

Detección de la oclusión

También es posible utilizar un árbol BSP para detectar oclusiones. Este uso se popularizó gracias al motor de *Quake*, que utilizaba un nuevo tipo de árbol llamado *leafy*-BSP, donde se utilizaron por primera vez para el desarrollo de un videojuego. Su propiedad principal es la de dividir de manera automática el conjuntos de triángulos entrante en un *array* de celdas convexas.

Este nuevo tipo de árboles son BSPs normales donde toda la geometría se ha propagado a las hojas, en vez de repartirla por todos los nodos a modo de triángulos divisores. De este modo, en un BSP normal, las hojas sólo almacenan el último triángulo divisor.

Para transformar un BSP en un *leafy*-BSP lo que hay que hacer es "agitar" el árbol y dejar caer los triángulos de los nodos intermedios en las hojas (ver figura 7.38)

Una vez que el árbol se haya generado, se podrá almacenar la lista de triángulos de cada nodo como una lista de celdas numeradas. Para el ejemplo anterior las celdas se muestran en la figura 7.39.

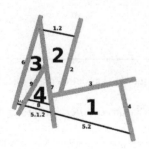

Figura 7.39: Nivel dividido en celdas (l-BSP).

Cada celda representa una zona contigua y convexa del conjunto de triángulos inicial. Las paredes de las celdas pueden ser o bien áreas ocupadas por geometría del nivel o espacios entre las celdas. Cada espacio abierto debe pertenecer exactamente a dos celdas.

Nótese que el algoritmo anterior convierte cualquier conjunto de triángulos en una lista de celdas y de pasillos que las conectan, que es la parte más complicada.

Es posible precalcular la visibilidad entre las celdas. Para ello se utilizan los pasillos (o portales, aunque diferentes a los que se verán un poco más adelante). Se mandan rayos desde algunos puntos en un portal hacia

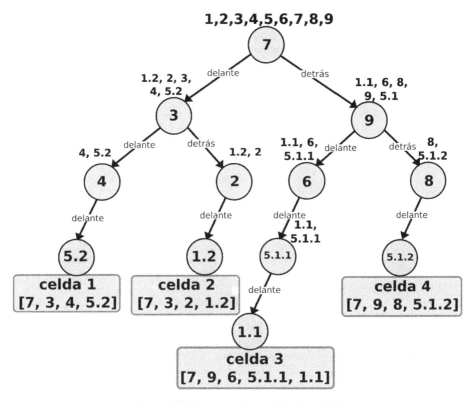

Figura 7.38: Transformación de BSP a *leafy*-BSP.

los demás, comprobándose si llegan a su destino. Si un rayo consigue viajar del portal 1 al portal 2, significa que las habitaciones conectadas a ese portal son visibles mutuamente. Este algoritmo fue presentado por Teller [58].

Esta información sobre la visibilidad se almacenará en una estructura de datos conocida como PVS (Potential Visibility Set), que es sólo una matriz de bits de NxN que relaciona la visibilidad de la fila i (celda i) con la de la columna j (celda j).

Rendering

Para representar los niveles de *Quake III: Arena* se utilizaba un algoritmo más o menos como el que se explica a continuación.

- Se comienza determinando en qué celda se encuentra la cámara (el jugador) utilizando el BSP. Se recorre el árbol desde la raíz, comparando la posición con la del plano divisor para bajar hasta una hoja y elegir una celda determinada.

- Se utiliza el PVS para determinar qué celdas son visibles desde la celda actual, utilizando la matriz de bits (o de booleanos).

¡Precalcular es la clave!

Los pasos más costosos han sido precalculados, haciendo factible la representación en tiempo real.

- Se *renderizan* las celdas visibles. Se pintan desde el frente hasta el fondo, lo que ayudará al *Z-buffer* a descartar triángulos lo antes posible. Se ordenan las celdas por distancia, se usa su *bounding box* para determinar si quedan dentro del *frustum* para hacer el *clipping* de pantalla y se mandan a *renderizar*.

Como se ha podido ver, gracias al uso de un árbol *leafy*-BSP se han resuelto casi todos los problemas de determinación de la visibilidad utilizando una estructura precalculada. Esto hace que en el bucle principal del juego no se dedique ningún esfuerzo a computarla. Además, este tipo de estructuras son útiles para determinar colisiones en tiempo real y para ayudar a recorrer los niveles a la IA.

7.6.4. Portal *Rendering*

Otra de las técnicas utilizadas para optimizar la representación de interiores son los portales (Portals). Es un enfoque diferente a los árboles BSP, pero que ofrece una aceleración similar. El motor gráfico *Unreal* demostró su validez utilizando una versión del mismo, y ha ganado adeptos entre los desarrolladores desde entonces. Permite, al igual que los BSPs, representar sólo lo que se ve. En el caso de esta técnica, no se precalcula la visibilidad sino que es computada en tiempo real.

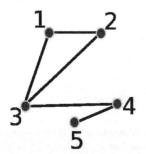

Esta técnica se basa en que los niveles de interiores de un juego están construidos a base de habitaciones interconectadas entres sí por puertas, por ventanas, o en general, por portales. Es de aquí de donde viene su nombre. Para representar estas conexiones entre las diferentes habitaciones será necesario una estructura de datos de grafo no dirigido. Cada nodo del grafo es una habitación y cada vértice del grafo es un portal. Ya que es posible que en una habitación se encuentren varios portales, es necesario que la estructura de datos permita conectar un nodo con varios otros, o que dos nodos estén conectados por dos vértices.

Figura 7.40: Grafo que representa las conexiones del mapa de habitaciones.

Al contrario que los BSP, la geometría de un nivel no determina de manera automática la estructura de portales. Así, será necesario que la herramienta que se use como editor de niveles soporte la división de niveles en habitaciones y la colocación de portales en los mismos. De esto modo, la creación de la estructura de datos es un proceso manual. Estas estructuras no almacenan datos precalculados sobre la visibilidad; esta se determinará en tiempo de ejecución.

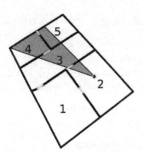

El algoritmo de *renderizado* comienza por ver dónde se encuentra la cámara en un momento dado, utilizando los *bounding volumes* de cada habitación para determinar dentro de cuál está posicionada. Primero se pintará esta habitación y luego las que estén conectadas por los portales, de forma recursiva, sin pasar dos veces por un mismo nodo (con una excepción que se verá en el siguiente apartado). Lo complejo del algoritmo es utilizar los portales para hacer *culling* de la geometría.

Figura 7.41: Mapa de habitaciones conectadas por portales

Es necesario detectar qué triángulos se pueden ver a través de la forma del portal, ya que normalmente habrá un gran porcentaje no visible, tapados por las paredes que rodean al mismo. Desde un portal se puede ver otro, y esto tendrá que tenerse en cuenta al calcular las oclusiones. Se utiliza una variante de la técnica de *view frustum* (que consiste en descartar los triángulos que queden fuera de un frustum, normalmente el de la cámara), que Dalmau llama *portal frustum*. El *frustum* que se utilizará para realizar el *culling* a nivel de portal tendrá un origen similar al de la cámara, y pasará por los vértices del mismo. Para calcular las oclusiones de un segundo nivel en el grafo, se podrá obtener la intersección de dos o más *frustums*.

Un portal puede tener un número de vértices arbitrario, y puede ser cóncavo o convexo. La intersección de dos portales no es más que una intersección 2D, en la que se comprueba vértice a vértice cuáles quedan dentro de la forma de la recursión anterior. Este algoritmo puede ralentizar mucho la representación, puesto que el número de operaciones depende del número de vértices, y la forma arbitraria de los portales no ayuda a aplicar ningún tipo de optimizaciones.

Luebke y Jobes [39] proponen que cada portal tenga asociada un *bounding volume*, que simplificará enormemente los cálculos. Este *bounding volume* rodea a todos los vértices por portal, lo que hará que el algoritmo de como visibles algunos triángulos que no lo son. La pérdida de rendimiento es mínima, y más en el *hardware* actual donde probablemente cada habitación esté representada como un *array* de triángulos.

 Portal ¿Tendrá algo que ver esta técnica con algún juego de Valve™? Gracias a ella el concepto de una de sus franquicias ha sido posible.

Efectos ópticos utilizando portales

Una de las ventajas principales de utilizar la técnica de portales en comparación con la de BSP es que se pueden implementar efectos de reflexión y de transparencia, usando el algoritmo central de la misma. Para llevar a cabo este tipo de efectos, lo único que hay que añadir a cada portal es su tipo, por ejemplo los portales podrían ser del tipo normal, espejo, transparencia, o de cualquier otro efecto que se pueda llevar a cabo a través de este tipo de estructuras.

Listado 7.36: Ejemplo de representación de un portal

```
1  enum portalType {
2    NORMAL,
3    MIRROR,
4    TRANPARENT,
5    INTERDIMENSIONAL,
6    BLACK_VOID
7  };
8
9  struct portal {
10   vector<Vertex3D*> vertexes_;
11   portalType type_;
12   Room* room1;
13   Room* room2;
14  };
```

 Espejos: Usando portales, poner espejos en la escena tiene un coste gratuito, excepto porque supone representar dos veces la misma habitación.

A la hora de representar un portal, podría discriminarse por el tipo, utilizando la técnica adecuada según corresponda.

Listado 7.37: Ejemplo de elección de tipos de portales

```
 1  switch(type_) {
 2  case NORMAL:
 3    // Algoritmo Normal
 4    break;
 5
 6  case MIRROR:
 7    // Calcular la cámara virtual usando el plano de soporte del portal
 8    //
 9    // Invertir la view-matrix
10    //
11    // Pintar la habitación destino
12    //
13    // Pintar la geometría del portal de forma
14    // translúcida con algo de opacidad si se desea
15    break;
16
17  case TRANSPARENT:
18    // Pintar de forma normal la habitación que corresponda
19    //
20    // Pintar la geometría del portal de forma
21    // translúcida con algo de opacidad si se desea
22    break;
23
24  case INTERDIMENSIONAL:
25    // Modificar los vértices del array con una función sinuidal
26    // Pintarlo
27    // Añadir colores chillones a la opacidad del portal.
28    break;
29
30  case BLACK_VOID:
31    // Modificar la geometría para que la habitación
32    // destino parezca estirada hacia un agujero negro
33    //
34    // Pintar un borde brillante en los vértices de la forma del portal.
35    break;
36  }
```

 ¿Se le ocurre algún tipo de efecto más o alguna otra forma de aprovechar las características de los portales?

7.6.5.   Mapas de Oclusión Jerárquicos (HOM)

Esta técnica, al igual que la de portales, computa la oclusiones en tiempo real durante la ejecución del bucle principal. La ventaja principal de esta técnica es que no es necesario preprocesar la geometría del nivel de ningún modo. Además, otra ventaja de HOM (Hierarchical Occlusion Maps) frente a BSP o portales es que permite utilizar geometría tanto estática como dinámica de manera indiferente.

HOM [61] está basado en una jerarquía de mapas de oclusión. Cada uno de ellos será de la mitad de tamaño que el anterior. Se comienza con una representación a pantalla completa de nuestra escena en blanco y negro. Tras esto se calculan una serie de *mipmaps*, donde cada $2x2$ píxeles se transforman en uno de la nueva imagen.

Este algoritmo es muy sencillo si se comienza con una imagen cuadrada potencia de dos. Estas imágenes son las que forman la jerarquía de mapas de oclusión. El mapa de oclusión no contiene la escena completa, sólo un conjunto de posibles oclusores, elegidos con algún método parecido al explicado en el primer algoritmo.

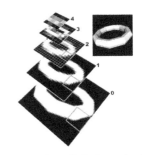

En el bucle principal se pintará objeto por objeto, utilizando algún tipo de estructura no lineal, como un *octree* o un *quadtree*. Para cada objeto se calcula un *bounding rectangle* alineado con la pantalla. Después se toma la imagen (el nivel HOM) con un tamaño de píxel aproximadamente similar al mismo. Este rectángulo puede caer en una zona completamente blanca, y habrá

Figura 7.42: HOM. Jerarquía de imágenes (ZHANG).

que hacer más comprobaciones (existe un *full-overlap*, el objeto que comprobamos está completamente delante o detrás), puede caer en una zona negra, y se tendrá que pintar, o puede caer en una zona gris, caso en el que habrá que consultar con una imagen de mayor resolución.

Cuando el rectángulo cae en una zona con blanca, es necesario hacer una comprobación sobre los valores Z para comprobar si el objeto está delante o detrás. Esto se consigue con un DEB (Deep Estimation Buffer)[2], que no es más que un Z-*buffer* construido por software, utilizando los posibles oclusores. El DEB almacena la información resultante de crear las *bounding boxes* de los oclusores y almacenar a modo de píxel el valor más lejano (al contrario que un Z-*buffer* normal) para cada posición de la pantalla.

El algoritmo completo podría describirse como sigue:

- Seleccionar un buen conjunto de oclusores. Se descartarán objetos pequeños, o con muchos polígonos, y los objetos redundantes. Es posible colocar objetos falsos que no se pintarán como oclusores a mano, para mejorar el conjunto de manera premeditada.

- En ejecución, se seleccionan los primeros N oclusores más cercanos.

- Calcular el HOM en función de estos objetos. Con la función de *render-to-texture* se crea la primera imagen. Las demás, por software o utilizando otras texturas y alguna función de *mipmapping* de la GPU.

- Mientras se recorre el *scene-graph* se comparan estos objetos con el mapa de oclusión. Si caen en una zona blanca, se comprueban contra el DEB; si caen en una zona negra, se pinta; y si caen en una zona gris, será necesario usar una imagen de mayor resolución.

Dalmau afirma que con esta técnica se evita pintar de media entre un 40 % y un 60 % de toda la geometría entrante.

7.6.6. Enfoques híbridos

En los videjuegos se suele utilizar la combinación de técnicas que más beneficio brinde al tipo de representación en tiempo real a la que se esté haciendo frente. De nuevo, Dalmau propone dos aproximaciones híbridas.

---

[2]*Buffer* de Estimación de Profundidad

Portal-Octree

En un juego donde el escenario principal está repleto de habitaciones y cada una de ellas está llena de objetos, una aproximación de través de un BSP quizá no sería la mejor idea. No sólo porque este tipo de estructuras está pensado principalmente para objetos estáticos, sino porque un árbol BSP suele extenderse muy rápido al empezar a dividir el espacio.

Si además el juego requiere que se pueda interactuar con los objetos que hay en cada habitación, el BSP queda descartado para almacenar los mismos. Quizá utilizar la técnica de portales pueda usarse para las habitaciones, descartando así algo de geometría del nivel. Aun así la gran cantidad de objetos haría que fueran inmanejables.

Una posible solución: utilizar portales para representar las habitaciones del nivel, y en cada habitación utilizar un *octree*.

 Equilibrio: Utilizar lo mejor de cada una de las técnicas hace que se puedan suplir sus debilidades.

Quadtree-BSP

Hay juegos que poseen escenarios gigantestos, con un área de exploración muy grande. Si se enfoca la partición de este tipo de escenas como la de un árbol BSP, el gran número de planos de división hará que crezca la geometría de manera exponencial, debido a los nuevos triángulos generados a partir de la partición.

Una forma de afrontar este problema es utilizar dos estructuras de datos. Una de ellas se usará para realizar una primera división espacial de la superficie (2D, un Quadtree, por ejemplo) y la otra para una división más exhaustiva de cada una de esas particiones. De esto modo, se podrá utilizar un Quadtree donde cada nodo contiene un BSP.

De este modo, se pueden utilizar las características especiales de cada uno de ellos para acelerar la representación. En un primer paso, el Quadtree facilitará la determinación de la posición global de una manera muy rápida. Una vez que se sepa en qué parte del escenario se encuentra la acción, se tomará el BSP asociado a la misma y se procederá a su representación como se mostró en el apartado anterior.

Este tipo de representaciones espaciales más complejas no son triviales, pero a veces son necesarias para llevar a cabo la implementación exitosa de un videojuego.

En el siguiente capítulo ese introducirán los *quadtrees*.

 ¿Recuerda alguno de estos tipo de escenas en los últimos videojuegos a los que ha jugado?

7.6.7. Tests asistidos por *hardware*

Las tarjetas gráficas actuales proveen de mecanismos para llevar a cabo los cálculos de detección de la oclusión por hardware. Estos mecanismos consisten en llamadas a funciones internas que reducirán la complejidad del código. El uso de estas llamadas no evitará la necesidad de tener que programar pruebas de oclusión, pero puede ser una ayuda bastante importante.

La utilización del hardware para determinar la visibilidad se apoya en pruebas sobre objetos completos, pudiendo rechazar la inclusión de los triángulos que los forman antes de entrar en una etapa que realice cálculos sobre los mismos. Así, las GPUs actuales proveen al programador de llamadas para comprobar la geometría de objetos completos contra el *Z-buffer*. Nótese como estas llamadas evitarán mandar estos objetos a la GPU para se pintados, ahorrando las transformaciones que se producen antes de ser descartados. Además, como retorno a dichas llamadas se puede obtener el número de píxeles que modificría dicho objeto en el *Z-buffer*, lo que permitiría tomar decisiones basadas en la relevancia del objeto en la escena.

 Hardware: El uso del hardware para realizar los tests de oclusión es el futuro, pero eso no quita que se deban conocer las técnicas en las que se basa para poder utilizarlo de manera efectiva.

Cabe destacar que si se usa la geometría completa del objeto, mandando todos los triángulos del mismo al test de oclusión de la GPU, el rendimiento global podría incluso empeorar. Es algo normal, puesto que en una escena pueden existir objetos con un gran número de triángulos. Para evitar este deterioro del rendimiento, y utilizar esta capacidad del hardware en beneficio propio, lo más adecuado es utilizar *bounding-boxes* que contengan a los objetos. Una caja tiene tan solo 12 triángulos, permitiendo realizar tests de oclusión rápidos y bastante aproximados. Es fácil imaginarse la diferencia entre mandar 12 triángulos o mandar 20000.

Además, si las pruebas de oclusión para todos los objetos se llevan a cabo de forma ordenada, desde los más cercanos a los más lejanos, las probabilidades de descartar algunos de ellos aumentan.

Como ejemplo, uno tomado de las especificaciones de *occlusion query* de las extensiones de OpenGL [47].

Listado 7.38: Oclusión por hardware

```
1  GLuint queries[N];
2  GLuint sampleCount;
3  GLint  available;
4  GLuint bitsSupported;
5
6  // Comprobar que se soporta la funcionalidad
7  glGetQueryiv(GL_QUERY_COUNTER_BITS_ARB, &bitsSupported);
8  if (bitsSupported == 0) {
9    // Representar sin test de oclusion...
10 }
11
12 glGenQueriesARB(N, queries);
13 ...
14
15 // Antes de este punto, renderizar los oclusores mayores
16 glColorMask(GL_FALSE, GL_FALSE, GL_FALSE, GL_FALSE);
17 glDepthMask(GL_FALSE);
18
19 // tambien deshabilitar el texturizado y los shaders inutiles
20 for (i = 0; i < N; i++) {
21   glBeginQueryARB(GL_SAMPLES_PASSED_ARB, queries[i]);
22   // renderizar la bounding box para el objeto i
23   glEndQueryARB(GL_SAMPLES_PASSED_ARB);
24 }
25
26 glFlush();
27
28 // Hacer otro trabajo hasa que la mayoria de las consultas esten listas
29 // para evitar malgastar tiempo
30 i = N*3/4; // en vez de N-1, para evitar que la GPU se ponga en ïdle"
31 do {
32   DoSomeStuff();
33   glGetQueryObjectivARB(queries[i],
34                         GL_QUERY_RESULT_AVAILABLE_ARB,
35                         &available);
36 } while (!available);
37
38 glColorMask(GL_TRUE, GL_TRUE, GL_TRUE, GL_TRUE);
39 glDepthMask(GL_TRUE);
40
41 // habilitar otro estado, como el de texturizado
42 for (i = 0; i < N; i++) {
43   glGetQueryObjectuivARB(queries[i], GL_QUERY_RESULT_ARB,
44                          &sampleCount);
45   if (sampleCount > 0) {
46     // representar el objeto i
47   }
48 }
```

7.7. Optimización de Exteriores

Las diferencias entre una escena de interiores y una de exteriores son evidentes. Mientras una escena de interiores se dará en entornos cerrados, con muchas paredes o pasillos que dividen en espacio en habitaciones, una escena de exteriores normalmente no tiene ningún límite que no esté impuesto por la naturaleza. Si bien es cierto que es una escena de este tipo, por ejemplo, pudiesen existir colinas que se tapasen unas a las otras, si estamos situados frente a algunas de ellas en una posición muy lejana, el número de triángulos que se deberían representar sería tan elevado que quizá ningún hardware podría afrontar su renderizado.

Está claro que hay que afrontar la representación de exteriores desde un enfoque diferente: hacer variable el nivel de detalle LOD). De este modo, los detalles de una montaña que no se verían a cierta distancia no deberían renderizarse. En general, el detalle de los objetos que se muestran grandes en la pantalla (pueden ser pequeños pero cercanos), será mayor que el de los objetos menores.

Si bien el nivel de detalle es importante, tampoco se descarta el uso de oclusiones en algunos de los algoritmos que se presentarán a continuación, siguiendo de nuevo la propuesta de Dalmau. Se comenzará haciendo una pasada rápida por algunas de las estructuras de datos necesarias para la representación de exteriores eficiente.

7.7.1. Estructuras de datos

Uno de los principales problemas que se tienen que resolver para la representación de exteriores es la forma de almacenar escenas compuestas por grandes extensiones de tierra.

Las estructuras de datos utilizadas tendrán que permitir almacenar muchos datos, computar de manera eficiente el nivel de detalle necesario y permitir que la transición entre diferentes dichos niveles sea suave y no perceptible.

Mapas de altura

Los mapas de altura (*heigtfields* o *heightmaps*) han sido utilizados desde hace mucho tiempo como forma para almacenar grandes superficies. No son más que imágenes en las que cada uno de sus píxeles almacenan una altura.

Cuando se empezó a usar esta técnica, las imágenes utilizaban tan solo la escala de grises de *8-bit*, lo que suponía poder almacenar un total de 256 alturas diferentes.

Los mapas de altura de hoy en día pueden ser imágenes de *32-bit*, lo que permite que se puedan representar un total de 4.294.967.296 alturas diferentes, si se usa el canal *alpha*.

Figura 7.43: Mapa de altura (Wikipedia - Public Domain)

Para transformar uno de estos mapas en una representación 3D es necesario hacer uso de un vector de 3 componentes con la escala correspondiente. Por ejemplo, si se tiene un vector de escala $s = (3, 4, 0,1)$ quiere decir que entre cada uno los píxeles del eje X de la imagen habrá 3 unidades de nuestra escena, entre los de Y habrá 4, y que incrementar una unidad del valor del píxel significará subir 0,1 unidades. La posición varía según cómo estén situados los ejes.

Figura 7.44: Mapa de altura renderizado (Wikimedia Commons)

Las ventajas de utilizar un mapa de altura es que se pueden crear con cualquier herramienta de manipulación de imágenes y que se pueden almacenar directamente en memoria como *arrays* de alturas que se transformarán en puntos 3D cuando sea necesario, liberando de este modo mucha memoria.

Las principal desventaja viene de que cada píxel representa una sola altura, haciendo imposible la representación de salientes o arcos. Normalmente todo este tipo de detalles tendrán que añadirse en otra capa.

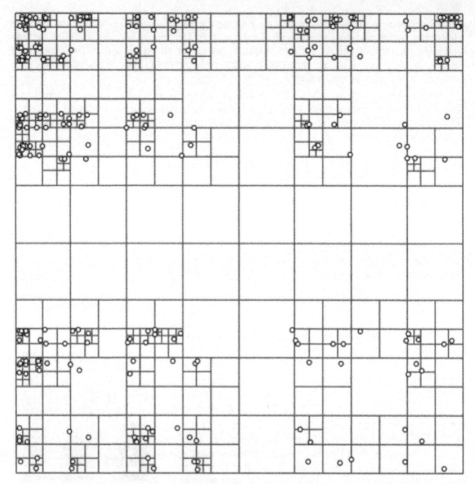

Figura 7.45: Representación de un *Quadtree* (WIKIMEDIA COMMONS - DAVID EPPSTEIN)

Quadtrees

Un *quadtree* es un árbol donde cada nodo tendrá exactamente cuatro hijos, así, se dice que es un árbol 4-ario. Un *quadtree* divide un espacio en cuatro partes iguales por cada nivel de profundidad del árbol (figura 7.45).

Un *quadtree* permite que ciertas áreas del terreno se puedan representar con más detalle puesto que es posible crear árboles no equilibrados, utilizando más niveles donde sea necesario. Una aproximación válida es comenzar con un mapa de altura y crear un *quadtree* a partir del mismo. Las partes del escenario donde exista más detalle (en el mapa de altura, habrá muchas alturas diferentes), se subdividirán más veces.

Además al representar la escena, es posible utilizar un heurístico basado en la distancia hasta la cámara y en el detalle del terreno para recorrer el árbol. Al hacerlo de este modo, será posible determinar qué partes hay que pintar con más detalle, seleccionando la representación más simple para los objetos más distantes y la más compleja para los más cercanos y grandes.

En el momento de escribir esta documentación, *InfiniteCode* permite descargar de su web [30] un ejemplo de *Quadtrees* (apoyados en mapas de altura).

Árboles binarios de triángulos (BTT)

Un BBT (Balanced Binary Tree) es un caso especial de un árbol binario. En cada subdivisión se divide al espacio en dos triángulos. El hecho de que cada nodo tenga menos descendientes que un *quadtree* e igualmente menos vecinos, hace que esta estructura sea mejor para algoritmo de nivel de detalle continuo.

Dallaire [16] explica con detalle en *Gamasutra* cómo generar este tipo de estructuras para indexar fragmentos de terreno.

7.7.2. Determinando el nivel de detalle (resolución)

En una escena de exteriores, a parte de utilizar la estructura de datos correcta, es crucial disponer de un método para determinar la resolución de cada uno de los objetos de la escena.

Cada objeto podrá aparecer con diferentes resoluciones y para ello serán necesarias dos cosas: la forma de seleccionar la resolución correcta y la manera de representarla, esto es, un algoritmo de renderizado que permita hacerlo de manera correcta.

Determinar la resolución de manera exacta no es un problema abordable en un tiempo razonable, puesto que son muchas las variables que influyen en dicha acción. Lo mejor es afrontar este problema utilizando algún heurístico permita aproximar una buena solución.

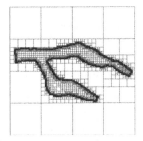

Figura 7.46: División de un terreno con un *quadtree* (QIUHUA LIANG)

Un primer enfoque podría ser utilizar la distancia desde la cámara hasta el objeto, y cambiar la resolución del mismo según objeto se acerca (más resolución) o se aleja (menos resolución). Puede que haya un objeto muy lejano pero que sea tan grande que requiera un poco más del detalle que le corresponda según la distancia. Un heurístico añadido que se podría utilizar es el número de píxeles que ocupa aproximadamente en el espacio de pantalla, utilizando una *bouding-box* y proyectándola sobre la misma. Incluso se podría utilizar el hardware, como se ha visto en el tema anterior, para realizar estas comprobaciones.

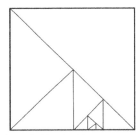

Figura 7.47: División de una superficie con un BTT.

Una vez que se ha determinado cómo se selecciona la resolución el siguiente paso será aplicar la política de dibujado. Existe una gran división, dependiendo de la continuidad de los modelos a pintar. Si se almacenan diferentes modelos de un mismo objeto, con niveles diferentes de detalle, hablaremos de una política discreta de LOD. Si el detalle de los modelos se calcula en tiempo real según el criterio de resolución, hablaremos de una política de LOD continua.

Políticas Discretas de LOD

Si se utiliza una política discreta, se tendrán varias representaciones del mismo objeto, con diferentes nivel de detalle. Este nivel de detalle irá desde la versión original, con el mayor detalle posible, a una versión con muy pocos triángulos. Se creará la versión de alto detalle y se generarán versiones simplificadas reduciendo el número de triángulos gradualmente con alguna herramienta de diseño 3D.

Teniendo una tabla con diferentes modelos donde elegir, el algoritmo de pintado simplemente tiene que elegir el que corresponda y ponerlo en la cola de renderizado. El problema de estas políticas es que existen un momento en el que se produce un cambio notable en el objeto, y es completamente perceptible si no se disimula de alguna forma.

Una de las técnica que se usa para ocultar el salto que se produce al cambiar de modelo es utilizar *alpha blending* entre el modelo origen y destino. Este efecto se puede ver como un *cross-fade* entre los mismos, cuya intensidad dependerá del heurístico utilizado. Así en la mitad de la transición, cada modelo se renderizará con un *alpha* de 0.5 (o del 50 %). Justo antes de empezar la transición, el modelo origen tendrá un valor *alpha* de 1 y el destino de 0, y al finalizar tendrán los valores intercambiados. Un inconveniente muy importante de esta técnica es que durante un tiempo durante el cual antes sólo se representaba un objeto, ahora se representarán dos, lo que supone una sobrecarga de la GPU.

Políticas Continuas de LOD

Si se quiere evitar del todo el salto producido por el intercambio de modelos, se podría implementar una forma de reducir el número de triángulos en tiempo real, y generar un modelo dependiendo de la resolución requerida.

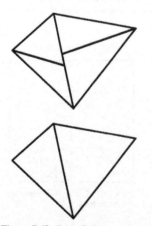

Este tipo de cálculos en tiempo real son muy costosos, porque hay que determinar qué aristas, vértices o triángulos se pueden eliminar y además aplicar esa modificación al modelo.

Hoppe [29] propone una implementación eficiente de lo que llama mallas progresivas (*Progressive Meshes*). La técnica se basa en la eliminación de aristas de la malla, convirtiendo dos triángulos en sólo uno por cada arista eliminada (*edge-collapsing*). Hoppe determina que esta técnica es suficiente para simplificar mallas y propone algunos heurísticos para eliminar las aristas.

Hay dos posibles aproximaciones a la hora de quitar una arista, la primera, crear un nuevo vértice en el centro de la misma, y la otra eliminarla completamente (más eficiente). La primera aproximación es válida para todas las aristas, la segunda es sólo válida para aristas que corten a triángulos y no a cuadriláteros, puesto que al eliminarla se debería obtener un polígono con tres vértices.

Figura 7.48: *Edge-Collapsing.* Arriba, el *strip* original. Abajo, el nuevo *strip* después de aplicar la técnica.

Un posible heurístico para utilizar es el ángulo que forman los dos triángulos conectados por dicha arista. Si el ángulo es menor que un umbral, se quitará esa arista. Como optimización, esta técnica no debería utilizarse en cada *frame*, sino sólo cuando cambie la distancia o el área que ocupa el objeto en pantalla lo suficiente.

Este tipo de políticas permite obtener el mejor resultado, a costa de añadir un coste computacional. Además, otra desventaja muy importante es que la información de mapeado de las texturas del objeto se podrá ver afectada por la reducción del número de triángulos.

7.7.3. Técnica de *GeoMipmapping*

De Boer [18] presenta el *GeoMipmapping* como una técnica para representar de manera eficiente grandes terrenos. En su artículo, De Boer divide el algoritmo en tres fases diferentes: la representación en memoria de los datos del terreno y a qué corresponderá en la representación, el *frustum culling* con los pedazos de terreno disponibles (*chunks*) y por último, describe los *GeoMipMaps* haciendo una analogía con la técnica de *mipmapping* usada para la generación de texturas.

Representación del terreno

La representación del terreno elegida es la de una malla de triángulos cuyos vértices están separados por la misma distancia en el eje X y en el eje Z.

El número de vértices horizontales y verticales de la malla tendrá que ser de la forma $2^n + 1$, lo que significa tener mallas con 2^n cuadriláteros, que tendrán 4 vértices compartidos con sus vecinos. Cada cuadrilátero está compuesto de dos triángulos, que serán los que se mandarán a la cola de representación.

Cada vértice tendrá un valor fijo de X y de Z, que no cambiará durante el desarrollo del algoritmo. El valor de Y (altura) será leído de un mapa de altura de *8-bit*, que tendrá exactamente las misma dimensiones que la malla. Posteriormente esta se cortará en pedazos de tamaño $2^n + 1$. Estos pedazos se usarán en un *quadtree* para realizar el *frustum culling*, y como primitivas de nivel 0 para los *GeoMipMaps*. En la figura 7.49 se muestra una de estas mallas, donde n vale 2.

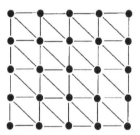

Figura 7.49: Malla con los datos del terreno. Cada círculo es un vértice.

Una ventaja de utilizar este tipo de representación es que los pedazos de malla se pueden mandar como una sola primitiva (*strips*) el hardware. La desventaja es que los vértices de los 4 bordes de dichos trozos se comparten con los bloques que lo rodean, y se transformarán dos veces.

View-Frustum Culling

Será necesario descartar los pedazos de terreno que no caigan dentro del *frustum* de la vista (cámara) puesto que no serán visibles. Para ello, lo ideal es utilizar un *quadtree*.

El *quadtree* será precalculado antes de comenzar la parte interactiva de la aplicación y consistirá tan solo en *bounding boxes* de tres dimensiones, que a su vez contendrán otras correspondientes a los subnodos del nodo padre. En cada hoja del árbol quedará un pedazo del nivel 0 de divisiones que se ha visto al principio. Es suficiente utilizar *quadtrees* y no *octrees* ya que la división se realiza de la superficie, y no del espacio.

 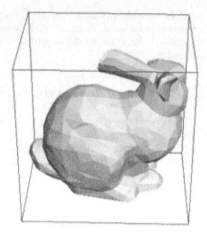

Figura 7.50: Ejemplo de una *bounding-box* (MATH IMAGES PROJECT).

Para descartar partes del terreno, se recorrerá el árbol desde la raíz, comprobando si la *bounding box* está dentro del *frustum* al menos parcialmente, y marcando dicho nodo en caso afirmativo. Si una hoja está marcada, quiere decir que será visible y que se mandará a la cola de representación. A no ser que el terreno sea muy pequeño, se terminarán mandando muchos triángulos a la cola, y esta optimización no será suficiente. Es aquí donde De Boer introduce el concepto de *Geomipmapping*.

Geomipmaps y nivel de detalle

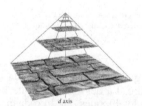

Figura 7.51: Construcción de los *mipmaps*. En cada nivel, la textura se reduce a un cuarto de su área. (AKENINE-MOLLER)

Esta técnica se basa en el hecho de que los bloques que están más lejos de la cámara no necesitan representarse con tan nivel de detalle como los más cercanos. De este modo, podrán ser representados con un número mucho menor de triángulos, lo que reducirá enormemente el número de triángulos del terreno que se mandarán a la cola de renderizado. Otro algorítmos utilizan una aproximación en la que hay que analizar cada triángulo para poder aplicar una política de nivel de detalle. Al contrario, esta técnica propone una política discreta que se aplicará en un nivel más alto.

La técnica clásica de *mipmapping* se aplica a las texturas, y consiste en la generación de varios niveles de subtexturas a partir de la original. Este conjunto de texturas se utilizan en una política de nivel de detalle para texturas, usando unas u otras dependiendo de la distancia a la cámara. Esta es la idea que se va a aplicar a las mallas 3D de terrenos.

Cada bloque de terreno tendrá asociado varios *mipmaps*, donde el original corresponde al bloque del mapa de altura. Estos *GeoMipMaps* pueden ser precalculados y almacenados en memoria para poder ser utilizados en tiempo de ejecución directamente.

Para elegir qué *geomipmap* es adecuado para cada distancia y evitar saltos (producto de usar distancias fijas para cada uno) habrá que utilizar un método un poco más elaborado. En el momento en que se se pase del nivel 0 al 1 (ver figura 7.52) existirá un error en la representación del terreno, que vendrá dado por la diferencia en altura entre ambas representaciones. Debido a la perspectiva, la percepción del error tendrá que

Figura 7.52: Diferentes niveles de detalle de la malla desde los *GeoMipMaps*: niveles 0, 1 y 2.

ver con los píxeles en pantalla a la que corresponda esa diferencia. Ya que cada nivel tiene muchos cambios en altura, se utilizará el máximo, que podrá almacenarse durante la generación para realizar decisiones más rápidas. Si el error en píxeles cometido es menor que un umbral, se utilizará un nivel más elevado.

Hay que tener en cuenta que la mayoría de las ocasiones el terreno estará formado por bloques con deferentes niveles, lo que puede hacer que existan vértices no conectados. Será necesario reorganizar las conexiones entre los mismos, creando nuevas aristas.

En la figura 7.53 se muestra una propuesta que consiste en conectar los vértices de la malla de nivel superior con los de la de nivel inferior pero saltando un vértice cada vez.

7.7.4. Técnica de *Chunked* LODs

Ulrich [59] propone un método para representar grandes extensiones de tierra. En la demo del SIGGRAPH 2002 incluye un terreno que cubre $160 K m^2$. Este método tiene su partida en una imagen muy grande, por ejemplo obtenida de un satélite, lo que hace el método ideal para la implementación de simuladores de vuelo.

Para almacenar la información se utilizará un *quadtree*. Se comenzará con una imagen potencia de dos en el nodo raíz, que corresponderá a una imagen de muy baja resolución del terreno completo. Según se vaya profundizando, los 4 subnodos hijos contendrán imágenes del mismo tamaño pero con la calidad resultante de hacer un zoom a los cuatro cuadrantes de la misma (figura 7.54).

A cada uno de los nodos se le añade información acerca de la pérdida del nivel de detalle se produce al subir un nivel en la jerarquía. Si las hojas contienen imágenes de 32x32 píxeles, los pedazos de terreno contendrán 32x32

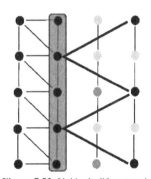

Figura 7.53: Unión de diferentes niveles de *GeoMipmaps*. En rojo la frontera común.

vértices. El árbol de mallas también forma parte del preproceso normalmente, partiendo de una malla muy grande y con mucha resolución y partiéndola en trozos más pequeños.

Para renderizar el *quadtree* bastará con recorrerlo realizando *clipping* jerárquico, utilizando algún umbral para comparar con un valor obtenido de computar la distancia a la cámara, el error que produce un nivel determinado y la proyección de perspectiva que se está utilizando. Si la comparación sugiere que el nivel de detalle debería incrementarse en esa región, se procederá a encolar un nivel más bajo del árbol recursivamente.

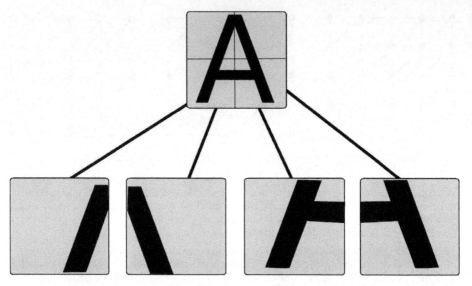

Figura 7.54: Nodo y subnodos de las texturas en un *quadtree* para Chunked LODs.

Ulrich propone unir los *chunks* simplemente prolongando un poco sus fronteras con unos faldones. Como la proyección de la textura dependerá sólo de la X y la Z, las uniones serán prácticamente invisibles. Este algoritmo se beneficia de un *quadtree* para texturizar el terreno. Como contrapartida, el principal problema del mismo es la gran cantidad de memoria que necesita (la demo del SIGGRAPH, más de 4GB), lo que hace que sea necesario prestar especial atención a la misma, cargando en memoria los nuevos pedazos cuando sean necesarios, descartando los que no se necesitan hace tiempo.

7.7.5. Terrenos y GPU

En su libro, Dalmau propone una aproximación diferente a la representación de terrenos utilizando simplemente la GPU. La premisa de la que parte el algoritmo es mantener a la CPU completamente desocupada, pudiendo ser utilizada esta para otra labores como para la inteligencia artificial o para el cálculo de las colisiones o las físicas.

De esto modo sugiere que la geometría del terreno tendrá que almacenarse en algún modo en el que la GPU pueda acceder a ella sin la intervención de la CPU, seleccionando bloques de 17x17 vértices (512 triángulos), que serán analizados e indexados para maximizar el rendimiento. Además, como diferentes bloques compartirán vértices, estos se almacenarán sólo una vez y se indexarán de forma eficiente. Así, la CPU sólo tendrá que determinar los bloques visibles y mandar esta información a la GPU para que los pinte.

A esta técnica se le puede sumar el uso de *bounding boxes* para cada bloque de terreno y la construcción de un PVS o incluso implementar alguna política de LOD (que Dalmau define como no necesaria excepto en GPU con limitaciones muy restrictivas de número de triángulos por segundo).

7.7.6. *Scenegraphs* de Exteriores

Una escena de exteriores es mucho más grande que una de interiores. La cantidad de datos que es necesario manejar es en consecuencia gigantesca en comparaciones con escenas mucho más pequeñas. Aunque se tenga una buena política de nivel de detalle, hay que tener en cuenta que el número de triángulos totales que se tendrán que manejar es enorme.

Para implementar un grafo de escena de exteriores es importante tener en cuenta que:

- Cada objeto sólo tendrá una instancia, y lo único que se almacenará aparte de esta serán enlaces a la misma.

- Es necesario implementar alguna política de nivel de detalle, puesto que es imposible mostrar por pantalla (e incluso mantener en memoria) absolutamente todos los triángulos que se ven en una escena.

- Se necesita una rutina muy rápida para descartar porciones no visibles del terreno y del resto de objetos de la escena.

Mientras que para almacenar un terreno y las capas estáticas que lleva encima es muy buena opción utilizar un *quadtree*, será mejor utilizar alguna tabla de tipo rejilla para almacenar la posición de los objetos dinámicos para determinar cuáles de ellos se pintan en cada fotograma de manera rápida.

 ¿Reconoces alguna de estas técnicas en algún juego o aplicación que hayas utilizado recientemente?

7.8. Programando de manera efectiva con C++

Esta sección está dedicada a recoger algunos puntos importantes sobre cómo programar en C++ de forma efectiva. Está inspirada en los libros de Scott Meyers (*Effective C++* [42] y *More Effective C++* [41]). Pretende ser un resumen de algunas buenas costumbres que no conviene pasar por alto a la hora de programar en C++.

7.8.1. Evitar el truncado de objetos

El truncado de objetos se puede producir cuando se copia un objeto que ha instanciado cualquiera de sus miembros en el *heap*.

La siguiente clase contiene un número natural de 64 *bits*.

Listado 7.39: Clase auxiliar

```
1  class Aux {
2  public:
3      Aux(const int a) : _a(a) {}
4  private:
5      const uint64_t _a;
6  };
```

Para ese ejemplo, otra clase va a instanciar en el *heap* un objeto de tipo *Aux*.

Listado 7.40: Clase que provocará problemas

```
1  class Sliced {
2  public:
3      Sliced(const int a) : _aux(new Aux(a)) {}
4      ~Sliced() { delete _aux; }
5  private:
6      Aux* _aux;
7  };
```

¿Cuál será el resultado de ejecutar el siguiente código?

Listado 7.41: Usando la clase *Sliced*

```
1  int main(int argc, char *argv[])
2  {
3      Sliced s1(3);
4      Sliced s2(s1);
5      Sliced s3 = s1;
6      s1 = s2;
7
8      return 0;
9  }
```

La ejecución produce el siguiente resultado:

```
$ ./slicing
*** Error in './slicing': double free or corruption (fasttop): 0x0000000000dad010 ***
Abortado
```

¿Qué está pasando?

En la línea ③ se construye un objeto en la pila, pero, independientemente de esto, uno de sus miembros se construye en el *heap* (se ha usado el operador *new*). Todo bien hasta aquí. En la línea ④ se construye un segundo objeto basándose en el primero, usando el constructor de copia, y aquí empiezan los problemas. Recordemos que si no se declara un constructor de copia, el compilador generará uno por defecto. Este constructor auto-generado creará una copia espejo de nuestro objeto. De este modo, el miembro *_aux* de *s2* contendrá el mismo valor que contiene *s1*, esto es, no sólo no se está reservando memoria para un nuevo objeto de tipo *Aux*, sino que además se está apuntado al de *s1*.

Las consecuencias vienen cuando al salir del *scope* de la función *main* se ejecuta primero el destructor de *s2* y luego el de *s1*. **Liberar dos veces la misma posición de memoria hará que el sistema operativo provoque un fallo** que detendrá de forma inmediata la ejecución.

En la línea ⑤ pasaría exactamente lo mismo: el compilador detecta esta asignación como una inicialización e invoca de forma directa el constructor de copia.

En la línea ⑥ el problema es incluso mayor. El objeto *s1* ya está construido, y se le está asignando el valor de *s2*. Como no se ha proporcionado un operador de asignación para la clase *Sliced*, se están produciendo dos problemas. El primero: al asignar el objeto en este caso, el compilador copia el clase como si del constructor de copia por defecto se tratase, esto es, uno a uno. Mismo problema que antes. El segundo problema: al sustituir el valor del puntero **se podría dejar una zona de memoria sin apuntar**, con lo que liberarla dejaría de ser posible (*leak*).

¿Cuál es la solución? Proporcionar un constructor de copia y un operador asignación.

Listado 7.42: Clase con constructor de copia y operador de asignación

```
 1  class Sliced {
 2  public:
 3      Sliced(const int a) : _aux(new Aux(a)) {}
 4
 5      ~Sliced() { delete _aux; }
 6
 7      Sliced(const Sliced& s) : _aux(new Aux(*s._aux)) {}
 8
 9      Sliced& operator=(const Sliced& s) {
10          if (&s != this) {
11              delete _aux;
12              _aux = new Aux(*s._aux);
13          }
14          return *this;
15      }
16
17  private:
18      Aux* _aux;
19  };
```

En la línea ⑦ se declara un constructor de copia que reserva memoria en el *heap* y construye allí el objeto *Aux* usando su constructor de copia implícito.

En el operador de asignación (lineas ⑨-⑮) primero se comprueba que no se está realizando una auto-asignación, después se libera la memoria y tras esto se construye un nuevo objeto usando el del objeto asignado. ¿Se podría haber usado algo como **_aux = *s._aux*? En este caso no, puesto que la clase *Aux* no generará un operador asignación por defecto, ya que uno de sus miembros es *const*.

 Siempre que una clase/objeto adquiera un recurso (en este ejemplo se adquiere memoria) será necesario implementar los mecanismos de gestión del mismo cuando este objeto es copiado o asignado. Esto es, será necesario que se implementen el constructor de copia y el operador de asignación.

7.8.2. La característica más útil de C++: }. `RAII`

Sin lugar a duda, la característica más útil de C++ es *}*. Al salir de un ámbito (*scope*), todos los objetos que se han construido en el mismo son destruidos.

Si se ejecuta el siguiente programa verá que su salida es:

```
$ ./RAII
Constructing
Deleting
Constructing
Deleting
```

Listado 7.43: Gestión de recursos en C++

```cpp
1  #include <iostream>
2
3  class ClassWithHeapAllocation {
4  public:
5      ClassWithHeapAllocation() : _name(new char[20])
6      {
7          std::cout << "Constructing\n";
8      }
9
10     ~ClassWithHeapAllocation()
11     {
12         std::cout << "Deleting\n";
13         delete [] _name;
14     }
15
16 private:
17     char* _name;
18 };
19
20
21 int main(int argc, char *argv[])
22 {
23     {
24         ClassWithHeapAllocation myClass;
25     }
26
27     ClassWithHeapAllocation myClass;
28
29     return 0;
30 }
```

El objeto que se construye en la línea 27 es perfectamente válido ya que el anterior, que tenía el mismo nombre, tuvo una vida reducida al acotar su *scope* de forma explícita.

En esta idea tan sencilla está basado RAII (*Resource Adquisition Is Initialization*), que es el idioma en el que se basa la gestión de recursos correcta en C++, punto central del lenguaje junto con su gran capacidad para proveer tipos que sean muy difícil de usar mal.

Una clase es un tipo, y si se programa con orientación a objetos de forma correcta, debería ser un tipo completamente auto-contenido y con una interfaz clara y lo suficientemente opaco como para no permitir manipulaciones no deseadas. Esto es, los recursos que se obtengan dentro de ese tipo (objeto en ejecución), tendrán que ser gestionados por el mismo. Esto incluye su inicialización, acceso, copia y destrucción. Esto es RAII.

Si una clase hace uso de memoria en el *heap*, esta debería ser la responsable de adquirirla en el constructor, del copiarla en el constructor de copia, de liberarla en el destructor y que gestionar el acceso a la misma a través de algunos de sus métodos (si es que se permite su manipulación por otras clases).

Esto no sólo se remite a la memoria, sino a cualquier recurso. Un ejemplo clásico es un fichero. En C, la gestión de errores de manipulación de un fichero se suele hacer usando un *goto cleanup* para saltar a la zona del código en el que se hará la liberación del recurso. En C++, usando RAII, esto no es necesario, con la despreocupación que conlleva, además de un código mucho más legible.

Listado 7.44: RAIIfile.cpp

```cpp
1  #include <cstdio>
2  #include <string>
3  #include <iostream>
4  #include <cstring>
5
6  class RAIIfile
7  {
8  public:
9      RAIIfile(const std::string& fileName) :
10         _f(fopen(fileName.c_str(), "r"))
11     {}
12
13     ~RAIIfile()
14     {
15         if (_f != NULL) {
16             fclose(_f);
17         }
18     }
19
20     size_t read(unsigned char buf[], const size_t bytes)
21     {
22         if (!_f) {
23             return 0;
24         }
25
26         const size_t nRead = fread(buf, 1, bytes, _f);
27         return nRead;
28     }
29
30     RAIIfile(const RAIIfile&) = delete;
31     RAIIfile& operator=(const RAIIfile&) = delete;
32
33 private:
34     FILE* _f;
35 };
36
37 int main(int argc, char *argv[])
38 {
39
40     RAIIfile f1("RAIIfile.cpp");      // El archivo existe
41     RAIIfile f2("meloinvento.mod");   // El archivo no existe
42
43     unsigned char buf[1000];
44
45     const size_t nRead1(f1.read(buf, 999));
46     if (nRead1)
47     {
48         buf[nRead1] = '\0';
49         std::cout << "F1\n" << buf << std::endl;
50     }
51
52     const size_t nRead2(f2.read(buf, 999));
53     if (nRead2)
54     {
55         // No se ejecutará
56         buf[nRead2] = '\0';
57         std::cout << "F2\n" << buf << std::endl;
58     }
59
60     return 0;
61 }
```

En la línea ⟨10⟩ se obtiene el descriptor de archivo. La función *fopen* devolverá *NULL* si hay algún error. En la línea ⟨16⟩, si el fichero llegó a abrirse, se cerrará. En el resto del ejemplo, se muestra un método auxiliar para leer a un *buffer* y el uso del *scope* de *main* para gestionar el cierre automático del archivo si este fue abierto. En el ejemplo se muestra el caso para un archivo que existe (*f1*) y otro que no (*f2*).

Otro uso muy habitual de RAII se da en los *locks* para el acceso multihilo simultáneo a recursos (el *lock* se realizaría al instanciar y se libera al dejar el *scope*) y en los *Smart Pointers*. A continuación se muestra una implementación simplificada de uno de ellos.

Listado 7.45: *Smart Pointer* simplificado

```
 1  template<typename T>
 2  class RAIIsptr {
 3  public:
 4      explicit RAIIsptr(T* ptr) : _ptr(ptr) {}
 5
 6      ~RAIIsptr() { delete _ptr; }
 7
 8      RAIIsptr(const RAIIsptr&) = delete;
 9      RAIIsptr& operator=(const RAIIsptr&) = delete;
10
11      T* operator->() { return _ptr;  }
12      T& operator*()  { return *_ptr; }
13
14  private:
15      T* _ptr;
16  };
17
18  // Template para arrays
19  template<typename T>
20  class RAIIsptr<T[]>
21  {
22  public:
23      explicit RAIIsptr(T* ptr) : _ptr(ptr) {}
24
25      ~RAIIsptr() { delete [] _ptr; }
26
27      RAIIsptr(const RAIIsptr&) = delete;
28      RAIIsptr& operator=(const RAIIsptr&) = delete;
29
30      T* operator->() { return _ptr;  }
31      T& operator*()  { return *_ptr; }
32
33  private:
34      T* _ptr;
35  };
```

En la línea ⟨5⟩ se copia un puntero. Esto parece que choca con la definición de RAII, pero veremos más adelante cómo, al hacer un uso correcto de un *Smart Pointer*, realmente se está haciendo un adquisición de recursos en ese punto. En la linea ⟨7⟩ se libera el valor apuntado. Esta implementación simplificada no vale para objetos instanciados usando el operador *new []*. En las líneas ⟨11⟩ y ⟨12⟩ se deshabilita la copia y la asignación. En la ⟨14⟩ y en la ⟨15⟩ se sobrescriben los operadores -> y *, para poder acceder al valor del puntero de forma transparente.

Desde la línea ⟨22⟩ a la ⟨38⟩ se especializa el *template* para que se pueda utilizar con *arrays*. Esto es necesario para liberar la memoria usando *delete []*.

El uso podría ser como el que sigue:

Listado 7.46: Uso del *Smart Pointer* simplificado

```
1  #include "RAIIsptr.hpp"
2
3  struct K { int a;};
4
5  int main(int argc, char *argv[])
6  {
7      RAIIsptr<K> sptr(new K);
8      RAIIsptr<K[]> sptrA(new K[30]);
9
10     sptr->a   = 0;
11     (*sptr).a = 0;
12
13     return 0;
14 }
```

El uso correcto de los *Smarts Pointers* conlleva la creación del recurso que gestionan al construirlos, como se ve en la línea 7.

Como se ve en la siguiente ejecución del programa usando *valgrind* para auditarlo, no se queda nada sin liberar.

```
$ valgrind ./RAIIsptr
==16423== Memcheck, a memory error detector
==16423== Copyright (C) 2002-2013, and GNU GPL'd, by Julian Seward et al.
==16423== Using Valgrind-3.10.0 and LibVEX; rerun with -h for copyright info
==16423== Command: ./RAIIsptr
==16423==
==16423==
==16423== HEAP SUMMARY:
==16423==     in use at exit: 0 bytes in 0 blocks
==16423==   total heap usage: 2 allocs, 2 frees, 124 bytes allocated
==16423==
==16423== All heap blocks were freed -- no leaks are possible
==16423==
==16423== For counts of detected and suppressed errors, rerun with: -v
==16423== ERROR SUMMARY: 0 errors from 0 contexts (suppressed: 0 from 0)
```

El siguiente ejemplo muestra el uso de un contenedor que agrega objetos (*vector*).

 C++ no es C con clases, es mucho más. Programar de forma correcta implica hacer uso de clases que controlen los recursos. Aparte de las que pueda crear el programador, la STL nos brinda muchas, como los *Smart Pointers* o los contenedores.

 Cualquier objeto que adquiera un recurso deberá ser responsable de liberarlo. De este modo se evitarán *leaks* de memoria y recursos sin liberar.

Listado 7.47: Vector es un contenedor que gestiona sus elementos

```
1  #include <vector>
2  #include <cstring>
3  #include <iostream>
4
5  class K
6  {
7  public:
8      K(const char* name) : _c(new char[strlen(name)+1])
9      {
10         std::cout << "Constructor: " << this << "\n";
11         std::memcpy(_c, name, strlen(name));
12         _c[strlen(name)] = '\0';
13     }
14
15     K(const K& k) : K(k._c)
16     {
17         std::cout << "Copy Constructor: " << this << "\n";
18     }
19
20     ~K()
21     {
22         std::cout << "Destructor: " << this << "\n";
23         delete [] _c;
24     }
25
26 private:
27     char* _c;
28 };
29
30
31 int main(int argc, char *argv[])
32 {
33     std::vector<K> v;
34
35     v.push_back(K("JUGADOR1"));
36
37     std::cout << "Fin\n";
38
39     return 0;
40 }
```

7.8.3.   Usar *const* siempre y cuando se pueda.

En C++, la palabra reservada **const** indica una restricción semántica: el objeto al que aplica no se podrá modificar.

Existen dos motivos fundamentales por los que es importante usar esta restricción siempre que sea posible. El primero es que evita al programador cometer errores al usar dicho objeto, puesto que no está permitido modificarlo del forma accidental. El segundo motivo es que el compilador podrá contar con que ese objeto no se va a modificar y podrá aplicar las optimizaciones que pueda teniendo en cuenta este supuesto.

Cuando un puntero apunta a datos que no pueden ser modificados, llevará el **const** a su izquierda en la declaración:

```
char miCadena[] = "CEDV";
const char *  ptr = miCadena;
char const *  ptr = miCadena;
```

Las dos declaraciones anteriores son equivalentes.

Si se encuentra a la derecha, será el puntero el que no podrá ser modificado:

```
char * const ptr = miCadena;
```

Si el **const** se encuentra tanto a la izquierda como a la derecha, el puntero es constante y los datos a los que apuntan también:

```
const char * const ptr = miCadena;
```

Es importante tener en cuenta que el uso de **const** para restringir el objeto devuelto por un operador es necesario si se quieren evitar errores del tipo:

```
if (matA * matB = matC)
```

Cuando se quería decir:

```
if (matA * matB == matC)
```

Ya que si el operador no está declarado como:

```
const Matrix operator*(const Matrix& a, const Matrix& b);
```

Su resultado no será constante y se permitirá la primera asignación.

Declarar un método de una clase como constante promete que usándolo jamás se cambiará el objeto internamente, con lo que si instanciamos esta clase como un objeto constante, ese método podrá ser invocado. Esto se consigue usando **const** al final de la declaración (y definición) del prototipo del método:

```
const char& letra getLetra(const size_t pos) const { return msg[pos]; }
```

En el método anterior se fuerza a que se cumpla esa promesa al devolver también un objeto constante.

7.8.4. Evitar el uso del #defines en favor de const e inline

Uno de los usos principales de los **#define**s en C es para escribir constantes:

```
#define MAX_OBJECTS_IN_SCENE 65535
```

Algunos compiladores no mandan ese nombre a la fase de compilación jamás, ya que el preprocesador cambiará de forma ciega el mismo por su valor en cualquier fichero en el que esa variable del preprocesador esté definida. Esto hará que cualquier error de compilación solo muestre el valor como un *magic number*. Lo mismo puede pasar con un *debugger*, puesto que ese nombre no estará en la tabla de símbolos.

Se recomienda el uso de constantes en vez de macros, ya que esto además hará que el compilador compruebe si el literal de la derecha es compatible con el tipo que se está declarando.

```
const unsigned short MAX_OBJECTS_IN_SCENE = 65535;
```

El ámbito de dicha variable debería ser el más restrictivo posible, y en el caso del *scope* de una clase, se podría usar un caso especial, con el que limitaríamos a una el número de variables para todas las clases. Para ello se puede usar una declaración constante y estática dentro de la declaración de la clase:

```cpp
class A {
private:
  static const unsigned char MAX_NAME_CHARS = 255;
  char name_[MAX_NAME_CHARS];
};
```

Aparte de los motivos anteriores para no usar **#define**s, queda otro más, ligado al uso de macros. En el siguiente ejemplo se muestra la diferencia entre usar un macro que resolverá el preprocesador, y una función **inline**.

Listado 7.48: Macros versus Inline

```cpp
1  #include <iostream>
2
3  using namespace std;
4
5  void f(unsigned n) {
6      cout << n << endl;
7  }
8
9  #define MACROCALL(a) (a)?f(a):f(0);
10
11 inline void INLINECALL(unsigned a)
12 {
13     (a)?f(a):f(0);
14 }
15
16 int main(int argc, char *argv[])
17 {
18     unsigned k = 0;
19
20     MACROCALL(++k);
21
22     unsigned j = 0;
23
24     INLINECALL(++j);
25
26     return 0;
27 }
```

La salida de invocar el macro es 2, mientras que de invocar la función **inline** es 1. ¿Qué está pasando? Una manera sencilla de investigarlo es ver cuál es la salida el preprocesador para este programa.

```
$ g++ -E badMacro.cc

[...]
int main(int argc, char *argv[]) {
    unsigned k = 0;

    (++k)?f(++k):f(0);;

    unsigned j = 0;

    INLINECALL(++j);

    return 0;
}
```

Se ve claramente cómo la línea que genera el macro está incrementando dos veces la variable.

 Usar **defines** en C++ suele ser mala idea.

7.8.5. Hacer interfaces que faciliten su uso.

Para diseñar interfaces que sean difíciles de usar de forma incorrecta, primero hay que pensar en cómo se pueden usar mal. El ejemplo que propone *Meyers* es el de una fecha.

```
class Date {
public:
  Date(int day, int month, int year);
};
```

En la declaración anterior, se ve una clase cuyo constructor acepta tres enteros. El uso correcto sería:

```
Date d(22, 9, 1989);
```

Seguramente, alguien de nacionalidad no española, hubiera realizado el siguiente uso, que pasaríamos por alto:

```
Date d(9, 22, 1989);
```

Así, la posibilidades de utilizar mal el interfaz de esta clase es muy elevada. Una forma de asegurar la inicialización correcta sería crear tres tipos nuevos: *day*, *month* y *year*.

```
class Day {
public:
  explicit Day(unsigned char d) : day_(d) {}
private:
  unsigned char day_;
};

class Month {
public:
  explicit Month(unsigned char m) : month_(m) {}
private:
  unsigned char month_;
};

class Year {
public:
  explicit Month(unsigned short y) : year_(y) {}
private:
  unsigned short year_;
};
```

La nueva declaración de *Date* sería:

```
class Date {
public:
  Date(const Day& d, const Month& m , const Year& y);
};
```

Y su uso:

```
Date d(Day(9), Month(9), Year(1978));
```

Se podría afinar un poco más la implementación de *Month* usando una enumeración como entrada para su constructor:

```
class Month {
public:
    enum monthByName : unsigned char {
        JANUARY = 1,
        FEBRUARY = 2,
        [...]
    };
    explicit Month(const monthByName m) :m_ (m)  {}
private:
    unsigned char m_;
};

[...]
Month m(Month::JANUARY);
}
```

7.8.6. Tener claras las relaciones de *es-un* y de *tiene-un*

En C++, la manera de definir la relación de *es-un* es utilizando herencia pública. Cuando se utiliza esta relación jerárquica todas las propiedades y cualidades de la clase base aplican a la clase hija, sin excepciones. De este modo, hay que prestar especial atención a que esta abstracción se cumpla realmente.

La siguiente clase base define una nave de forma muy abreviada:

```
class Nave {
public:
  Nave();
  ~Nave();

  void volar();
  void atacar();
};
```

Sería una clase base perfecta para una nave de ataque reparable:

```
class NaveReparable : public Nave {
public:
  [...]
  reparar();
};
```

Pero, ¿y si fuera necesario crear una nueva nave de transporte que no pudiera atacar? *Es-un* ya no se cumpliría porque una nave de transporte no ataca. En este caso, lo mejor sería crear otra clase intermedia, que fuera la responsable de proveer de dicha cualidad.

```
class Nave {
public:
  Nave();
  ~Nave();

  void volar();
};
```

```
class NaveDeAtaque : public Nave {
[...]
  void atacar();
};

class NaveReparable : public NaveDeAtaque {
[...]
  void reparar();
};

class NaveDeTransporte : public Nave {
[...]
  void almacenarCarga();
};
```

 La definición correcta de jerarquías juega un papel muy importante en la coherencia y en la legibilidad del código.

Otro tipo de relación que debería estar muy clara es la de *tiene-un*, que se representa como composición (o agregación). Así, un coche no es una carrocería, no es una rueda, sino que estás compuesto por una carrocería y por ruedas:

```
class Coche {
[...]
private:
  Carroceria carroceria_;
  Rueda ruedas_[4];
};
```

En este caso queda muy claro, pero cabe la posibilidad de tener que implementar algo como un conjunto, usando por ejemplo vectores. Podría existir la tentación de utilizar **vector** como clase base para nuestro *set*, al fin y al cabo, por debajo, nuestro conjunto va a ser un vector.

```
template <typename T> class Set : public vector<T> { ... };
```

Esto es incorrecto, aparte de por otras razones (los contenedores de la STL no tienen destructores virtuales), un conjunto no es un vector, y la operaciones como *push_back* simplemente no aplican.

La forma correcta sería encapsular el vector, usando composición.

```
template <typename T>
class Set {
...
  void addElement(const T& elem);
  void removeElement(const T& elem);
...
private:
  vector<T> container_;
};
```

7.8.7. Preferir el uso de paso por referencia constante a paso por valor.

Cuando se pasa un parámetro por copia, como su nombre indica, el objeto que llega dentro de la función no es el original, sino uno nuevo. Esto tiene una consecuencia directa, que es el impacto en el rendimiento que supone realizar ese duplicado.

Listado 7.49: Macros versus Inline

```
1   #include <string.h>
2   #include <stdio.h>
3   #include <stdlib.h>
4
5   class K {
6   public:
7       K() : c_(strdup("HOLA")) { print(); }
8       ~K() { free(c_);}
9       void print() const { printf("%s\n", c_); }
10  private:
11      char* c_;
12  };
13
14  void printK(K k) { }
15
16  int main(int argc, char *argv[])
17  {
18      K k;
19
20      printK(k);
21
22      return 0;
23  }
```

La salida del programa anterior es la siguiente:

```
$ ./ConstRef
HOLA
*** Error in './ConstRef': double free or corruption (fasttop): 0x0000000000a6f010 ***
Abortado
```

¿Por qué se aborta el programa? Se produce una doble liberación de la memoria, porque al copiar el objeto se ha invocado un constructor de copia por defecto (ya que no se definió ninguno), que no reserva nueva memoria.

Esta situación se puede corregir (además de definiendo el constructor de copia... pero lo que se pretende es evitar la misma), pasando el parámetro como una referencia. Si además es una referencia constante, el programador que use la función podrá estar seguro de que no se modificará su objeto.

```
void printK(const K& k) { }
```

El programa no fallará, puesto que el objeto nunca se copiará.

```
$ ./ConstRefOK
HOLA
```

El ejemplo muestra un escenario con una clase sin constructor de copia explícito, algo muy peligroso. Sirva este otro ejemplo para mostrar un escenario con una clase que sí lo define:

```
         Listado 7.50: Macros versus Inline
 1  #include <string.h>
 2
 3  class K_1KB {
 4  public:
 5      K_1KB() : c_((char*)memset(new char[1<<10], 0, 1<<10)) {}
 6
 7      K_1KB(const K_1KB& o) : c_((char*)memcpy(new char[1<<10], o.c_, 1<<10)) {}
 8
 9      ~K_1KB() { delete [] c_; }
10
11  private:
12      char* c_;
13  };
14
15  void doSomething(K_1KB k) {}
16
17
18  int main(int argc, char *argv[])
19  {
20      K_1KB k;
21
22      for (unsigned i = 0; i < 100000000; ++i) {
23          doSomething(k);
24      }
25
26      return 0;
27  }
```

La clase K_1KB copia 1024 bytes en su constructor de copia. El tiempo que tarda en ejecutarse el programa anterior (se realiza una copia cada vez que se llama a la función *doSomething*) se muestra a continuación [3]:

```
$ time ./ConstRef2
real    0m11.141s ...
```

¡11 segundos! ¿Cuánto tarda la ejecución si se usa paso por referencia?

```
void doSomething(const K_1KB& k) { }
```

```
$ time ./ConstRef2OK
real    0m0.308 ...
```

308 milisegundos. Mucho mejor.

7.8.8. Diferenciar entre el uso del operador de pre/post-incremento (y decremento).

Para definir el operador de post-incremento es necesario devolver una copia del objeto incrementado. A continuación se muestra la implementación de las dos versiones de un operador de incremento:

---

[3]Intel(R) Core(TM) i5-2410M CPU @ 2.30GHz

Listado 7.51: Macros versus Inline

```
1   #include <stdlib.h>
2   #include <string.h>
3
4   class K
5   {
6   public:
7       K() : mem_((char*)malloc(1<<12)), value_(0) {}
8
9       K(const K& o) : mem_((char*)malloc(1<<12))
10      {
11          memcpy(o.mem_, mem_, 1<<12);
12      }
13
14      ~K() { free(mem_); }
15
16      K& operator++()
17      {
18          value_++;
19          return *this;
20      }
21
22      K operator++(int)
23      {
24          K aux(*this);
25          value_++;
26          return aux;
27      }
28
29
30  private:
31      char* mem_;
32      unsigned value_;
33  };
34
35
36  int main(int argc, char *argv[])
37  {
38      K k1;
39
40      for (size_t i=0; i < 1<<25; ++i) {
41          k1++;
42      }
43
44
45
46      return 0;
47  }
```

En la misma máquina que la del ejemplo anterior, este programa tarda...

```
$ time ./Incremento
real    0m9.194s ...
```

Y si se cambia el post-incremento de la línea 41 por pre-incremento:

```
for (size_t i=0; i < 1<<25; ++i) {
    ++k1;
}
```

```
$time ./IncrementoPre
real    0m0.213s ...
```

Como conclusión, siempre que sea posible es mejor utilizar el operador de pre-incremento.

7.8.9.   Preferir el uso de *operator+=* a *operator+*

El motivo es el mismo que para el punto anterior. Cuando sea posible utilizar el operador += se evitará la generación de un objeto nuevo para almacenar el resultado.

Esto tiene que ver con cómo se declaran los dos operadores. El primero devuelve un objeto, y el segundo una referencia a un objeto que ya existe (normalmente será ***this**).

```
Op operator+(const Op& o);
Op& operator+=(const Op& o);
```

Siendo sus usos:

```
a = a + a; // operador +, genera un objeto nuevo
```

Y:

```
a+= 3;     // operador +=, se reusa el objeto
```

7.8.10.   Evitar que el compilador genere funciones que no se van a usar.

Este punto es sencillo y breve. Es muy recomendable deshabilitar las funciones por defecto que genera el compilador. El ejemplo más claro es deshabilitar el constructor de copia y el operador de asignación para evitar que un objeto se copie.

```
class NoCopiable {
...
  NoCopiable(const NoCopiable&) )= delete;
  NoCopiable& operator==(NoCopiable&) = delete;
};
```

7.8.11.   No dejar que las excepciones salgan de los destructores.

Si se permite que una excepción se propague fuera de un destructor, no se ejecutará ninguna de las instrucciones a partir de que se produzca la misma, con lo que se podría generar un *leak*. Es lo que pasa en el siguiente ejemplo:

Listado 7.52: *Leak*

```
1  #include <iostream>
2
3  class ThisClassThrows
4  {
5  public:
6      ThisClassThrows(){}
7      ~ThisClassThrows() {}
8      void thisCallThrows()  { throw 10; }
9  };
10
11 class ThisClassLeaks
12 {
13 public:
14     ThisClassLeaks() : m_(new char[3000]) {}
15
16     ~ThisClassLeaks() noexcept(false)
17     {
18         t.thisCallThrows();
19         delete [] m_;
20     }
21
22 private:
23     ThisClassThrows t;
24     char* m_;
25 };
26
27
28 int main(int argc, char *argv[])
29 {
30
31
32     try
33     {
34         ThisClassLeaks l;
35     }
36     catch (...)
37     {
38     }
39
40     return 0;
41 }
```

En la línea ⟨18⟩ se genera una excepción, con lo que jamás se liberará la memoria, puesto que no se está capturando la excepción en ese momento.

Esto es mucho peor a partir de C++11, ya que (al menos en G++ y Clang) los destructores se declaran como *noexcept(true)* por defecto, y las excepciones que generan no se podrán capturar en *main*.

El programa correcto debería hacer algo parecido a esto en el destructor:

Listado 7.53: Sin *Leak*

```
1      ~ThisClassLeaks() noexcept(false)
2      {
3          try
4          {
5              t.thisCallThrows();
6          } catch (...)
7          {
8          }
9          delete [] m_;
10     }
```

7.8.12. Elegir el contenedor correcto.

Usar el contenedor correcto para almacenar objetos es crucial. Dependiendo de las restricciones de rendimiento o de memoria será conveniente usar uno u otro. A continuación se muestran algunas pautas para elegir un contenedor de la STL.

Si sólo se va a insertar o a borrar al final y el número de objetos no va a ser muy variable durante la ejecución, seguramente el mejor contenedor a usar sea *vector*.

Si se va a insertar al principio también, una *deque* es mejor opción. Conceptualmente es una cola con dos finales, que admite tanto *push/pop_back()* como *push/pop_front()*. La forma en la que están implementadas internamente hacen que sean una buena opción si el número de objetos va a ser variable, y así evitar las *realocaciones* de memoria que produce *vector*.

Si las inserciones se van a realizar en posiciones aleatorias durante el tiempo de ejecución, lo mejor será utilizar *list*, que tiene un tiempo de inserción linear dependiente del número de elementos.

Para secuencias lineales de elementos que requieran un orden se aconsejan otros contenedores. En el caso de que necesitar procesar siempre el último elemento añadido se utilizará un contenedor *LIFO* (*last in, first out*)*stack* (pila). Si se procesa siempre el elemento de la secuencia que se añadió hace más tiempo (first in, first out) se usará *queue* (cola). Si cada elemento tiene una prioridad determinada, y según ésta se procesará un elemento antes o después, se hará uso de *priority_queue* (cola con prioridad). Para implementar esta última, los tipos insertados deben tener implementado el operador *less*. En el caso de que no se pueda definir ese operador para los objetos, habrá que especializar la clase templatizada *less* para dicho tipo, cómo se muestra a continuación:

Listado 7.54: Uso de *priority_queue*

```
1  #include <queue>
2  #include <iostream>
3
4  class Sortable
5  {
6  public:
7      Sortable(int a) : value_(a) {}
8      ~Sortable() {}
9
10     int value() const { return value_; }
11
12     bool operator<(const Sortable& o) const { return value_ < o.value_; }
13
14  private:
15     int value_;
16  };
17
18  namespace std {
19  template<>
20  struct less <Sortable*> {
21      bool operator()(const Sortable* l, const Sortable* r) const {
22          return l->value() < r->value();
23      }
24  };
25  }
26
27  int main(int argc, char *argv[])
28  {
29      std::priority_queue<Sortable> q;  // Se usa operator<
30      std::priority_queue<Sortable*> p; // Se usa less<Sortable*>
31
32      Sortable a(1);
33      Sortable b(30);
```

```
34      Sortable c(-10);
35
36      q.push(a);
37      q.push(b);
38      q.push(c);
39
40      p.push(&a);
41      p.push(&b);
42      p.push(&c);
43
44      while (!q.empty()) {
45          std::cout << q.top().value() << std::endl;
46          q.pop();
47      }
48
49      while (!p.empty()) {
50          std::cout << p.top()->value() << std::endl;
51          p.pop();
52      }
53
54
55      return 0;
56 }
```

Si se necesita un conjunto de elementos donde se tenga que buscar uno rápidamente, lo mejor será utilizar un *unordered_set*. Si dichos objetos requieren estar ordenados, se podría usar un *set*. Si además, en ese conjunto pueden existir elementos repetidos, se podrán usar las correspondientes versiones *multi*: *unordered_multiset* o *multiset*.

Para relacionar una clave con un valor, están disponibles tanto *unordered_map* como *map*, con el mismo criterio que los *sets*, incluyendo versiones *multi* también. Las tablas *hash* clásicas están representadas por *unordered_map*.

Las versiones *unordered* de los contenedores (también de los set), están implementadas con tablas *hash*, con lo que serán más rápidos que su versión ordenada, normalmente implementada internamente usando un árbol.

Hay que tener en cuenta de que si se quiere usar como clave de uno de los contenedores *unordered* algún tipo no básico o para el cual la STL no provea de una especialización para *std::hash*, el programador será el responsable de definirlo. Un ejemplo a continuación.

 La elección del contenedor determina de forma directa el rendimiento de nuestro programa. Escenarios distintos se benefician de contenedores distintos.

```cpp
1  #include <unordered_map>
2  #include <string>
3  #include <iostream>
4
5  class Hasheable {
6  public:
7      Hasheable(const std::string& a) : value_(a) {}
8      ~Hasheable() {}
9      const std::string& value() const { return value_; }
10
11     bool operator==(const Hasheable& o) const { return value_ == o.value_; }
12
13 private:
14     std::string value_;
15 };
16
17
18 namespace std {
19 template<>
20 struct hash <Hasheable> {
21     size_t operator()(const Hasheable& key) const {
22         return std::hash<std::string>()(key.value());
23     }
24 };
25 }
26
27 int main(int argc, char *argv[])
28 {
29     std::unordered_map<Hasheable, std::string> hashTable;
30
31     Hasheable a("cedv");
32     Hasheable b("uclm");
33
34     hashTable[a] = "Hola";
35     hashTable[b] = "Mundo";
36
37     std::cout << hashTable[a] << " " << hashTable[b] << std::endl;
38
39     return 0;
40 }
```

Capítulo 8

Plataformas Móviles

Miguel García Corchero

Un **motor de videojuegos** es un termino que hace referencia a una serie de **herramientas** que permiten el diseño, la creación y la representación de un videojuego. La funcionalidad básica de un motor es proveer al videojuego renderización, gestión de físicas, colisiones, scripting, animación, administración de memoria o gestión del sonidos entre otras cosas.

En este capítulo se trata el caso específico del motor de videojuegos **Unity3D** y se realizará un repaso superficial por la forma de trabajar con un motor de videojuegos mientras se realiza un videjuego de ejemplo para dispositivos móviles con el sistema operativo **iOS** o **Android**. El videojuego será un *shoot'em up* de aviones con vista cenital.

 Motores de videojuego: Existen otros motores de videojuegos más utilizados en la industria como CryEngine o Unreal Engine y tienen más funcionalidades que Unity3D pero también es más complejo trabajar con ellos.

8.1. Método de trabajo con un motor de videojuegos

8.1.1. Generación de contenido externo al motor

- **Diseño del videojuego**: Esta fase suele hacerse con papel y boli. En ella definiremos las mecánicas necesarias a implementar, haremos bocetos de los personajes o situaciones implicadas y creamos listas de tareas a realizar asignando diferentes prioridades.

Figura 8.1: A la izquierda, visualización del modelo 3D del jugador. A la derecha, visualización de un shader de normal mapping.

- **Generación del material gráfico**: El videojuego necesitará gráficos, texturas, fuentes, animaciones o sonidos. Este material se conoce como assets. Podemos utilizar diferentes programas de modelado y texturizado 3D o 2D para esta tarea, ya que todos los assets son exportados a un formato de entrada de los que reconoce el motor gráfico.

8.1.2. Generación de contenido interno al motor

- **Escritura de scripts**: La escritura de scripts se realiza con un editor de texto externo a las herramientas del motor gráfico pero se considera contenido íntimamente relacionado del motor de videojuego. Los scripts que utilizamos se pueden escribir en los lenguajes C#, Javascript o BOO.

- **Escritura de shaders**: Los shaders también se escriben con un editor externo.

- **Importación de assets**: Uno de los pasos iniciales dentro del entorno integrado de Unity3D es añadir al proyecto todo el material generado anteriormente y ajustar sus atributos; como formatos, tamaños de textura, ajuste de propiedades, calculo de normales, etc.

- **Creación de escenas**: Crearemos una escena por cada nivel o conjunto de menús del videojuego. En la escena estableceremos relaciones entre objetos y crearemos instancias de ellos.

- **Creación de prefabs**: Los *prefabs* son agrupaciones de objetos que se salvan como un objeto con entidad propia.

- **Optimización de la escena**: Uno de los pasos fundamentales se lleva a cabo al final del desarrollo de la escena y es la optimización. Para ello emplearemos técnicas de lightmapping y occlusion culling con las herramientas del entorno.

 Con Unity3D no tenemos que preocuparnos de la gestión de las físicas, colisiones, renderización o controles a bajo nivel. Nos dedicamos únicamente a la programación de scripts y shaders.

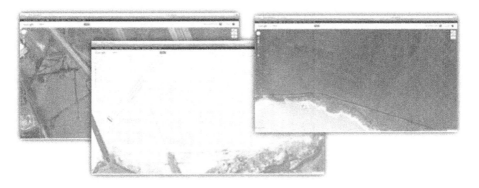

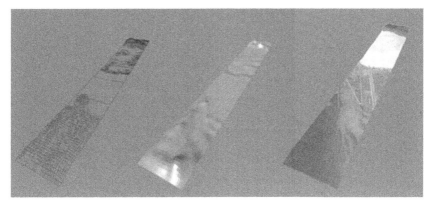

Figura 8.2: En nuestro ejemplo se han utilizado capturas de pantalla de google map para obtener texturas de terreno y se han mapeado sobre un plano en Blender. Posteriormente se ha utilizado el modo scuplt para dar relieve al terreno y generar un escenario tridimensional.

8.2. Creación de escenas

Una escena está constituida por instancias de objetos de nuestros assets y las relaciones entre ellos. Podemos considerar una escena como la serialización de el objeto escena. Este objeto contiene jerárquicamente otros objetos que son almacenados cuando se produce esa serialización, para posteriormente cargar la escena con todas esas instancias que contendrán los mismos valores que cuando fueron almacenados. Hay **dos enfoques** diferentes a la hora de crear escenas:

1. **Una escena por cada nivel del juego**: Utilizaremos este enfoque cuando cada nivel tenga elementos diferentes. Podrán repetirse elementos de otros niveles, pero trataremos que estos elementos sean prefabs para que si los modificamos en alguna escena, el cambio se produzca en todas.

2. **Una única escena con elementos modificados dinámicamente**: Puede que en nuestro videojuego todos los niveles tengan el mismo tipo de elementos pero lo diferente sea la dificultad o el número de enemigos, en este caso podemos crear una única escena pero variar sus condiciones dinámicamente en función de en que nivel estemos.

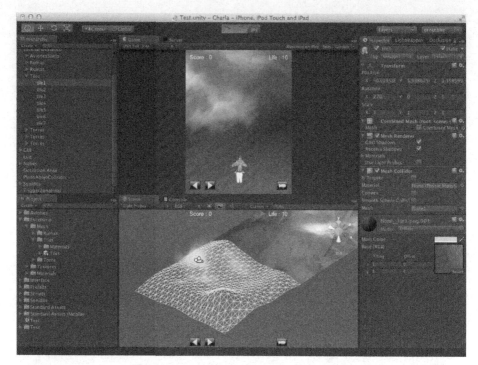

Figura 8.3: Interface de Unity3D. Dividida en las vistas más utilizadas: Jerarquía de escena, Assets del proyecto, Vista del videojuego, Vista de escena y Vista de propiedades del asset seleccionado.

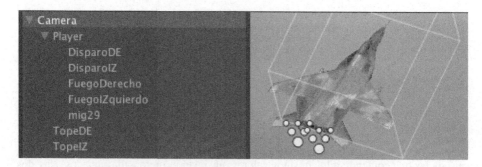

Figura 8.4: El nodo Camera contiene otros nodos de manera jerárquica.

Como las escenas pueden cargarse desde otra escena. Podemos realizar un cambio de escena cuando se ha llegado al final de un determinado nivel por ejemplo. Este cambio de escena mantendrá en memoria los elementos comunes como texturas o modelos 3D o sonidos que pertenezcan a los dos escenas, la escena que se descarga y la escena que se carga, por lo que dependiendo del caso esta carga suele ser bastante rápida. También podemos realizar los menús en una escena y desde ahí cargar la escena del primer nivel del juego.

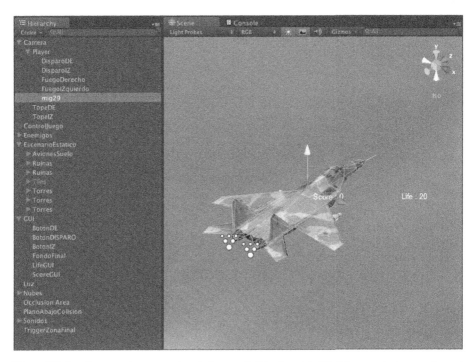

Figura 8.5: Para la escena de nuestro ejemplo hemos añadido el modelo 3D del escenario, los enemigos, el jugador y hemos establecido las relaciones de jerarquía necesarias entre estos elementos.

8.3. Creación de *prefabs*

Como se ha descrito en el apartado anterior, cada escena contiene instancias de objetos de nuestros Assets. Cada uno de los objetos de nuestra escena es un nodo, y cada nodo puede contener jerárquicamente a otros nodos.

Podemos agrupar esa jerarquía y darle un nombre propio para después serializarla e instanciarla en el futuro. A ese concepto se le conoce con el nombre de prefab. Podemos crear tantos prefabs como queramos a partir de jerarquías de objetos de una escena y son una parte fundamental para entender el método de trabajo con un motor.

Uso de *prefabs*

Cuando un elemento se repita en los diferentes niveles o en la misma escena debe de ser un prefab. De esta forma sólo se tiene una referencia de ese objeto y es óptimo en rendimiento y organización de assets.

En nuestra escena hemos creado prefabs para cada uno de los tipos de enemigos, y también hemos creado prefabs para el disparo, una explosión y un efecto de partículas de llamas.

Figura 8.6: Prefabs de nuestro videojuego de ejemplo.

8.4. Programación de scripts

Una script es un fichero de código que contiene instrucciones sobre el comportamiento de un determinado actor de nuestra escena. Podemos añadir uno o varios scipts a cada uno de los elementos de nuestra escena y además los scripts tienen la posibilidad de hacer referencia a estos objetos o scripts de otros objetos.

En los scripts podemos utilizar las clases y API's que nos proporciona el motor de videojuegos. Algunas de estas clases son:

- **GameObject**: Esta clase tiene información sobre el objeto. Todos los nodos de una escena son GameObjects.

- **Transform**: Esta clase representa la posición, rotación y escala de un elemento en el espacio tridimensional.

- **AudioSource**: Esta clase almacena un sonido y permite gestionar su reproducción.

- **Texture 2D**: Esta clase contiene una textura bidimensional.

Figura 8.7: A la izquierda, se muestra que en nuestro modelo del helicóptero se ha separado la hélice del resto del modelo para poder añadirle este script de movimiento. A la derecha, visualización de las nubes

Los scripts tienen algunos métodos especiales que podemos implementar como:

- **Update**: Este método es invocado por el motor gráfico cada vez que el objeto va a ser renderizado.

- **Start**: Este método es invocado por el motor gráfico cuando se instancia el objeto que contiene a este script.

 Documentación: Podemos consultar la documentación de cada una de las API's para los tres lenguajes de scripting desde la página oficial de Unity3D

8.4.1. Algunos scripts básicos

Algunos de nuestros enemigos son helicópteros. Podemos añadir el siguiente script a el objeto de las hélices para que realice una rotación sobre su eje perpendicular.

Listado 8.1: HeliceHelicoptero.js

```
1  #pragma strict
2
3  public var delta = 4.0;
4
5  function Update () {
6      //Rotar la helice en el eje y
7      transform.Rotate(0,Time.deltaTime * delta,0);
8  }
```

En nuestro escenario se han añadido nubes modeladas mediante planos y con una textura de una nube con transparencias. Para darle mayor realismo a este elemento se va a programar un script para mover las coordenadas u,v del mapeado de este plano provocando que la textura se mueve sobre el plano y simulando un movimiento de nubes.

Listado 8.2: Nube.js

```
1  #pragma strict
2
3  public var delta = 0.1;
4  public var moveFromLeftToRight : boolean = false;
5  private var offset : float = 0.0;
6
7  function Update () {
8      //Mover la coordenada u o v de la textura de el material del objeto que contiene este script
9      if (!moveFromLeftToRight) {
10         renderer.material.SetTextureOffset ("_MainTex", Vector2(offset,0));
11     } else {
12         renderer.material.SetTextureOffset ("_MainTex", Vector2(0,offset));
13     }
14     offset+=Time.deltaTime * delta;
15     if (offset>1.0) { offset-=1.0; }
16 }
```

En los scripts se utiliza el valor de Time.deltaTime para interpolar el valor de otros elementos con respecto al tiempo que ha pasado desde el último frame renderizado. De esta forma el videojuego va igual de rápido en todas las máquinas, pero se visualizará de manera más fluida en máquinas más rápidas debido a que al renderizar mayor numero de frames por segundo se producirán más posiciones intermedias de cada uno de los valores que dependen de Time.deltaTime.

8.4.2. *Triggers*

Un trigger es una porción del espacio definida por un objeto geométrico como una caja o una esfera que utilizaremos para colocar sobre la escena y de esta forma saber cuando un determinado objeto entra o sale de una zona concreta. De esta forma podremos invocar diferentes comportamientos en ese momento. En nuestra escena utilizaremos un trigger para determinar cuando hemos llegado al enemigo final.

Listado 8.3: TriggerFinal.js

```
1  #pragma strict
2
3  function OnTriggerEnter (other : Collider) {
4      if (other.tag=="Player"){
5          //Si entra un objeto dentro de el trigger y el objeto es el jugador, pasarle el mensaje
                a ControlJuego de que hemos llegado a la parte final
6          var ControlJuegoPointer : Transform = (GameObject.FindWithTag("ControlJuego")).transform
                ;
7          var ControlJuegoStatic : ControlJuego = (ControlJuegoPointer.GetComponent("ControlJuego"
                ) as ControlJuego);
8          ControlJuegoStatic.EntrarEnZonaFinal();
9      }
10 }
```

Figura 8.8: *Trigger* de la zona final.

8.4.3. Invocación de métodos retardada

A veces necesitaremos programar un evento para que pase trascurrido un determinado tiempo. En nuestro ejemplo esto ocurre con la explosión, que invocaremos su destrucción 5 segundos después de haberse instanciado.

Listado 8.4: DestruirPasadoUnTiempo.js

```
1  public var timeOut = 1.0;
2
3  function Start(){
4      //Realizar una llamada al método destruir pasados los segundos de timeOUT
5      Invoke ("Destruir", timeOut);
6  }
7
8  function Destruir(){
9      //Destruir el objeto que contiene este script
10     DestroyObject (gameObject);
11 }
```

 Variables públicas: Las variables públicas nos permitirán modificar esos parámetros desde el interface de Unity3D cuando tengamos el objeto que contiene el script seleccionado.

8.4.4.   Comunicación entre diferentes scripts

La mayoría de los scripts se comunicarán con otros scripts más complejos. Para ello hay que crear un puntero al objeto que contiene el script y utilizarlo para a su vez crear un puntero a la instancia de el script de ese objeto. Después, sobre el puntero de esa instancia de script, podremos invocar los métodos definidos en el mismo.

En el siguiente script que controla el disparo se utiliza este procedimiento de comunicación para invocar un método de el script Sonidos, encargado de la reproducción de los sonidos y músicas.

Listado 8.5: Disparo.js

```
1  public var delta = 8.0;
2  public var timeOut = 5.0;
3  public var enemigo : boolean;
4
5  function Start() {
6      //Invocar PlaySonidoDisparo del script Sonidos del objeto Sonidos
7      var SonidosPointer : Transform = (GameObject.FindWithTag("Sonidos")).transform;
8      var SonidosStatic : Sonidos = (SonidosPointer.GetComponent("Sonidos") as Sonidos);
9      SonidosStatic.PlaySonidoDisparo();
10     Invoke ("Destruir", timeOut);
11 }
12
13 function Update () {
14     //Actualizar la posición del disparo
15     if (enemigo){
16         transform.position.z-=Time.deltaTime * delta*0.85;
17     } else {
18         transform.position.z+=Time.deltaTime * delta;
19     }
20 }
21 function OnCollisionEnter(collision : Collision) {
22     Destruir();
23 }
24 function Destruir() {
25     DestroyObject (gameObject);
26 }
```

Listado 8.6: Sonidos.js

```
1  #pragma strict
2
3  var SonidoDisparo : AudioSource;
4  var SonidoExplosionAire : AudioSource;
5  var SonidoExplosionSuelo : AudioSource;
6  var SonidoVuelo : AudioSource;
7  var MusicaJuego : AudioSource;
8  var MusicaFinal : AudioSource;
9
10 //Realizamos una fachada para que los demás objetos invoquen la reproducción de sonidos o música
11
12 function PlaySonidoExplosionSuelo(){
13     SonidoExplosionSuelo.Play();
14 }
15
16 function PlaySonidoExplosionAire(){
17     SonidoExplosionAire.Play();
18 }
19
20 function PlaySonidoDisparo(){
21     SonidoDisparo.Play();
22 }
```

```
23
24  function PlayMusicaJuego(){
25      MusicaJuego.Play();
26  }
27
28  function StopMusicaJuego(){
29      MusicaJuego.Stop();
30  }
31
32  function PlayMusicaFinal(){
33      MusicaFinal.Play();
34  }
35
36  function StopMusicaFinal(){
37      MusicaFinal.Stop();
38  }
39
40  function PlaySonidoVuelo(){
41      SonidoVuelo.Play();
42  }
```

 Sonido 3D: Es posible reproducir sonido en una posición del espacio para que el motor de juego calcule la atenuación, reberberación o efecto doppler del mismo.

8.4.5. Control del flujo general de la partida

Normalmente se suele utilizar un script que controla el flujo general de la partida. Este script se utiliza como nexo de unión entre el resto de los scripts y se le pasarán mensajes por ejemplo cuando ha terminado la partida. Podemos modelar el comportamiento de este script como si de un autómata se tratara. En cuanto al límite de FPS, en dispositivos móviles está ajustado por defecto a 30 FPS pero podemos cambiarlo modificando el atributo Application.targetFrameRate. También es importante señalar que utilizaremos la instrucción WaitForSeconds para introducir retardos en los scripts.

Listado 8.7: ControlJuego.js

```
1   #pragma strict
2
3   public var velocidadCamara :float = 2.0;
4   public var enZonaFinal : boolean = false;
5   public var Camara : Transform;
6   public var ScoreGUI : GUIText;
7   public var LifeGUI : GUIText;
8
9   public var BotonIZ : GUITexture;
10  public var BotonDE : GUITexture;
11  public var BotonDISPARO : GUITexture;
12
13  public var FondoFinal : GUITexture;
14  public var TexturaFinalBien : Texture2D;
15  public var TexturaFinalMal : Texture2D;
16
17  private var SonidosStatic : Sonidos;
18  private var Score : int;
19
20  function Awake(){
21      //Hacemos que el juego corra a 60 FPS como máximo
22      Application.targetFrameRate = 60;
23  }
```

```
24
25    function Start(){
26        //Obtenemos el puntero a Sonidos y ajustamos algunos valores iniciales
27        var SonidosPointer : Transform = (GameObject.FindWithTag("Sonidos")).transform;
28        SonidosStatic = (SonidosPointer.GetComponent("Sonidos") as Sonidos);
29        SonidosStatic.PlayMusicaJuego();
30        SonidosStatic.PlaySonidoVuelo();
31        ScoreGUI.text="Score : "+Score;
32    }
33
34    function Update () {
35        if (enZonaFinal && velocidadCamara>0.0){
36            //Si estamos en la zona final paramos el movimiento de manera gradual
37            velocidadCamara*=0.95;
38            if (velocidadCamara<0.1) { velocidadCamara=0; }
39        }
40
41        if (velocidadCamara>0.0){
42            //Movemos la cámara en su componente z para hacer scroll
43            Camara.position.z+=Time.deltaTime * velocidadCamara;
44        }
45    }
46
47    function EntrarEnZonaFinal(){
48        //Se ha entrado en el trigger de la zona final
49        enZonaFinal=true;
50
51        SonidosStatic.StopMusicaJuego();
52        SonidosStatic.PlayMusicaFinal();
53    }
54
55    function FinDeJuegoGanando(){
56        //Fin de partida cuando hemos completado la misión
57        FondoFinal.texture = TexturaFinalBien;
58        Restart();
59    }
60
61    function FinDeJuegoPerdiendo(){
62        //Fin de partida cuando hemos fallado la misión
63        FondoFinal.texture = TexturaFinalMal;
64        Restart();
65    }
66
67    function AddScore(valor : int){
68        //Añadimos puntos, por lo que hay que hacer la suma y actualizar el texto
69        Score+=valor;
70        ScoreGUI.text="Score : "+Score;
71    }
72
73    function Restart(){
74        //Ocultamos los textos y botones
75        LifeGUI.enabled=false;
76        ScoreGUI.enabled=false;
77        BotonDISPARO.enabled=false;
78        BotonIZ.enabled=false;
79        BotonDE.enabled=false;
80        FondoFinal.enabled=true;
81
82        //Esperamos 5 segundos y hacemos un reload de la escena
83        yield WaitForSeconds (5);
84        Application.LoadLevel(Application.loadedLevel);
85    }
```

 Autómatas finitos: La gran mayoría de comportamientos de los actores de un videojuego pueden ser modelados como un autómata finito determinista.

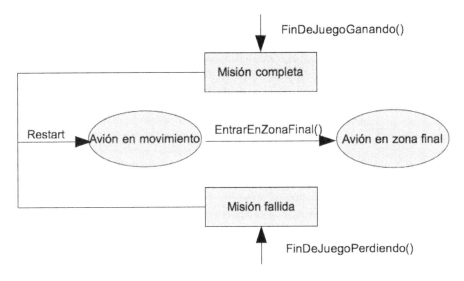

Figura 8.9: Diagrama de control de juego.

8.4.6. Programación de enemigos

Vamos a tener un único script para definir el comportamiento de todos los enemigos, incluidos el enemigo final. En este script vamos a definir una serie de atributos públicos que después ajustaremos con unos valores específicos para cada uno de los prefabs de enemigos.

Cada enemigo vendrá determinado un rango de disparo y un tiempo de recarga, y modificando estos parámetros crearemos enemigos más peligrosos que otros. Estos valores influirán en el calculo de puntuación que proporciona ese enemigo concreto al ser destruido.

Detección de colisiones

Cuando un objeto tridimensional tiene añadidos los elementos collider y rigidbody permite detectar colisiones mediante el método OnCollisionEnter.

Listado 8.8: Enemigo.js

```
 1  #pragma strict
 2
 3  public var explosionPrefab : Transform;
 4  public var llamasPrefab : Transform;
 5  public var disparoPrefab : Transform;
 6  public var player : Transform;
 7  public var rangoDisparo : float;
 8  public var tiempoRecarga = 0.5;
 9  public var jefeFinal : boolean = false;
10
11  private var siguienteTiempoDisparo = 0.0;
12  private var enRangoDisparo : boolean=true;
13
14  private var llamasInstancia : Transform;
15  private var cantidadRotationCaida : Vector3 = Vector3(0,0,0);
16
17  function Update () {
18      if (transform.gameObject.rigidbody.useGravity){
19          //Si el enemigo está callendo, el avión rota sobre sus ejes porque entra en barrena
```

```
20          transform.Rotate(Time.deltaTime * cantidadRotationCaida.x,Time.deltaTime *
               cantidadRotationCaida.y,Time.deltaTime * cantidadRotationCaida.z);
21      } else {
22          if (player!=null){
23              var distancia : float = transform.position.z-player.position.z;
24              if (distancia<=rangoDisparo && distancia>0) {
25                  //Si estamos en rango de disparo el avión dispara al frente
26                  if (Time.time > siguienteTiempoDisparo){
27                      siguienteTiempoDisparo = Time.time + tiempoRecarga;
28                      Instantiate(disparoPrefab, transform.position, Quaternion.identity);
29                  }
30              }
31          }
32      }
33  }
34
35  function OnCollisionEnter(collision : Collision) {
36      //Determinar posición y rotación del punto de contacto de la colisión
37      var contact : ContactPoint = collision.contacts[0];
38      var rot : Quaternion = Quaternion.FromToRotation(Vector3.up, contact.normal);
39      var pos : Vector3 = contact.point;
40
41      var SonidosPointer : Transform = (GameObject.FindWithTag("Sonidos")).transform;
42      var SonidosStatic : Sonidos = (SonidosPointer.GetComponent("Sonidos") as Sonidos);
43
44      if (transform.gameObject.rigidbody.useGravity || collision.collider.tag=="Player"){
45          //Si estamos callendo y hemos vuelto a colisionar entonces explota
46          var ControlJuegoPointer : Transform = (GameObject.FindWithTag("ControlJuego")).transform
                  ;
47          var ControlJuegoStatic : ControlJuego = (ControlJuegoPointer.GetComponent("ControlJuego"
                  ) as ControlJuego);
48
49          SonidosStatic.PlaySonidoExplosionSuelo();
50
51          //Instanciamos la explosión final en la posición del impacto
52          Instantiate(explosionPrefab, pos, rot);
53          if (llamasInstancia!=null){
54              Destroy (llamasInstancia.gameObject);
55          }
56
57          if (jefeFinal) {
58              ControlJuegoStatic.AddScore(500);
59              ControlJuegoStatic.FinDeJuegoGanando();
60          } else {
61              var cantidadScore : float =  (rangoDisparo * (1.0/tiempoRecarga))*5;
62              ControlJuegoStatic.AddScore(cantidadScore);
63          }
64
65          //Eliminamos el objeto enemigo
66          Destroy (transform.gameObject);
67      } else if (collision.collider.tag=="Disparo"){
68          //Si no estamos callendo y hemos sido tocados por un disparo, empezamos a caer y a arder
69          SonidosStatic.PlaySonidoExplosionAire();
70
71          //Instanciamos llamas para la posición del impacto y las añadimos jerárquicamente al
                  enemigo
72          llamasInstancia=Instantiate(llamasPrefab, transform.position, Quaternion.identity);
73          llamasInstancia.parent = transform;
74
75          //Activamos la gravedad del rigidBody del objeto
76          transform.gameObject.rigidbody.useGravity=true;
77
78          //Calculamos la cantidad de movimiento en caída para los ejes de manera aleatoria
79          cantidadRotationCaida.x=Random.Range(0, 20.0);
80          cantidadRotationCaida.y=Random.Range(0, 20.0);
81          cantidadRotationCaida.z=Random.Range(0, 20.0);
82      }
83  }
```

8.4.7. Programación del control del jugador

El jugador controlará su avión con los botones: izquierda, derecha y disparo. Además hay que tener en cuenta que cuando el jugador colisiona con un disparo enemigo o un enemigo debe reducir su vida, y cuando esta llega a cero explotar.

Listado 8.9: Player.js

```
1  #pragma strict
2
3  public var explosionPrefab : Transform;
4  public var disparoPrefab : Transform;
5  public var posicionDisparoIZ : Transform;
6  public var posicionDisparoDE : Transform;
7  public var tiempoRecarga = 0.5;
8  public var cantidadMovimiento = 0.1;
9  public var camara : Transform;
10 public var vida : int = 5;
11 public var LifeGUI : GUIText;
12 public var topeIZ : Transform;
13 public var topeDE : Transform;
14
15 private var siguienteTiempoDisparo = 0.0;
16 private var anteriorDisparoIZ : boolean = false;
17 private var botonIzquierda : boolean = false;
18 private var botonDerecha : boolean = false;
19 private var botonDisparo : boolean = false;
20
21 function Start(){
22     //Inicializamos el marcador de vida con el valor de vida inicial
23     LifeGUI.text="Life : "+vida;
24 }
25
26 function Update() {
27     if ((botonDisparo || Input.GetButton("Fire1")) && Time.time > siguienteTiempoDisparo){
28         //Si hay que disparar, instanciamos prefabs de disparo en las posiciones
               alternativamente izquierda y derecha de el avión del jugador
29         siguienteTiempoDisparo = Time.time + tiempoRecarga;
30         if (anteriorDisparoIZ){
31             Instantiate(disparoPrefab, posicionDisparoDE.position, posicionDisparoDE.rotation);
32         } else {
33             Instantiate(disparoPrefab, posicionDisparoIZ.position, posicionDisparoIZ.rotation);
34         }
35         anteriorDisparoIZ=!anteriorDisparoIZ;
36     }
37
38     if (botonIzquierda || Input.GetButton("Left")){
39         //Si hay moverse a la izquierda se actualiza la posición del jugador
40         //También se mueve un poco la cámara para simular un poco de efecto parallax
41         if (transform.position.x>topeIZ.position.x) {
42             transform.position.x-= Time.deltaTime * cantidadMovimiento;
43             camara.position.x-= Time.deltaTime * cantidadMovimiento/2;
44         }
45     } else if (botonDerecha || Input.GetButton("Right")) {
46         //Si hay moverse a la derecha se actualiza la posición del jugador
47         //También se mueve un poco la cámara para simular un poco de efecto parallax
48         if (transform.position.x<topeDE.position.x) {
49             transform.position.x+= Time.deltaTime * cantidadMovimiento;
50             camara.position.x+= Time.deltaTime * cantidadMovimiento/2;
51         }
52     }
53 }
54
55 function OnCollisionEnter(collision : Collision) {
56     if (collision.collider.tag=="DisparoEnemigo" || collision.collider.tag=="Enemigo"){
57         //Si el jugador colisiona con un disparo o un enemigo la vida disminuye
```

```
58          vida--;
59          LifeGUI.text="Life : "+vida;
60
61          if (vida<=0){
62              //Si la vida es 0 entonces acaba la partida
63              var ControlJuegoPointer : Transform = (GameObject.FindWithTag("ControlJuego")).
                    transform;
64              var ControlJuegoStatic : ControlJuego = (ControlJuegoPointer.GetComponent("
                    ControlJuego") as ControlJuego);
65              ControlJuegoStatic.FinDeJuegoPerdiendo();
66
67              //Reproducimos sonido de explosión
68              var SonidosPointer : Transform = (GameObject.FindWithTag("Sonidos")).transform;
69              var SonidosStatic : Sonidos = (SonidosPointer.GetComponent("Sonidos") as Sonidos);
70              SonidosStatic.PlaySonidoExplosionSuelo();
71
72              //Instanciamos un prefab de explosión en la posición del avión del jugador
73              Instantiate(explosionPrefab, transform.position, Quaternion.identity);
74              //Eliminamos el avión del jugador
75              Destroy(gameObject);
76          }
77      }
78  }
79
80
81  //Métodos para controlar la pulsación de los botones virtuales
82
83  function ActivarBotonIzquierda(){
84      botonIzquierda=true;
85  }
86
87  function ActivarBotonDerecha(){
88      botonDerecha=true;
89  }
90
91  function ActivarBotonDisparo(){
92      botonDisparo=true;
93  }
94
95  function DesactivarBotonIzquierda(){
96      botonIzquierda=false;
97  }
98
99  function DesactivarBotonDerecha(){
100     botonDerecha=false;
101 }
102
103 function DesactivarBotonDisparo(){
104     botonDisparo=false;
105 }
```

 Teclas de control: Aunque el juego final se controle mediante botones virtuales dibujados sobre la pantalla táctil del dispositivo, también permitiremos su control con un teclado para cuando probemos el juego en el emulador integrado en Unity3D.

8.4.8. Programación del *interface*

Utilizaremos botones dibujados sobre la pantalla táctil para controlar el videojuego. Para colocar cada uno de los botones virtuales utilizaremos un script que en función del valor del atributo tipoGUI lo posicionará en una zona determinada de la pantalla.

Listado 8.10: ColocarGUI.js

```
1  #pragma strict
2
3  enum TipoGUI { Life, Score, BotonLeft, BotonRight, BotonShoot };
4  public var tipoGUI : TipoGUI;
5
6  function OnGUI () {
7      // Hacemos que el ancho del botón ocupe un 10 por ciento
8      // Alto del botón mantiene la proporción respecto a la imagen
9      var anchoBoton : float = Screen.width*0.1;
10     var altoBoton : float = anchoBoton * 94.0/117.0;
11     var margen : int = 10;
12
13     //Dependiendo del tipo de guiTexture o guiText; colocamos
14     switch(tipoGUI){
15         case tipoGUI.Life:
16             guiText.pixelOffset = Vector2 (Screen.width/2 - 55, Screen.height/2 - margen);
17             break;
18         case tipoGUI.Score:
19             guiText.pixelOffset = Vector2 (-Screen.width/2 + margen, Screen.height/2 - margen);
20             break;
21         case tipoGUI.BotonLeft:
22             guiTexture.pixelInset = Rect (-Screen.width/2 + margen, -Screen.height/2 + margen,
                    anchoBoton, altoBoton);
23             break;
24         case tipoGUI.BotonRight:
25             guiTexture.pixelInset = Rect (-Screen.width/2 + anchoBoton+ 2*margen, -Screen.height
                    /2 +margen, anchoBoton, altoBoton);
26             break;
27         case tipoGUI.BotonShoot:
28             guiTexture.pixelInset = Rect (Screen.width/2 -anchoBoton - margen, - Screen.height/2
                    + margen, anchoBoton, altoBoton);
29             break;
30     }
31  }
```

 OnGUI: El método OnGui será llamado cuando se redimensiona la ventana o se cambia de resolución de modo que se calcule la posición de los elementos con respecto a las dimensiones de la pantalla para que siempre estén bien colocados.

Para darle funcionalidad a estos botones utilizaremos un único script, que en función de el valor de el atributo tipoGUI se comportará de un modo u otro cuando se pulse.

 Touch: El objeto touch representa un toque sobre la pantalla y contiene información de si se está tocando o soltado, además de la posición x e y donde se realizó el toque.

```
1  #pragma strict
2  public var tipoGUI : TipoGUI;
3  public var Boton : GUITexture;
4  public var TextureON : Texture2D;
5  public var TextureOFF : Texture2D;
6  private var wasClicked : boolean = false;
7  private var PlayerStatic : Player;
8
9  function Update(){
10     //Recorre los toques de pantalla
11     for (var touch : Touch in Input.touches) {
12         if (Boton.HitTest (touch.position)){
13             //Si algún toque está dentro de la zona del botón
14             if (touch.phase == TouchPhase.Began) {
15                 //Activar el botón cuando comienza el toque
16                 wasClicked = true;
17                 Activate();
18             } else if (touch.phase == TouchPhase.Ended || touch.phase == TouchPhase.Canceled) {
19                 //Desactivar el botón cuando comienza el toque
20                 wasClicked = false;
21                 Deactivate();
22             }
23         }
24     }
25  }
26
27  function Activate() {
28     //Ponemos la textura botón pulsado
29     Boton.texture= TextureON;
30     //Dependiendo del tipo de botón que pulsamos enviamos el mensaje correspondiente a Player
31     switch(tipoGUI){
32         case tipoGUI.BotonLeft:
33             PlayerStatic.ActivarBotonIzquierda();    break;
34         case tipoGUI.BotonRight:
35             PlayerStatic.ActivarBotonDerecha(); break;
36         case tipoGUI.BotonShoot:
37             PlayerStatic.ActivarBotonDisparo(); break;
38     }
39  }
40
41  function Deactivate() {
42     //Ponemos la textura botón sin pulsar
43     Boton.texture= TextureOFF;
44     //Dependiendo del tipo de botón que soltamos enviamos el mensaje correspondiente a Player
45     wasClicked = false;
46         switch(tipoGUI){
47         case tipoGUI.BotonLeft:
48             PlayerStatic.DesactivarBotonIzquierda();
49             break;
50         case tipoGUI.BotonRight:
51             PlayerStatic.DesactivarBotonDerecha();
52             break;
53         case tipoGUI.BotonShoot:
54             PlayerStatic.DesactivarBotonDisparo();
55             break;
56     }
57  }
58
59  function Start () {
60     //Obtenemos el puntero a Player y ajustamos algunos valores iniciales
61     var PlayerPointer : Transform = (GameObject.FindWithTag("Player")).transform;
62     PlayerStatic = (PlayerPointer.GetComponent("Player") as Player);
63     wasClicked = false;
64     Boton.texture= TextureOFF;
65  }
```

Figura 8.11: Ejemplo de las sombras que proyectan sobre el terreno los modelos tridimensionales de unas ruinas colocados en la escena.

8.5. Optimización

El motor gráfico nos proporciona dos herramientas imprescindibles para optimizar nuestros videojuegos: lightmapping y occlusion culling. Aplicando estas técnicas reduciremos mucho la carga de renderizado y nos permitirá que nuestros videojuegos puedan correr a buena velocidad en dispositivos de poca potencia gráfica como smartphones o tablets.

8.5.1. *Light mapping*

Figura 8.10: Visualización de la sombra provocada por una torre de electricidad.

Esta técnica consiste en calcular previamente las sombras que reciben y provocan los objetos estáticos de las escenas para generar unos mapas de sombreado que se aplican mediante multitextura sobre la maya de los modelos 3D. Los modelos sobre los que se aplica esta técnica son renderizados como polígonos con textura ningún sombreado, lo que evita el calculo de iluminación de la maya, ahorrando mucho tiempo de computo.

Figura 8.12: A la izquierda, imagen de lo que visualiza el jugador cuando el motor gráfico está descartando objetos para no ser renderizados cuando la cámara pasa por la sección que se puede contemplar en la figura 8.16. A la derecha, imagen del enemigo final.

8.5.2. Occlusion culling

Esta técnica consiste en calcular previamente desde todas las posibles posiciones que puede tomar la cámara que objetos son visibles y cuales son ocluidos por otros. Después se utiliza esta información en tiempo de renderizado para no representar los objetos que después no van a ser visibles.

El cálculo de todas las posiciones que puede tomar la cámara se hace discretizando el espacio mediante una matriz tridimensional de la cual podremos elegir el nivel de granularidad. De este modo se calcula que objetos estáticos deberán más tarde ser renderizados cuando la cámara se encuentre en esta región del espacio.

La combinación de esta técnica junto con otras como frustrum culling permitirán que podamos tener escenas con millones de polígonos, pero en cada frame de renderizado sólo se representará una pequeña fracción de estos polígonos.

Figura 8.13: Ejemplo de mapa generado mediante esta técnica que después se mapeará sobre el modelo 3D de la escena. Este mapa de sombreado es de la zona que se aprecia en la figura 8.16.

8.6. Resultado final

El resultado final es una pieza jugable de unos dos minutos y medio de duración que podría ser un nivel de un videojuego shoot em up de aviones con vista cenital.

Este videojuego está listo para compilarse para dispositivos con iOS o Android y funcionar en terminales de gama media-baja, pudiendo alcanzar los 60 FPS en terminales de gama alta.

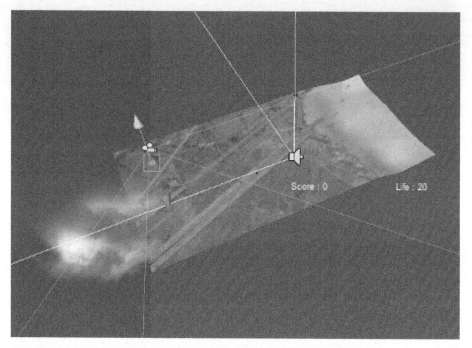

Figura 8.14: En nuestro ejemplo se ha dividido el escenario en porciones para poder aplicar la técnica, de este modo en un momento determinado sólo se renderiza una pequeña parte del escenario.

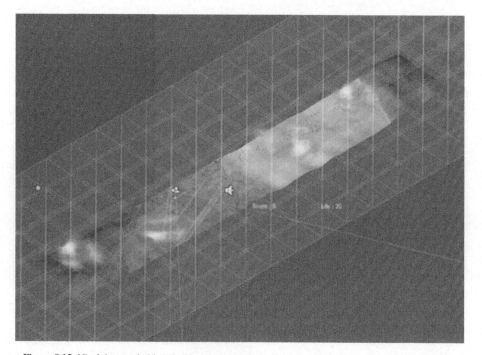

Figura 8.15: Nivel de granularidad elegido para la matriz de discretización del espacio en nuestro ejemplo.

Figura 8.16: Imagen del resultado final.

Bibliografía

[1] www.boost.org.

[2] www.cegui.org.uk.

[3] www.swig.org.

[4] ISO/IEC 9241. *ISO/IEC 9241-11: Ergonomic requirements for office work with visual display terminals (VDTs) – Part 11: Guidance on usability.* ISO, 1998.

[5] Advanced Micro Devices, Inc., Disponible en línea en `http://support.amd.com/us/ Processor_TechDocs/31116.pdf`. *BIOS and Kernel Developer's Guide (BKDG) For AMD Family 10h Processors*, Apr. 2010.

[6] E. Akenine-Möller, T. Haines and N. Hoffman. *Real-Time Rendering.* AK Peters, Ltd., 2008.

[7] T. Akenine-Möller, E. Haines, and N. Hoffman. *Real-Time Rendering.* AK Peters, 3rd edition, 2008.

[8] Andrei Alexandrescu. *Modern C++ Design: Generic Programming and Design Patterns Applied.* Addison-Wesley Professional, 2001.

[9] K. Beck. *Extreme Programming Explained: Embrace Change. Addison- Wesley Professional.* Addison-Wesley Professional, 1999.

[10] E Bethke. *Game Development and Production.* Wordware Publishing, 2003.

[11] Carlos Ble. *Diseño ágil con TDD.* 2009.

[12] D. Bulka and D. Mayhew. *Efficient C++, Performance Programming Techniques.* Addison-Wesley, 1999.

[13] James O. Coplien. Curiously recurring template patterns. *C++ Report*, February 1995.

[14] T. H. Cormen, C. E. Leiserson, R. L. Rivest, and C. Stein. *Introduction to algorithms*. MIT Press, third edition edition, 2009.

[15] T.H. Cormen, C.E. Leiserson, R.L. Rivest, and C. Stein. *Introduction to Algorithms, Third Edition*. 2009.

[16] Chris Dallaire. Binary triangle trees for terrain tile index buffer generation. 2006.

[17] D.S.C. Dalmau. *Core techniques and algorithms in game programming*. New Riders Pub, 2004.

[18] W.H. De Boer. Fast terrain rendering using geometrical mipmapping. *Unpublished paper, available at http://www. flipcode. com/articles/article geomipmaps. pdf*, 2000.

[19] X. Décoret, F. Durand, F.X. Sillion, and J. Dorsey. Billboard clouds for extreme model simplification. In *ACM Transactions on Graphics (TOG)*, volume 22, pages 689–696. ACM, 2003.

[20] A. Dix. *Human computer interaction*. Prentice Hall, 1993.

[21] M. Duchaineau, M. Wolinsky, D.E. Sigeti, M.C. Miller, C. Aldrich, and M.B. Mineev-Weinstein. Roaming terrain: real-time optimally adapting meshes. In *Visualization'97., Proceedings*, pages 81–88. IEEE, 1997.

[22] C. Ericson. *Real-time collision detection*, volume 1. Morgan Kaufmann, 2005.

[23] Randima Fernando. *GPU Gems: Programming Techniques, Tips and Tricks for Real-Time Graphics*. Pearson Higher Education, 2004.

[24] Randima Fernando and Mark J. Kilgard. *The Cg Tutorial: The Definitive Guide to Programmable Real-Time Graphics*. Addison-Wesley Longman Publishing Co., Inc., Boston, MA, USA, 2003.

[25] K. Flood. Game unified process (gup).

[26] J. L. González. *Jugabilidad: Caracterización de la Experiencia del Jugador en Videojuegos*. PhD thesis, Universidad de Granada, 2010.

[27] T. Granollers. *MPIu+a. Una metodología que integra la ingeniería del software, la interacción persona-ordenador y la accesibilidad en el contexto de equipos de desarrollo multidisciplinares*. PhD thesis, Universitat de Lleida, 2004.

[28] J. Gregory. *Game engine architecture*. Ak Peters Series. A K Peters, Limited, 2009.

[29] H. Hoppe. Efficient implementation of progressive meshes. *Computers & Graphics*, 22(1):27–36, 1998.

[30] InfiniteCode. *Quadtree Demo with source code*. http://www.infinitecode.com/?view_post=23, 2002.

[31] Intel Corporation, Disponible en línea en http://www.intel.com/content/dam/doc/manual/. *Intel 64 and IA-32 Architectures Software Developer's Manual. Volume 3B: System Programming Guide, Part 2*, Mar. 2012.

[32] ISO/IEC. Working Draft, Standard for Programming Language C++. Document number N3242=11-0012., Feb. 2011.

[33] D. Johnson and J. Wiles. Effective affective user interface design in games. *Ergonomics*, 46(13-14):1332–1345, 2003.

[34] N.M. Josuttis. *The C++ standard library: a tutorial and handbook.* C++ programming languages. Addison-Wesley, 1999.

[35] C Keith. Agile game development tutorial. In *Game Developers Conference*, 2007.

[36] C Keith. *Agile Game Development with Scrum.* Addison-Wesley Professional, 2010.

[37] F. Kerger. *Ogre 3D 1.7 Beginner's Guide.* Packt Publishing, 2010.

[38] Donald E. Knuth. Structured Programming with *go to* Statements. *ACM Computing Surveys*, 6(4), Dec. 1974.

[39] D. Luebke and C. Georges. Portals and mirrors: Simple, fast evaluation of potentially visible sets. In *Proceedings of the 1995 symposium on Interactive 3D graphics*, pages 105–ff. ACM, 1995.

[40] Robert C. Martin. *Clean Code: A Handbook of Agile Software Craftmanship.* Prentice Hall, 2009.

[41] Scott Meyers. *More Effective C++: 35 New Ways to Improve Your Programs and Designs.* Addison-Wesley Longman Publishing Co., Inc., Boston, MA, USA, 1995.

[42] Scott Meyers. *Effective C++: 55 Specific Ways to Improve Your Programs and Designs (3rd Edition).* Addison-Wesley Professional, 2005.

[43] S.D. Meyers. *Effective STL: 50 specific ways to improve your use of the standard template library.* Addison-Wesley professional computing series. Addison-Wesley, 2001.

[44] David R. Musser and Alexander A. Stepanov. Generic programming. In *Symbolic and Algebraic Computation: International symposium ISSAC 1988*, pages 13–25, 1988.

[45] J. Nielsen. *Usability Engineering.* AP Professional, 1993.

[46] NNG. *User Experience - Our Definition.* Nielsen Norman Group.

[47] ATI NVidia. Arb occlusion query, 2001.

[48] David A. Patterson and John L. Hennessy. *Computer Organization and Design, Revised Fourth Edition.* Morgan Kaufmann, 4th edition edition, 2012.

[49] William T. Reeves. Particle systems - a technique for modelling a class of fuzzy objects. *ACM Transactions on Graphics*, 2:91–108, 1983.

[50] R. Rouse III. *Game Design: Theory and Practice.* Wordware Publishing, 2001.

[51] W.W. Royce. Managing the development of large software systems. In *Proceedings of IEEE WESCON*, 1970.

[52] E. Salen, K.; Zimmerman. *Rules of Play: Game Design Fundamentals.* The MIT Press, 2003.

[53] D. Schmidt. Acceptor-connector: an object creational pattern for connecting and initializing communication services, 1997.

[54] B. Shneiderman. Universal usability. *Communications of the ACM*, pages 84–91, 2000.

[55] D. Sikora. Incremental game development.

[56] B. Stroustrup. *The C++ programming language*. Addison-Wesley, 2000.

[57] I. Takeuchi, H.; Nonaka. Scrum: The new product development game, 1986.

[58] S.J. Teller and C.H. Séquin. Visibility preprocessing for interactive walkthroughs. In *ACM SIGGRAPH Computer Graphics*, volume 25, pages 61–70. ACM, 1991.

[59] T. Ulrich. Rendering massive terrains using chunked level of detail control. *SIGGRAPH Course Notes*, 3(5), 2002.

[60] Wang and Niniane. Let there be clouds! *Game Developer Magazine*, 11:34–39, 2004.

[61] H. Zhang, D. Manocha, T. Hudson, and K.E. Hoff III. Visibility culling using hierarchical occlusion maps. In *Proceedings of the 24th annual conference on Computer graphics and interactive techniques*, pages 77–88. ACM Press/Addison-Wesley Publishing Co., 1997.

*Este manual fue maquetado en
una máquina GNU/Linux en
Septiembre de 2015*

Made in the USA
Monee, IL
24 July 2021